評說蔣介石

汪榮祖 著

懷念亡友　敖之兄

骨化成灰塔裏魂　音容笑貌夢中存
於今頓失知心友　夜話何從叩墓門

書成自題

喧鬧靈堂櫬垢痕　生褒死貶見淵源
魂歸海島情同鄭　葉落慈湖恥繼孫
可歎偏才難有為　誰憐霸主本無恩
吾今讀史知興廢　敢換新天國始尊

又

莫道人間無曲直　崢嶸史筆見公論
昔年上苑羞辭廟　今夕夷洲恨夢魂
日暮應知需大略　途窮不悟有煩冤
江山易主尋常事　花謝花開又一村

目 次

自序

　　我與李敖合寫的《蔣介石評傳》於1995年在台北初版頗受注目，因台灣經過兩蔣長期威權統治後出現第一本評傳，不再重彈歌頌偉人的老調，令許多台灣讀者有耳目一新之感。有趣的是有些大陸讀者因長期看到的是負面的蔣介石，反而覺得無多新意，希望能看到正面一點的蔣介石。問題是先要有正面的事實，不能將負面美化為正面。例如李敖首先揭發蔣介石的學歷問題，他廣搜資料，包括日本士官學校的歷屆畢業名錄，其中沒有蔣介石的名字，[1] 然而蔣介石周圍權威人士的著作，如民國18年（1929）出版的《中國國民黨年鑑》明言蔣日本士官畢業，可說是官方欽定的履歷。又如1937年出版的貝華主編《蔣介石全集》亦說蔣「初入日本振武學堂，繼入陸軍士官學校」。再如鄧文儀寫的《蔣主席》也說：「考入日本士官學校」，鄧是黃埔畢業的天子門生，當過蔣私人秘書八年，曾任「國防部新聞局局長」，而該書由國民黨黨營勝利出版社出

1　李敖，〈蔣介石是日本士官學校畢業的嗎？〉，《李敖大全集》，第8冊《蔣介石研究》，頁5-6，全文見頁5-29。

版。但是大陸學者陳紅民仍不以為然，偏要寫長篇大論與李敖
「商榷」，他舉出一些並不比李敖所舉更權威的資料，證明沒
有說蔣士官畢業，便認為不是蔣介石自己偽造學歷，他的結論
是偽造學歷「既非蔣介石所作，亦非蔣介石授意所作」。[2] 陳
紅民下此斷言要為蔣介石解套，把偽造學歷認為是國民黨官方
人士逢迎拍馬之輩。可惜浙江大學的陳教授沒有看到蔣介石的
身分證，那張1965年4月在台灣發的Y10000001號蔣介石身分證
上有學歷，明白寫著「日本士官學校」。我們總不能說身分證
上的學歷可以不經蔣同意擅自填寫的吧！照台灣的法律，填寫
文件不實可入嚴重的「偽造文件」之罪，更何況是身分證，是
要坐牢的，除了蔣本人誰敢冒被起訴之險？陳紅民洋洋灑灑的
「商榷」想要反轉蔣的負面形象，豈非徒勞？其實英雄不怕出
身低，蔣介石不需要好的學歷來撐門面，但他還是在意，誠如
李敖所言，蔣雖貴為元首，但在心理上仍然沒有安全感，這一
點對於正確理解蔣介石的性格，相當重要。

　　蔣介石手寫日記由其家屬於2004年寄存美國史丹佛大學
胡佛圖書館後，供公眾閱讀，引起中外學者特別是兩岸治現代
史者，絡繹於途如獲至寶。蔣介石在生前雖已披露不少日記，
但較完整的手寫日記卻是首次出現，難怪轟動學界。蔣日理萬
機之餘勤寫日記，紀錄他所見、所聞、所思、所行，必然有引
用與參考的價值。回憶錄的史料價值不如日記，回憶由事後建

2　陳紅民，〈蔣介石是否學歷造假——兼與李敖先生商榷〉，陳紅民等著，
　　《細品蔣介石：蔣介石日記閱讀箚記》（北京：人民出版社，2016），頁
　　21。全文見頁14-24。

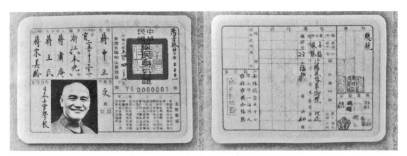

蔣介石的身分證號為Y10000001，棲蘭山莊內前總統蔣中正行館展示。

構，時間會影響到記憶的正確；日記雖及時記載，但也有作者的主觀建構，尤其是有意留給後人看的日記。蔣介石的日記生前已有人摘抄寫成《事略》，死後由家屬公諸於世，還要說蔣日記是僅供他個人參考的私密空間，未免過於天真。所以蔣日記的複雜，涉及如何分辨「真實的蔣」（person）與蔣「要我們知道的蔣」（persona），不容忽視。蔣作為國家領導人，竟然像舊時代的皇帝勤於記錄自己的言行，如黃倩茹敏銳指出：古之帝王由別人記載「起居注」，而蔣則由自己寫「起居注」，以便為後日寫作「正史」之需。[3] 蔣介石既占政治舞臺約半個世紀之久，動見觀瞻，落筆之際豈能無所顧忌？所寫豈能就是真相？蔣曾自謂中山艦事件的真相要等到他死後看他的日記才知；然而他日記裡所記載的中山艦事件是真相嗎？非也！其中頗多他自以為是，或故意扭曲的真相，甚至誤導世人，他有心加害的人在他日記裡反而成為要害他的人，顛倒是非與黑

3　Grace Huang, "The Person and the Persona in the Diaries of Chiang Kai-shek," in《蔣中正日記與民國史研究國際學術討論會》（台北：圓山飯店，2010），上冊，頁7。

白莫此為甚。他在日記裡說胡適是「政客」，這是連他自己都不可能相信的謊言。蔣介石在台灣違憲選第三任總統，不聽雅言堅持要選，但在日記裡卻說不當總統反而有利他可不受美國約束，能夠反攻大陸，竟有學者據此相信蔣未必想再連任。類此毫無可能的胡言亂語出現在日記裡，豈能信乎？所以蔣之日記並不是沒有顏色的史料，其中有情緒、主觀、偏見、謊言以及有不切實際的異想。如果讀日記者以為在開金礦，忠實引錄、編排、複述、任由其所說左右、隨其情緒起伏，則要史家何用？所以，引用蔣介石日記必須注意其中有「鬼」，既有「不立文字」以自諱其跡，也有「專立文字」以自我掩飾。所謂「專立文字」，就是在白紙寫下黑字，卻是不能兌現或故意留給後人看的材料，例如蔣介石批准釋放軍事家蔣百里，事實上仍舊關著；又如蔣罵史迪威的批示，史迪威看不到而是留給歷史家看的。所謂「不立文字」，就是口頭答應，拒絕立下字據，如「何梅協定」、如「西安事變」，都是口頭答應，皆不立文字，不留痕跡。所以「檔案」中的文字，有的並不代表歷史事實，不能作為證據，很可能「只是專門用來騙人的，尤其用來騙後來之人和歷史家」。[4] 無獨有偶，美國女歷史學家曾任美國歷史學會會長的娜塔莉・戴維斯（Natalie Z. Davis）有名著《檔案中的虛構》一書，指出十六世紀法國司法部的贖罪檔案所載故事純屬虛構，史家不可據以重建歷史。[5] 讀史者若被材料

4　李敖，《蔣介石的真面目：蔣介石與專立文字》，《李敖大全集》第25冊，頁53，另參閱頁53-59。

5　Natalie Zemon Davis, *Fiction in the Archives, Pardon Tales and Their Tellers in Sixteenth Century*（Stanford: Leland Stanford Junior University Press, 1987）.

牽著鼻子走，有如跳進如來佛的掌心不得翻身。然則史家引用包括日記在內的任何史料必須審慎，斷不可視為聖經，若不細察其中的狡猾處，則所得之所謂真相，鏡花水月而已。

李敖生前希望我參考新出蔣介石手寫日記，增補舊作。他自己也想將《蔣介石評傳》未及收錄百頁之多的書目，作詳細的補注後另出一冊。惟近10年來，各忙別務，未能專心素志。今李敖作古，念及故人極重視蔣介石研究，認為是現代史研究的重大課題，因他身經蔣家白色恐怖時代，且是受害人之一，曾兩度入獄長達六、七年之久，備受酷刑，對威權統治感受特深；然他威武不屈，敢以一人敵一黨，揭露獨裁者的真面目。或有人以蔣氏能容忍李敖為說，其實李敖逃過死劫，要因江南案引起國際風波，暴露特務涉案危及政權，不敢再動殺機耳！已享盛名的李敖始倖免於難，亦云險矣！李敖批蔣直言無忌，行文不免尖銳，然其文風如此，非僅針對蔣氏一人而已，更何況李敖不屑謾罵，自詡言必有據，用他直白的話說，他不會「罵人王八，而是要證明那人是王八」，對付蔣介石亦復如此。他在獄中無書可讀，只准看蔣氏言論集，他勤覽細看洞見至隱；出獄後，廣搜相關文獻資料發見機微。他曾出版《蔣介石研究》六集，不論蔣謊報學歷、不會唱國歌等諸多小事，或出賣外蒙古到私搬國庫黃金等諸多大事，都盡情揭發，莫不有理有據。他確是要證明蔣是一失敗的負面人物，實在乏善可陳，讀者不可因李敖喜歡罵人而輕之也。

中文版楊逸鴻譯，《檔案中的虛構》，純智歷史名著譯叢（台北：麥田出版社，2001）。

　　我沒有李敖刻骨銘心的牢獄經驗，也無李敖前無古人的犀利刀筆。老友楊天石熱心想要為蔣翻案，教我要「憎而應知其善」。我雖生長在蔣介石統治的中國，但大學畢業後就出國留學旅外40年，照李敖的說法，我們這批人都是台灣白色恐怖時代的「逃兵」，所以就我個人而言並無「憎」的原因。但作為讀史者而言，看到蔣介石主政中國的數十年，專制獨裁、勇於內鬥、怯於禦外、戰亂不已、民不聊生、依賴外力，難以自立，甚至刻意將大位傳子，不免封建王朝之譏，不知應如何知其善也？楊兄所指最具體之善，應是蔣介石策動德軍推翻希特勒的壯舉，我曾為文駁之，但楊兄堅持己說。按德軍於二戰末期擬推翻希特勒一事文獻幾乎盡出，歐美史家著述已豐，至今毫無蔣介石參與的影子，而楊兄一定要我們承認此一「史實」。其實，楊兄已修正為「企圖」；然則，企圖沒有落實何來史實？我將駁文收錄於此，請讀者細看。

　　楊天石是中國大陸學者中為蔣介石翻案的代表人物，翻案需要兩個基本條件。一要有新的學術理論來闡發，楊兄並無；二要有新的材料或證據，楊兄有的就是蔣日記，他曾數訪胡佛圖書館抄遍蔣日記，根據蔣日記寫了許多文章，出了不少書，成為著名的蔣介石專家。可惜的是，楊兄視蔣日記如金礦，挖出來的都認為是黃金，不自覺當了「魔鬼的辯護士」。我絕非空言批評老友，謹舉一最具體的例子說明問題。楊兄根據蔣日記斷然說：蔣介石三次反對美國對大陸使用原子彈。其實，美國以原子彈威脅中國何止三次？無論杜魯門或艾森豪都是訛詐而已，但中國不能掉以輕心，所以中國大陸的外交部長陳毅才會說不穿褲子也要原子。毛澤東說原子彈是紙老虎，也沒有

錯，因使用原子彈何等大事，絕不敢輕易使用，自廣島、長崎之後還不曾再度使用過。楊兄的意思難道是，美國沒有對中國使用原子彈，是因為蔣介石反對的功勞？否則何以要表揚蔣反對使用之功？是否使用原子彈乃美國總統的重大決定，豈會由外國人的贊成或反對來作決定？如認為蔣可以影響美國的重大決策，未免太看重蔣、太不了解美國了。朝鮮戰爭於1950年6月爆發，10月中國人民志願軍入朝，美軍敗退回到38度線。美國大出意料之外，當記者問到善後，杜魯門說不排除用任何武器，乃標準答案。若稍讀美國現代史，便知杜魯門深怕擴大戰爭，所以毅然將主張轟炸中國的麥克阿瑟解除統帥之職。蔣介石在1950年12月1日在日記上寫道：「杜魯門與美國朝野主張對中共使用原子彈，應設法打破之」，蔣所謂是朝野的主張，顯然言過其實，所以所謂「設法打破之」，根本無中生有，不知他有何法可設？更不可思議的是，楊兄引蔣1954年10月26日日記，信以為真：「召見（台灣空軍總司令王）叔明，詳詢其美空軍部計畫處長提議，可向美國借給原子武器之申請事，此或為其空軍部之授意，而其政府尚無此意乎？對反攻在國內戰場，如非萬不得已，亦不能使用此物。對於民心將有不利之影響，應特別注意研究」。且不說蔣語帶保留，難道萬不得已時仍可使用？何止對民心不利，更不利於自己同胞生命財產的慘重損失，還需要研究是否需要使用嗎？若稍有「歷史語境」（historical context）在胸，便知1954年台美正積極在訂立防禦條約，這個條約固然是要保護台灣，但也同時限制台灣攻打大陸，亦即是美國人白紙黑字所寫「要拴住蔣」（leash on Chiang），蔣在美國人眼裡如狗，絕非楊兄所能想像。美國刻

意有此限制，還會要蔣申請原子武器，豈非異想天開？楊兄卻信以為真，還說「蔣介石終其一生，沒有向美方提出有關申請」，當然沒有！原子武器如果可以向別國申請，真是天大的笑話。至於楊兄根據蔣氏日記說，美國派將軍到台灣徵詢蔣是否在越南與中國大陸使用氫彈、原子彈，更是匪夷所思。

　　更重要的是，蔣介石果然如楊兄所說一直反對使用原子彈嗎？楊兄既為陶涵蔣傳中文版作序，難道沒有看到陶書寫到，1958年金門炮戰時期有些美國官員揚言要使用原子彈。蔣介石居然允許將8英吋可以發射原子武器的大炮運往金門。陶涵還提到一則美國情報說，蔣有意於1958年9月將美國捲入與中共打原子戰。陶涵也提到：艾森豪政府的鷹派國務卿杜勒斯曾出其不意問蔣，是否要美國使用原子武器來對付中共，蔣說可用技術性原子武器。杜勒斯說，即使像投在日本的原子彈，雖能摧毀共軍所有的大炮，但也可殺傷包括金門人在內的二千萬中國人，台灣也可能被原子彈炸光光。蔣遂顧左右而言他。事實真相夠清楚了吧！我不厭其煩舉這個例子，是要說明楊兄過於倚重蔣日記的嚴重盲點。

　　這本《評說蔣介石》以《蔣介石評傳》我所寫部分為基礎，增補後改寫為一系列的主題論文，一共20篇。美國大力扶助蔣主政的國民政府，結果華盛頓所期盼的統一、民主、親美的中國成為泡影，蔣最後失掉整個大陸。美國人對蔣之失望與輕蔑可想而知，故有美國傳記作者以「失去中國的傢伙」（*The Man Who Lost China*）為書名譏嘲蔣。未料近年忽有美國作家陶涵者，大捧蔣氏父子，對蔣介石之揄揚有甚於蔣之御用學者，而其對相關現代事實與解釋之錯誤連篇累牘，最離譜者莫過於

稱讚蔣是貨真價實的「儒者」，而不顧其言行是否相符；相信蔣乃中國民主之先驅，而不顧其始終專制獨裁，甚至侈言今日中國大陸經濟之成就乃蔣氏父子之方案云云。陶涵蔣傳刻意立異，以迎合讀者期盼新意，亦反映美國極右派勢力之重起。我曾作文評陶涵之書，後又見美國著名學者史景遷（Jonathan Spence）的書評，他亦認為陶涵之書乃為蔣說項之作，使蔣的法西斯傾向、遏制言論自由、縱容特務暴行、暗殺政治犯與人權主張者、以及領袖崇拜等等，都好像是可以接受的舉措。史氏更不能接受陶涵所說（其實也是蔣的說法），中共的勝利由於美國的誤判與干預，淡化了蔣在政治上的錯誤與軍事上的無能。史景遷畢竟是當過美國歷史學會會長的科班出身，所以見及陶涵「企圖將蔣說成是一個主要的政治家是很有瑕疵的」（The attempt to portray Chiang as a major statesman seems to me flawed）。所以史氏對蔣介石的認知與陶涵很不一樣：

> 蔣作為國家領導人確有嚴重的缺點：他想要組成良好政府的眼光非常有限。他明顯沒有能力處理中國那樣規模的經濟，他不清楚如何監督美援，經常被密友、親戚、或侍從們濫用。他從不熱心授權，堅持依賴小圈子的親信。他裝模作樣說話，缺少一般的魅力；他經常是個頑固而不通融之人，又不吝惜兵士們的生命，以及容忍對中國鄉村地帶極其嚇人的苛待。[6]

6　史景遷書評見Jonathan D. Spence, "The Enigma of Chiang Kai-shek," in *The New York Review of Books*（October 22, 2009）。

　　不料著名的蔣介石研究者楊天石為陶涵之書作序，不僅譽之為「頗具功力的蔣介石傳記」，而且暗諷我寫書評「大罵」陶著之不是。[7] 罵者情緒之發洩也！何況「大罵」？楊兄如何能將我認真寫的書評，糾正陶書史實之誤巨細靡遺，視為「罵」？楊兄不是素重史料、事實嗎？不是口口聲聲要找真相嗎？陶涵不尊重事實的正確，能說「謹嚴遵守學術規範」嗎？陶書裡的蔣介石是真實的蔣介石嗎？楊兄還要加碼說陶著「大大超過了前此的任何一本同類著作」，在楊兄心目中，在中國大陸出版的那麼多蔣傳居然均大大不如，研究蔣介石的話語權難道要交給錯誤百出的美國人陶涵嗎？陶涵並非專業的歷史學者，中文也讀不太通。史景遷不同意陶說，我當然也難以苟同。茲將我評陶此篇，改寫為這本書的緒論。

　　蓋欲知其人必先知其人之性格，蔣介石自小在其鄉里有「瑞元無賴」的綽號。他少年無賴，是否終於修成正果？他畢生寫日記，展示他的毅力，若謂他寫日記以反省勵志顯然效果不彰，其無賴性格終生未改。其實無賴或流氓若有氣度，未嘗不能成為有為之主，如劉邦、如朱元璋皆是。無奈蔣介石心胸狹窄，顯示在心理上缺少安全感，他為了與宋美齡結婚，騙妻子陳潔如出國5年，隨後即悍然否認與陳有婚約，非要賴而何？又見諸對張學良的背信，終其生不肯釋張；又作弄李宗仁，甚至在就職典禮上占盡李的便宜；對待胡適表裡不一，表面笑迎、暗裡辱罵；以及冤屈孫立人、惡搞葉公超。類此將在本書

7　見楊天石，〈陶著《蔣介石與現代中國》序〉，《找尋真實的蔣介石：還原13個歷史真相》（北京：九洲出版社，2014），頁294-297。

分章述之。蔣有此天性而器宇偏狹，雖有天大的機遇而終於失之，不亦宜乎？

　　蔣介石作為中國現代史上一要角，自與現代史事有千絲萬縷的關係。蔣早年參加孫中山革命，最驚人之舉莫過於親手槍殺革命同志陶成章，雖為人作嫁卻因此平步青雲。蔣以繼志孫中山自任，但蔣並無固定的政治信仰，只想繼承法統而獲致權力。蔣非孫屬意的繼任人，卻能利用中山艦事件驅汪奪權，因得共產國際之諒解而僥倖成功。蔣靠聯俄容共北伐，卻於北伐中途突然清黨、滅共、逐俄；其所謂第二次北伐本質已變，實際上是聯合新軍閥擊敗舊軍閥，然舉國統一尚未竟其功，為了剷除異己，即與協同北伐的其他三個集團軍發動慘烈的中原大戰，使國家元氣大傷，啟日軍入寇之機。蔣之南京政府雖受日本欺凌，不禦外侮卻勇於內戰，堅持先安內再攘外的不抵抗政策。不抵抗既然是蔣政府的既定政策，東北不抵抗而失，不抵抗之責卻由張學良肩扛。張學良深感家國之痛，力勸蔣停止內戰一致抗日，但蔣不僅不聽，甚且威嚇，張不得已發動西安事變逼蔣抗日。西安事變改變了蔣之不抵抗政策，顯而易見，蔣卻刻意扭曲事變之真相，所以我有揭露蔣介石建構虛偽的西安事變史一文，收錄於此。蔣介石領導抗戰成為英雄，汪精衛通敵媾和成為漢奸，殊不知蔣也暗中通敵，在美日開戰之前，蔣日秘密和談不輟，幸因日本軍方跋扈而未果，蔣才未步汪之後塵，卻於戰後嚴厲懲治所謂裡通外國之漢奸。

　　日本偷襲珍珠港引爆太平洋戰爭，美國成為中日戰爭的強大盟國，中美關係也日趨緊密與重要。羅斯福總統感於中國獨力艱苦抗日三年有餘，期盼中國成為強大、民主而親美的中

國，於是盡力扶蔣。雖然在檯面上宋美齡風光訪美，蔣介石出席開羅三強峰會，但美蔣接觸既多且密之後，雙方並不愉快。美方嫌蔣固執徇私而抗日不力，蔣則怨美頤指氣使，感到受辱而又必須虛與委蛇，可說是一種既愛且恨的國際關係，值得細究。蔣於抗戰勝利之際，即處心積慮要解決中共問題，若不能撫之，必須剿之。朱毛既不接受招安，內戰勢不可免；蔣以為搞定美蘇，以其優勢兵力，滅共可以無慮。然而蔣之一意孤行，又不顧戰後嚴重的通貨膨脹，造成經濟崩潰，堅持打內戰，使民心大失，導致兵敗如山倒的結局，讀史者誠不可不知也。

　　蔣於抗戰前已經想要滅共，功虧一簣；戰後滅共反被共所滅。敗退海島自稱亡國；但亡國之君，壯心未已，猶想反攻復國；雖知無望仍要自欺欺人，直至亡故而後已。蔣氏父子威權統治台灣、父死子繼、建築宏偉的中正紀念堂，儼然帝王陵寢，然蔣氏王朝終結之後，紀念堂遭殃，慈湖陵寢遭潑漆洩憤、靈櫬蒙垢，情何以堪？其實，白色恐怖遇難人士中外省人遠多於本省籍，而蔣介石為其殘餘政權之生存，擅自運送國庫黃金與故宮寶物到台灣，接受美援、實施三七五減租之土改、發展外貿等，亦惠及台民。然台民中之獨派，去蔣意在去中，搞錯對象。更吊詭的是，蔣在大陸時剿共，趕盡殺絕，自由派人士也遭迫害；蔣倒行逆施之餘，被大陸人民趕出大陸；然而，改革開放以來，修繕蔣氏奉化故居煥然一新，成為旅遊勝景，更有大陸人士懷念起蔣介石來。甚至有大陸學者汲汲欲為蔣介石翻案，何至於此？本書評說諸篇好整以待，予豈好辯哉！不得已也。

緒論
大元帥其人其事

蔣介石身後，西方原已有蓋棺定論，確認他是一個失敗者，最後將中國大陸的大好江山丟掉了，於是「那個失去中國的傢伙」名傳遐邇。當年美國職棒聯盟有一位常勝教練龍巴地（Vince Lombardi, 1913-1970），《紐約時報》在蔣死後的1975年4月27日的報導裡說：蔣之吃敗仗足可與龍教練之贏球等量齊觀，以資嘲弄。而所謂自由派論者大都深信蔣政權之垮臺，要因其本身之無能與殘暴；蔣氏退守台灣之後，在美蘇對抗的冷戰時期，又建立了一個令自由世界難堪的右派獨裁政權。更有甚者，有人認為他的稱號「大元帥」（the generalissimo），近乎戲謔。

陶涵（Jay Taylor）於2009出版的英文蔣傳《大元帥：蔣介石與現代中國的奮鬥》[1]（*The Generalissimo: Chiang Kai-shek and the Struggle for Modern China*），認為過去對蔣的評價過

1　Jay Taylor, *The Generalissimo: Chiang Kai-shek and the Struggle for Modern China*（Cambridge, Mass.: Harvard University Press, 2009），xiii, index, 722pp. 中譯本陶涵，《蔣介石與現代中國的奮鬥》。本緒論引文皆出自英文原書。

於嚴苛，甚至扭曲，然作者陶涵認為蔣之崛起由於「堅毅、忠誠、勇敢、廉潔」，[2] 不僅過於溢美，而且認為蔣介石沒有那麼失敗，因他在台灣為民主與現代化奠定了基礎，為中國大陸的現代化提供了典範，更遠遠不符事實，無非反映美國右派勢力的崛起，不惜美化一位右派的、反共的獨裁者。

陶涵的翻案之作，不僅由著名的哈佛大學出版社出版，而且得到一些學者的讚賞，認為是超越前人的傑作，更令一些親蔣人士感到欣慰，甚者有人認為這位作者在歷史評價上幫蔣介石擊敗了毛澤東，不得不令人感到時異情變，翻案文章應運而生，不足為怪。然吾人細讀陶書之餘，雖喜其文筆流暢，正文長達595頁，但就內容而言，多可商榷，更有基本事實的謬誤。

書中謬誤之處，實不勝枚舉：若謂孫中山被舉為同盟會的「總理」，卻誤作「總裁」，[3] 陶氏不知「總裁」乃蔣介石獨享的尊號，於是又誤以為蔣死後其子經國被選為「總裁」；[4] 孫中山離開日本前《民報》的主編是章太炎，而作者誤作汪精衛與胡漢民；[5] 作者說武昌起義後，「軍閥時代已經開始」；[6] 又說辛亥革命陳其美在上海舉事，用的是「五色旗」；[7] 又誤指宋教仁在辛亥革命期間，是廣州與武漢鬥爭的「英雄」；[8] 指陳潔如

2　Taylor, *The Generalissimo*, p. 10.

3　Taylor, *The Generalissimo*, p. 17.

4　Taylor, *The Generalissimo*, p. 585.

5　Taylor, *The Generalissimo*, p. 19.

6　Taylor, *The Generalissimo*, p. 21.

7　Taylor, *The Generalissimo*, p. 23.

8　Taylor, *The Generalissimo*, p. 26.

為「妾」（concubine）[9]而非蔣介石的明媒正娶，陶涵不知黃埔
軍校學生皆稱陳為「蔣師母」，檀香山華人以「蔣夫人」歡迎
陳，以及蔣與李宗仁交換的金蘭帖子上所書，均視若無睹，而
情願相信不實的傳言。陶涵又說1935年已經有了蒙古人民共和
國，[10]說上海有「胡同」。[11]又說汪精衛在河內，因不聽蔣勸
告赴歐，蔣才派特務殺之。[12]又誤將1960年代「最令〔蔣家〕
頭痛」（the peskiest gadfly）的《文星》雜誌的年輕主編李敖當
作「發行人」，並誤以為李敖因提醒蔣氏憲法保障言論自由而
被送往專門關政治犯的綠島四年，[13]陶涵不知李敖判刑十年，
是因台獨冤案，但並不曾關在綠島監獄。陶涵又不加考證，即
謂張靈甫及其四位將軍兵敗後集體自殺，[14]而不是被擊斃；陶
涵又說陳儀被捕殺，因其有通匪之嫌，[15]卻不知實因被其義子
湯恩伯出賣；陶涵也不知所謂「五百完人」在太原官署集體服
毒自殺，[16]原是編造的故事。這些基本歷史事實之謬，暴露陶
涵對中國近現代史基本知識的嚴重缺失，又疏於求真，落筆輕
率，一葉知秋，又如何能正確論述蔣介石呢？

　　陶涵蔣傳以年代先後敘述生平，共分四大部分，即早期
革命、抗日戰爭、國共內戰、台灣時期。蔣介石是現代中國史

9　Taylor, *The Generalissimo*, p. 59.

10　Taylor, *The Generalissimo*, p. 114.

11　Taylor, *The Generalissimo*, p. 148.

12　Taylor, *The Generalissimo*, p. 170.

13　Taylor, *The Generalissimo*, p. 544.

14　Taylor, *The Generalissimo*, p. 373.

15　Taylor, *The Generalissimo*, p. 401.

16　Taylor, *The Generalissimo*, p. 407.

上的要角之一，與他相關的中外人事，當然十分豐富，因而這本傳記讀如蔣介石及其時代史，而非基於對蔣這個歷史人物的人格與內心世界，所作深入分析與解釋的大傳，結果不免將其言行作不同角度的解說，時而甚至以蔣氏代言人自居，為之辯解，如謂「他自思是一有道德的，誠懇的儒家基督徒，其動機在謀求中國的統一、現代化與獨立多於個人權力的願望」，[17]一再為蔣開脫與洗刷，並將之作為論述的基調，而此基調對西方讀者而言，或許有些新意，但對華文世界來說，大都是國民黨內正統派、崇蔣派的老調重彈而已。事實上，陶涵曾得到蔣經國基金會的資助，以及諸多親蔣人士的口授，而作者自己中文能力極為有限，對中國歷史又認識不足，難能有正確的獨特見解。然而以研究蔣介石聞名的楊天石研究員居然認為陶書是一本極有功力的蔣傳，不免令人懷疑老楊有沒有好好讀過陶氏原書。

　　蔣介石手寫日記在美國史丹佛大學胡佛圖書館的開放，新史料的出現引起研究者的重視，爭相閱讀，陶涵亦不後人，在其蔣傳中多加引用，但相當多的部分仍然轉引自秦孝儀的《總統蔣公大事長編初稿》，令人感到既有原始日記可查，何必轉引？而秦氏在編輯過程中動過手腳，早為識者所知。但是這位作者卻說曾對照日記與秦編，沒有發現主要的不同，[18]又言蔣氏日記為包括西安事變在內所有重大歷史事件提供了新見

17　Taylor, *The Generalissimo*, p. 10.

18　Taylor, *The Generalissimo*, p. xi.

（cast new light on major historical events），[19] 足以令人懷疑陶涵是否真有閱讀蔣氏手寫日記的能力而不得不假手他人，更不必說能夠作批判性地運用了。按蔣氏日記在其生前一再抄錄副本留存，期盼日記流傳之心已昭然若揭，至於手寫日記，若完全是隱秘的空間，不欲示人，又何必對許多重大事件「諱莫如深」，隱而不書？更何況陶涵也承認，現存的日記也曾經過家人的編輯與刪節，[20] 並不完整。再說蔣氏手寫日記中諸多自責自勵之語，也不足為異，原是中國傳統日記作者所優為，自我檢驗，操之在我而已。總之，已開放的手寫日記確有其參考價值，大可作為深入分析蔣氏性格與內心世界的豐富素材，然不能被日記牽引，尤不宜不加論證與分析就引為證據。例如，蔣在日記裡大談宋明理學，存天理，去人欲，並以修身養心自我勉勵，陶涵就相信他是「一個新儒家青年」（a Neo-Confucian Youth），遂下結論說：儒學對青年蔣介石最大的影響是「自律」與「品格的培養」，更由此認為蔣是一負責任、很勇敢、講榮譽、非常積極之人，[21] 就是隨蔣起舞的好例子。整體而言，陶涵對蔣的正面評價與蔣在日記裡的自許，頗多契合，正可略見其不出「代言」的角色。然而作為一個歷史人物的研究者，總要將傳主的一生言行對照來看，才能下定論吧。陶涵並非不知蔣自小在鄉里間，就擁有「瑞元無賴」的綽號，以及性好漁色，所謂「有了妻妾，還要嫖妓」。[22] 陶涵也不否

19　Taylor, *The Generalissimo*, p. 3.
20　Taylor, *The Generalissimo*, p. 31.
21　Taylor, *The Generalissimo*, p. 14.
22　Taylor, *The Generalissimo*, p. 38.

認蔣時常毆打髮妻毛福梅的記載,以及蔣氏生平暴烈的性格,
也認為陳潔如所說蔣染給他梅毒不可能造假;[23] 然則,所謂新
儒學的道德力量,似乎對蔣所產生的影響甚微,又如何能輕易
下結論說,蔣介石是言行一致的「現代新儒家」呢?陶涵更
進一步說,蔣必樂見中共終於以儒家學說取代了階級鬥爭,
而中共領導人像蔣一樣成為「現代新儒家」(as modern neo-
Confucianists),足見陶涵根本搞不清楚什麼是新儒家,難辭
濫用名詞之咎。至於說蔣氏父子若能見到今日上海與北京之繁
華,必定會深信「他們長期策劃的反攻大陸成功了」,因為此
乃蔣氏父子「現代中國的遠景,不是毛的」(it is their vision of
modern China, not Mao's)。[24] 如此妄加論斷,豈非荒腔走板,
太不靠譜?

我們必須認識到,手寫日記所說不全是真話,例如陶涵引
用蔣於1950年6月26日的日記,就相信孫立人已經「通匪」之
說,說是情報人員向蔣報告:「孫的陸軍總部裡面有匪諜」,
而孫竟然仍是陸軍總司令。[25] 陶涵居然無法辨別連蔣自己都不
信的假話;蔣若真的相信,怎麼可能容忍一位通匪的陸軍總司
令在位長達四年之久?

陶涵未能真正了解蔣介石,所以會作出不少令人費解,
甚且矛盾的結論。他說蔣像毛一樣反對二個中國、一中一台,
主張中國統一,是愛國者,但又說非堅持一個中國,蔣政權便

23　Taylor, *The Generalissimo*, p. 40.

24　Taylor, *The Generalissimo*, p. 592.

25　Taylor, *The Generalissimo*, pp. 436, 437, 441.

無法立足台灣，然則其堅持一個中國主要還是為了維護個人的
權位；更為一般人忽略的是，當聯大表決前，他希望留在聯合
國，已決定放棄一中，無奈仍被驅逐而由北京取代。他說蔣預
告希特勒必定攻打蘇俄以及美國在越戰必敗，展示其戰略遠
見，卻不講蔣最想實現的遠見，即第三次世界大戰的爆發與中
共政權的滅亡，終究落空；蔣說中蘇共決不可能分裂，結果分
裂了。陶說蔣在台灣25年仍然是獨裁者，卻又說蔣為台灣的現
代化與民主奠定了基礎；他說蔣「本質上不是一個殘忍或暴烈
的人」（Chiang was not ruthless or violent by nature），[26] 為了國
家的奮鬥與生存，有時必要作出殘酷的決策，但又指出蔣異常
的殘忍，為報私仇不僅殺了楊虎城，而且連楊的稚子與秘書以
及秘書的妻子都不放過。[27] 濫殺無辜的婦孺，總不能說與國家
生存有關。作者對於這些不一致的矛盾論述，全不處理，令人
迷茫。

　　陶涵對蔣介石與現代中國的認識既甚有限，而又不好好
參考其他學者已有的研究成果，如蔣介石槍殺陶成章一案，早
有定論；毛思誠所編《民國十五年之蔣介石先生》也不諱言殺
陶，而作者仍謂：蔣自己暗示並未涉案，只是負起責任，以免
牽連到陳其美云云。事實上，南京二檔館所藏《中正自述事
略》已經承認：「余因此自承其罪，不願牽累英士，乃辭職東
遊」，自謂承認殺人之罪，以免牽累指示他殺人的陳其美，並
不是說未殺人而代人受過。陶涵既不解文意，還要畫蛇添足地

26　Taylor, *The Generalissimo*, p. 591.

27　Taylor, *The Generalissimo*, p. 416.

為蔣說項：「當天的報章雜誌都未提到蔣氏涉案，可知他不在現場」。[28] 蔣不僅在場，而且還是槍手；不過，他非主凶。以蔣當時的年齡、身分、地位，並沒有殺陶的個人利害關係，他只是以小弟的身分替大哥陳其美執行殺陶的命令，但陳欲殺陶之心尚不如孫文之深刻，孫、陶交惡，歷時既久，事蹟斑斑，而蔣介石於1943年7月26日的日記中也自認：「總理最後信我與重我者，亦未始非由此事（殺陶）而起」；陶成章被刺殺後，孫在表面上譴責殺人並為陶祭奠，但明知殺手為誰，不僅不予追究，而且加以信任與重用。所以按史學的理性與因果律來分析，蔣固然是直接為了陳而刺殺陶，間接也是為了孫而刺殺陶。除此之外，陶涵也不得不指出，蔣介石在民國五、六年間，有不少見不得人的劣跡，頗多是在上海「隨青幫從事犯罪活動」有關。[29]

　　陶涵視蔣為孫中山唯一的傳人，亦非新見。如說：「蔣與孫單獨在永豐艦上相見是他生平事業的轉捩點」。[30] 這一段話，實據董顯光的《蔣總統傳》[31] 而陶涵並未注明出處。然據黃惠龍《中山先生親征錄》，與孫在艦上共患難的計有胡毅生、陳策、熊秉坤、楊虎等十五人，而蔣介石姍姍來遲，離艦時「一起離去」的也不只蔣氏一人，至少還有陳策、陳煊、陳群、黃惠龍等人，明顯不是單獨相處。作者也不察，書中所用蔣介石與孫中山在黃埔軍校的合照，孫之左右兩邊各少了一

28　Taylor, *The Generalissimo*, p. 24.

29　Taylor, *The Generalissimo*, p. 31.

30　Taylor, *The Generalissimo*, p. 41.

31　參閱董顯光，《蔣總統傳》（台北：文化大學出版社，1980）.

人，一邊是何應欽，另一邊是王柏齡，為了突顯站在孫後的蔣介石，何、王都成了隱形人。[32] 陶涵不能細察也就罷了，還要為孫所以獨寵蔣找沒有根據的理由：「儘管蔣所受教育有限，他是一個思想家，熟知世界事務，例如了然俄國新社會的情況，很早就提出北伐的藍圖。他是一個勇敢而又顯然很誠實的人」。陶涵認為這些素資，乃是蔣崛起的主要原因，[33] 真不知何種人物才當得起「思想家」的稱號。至於作者說孫死後，蔣具有比其他領導人有更多的追隨者，他是孫中山的「第一號信徒」（second to none as a disciple of Sun Yat-sen）[34] 云云，陶涵不知有汪、胡，更無論廖仲愷矣！

　　蔣介石崛起的一個最主要的關鍵，乃是中山艦事件。事件之前，雖然廖仲愷已死，胡漢民離去，但汪精衛仍是他的上司，即使在軍事上，他上面還有軍事部長譚延闓，更不必說中共的潛力與俄國顧問的權勢，都是他「出頭天」的挑戰。蔣介石在日記裡，一再表示有人要陷害他，就是這種心理的反射；事變之後，這些挑戰基本排除。所以中山艦事件無疑是一項極大的政治豪賭，蔣之得逞主要乃由於俄共為了便於國共合作，不願與這位「紅色將軍」翻臉。此事從理性分析與前因後果看，根本就是蔣介石的奪權行動，而且僥倖成功。然而陶涵仍然停留在汪害蔣論，說汪精衛是「反蔣聯盟的成員」。[35] 此論乃時隔多年之後，蔣介石所堅持的說法。吾人須知當時汪是革

32　編造照片見Taylor, *The Generalissimo*, p. 46.

33　Taylor, *The Generalissimo*, p. 41.

34　Taylor, *The Generalissimo*, p. 48.

35　Taylor, *The Generalissimo*, p. 56.

命政府的首腦，權位正隆，蔣曾刻意奉承，汪亦視蔣為親信，有何必要組織聯盟來對付一個下屬？更何況事變前後汪正在生病，事變翌日蔣往探病，蔣日記有云：「見其怒氣猶未息也」，一個加害人似乎不會對被害人如此生氣；南京二檔館秘藏蔣刪去的一段日記，對汪如何生氣有更露骨的描述：「見其怒氣衝天，感情衝動，不可一世，因歎曰：政治勢力惡劣至於此極，尚有信義之可言乎？」蔣於得手後得意之餘寫下汪氏罵他的氣話，誰是被害人豈非再明顯不過。後來蔣發覺會授人以柄，故而刪除，刪除之後自不再見諸其日記；然刪除留下的痕跡，卻極其可貴。陶涵如此重視蔣之日記，卻不顧蔣在日記裡明言往探汪病，卻斷然說：「汪忽然託病迅速離去，前往上海而後轉往法國」，[36] 好像汪是畏罪潛逃似的。中山艦事件最大的受害人或犧牲者就是汪精衛，周德偉在《落筆驚風雨：我的一生與國民黨的點滴》手稿中，說得最為明確：「國民黨黨史中所記之中山艦案，內容均非實錄，不過藉以排汪而已」，說得很對。陶涵只能在不是實錄的內容裡打轉，全無意了解汪精衛的處境與心情，更不知汪於去國前有一首透露心境的五言雜詩，其中有句曰：「哀哉市寬大，徒以便群姦」，待小人以寬，反遭奸邪所嗜，尤見心境。[37]

　　陶涵所述北伐一段很簡短，寫成是蔣介石的個人秀，說他如何英勇，因他不信任其他將領的能力，所以才直接指揮下級

36　Taylor, *The Generalissimo*, p. 57.

37　全詩見汪精衛，《雙照樓詩詞稿》，汪夢川注釋（香港：天地圖書有限公司，2012），頁134。

軍官。[38] 言下之意,北伐都是這位總司令的功勞。其實,誠如
美國學者焦丹(Donald A. Jordan)在其《北伐》(*The Northern
Expedition: China's National Revolution of 1926-1928*)一書中所
說,當北伐攻勢已經取得成功後,蔣才在廣州誓師。攻克武漢
的主力也是李宗仁的第七軍與唐生智的第八軍,而李、唐在陶
涵的筆下都是「軍閥」。陶涵引用《李宗仁回憶錄》說,蔣在
作戰時如何勇敢沉著,卻全不提李親見蔣在長沙第八軍軍前墜
馬的窘態,其主觀選擇性之強,可見一斑。當然陶涵也看不到
北伐軍以少勝多的政治與社會背景,更無視反帝風潮的擴大與
大量俄援的到來。攻克武漢後,正待大舉北上,蔣總司令卻決
定回兵江西。陶涵說:蔣急於東下江浙,為了穩定武漢,發展
經濟,[39] 豈非無知亂道?蔣介石日記所云:「余決離鄂赴贛,
不再為馮婦矣」,才是真話。蔣不願成就李、唐等「諸侯」的
功業,故另謀發展。但是他在南昌遭到慘敗,還得靠武漢的
「諸侯」以及俄國顧問前來相救才獲勝。

　　蔣介石到上海後突然清黨,明擺著要清除異己,穩固自
己的權力。汪精衛應邀自法返國,蔣竭誠歡迎汪主席回國主持
黨務,並親往迎接,力數共黨要打倒國民黨的陰謀,但汪往訪
陳獨秀後,知並無此事,自無隨蔣一意孤行之理,遂與陳共同
發表聲明,謀求維護孫中山聯俄容共之既定政策,決定由武漢
中央處理,然後才到南京召開國民黨四中全會。汪又電蔣告知
「中央已經決定遷都南京,不日即可來寧開會」,要蔣耐心等

38　Taylor, *The Generalissimo*, pp. 58, 60.

39　Taylor, *The Generalissimo*, p. 63.

待，然而蔣卻迫不及待就發動四一二血腥鎮壓，與中央決裂，造成寧漢分裂。陶涵顯然不明這段史實，信口說蔣認為汪已正面響應清共，同一日卻與陳發表聯合聲明，並一起潛赴漢口，蔣遂決定清黨。[40] 陶涵除刻意要為蔣找政變的理由之外，還要作無據的假設說：若汪留滬與蔣一起反共，則汪可控制政局，蔣將永遠無法取得國民黨的領導地位[41]云云，陶涵何以如此不了解蔣介石，更不知槍桿子出政權的硬道理。清黨殺戮之慘，早已眾所周知，陶涵卻認為殘暴與險詐雙方都有，以淡化蔣氏所為。至於陶涵說只有數百共黨被殺，明顯不實；陶說周恩來雖被白崇禧抓到，但蔣命令放人，[42] 不知何據？至於說周與蔣一直互通款曲，事據何在？蔣介石想要以武力解決武漢中央，結果兵敗；徐州戰敗後，更是兩面受敵，在壓力下不得不引退，然而陶涵認為蔣之引退是站在「道德高度」（the moral high ground），故自將前途置於不可預知的情況。陶涵茫然不知蔣自南昌以來，以個人的主見、情緒、利益行事，抗命中央，別立中央諸多事實。蔣才是造成革命陣營內部分裂的主要人物，而其引退實乃再度復出之本。蔣一生引退多次，那一次不捲土重來？何「不可預知」之有？

　　蔣介石於1928年建都南京後，成為全中國的統治者，雖大權獨攬，仍有黨內與地方上的挑戰者。為了清除黨內與地方上的異己，不惜大動干戈，所謂黃金十年期間，內戰不絕。陶涵

40　Taylor, *The Generalissimo*, pp. 65-66.

41　Taylor, *The Generalissimo*, p. 65.

42　Taylor, *The Generalissimo*, pp. 66-67.

認為蔣所作乃國家統一所必須，然而地方諸侯都是他北伐統一
中國的夥伴，黨內同志更都是中山信徒，而必欲清除之，則顯
然為了滿足個人獨裁的欲望，容不得不願從己之人。陶涵不能
否認蔣是獨裁者，但力言法西斯「既非蔣之手段也非目的」；[43]
他不否認有「藍衣社」，但說不同於希特勒的「棕衣社」（the
Brown Shirts），辯稱希特勒有特務二百萬人，而「藍衣社」於
1938年解散時只有三百人，[44] 可說是天方夜譚，更何況蔣介石
的特務何曾解散過？戴笠為蔣從事特務工作，由一個人而一百
人而三百人而八百人而萬人而成為超過十萬人的軍統，「藍衣
社」絕不可能只有區區三百人。陶涵說蔣在演說或日記中從無
希特勒或共產黨偉大領袖的稱呼，又說蔣於1932年稱頌法西斯
的秘密演講是日本人的宣傳，[45] 他居然不知蔣有1935年元旦秘
密演講，不但自稱領袖，而且要特務們作為「領袖的耳目」，[46]
更不知蔣自稱「民族救星」。陶涵不能否認特務謀殺楊杏佛、
史量才等知識分子的具體事實，卻說蔣可能不曾下令殺這些
人，或戴笠未事前徵得蔣之同意云云。[47] 按特務乃主子之鷹
犬，鷹犬豈能自作主張？又說蔣即使會殺人，也是為了「中國

43　Taylor, *The Generalissimo*, p. 101.

44　Taylor, *The Generalissimo*, p. 102.

45　Taylor, *The Generalissimo*, p. 102.

46　見蔣介石，〈特務工作人員之基本修養〉（1935），收入秦孝儀主編，
　　《先總統蔣公思想言論總集》（台北：中國國民黨中央委員會黨史委員
　　會，1984），卷13《演講》。

47　Taylor, *The Generalissimo*, p. 104.

的生存」，[48] 又說共產黨比蔣更殘忍，[49] 更進而說蔣之南京政府乃自太平天國以來最有權威的中央政府，[50] 莫不是不靠譜的信口胡言。

　　西安事變迫使蔣介石終止先安內、後攘外的既定政策，中日戰爭遂如箭在弦，一觸即發，此乃此一事變的歷史意義。然而陶涵的結論是：此一事變「沒有改變歷史，蔣之決定才是定調」（the kidnapping itself did not change history; it was Chiang's decisions that shaped events），於是認為蔣於事件中沒作任何承諾，回南京後他有另一次機會發動全面軍事進攻，以解決共黨問題，但是他不屑做，[51] 根本是胡思亂想，幾同夢囈。至於陶涵說蔣去西安之前已經是受人歡迎的領導人，回來之後則成為全國的英雄，[52] 也非實情。實情是：之前蔣介石的不抵抗政策甚不得人心，學潮四起；之後他之所以受到全國的歡迎，正因他答應停止內戰，共赴國難。若事變後仍然大舉內戰，民怨復起，政權豈保？蔣氏可能會想陶涵之所想，但他做不到並不是因為他忠厚老實，而是為情勢所逼，不得不爾。至於說若無西安事變，毛或將逃亡到外蒙或蘇俄，以及張學良自認犯了大錯才送蔣回京云云，皆重彈國民黨站不住腳的老調而已。

　　陶涵說蔣介石長期不抵抗，是為了準備對日作戰，然而不抵抗期間嚴重消耗國力的多次內戰又作何解釋？至於說一旦抗

48　Taylor, *The Generalissimo*, p. 105.

49　Taylor, *The Generalissimo*, p. 107.

50　Taylor, *The Generalissimo*, p. 121.

51　Taylor, *The Generalissimo*, pp. 137, 142.

52　Taylor, *The Generalissimo*, p. 135.

戰，他便堅定不移，[53] 亦非事實，此書根本無意深入探討抗戰期間蔣日雙方秘密和談的詳情。蔣命黃河決口，八十餘萬人喪生，居然說此舉阻擋日軍西進長達六年之久；蔣面對如此重大傷亡無動於衷，而陶涵竟曲為之說，「很少有領導人在大戰中會有動於衷」。[54] 長沙焚城明明是蔣介石下達的命令，而陶涵只願意說：「可能是蔣氏下的命令」（perhaps Chiang ordered the deed），但接著又否認蔣曾下令要摧毀將要淪陷的城市，又說蔣夫人寫信給她美國同學，宣稱火燒長沙不是蔣的責任，[55] 於是陶涵照單全收蔣氏夫婦的一面之詞。

國共合作抗日，乃大敵當前不得不爾之事，蔣介石雖不能也不敢公然決裂，然其「溶共」與滅共之心，未嘗稍歇。陶涵承認1938年10月武漢陷落後，蔣介石已將防共的重要性置於抗日之上，因中共發展得太快，故命胡宗南與閻錫山圍堵共黨於西北一隅。[56] 當時國強共弱，弱者不會愚蠢到挑釁強者。震驚一時的新四軍事件，目的就是要將長江以南的共軍清除，然而陶涵偏聽蔣方之言，認為事件之起，很可能是共軍襲擊國軍而又不聽命之故，又進而妄說毛與周意見不同，以及毛故意挑起此一事件云云。陶涵並以其事後聰明說，各方對新四軍之同情，乃是中共宣傳的效果，就是毛所要達到的挑釁目的云云，[57] 真是不惜倒果為因的論述。陶涵既不知周恩來於1941年1月18日

53　Taylor, *The Generalissimo*, p. 146.

54　Taylor, *The Generalissimo*, p. 155.

55　Taylor, *The Generalissimo*, p. 160.

56　Taylor, *The Generalissimo*, p. 163.

57　Taylor, *The Generalissimo*, pp. 172-177.

重慶《新華日報》第二版開天窗處所寫；「千古奇冤，江南一葉，同室操戈，相煎何急？」，也不去翻翻蔣於同年1月30日在日記上得意地寫道：「解決新四軍案，撤銷其番號，此為國民革命過程中之大事，其性質或甚於民國十五年3月20日中山艦事件也」，此說很令人玩味。不過，誠如陶涵所說，此一事件其實使蔣得不償失，反使共軍在大江南北更加坐大，與中山艦事件的後果大不相同。

日本偷襲美國珍珠港後，太平洋戰爭揭幕，中國抗戰不再孤立，並得到強大的外援，自此美、蔣關係恩怨不斷，也影響到整個中國的命運。許多蔣傳作者喜歡將美蔣關係聚焦於一些動人聽聞的人事上面，陶涵也不例外。最明顯不過的是，自史迪威（Joseph Stilwell）到中國上任後，至其與蔣鬧翻離職回美，陶涵筆下的此一時期中美外交史，幾乎就是蔣、史鬥爭史，與其他美國作者相比，就是偏袒蔣，呈現褒蔣貶史的異趣，與梁敬錞等人的觀點略同而已，但是事實就是這些，只能炒冷飯而已。[58] 這樣又不免模糊了重要的歷史發展，陶涵若能從大處著眼，便知從珍珠港到中途島，美國的策略是聯合各方全力打敗日本；中國已苦撐四年，敵人也就是日本，共同打擊日本的目標與利益相同。然武漢失守後，由於地形阻隔，中國戰場呈膠滯狀態，蔣介石遂採防共優於抗日的策略；美國參戰後，蔣認為日寇已不足懼，共黨才是心腹之患，於是處處試圖防之、溶之、滅之，不免與美國欲結合包括共黨在內所有力量打敗日本的策略相背。當美國決定要武裝共軍抗日時，蔣再也

58　參閱Taylor, *The Generalissimo*, pp. 196-294.

不能「忍辱負重」，不惜決裂。蔣史交惡，若從大處著眼，實際上是美蔣在策略上的矛盾，只是史迪威直率無忌，對蔣甚不禮貌，稱之為「花生米」而不名，甚至當面辱之，使得矛盾更為戲劇化而已。

自1943年起美國勝券在握，遂逐步籌畫戰後世界秩序的重建，美國羅斯福總統期盼統一強大而親美之民主中國，與美、英、蘇並立為四強，以為其東亞盟友；強大乃苦難中國之所盼望，蔣亦何嘗不想成為四強之一的元首。陶涵並不諱言，積弱之中國經過八年抗戰，幾臨崩潰的邊緣，蔣又一再以中國將潰敗，向美國索取更多美援，然而戰績不佳，令華府沮喪，以至於羅斯福邀史達林介入，而有傷害中國利益的〈雅爾達密約〉。[59] 國共之間又有摩擦，成為戰後最大的隱憂；若不解決，中國如何統一？ 若不能統一，遑論強大？共黨問題原是蔣介石的最大關切，然解決之道，與美方並不相同。美國以民主立國，希望戰後中國建立民主的聯合政府，奠定統一富強的基石。但是蔣以統一政令與軍令為前提，要中共必先交出政權與軍隊，而後容納共黨，參與其政府，無異招降納叛，與已經壯大的中共絕難接受。故調解之美使，雖絡繹於途，並無善果；即以馬歇爾之尊貴，亦徒勞無功。蔣初欲聯合美蘇逼毛就範，後知無效，遂力言以其優勢兵力可以一舉滅共，並深知美國民意反共，必不我棄。美國之終於轉向親蔣反共，亦勢所必然，如杜魯門致馬歇爾密函所言：「為了地緣政治之故，萬一和

---

59 視〈雅爾達密約〉為「大出賣」之專著，參閱Felix Wittmer, *The Yalta Betrayal*（Caldwell: The Caxton Printers, Ltd., 1953）.

談破裂，美國只有支持蔣介石」（for geopolitical reasons, even if talks broke down, the United States would support Chiang Kai-shek）。[60] 於是蔣乃有恃無恐，一意孤行。為美國計，若蔣果能迅速用軍事力量解決中共，未嘗不能達到其預期之戰略目標。既有此種想法，國共內戰終不可避免。馬歇爾於和談破裂後，在公眾場合將責任歸之於國共雙方的極端派，乃是外交辭令，因國共兩方都是蔣或毛說了算，沒有什麼極端派可言；事實上，馬在其檔案中透露：「（我）必須說，蔣及其政權要負和談失敗最大部分的責任」。[61] 多年之後，馬在私下訪談中更直說：他曾被（蔣介石）「出賣」過好多次（betrayed him down the river several times），「賣到下游」（down the river）是美國人用語，背景是將黑人轉賣到密西西比河下游去當奴隸，比喻極為嚴重的「出賣」與「欺騙」行為。馬歇爾顯然抱怨在和談其間，屢上廬山，不斷受到蔣之詐騙與愚弄。蔣之所以要愚弄馬歇爾，因在美國壓力下不得不談而實不願談。蔣之不願談，其跡昭然，他曾一再公開說：中共問題能夠以武力解決。正因馬歇爾警告蔣，刻意用武力解決爭端之不利後果，[62] 故蔣在1946年7月17日的日記上寫道：「美國始終堅持其不用武力之主張，而置我國存亡於不顧，至可痛惜也」。時後證明他一意孤行，才置國民黨的存亡於不顧。同年10月間，蔣又在南京召開的軍事會議上，揚言五個月內打垮共軍。既能如此，又何必和

60　Taylor, *The Generalissimo*, p. 355.

61　見George C. Marshall, *The Papers of George Catlett Marshall*（Baltimore: Johns Hopkins University Press, 1981）, p. 63.

62　參閱Taylor, *The Generalissimo*, p. 354.

談？然則，和談破裂之始作俑者，非蔣莫屬也；然而陶涵處處引用蔣之說法，指馬歇爾偏袒共黨，總是指責蔣而不指責毛，與共方埋怨馬偏袒蔣介石，相映成趣，正見馬歇爾豬八戒照鏡子，兩面不是人，其窩囊可知。陶涵反而同情蔣，認為蔣是一清廉愛國的中央政府領導人，謀求中國之統一與民主，而毛共拒絕參與其政府，在蘇聯支持下公然叛亂。如此說法，抄蔣氏舊說的冷飯，無補歷史的真相。

陶涵依據蔣《蘇俄在中國》（1957）一書所說，由於國內外之干預，使蔣無法做到不去占領東北的決定，以至於使他最精良的軍隊陷於東北的泥沼之中。所謂外國干預，無非是因為蘇聯聲言與蔣合作，以及美國的鼓勵，協助蔣運送八個集團軍到東北。[63] 多年之後，蔣又抱怨當時馬歇爾的立場與態度，使他決定爭奪東北。[64] 這些都是要把責任推給別人，事後聰明的說法；當時的蔣介石，意氣風發，認為可於短期內剿滅「共匪」，豈有不想收復東北之理？

蔣的軍事行動原有備而來，和談一旦破裂，立刻「全面進攻」；未能得逞之後，始改為「重點進攻」。重點之一就是東北，陶涵認為滿洲一戰（遼瀋之役），決定了中國的命運，[65] 又作無端的假設說，若於1948年秋天將東北的軍隊撤出，將可保住黃河或長江流域，[66] 乃無端猜測之詞。對蔣而言，東北戰場十分重要，而且蔣有軍事優勢，美式裝備，使他信心滿滿。

63　Taylor, *The Generalissimo*, p. 327.

64　Taylor, *The Generalissimo*, p. 339.

65　Taylor, *The Generalissimo*, p. 373.

66　Taylor, *The Generalissimo*, pp. 392-393.

不料一敗塗地,當遼瀋之役結束後,國共優勢異位。重點之二在陝北,胡宗南不到一周就已攻克延安,但是胡部轉戰陝北,捕捉不到共軍主力;一年以後,毛又回到延安。重點之三在山東,蔣介石發動三個兵團二十餘萬眾,擬一舉殲敵於沂蒙與膠東地區,結果全副美式裝備的張靈甫師,全軍覆沒。約略同時,劉、鄧大軍千里躍進大別山,南窺南京,像刀鋒指向心臟。蔣遂又改為「重點防禦」,分為20個綏靖區,最後防禦不住,大敗虧輸。經過遼瀋、淮海(徐蚌)、平津三大戰役,猶如三鼓,一鼓作氣,再而衰,三而竭,勝敗命運已定。

陶涵點出,蔣於內戰失利之際,仍然不自反省,[67]刻意責怪桂系陰謀,[68]甚至要馬歇爾負「失去中國」的責任。[69]陶涵也指出,蔣曾命令湯恩伯將軍不聽李代總統的調遣等等,但仍然認為蔣是一個了不起的人物:「在失敗與失望的陰暗氣氛裡,仍然是一冷靜的儒者」、「他知道他要往何處去」,又說:「蔣從來不曾偷過國家的錢也沒有私人金庫」。陶涵生活在民主社會裡,太不理解專制世界了;和珅貪污,乾隆皇帝需要貪污嗎?希特勒與史達林也沒有私人金庫啊!

蔣介石專制獨裁且擁有極大的軍事優勢,竟然於短短數年之內,失去整個中國大陸,任何蔣傳作者難能不說蔣是失去中國大陸之人。陶涵說蔣是「儒者」,是優秀的軍事家,實在太沉重;希望蔣作政治與經濟改革以維持政權,也太奢求。大元

67　Taylor, *The Generalissimo*, p. 400.

68　Taylor, *The Generalissimo*, p. 397.

69　Taylor, *The Generalissimo*, p. 388.

帥畢竟是軍人出身，一生戎裝，卻在此生死大戰中，所作一連串的荒腔走板決策，犯了兵家最基本的錯誤。蔣自稱讀過兵學大師克勞塞維茲（Carl von Clausewitz）的著作，但克氏明言要擊敗敵人，必須要消滅其武力，殺傷其兵員，使其不能再戰，故「吾人必須視殲敵之全部或一部為作戰之唯一目標」（we may look upon the complete or partial destruction of the enemy as the only object of all combats）。[70] 此乃兵學之最基本常識，而蔣正好反其道而行，只知攻城掠地而不能殲敵，最後坐困圍城，為敵所殲。凡陝北、魯東、遼瀋、平津、徐蚌諸戰，莫不如此，屢犯兵家大忌而不自知。更可議者，他既已下野，卻仍然於幕後指揮軍隊，潰敗之禍首，舍蔣其誰？論蔣者如陶涵，豈能不辨？

　　蔣介石丟掉大陸應是他政治生命的終結，然此敗軍主帥，仍掌控國民黨政、軍、特等權力機器，美國人雖欲去之而不能，又拜天時與地理之賜，在台灣島內發號施令又長達25年之久。陶涵寫孤島上的蔣介石近二百頁之多，幾近全書三分之一的篇幅，就其生命歷程而言，差可相當，然就重要性而言，殊失比例原則。陶涵提到蔣在1946年之秋，就已想到「有朝一日有可能到台灣避難」（the possibility of some day taking refuge on Formosa），[71] 不知是蔣未卜先知，還是陶涵事後聰明？難道蔣在國共內戰未決之前已經失去信心，就想逃亡到台灣嗎？陶涵

70　Carl von Clausewitz, *On War*, Penguin Classics, Abridged edition（New York: Oxford University Press, 1982）, p. 304.

71　Taylor, *The Generalissimo*, p. 362.

不是也提到蔣會在「五個月內消滅共匪嗎」？蔣在當時如此有
信心，怎會先想到逃難到台灣呢？陶涵前言不對後語，於此可
見。

　　蔣介石逃難到台灣之後，仍然是在野之身，但他人下野，
權未下野，依舊掌控黨軍政機器，下令搬運黃金、故宮珍寶，
更不在話下；不過，為了名正言順，他急欲復職。陶涵寫道：
1950年2月3日，李宗仁告知台北當局因健康緣故必須留在美
國，於是蔣介石決定復職。蔣復電讚賞李為國付出，但在日記
裡卻罵李是「無恥的人渣」（a shameless scum）。陶涵雖然指
出，蔣自稱若不復職不僅台灣而且整個民族將毀於一旦，乃是
「自戀式的幻想」（narcissistic fantasies），但立刻補充說，此
後蔣無論在公眾或幕僚之間，不再重複此類幻想。[72] 陶涵有所
不知，蔣後來對大陸同胞廣播時自稱「民族救星」！更重要的
是，陶涵輕描淡寫蔣之復職過程，掩蓋了不少真相。當年蔣辭
職下野，按憲法李應以副總統繼任為總統，但蔣只令其為代總
統，是於法無據的。蔣雖離職，仍幕後操控，使李有職無權，
貽害無窮，李最後只好抱病赴美就醫。當國府先後遷至廣州與
重慶時，已有要蔣復職的呼聲；及撤退到台灣，蔣大權獨攬，
復職更是迫在眉睫，然因顧忌美國人的態度，一時未敢貿然行
事而已。最顧面子的做法當然是得到李宗仁的配合，陶涵若得
見李宗仁於1950年2月6日寫給居正的信，便知台北方面一直在
逼他「讓賢」，但是李反對蔣復職，稱之為「復辟」，更不能
將國家名器私相授受，堅持護憲的立場。居正當時在台北任監

72　Taylor, *The Generalissimo*, p. 428.

察委員，蔣必悉此函內容，故蔣乃發動李在台舊部，如白崇禧等人，屢電促李返台。李以病體未愈不能長途旅行為由婉拒，然堅持復職必採合法途徑，「方免違憲之咎」。事實上，李的病體已經復原，誠如其回憶錄所說，如其貿然回台，必將任由蔣介石擺布，逼他勸進；蔣氏一旦復正大位，李雖欲求張學良之處境而不可得。當蔣知李不可能被利用時，遂於1950年3月1日不顧違不違憲，在台復職。陶涵不提蔣復職之後，杜魯門仍以總統之禮接待李宗仁，以表示蔣復職的不合法。

　　陶涵根據美國領事館的情報，說蔣曾考慮將部分運台黃金轉運到菲律賓，以防萬一，[73] 卻不明白指出蔣所謂與台灣共存亡云云之不實。不過，當時共軍準備攻台，美國有不會出兵相挺之說，還有聯合國託管台灣的言論，確實是危急存亡之秋。陶涵並不諱言，蔣氏父子在台灣重建其列寧式黨政軍機器，為了內部的安全，不惜殺雞儆猴，以至於有萬人受審，數千人遭處決，所有高級將領都受到監視。[74] 韓戰爆發之前，美國希望有人能取蔣而代之，魯斯克（Dean Rusk）曾一度想驅蔣之後，將台灣置於麥帥控制之下，也曾要住在紐約的胡適來取代蔣，但為胡所拒。孫立人美國維吉尼亞軍校畢業，及其在印緬作戰的功勳，當然也是被看中之人，但孫將軍並無意願，於面見麥帥時直言效忠蔣。[75] 陶涵所謂美國中央情報局台北站於1950年3月向上級報告說，孫將軍準備政變，以及一個月後美國在台

73　Taylor, *The Generalissimo*, p. 415.

74　Taylor, *The Generalissimo*, p. 412.

75　Taylor, *The Generalissimo*, p. 404.

軍事武官報告有一高級官員，可能就是孫，對他說台灣在蔣統治下無望。[76] 這些都是美方一廂情願的說法，美國學者康明思（Bruce Cumings）在其《韓戰起源》一書中，引用美國國務院檔案透露，遲至1950年6月19日，美方尚欲派遣最可信賴的密使告訴孫立人，若願政變，美國將提供必要援助云云，[77] 若先前情報屬實，又何必再問孫願不願意？陶涵也提到，美國國務院1950年5月3日收到極機密檔說，孫將軍「秘密告知」美國人，他正在準備政變。魯斯克於同年6月初又收到聲稱是孫友人送來政變密函，魯將密函燒掉而後報告國務卿艾契生（Dean Acheson）云云。連陶涵也警覺到，魯斯克可能沒有想到的一種可能性：「密函根本是偽造的，以便儘快落實孫政變之罪」（the letter was a forgery intended to justify Sun's early arrest for plotting a coup）。[78] 到了1955年時機成熟後，果然就羅織孫氏部屬為匪諜而後整肅孫。陶涵提到，當孫被捕後，美國海軍上將雷德福感到「驚駭」（appalled），連最支持蔣的美國保守派議員也告知蔣，孫立人是國軍中最優秀的將領，他不可能包庇共產黨。蔣在美國人的壓力下不敢下毒手，只好將孫軟禁。陶涵接著說，當美國駐華大使藍欽（Karl Rankin）到台中看望孫將軍時，看到孫將軍很「享用他的玫瑰花園」，[79] 又不免將孫之

76　Taylor, *The Generalissimo*, p. 433.

77　Bruce Cumings, *The Origins of the Korean War*, *Liberation and the Emergence of Separate Regimes, 1945-1947*（Princeton: Princeton University Press, 1981），p. 508.

78　Taylor, *The Generalissimo*, pp. 433-434.

79　Taylor, *The Generalissimo*, p. 484.

冤情淡化了。蔣經國死後，監禁孫立人稍寬，我曾有機會訪問孫將軍於台中寓所，始知台中有名的「將軍花」是在住所院內種的玫瑰花，以貼補家用，並非在享用玫瑰花園。孫除了物質生活上並不寬裕外，冤情更使他午夜醒來，捶胸悲鳴！

　　韓戰爆發後，第七艦隊進駐海峽，台灣局勢才趨穩定，美國為了冷戰之需又轉而支持蔣介石。靠山既已穩定，蔣氏父子遂可放手排除被視為親美的孫立人與吳國楨，而目的主要是為兒子接班鋪路。蔣在日記裡用惡毒的話罵孫立人，罵吳國楨，這兩人最後都被整肅，並不令人奇怪。但是令人驚異的是，早於1950年元月，蔣就在日記裡痛罵陳誠，說陳公開批評蔣，責備蔣干預他辦事等等，[80] 蔣又說陳「傲慢」，[81] 當任命陳為行政院長時，又說陳「失去革命軍人的品格」；[82] 同年9月蔣、陳又在會議上對峙，陳罵蔣獨裁，蔣罵陳瘋狂，而蔣又不准陳辭職。[83] 蔣在日記裡如此不堪地罵陳誠，實在令人費解，陳誠不是蔣之心腹嗎？安敢如此？事實上，陳誠從省主席到行政院長到副總統到死，並未如孫、吳被整肅，不免令人起疑日記所載，是否是伏筆？為日後整肅陳誠留下線索？只是陳誠死得早，沒擋兒子經國接班之路，也就沒有下文了。然而陶涵的解釋居然是：蔣罵陳而又用陳，是運用孫子兵法來對付一個得到民眾愛戴的政治人物，[84] 真令人莫測高深了。

80　Taylor, *The Generalissimo*, p. 424.

81　Taylor, *The Generalissimo*, p. 426.

82　Taylor, *The Generalissimo*, p. 429.

83　Taylor, *The Generalissimo*, p. 445.

84　Taylor, *The Generalissimo*, p. 463.

　　韓戰穩住台灣，幫了蔣介石的大忙。美國為圍堵共產勢力，又視蔣為盟友。陶涵指出艾森豪在競選中，喊出廢除〈雅爾達密約〉、擊退鐵幕、結束韓戰以及「放縱蔣去對付紅色中國」（"unleash" the Generalissimo against "Red China"）等反共口號。所以艾森豪當選後，蔣立刻向來訪的美國海軍部長提出反攻大陸計畫，但是美國人檢視之後，覺得「完全不切實際」（totally impractical），當美國副總統尼克森（Richard Nixon）於1953年訪問台灣時，更向蔣直言反攻大陸毫無成功的機會，陶涵直言這是艾森豪政府最直接了當的拒絕。於此可見，艾森豪於當選前要「放縱」蔣，當選後又要「拴住蔣」（chain him up again），因而蔣對美國新政府的熱望並未能持久。[85] 陶涵認為蔣沒有因此感到煩惱，只要美國人不公開揭穿就好，[86] 這等於說不要揭穿騙局。蔣畢竟獲得〈中美協防條約〉與大量美援的補償。陶涵透露，由於美蔣軍事同盟，到1957年為止，約有一萬個美國人住在台灣，包括情報員、軍人、官員與家屬，幾年以後又增加了一倍之多。[87]

　　陶涵指出：美國協防台灣有條約依據，但是並無防衛外島金馬的承諾；然而蔣介石不僅堅拒自外島撤退，而且在金馬小島駐上十萬大軍，意圖作為反攻大陸的跳板，也可在東南沿海挑釁，以激化北京與華盛頓之間的矛盾，甚至戰爭。當金門炮戰於1958年發生後，有些美國官員揚言要在金門使用原子彈。

85　參閱Taylor, *The Generalissimo*, pp. 457, 458, 469.

86　Taylor, *The Generalissimo*, p. 468.

87　Taylor, *The Generalissimo*, pp. 490, 521.

事實上，美國已將八英吋可以發射原子武器的大炮，運往金門。是年5月宋美齡訪美，在全國性的「會見媒體」（Meet the Press）節目中公開說：「大陸同胞正在問，台灣為什麼還沒用原子彈來對付中共政權」（people on the mainland were asking why Taiwan did not use nuclear weapons against the Communist regime），她居然認為大陸同胞很願意與中共偕亡，而陶涵提及此事，卻全無評論。[88] 他還提到一則仍然沒有解密的美國情報說，蔣有意於1958年9月將美國捲入與中共打原子戰。可是陶涵接著說：據他所知，蔣氏不可能挑起原子戰爭，[89] 未免太不了解蔣宋想要收復大陸的渴望了。其實陶涵自己提到：艾森豪政府的鷹派國務卿杜勒斯（John Foster Dulles）曾出其不意地直接問蔣，是否要美國使用原子武器來對付中共，蔣想了一會建議說，可用技術性原子武器。杜勒斯接著說，即使像投在日本的原爆威力，固然能摧毀共軍所有的大炮，但原爆輻射可能殺傷包括金門人在內的兩千萬中國人，更何況若蘇聯捲入戰爭，台灣也可能被原子彈炸光光。蔣不直接回答杜勒斯的問題，只說如果原子彈會引發世界大戰，他並不贊成用。[90] 可惜陶涵未能理解到，杜勒斯顯然要蔣撤守金馬，以避免可怕的核子戰爭，故用言語來測試蔣介石，蔣之反應情見乎詞，而陶涵全然未能深入分析，自然無法理解蔣氏想乘第三次世界大戰來收復大陸的隱衷。陶涵提到：蔣經國亦曾奉父命赴美，建議與甘迺迪政

88　Taylor, *The Generalissimo*, p. 494.

89　Taylor, *The Generalissimo*, p. 496.

90　Taylor, *The Generalissimo*, p. 500.

府共同摧毀中共飛彈與原子設施，所謂「將那嬰兒絞死在搖籃裡」（strangling the baby in the cradle），[91] 後因美國覺得中共核彈戰略意義不大而婉拒。宋美齡於1965年8月又到美國，要求魯斯克國務卿提供她丈夫摧毀中共核子設施之能力，但又未成功。[92] 此時蔣自己正在積極製造原子彈，後來秘密為美國偵知而遭廢止。於此可見蔣對原子彈是望之彌堅的，直到中共試爆氫彈成功，他的核子夢才醒過來。其實，陶涵明白艾森豪只是作核子恫嚇，不可能真的動用原子武器，當法軍被圍困於越南的奠邊府時，唯有用原子彈可以解圍，當時連副總統尼克森都躍躍欲試，卻被艾森豪喝止。[93] 原子彈確實是紙老虎，但紙老虎有很大的威嚇力。美國不斷在口頭上作核子威嚇，逼得中共即使沒有褲子，也要原子。

美方顯然欲以金馬換取台灣與大陸的分離，因而毛澤東情願暫時不取金馬，蔣因得以保住這兩個外島，然而陶涵卻認為蔣挺得住杜勒斯要求撤離金馬的壓力，又一次證明蔣具有行其所是的能力，[94] 完全忽略了客觀情勢。陶涵雖認知到艾森豪與之前的杜魯門都在尋求「兩個中國」，或「一中一台」政策，並不想幫助蔣反攻大陸，惹火上身，也不願毛取得台灣，但陶涵未能明確指出，此一政策終於無成，到後蔣時代再有人想要追求幾十年來美國可望而不可即的政策，不僅為時已晚，而且更不切實際了。

91　Taylor, *The Generalissimo*, pp. 518-519.

92　Taylor, *The Generalissimo*, p. 527.

93　Taylor, *The Generalissimo*, p. 471.

94　Taylor, *The Generalissimo*, pp.501-502.

　　陶涵寫蔣傳，還提到一些令人矚目的事情，很可以說明蔣介石的性格，但因沒有作進一步的分析而無結果。例如韓戰爆發後，蔣曾請提供三師兵力赴韓助戰，為杜魯門所拒，不過麥帥仍不斷要求蔣出兵。當美國CBS電臺於1950年12月8日訪問蔣，並以此事相問，蔣居然未重申前請，卻改變主意，要美國海空軍協助他進兵中國大陸，以牽制在朝鮮的共軍，而他做此要求時，明知美國不會同意，而自己也沒有準備好。[95] 陶涵未能進而分析蔣缺乏誠意，得寸進尺，漫天喊價的表現說明了什麼？又如美國甘迺迪（John F. Kennedy）總統於1961年要蔣承認外蒙，又要給台獨分子廖文毅入境簽證，於是蔣一方面經由美國大使莊萊德（Everett Drumright）轉告白宮說：美國與中華民國簡直就是主奴關係，如果繼續如此，將有嚴重後果；如果美國讓廖入境，更是對蔣以及蔣政權的陰謀。另一方面經由CIA台北局主任克萊恩（Ray Cline）傳達他對美政策之不滿，或將採取自殺性登陸大陸的激烈行動。甘迺迪怕與蔣「同歸於盡」（pull the house down on himself and on us），又有鑒於古巴導彈危機的餘悸猶在，遂致函蔣無限期推遲廖入境與外蒙入會問題。[96] 這是蔣以玉石俱焚來要脅美國得逞的例子，但陶涵對此手段未加應有的分析與解釋。再如當大陸三年自然災害發生後，蔣又聲言無論美國同意不同意，他都要反攻大陸解救同胞，並告知美國人，如果美國要阻擋，台灣可能爆發反美暴動。當美國國務院遠東事務助卿哈里曼（Averil Harriman）於

95　Taylor, *The Generalissimo*, p. 447.

96　Taylor, *The Generalissimo*, p. 512.

1962年3月14日訪問台北時，蔣又說他若不反攻，將要失控，但是哈里曼揭穿蔣，不過是在「虛張聲勢」（bluff）而已，台灣局面肯定不會失控，被老美看破手腳。陶涵說：美國人到最後才理解，蔣之所謂「反攻大陸」只是一種表演、一種語言、一種心理與政治，以及內部士氣的需要，[97] 並非真的要跨海作戰，但他對這種自欺欺人的行為又無解析。陶涵如果能把蔣介石對付美國人的這些手法連同他如何對付陳潔如、汪精衛、張學良、李宗仁、孫立人、吳國楨、葉公超等人合而觀之，也許更能洞悉蔣介石前後相當一致的性格。一個人的性格自小養成，成長後仍會由不同方式表現，如果能夠詳細論證，才能將一個人的人格分析得入木三分，可惜陶涵做不到。

　　陶涵雖提到一些較為輕鬆而有趣的逸聞趣事，惜語焉未詳。陶涵刻意寫美國總統特使威爾基（Wendell Wilkie）訪問重慶的經過，[98] 他指出威氏性好酒色，其中高潮是「號稱與宋美齡有一夜的浪漫約會」（a reputed one-night romantic engagement with Soong Mayling），內容與李敖或芬比[99] 所述雷同，因故事同來自威爾基的好友考爾斯（Gardner Cowles），小名邁克（Mike）。陶涵知道此公來頭不小，是著名《展望》（Look）雜誌的發行人，於1985年出版《麥克回顧》（Mike Looks Back）一書。這本回憶錄的初稿於1982年就已寫成，其中記錄了這段羅曼史。陶涵所知的考爾斯，是「保守的，在政治上支持

97　Taylor, *The Generalissimo*, p. 515.

98　Taylor, *The Generalissimo*, pp.216-220.

99　見Jonathan Fenby, *Chiang Kai-shek: China's Generalissimo and the Nation He Lost*（New York: Carroll & Graf Publishers, 2003）, pp. 91-96.

蔣家的人，絕非是一個喜歡揭露醜聞的人」（a conservative, a political supporter of the Chiangs, and not a muckraker by any means）；換言之，陶涵知其人，故不認為考爾斯會造蔣夫人的謠，但又質疑為何在渴望謠言的重慶沒有其他外國人，包括外交官與記者在內，報導或傳播此事。陶涵知道考爾斯是當事人之一，而其他的當事人都不可能承認這件事。考爾斯是事隔多年後的回憶，而此緋聞只是回憶的一小部分，並無政治動機可言，事實證明也並無商業價值。如陶涵所說，當此一故事的節錄本初次出現於1974年出版的《皮爾森日誌》（*Pearson Diaries*）後，在美國並未引起多大注意，然而台北當局派代表替宋美齡打民事訴訟，考爾斯不願糾纏，其實是為了故友才道歉罰款了事，他原無意伸張，只是把他經歷的事留贈家人。陶涵也認為這位出版家很可能不願在法庭上再重述此事，也可能為了顧及著名亡友的名譽，不願再大肆張揚此事；然而十餘年後，考爾斯為他家族所寫的回憶錄，仍然保存了此一逸聞。陶涵既說威爾基可能酒後誇飾，考爾斯加油添醋，但又說宋美齡與考爾斯分別在重慶和紐約兩度見面的言行，一直沒有得到澄清，[100] 令讀者感到模棱兩可。當代學者也各持己說，中國大陸的楊天石認為絕無此事，居然是從威爾基在重慶的日程，考證絕無此事，無此節目，[101] 若將「一夕幽會」排在日程上，豈非貽笑大方？我曾與美國教授談及此事，他們多認為：「威

100　Taylor, *The Generalissimo*, pp. 218-219.

101　楊天石，《蔣介石真相之二：奮起：抗戰及戰後》（台北：風雲時代出版股份有限公司，2009），頁449-452.

爾基與蔣夫人有一晚情人的約會是可信的」（Wendell Wilkie conceivably had a one night tryst with Madame Chiang）。

另一則逸聞是，當李公樸與聞一多在昆明被刺後，舉世震驚，馬歇爾也認為乃蔣或蔣政權所為（馬的認知不錯，國民黨內部文獻確定出自警備司令霍揆彰，並不是陶涵所說，出自兩個低級軍官）。蔣向馬歇爾抱怨說：「抗議昆明謀殺案的那些哈佛教授們知道什麼當地的情況」？平常不苟言笑的馬歇爾忍不住回答說：「他們不只是一群軍事中學堂的畢業生」（they were more than a bunch of military high school graduates），[102] 陶涵就此點到為止。難道馬歇爾知道蔣介石僅僅是日本振武學堂出身，揭其僅有中學生學歷作為反諷嗎？

另外一則陶涵提到的趣事是，當史迪威於1946年10月因肝病逝世後，蔣在南京舉行盛大的追思會，許多曾在緬甸作戰的官兵多應邀與會，約有一千五百名中外人士濟濟一堂，靈堂布滿鮮花，牆上掛滿包括蔣介石本人在內重要人物所送的輓聯，然而陶涵特別點出：「蔣在當天的日記裡，並未提到史迪威之喪」（Chiang's diary that day did not mention the passing of Vinegar Joe）。[103] 陶涵既然注意及之，惜未能將此貓哭老鼠的事例做些人格心理上的分析。蔣恨史入骨，卻刻意給史如此盛大的追思會，貴賓雲集，當然不是痛失良友或愧對故人，而是做給美國人看的，或是把喪事當喜事辦，亦未可知，然私下甚是不屑，於是盛大追思之後，在日記裏一筆不提。

102　Taylor, *The Generalissimo*, p. 359.
103　Taylor, *The Generalissimo*, p. 362.

　　陶涵也提到蔣經國在上海打老虎之事，經國逮捕了囤積物質的孔令侃，宋美齡聞訊趕到上海，責備經國不應兄弟相殘，並立即發緊急電報給在北平的蔣介石，當時東北局勢緊張，而蔣迅即飛返上海，處裡家務事，使北平守將傅作義感歎：「蔣介石不愛江山愛美人」（Chiang Kai-shek loves the beauty more than the throne）。[104] 陶涵寫道：孔令侃很快被釋放，經香港轉往紐約與其父母團聚。蔣經國老虎打不下去，人心收拾不了，江山果然難保，惜陶涵未進一步追究傅作義最後在北平不戰而和，是否與此有關。

　　陶涵一再提到：周恩來是蔣介石的朋友，並說周氏逃過CIA策劃的炸機之難後，蔣在日記裡說飛機上所有的共產黨都死了，可惜周不在飛機上，感到遺憾，其心意昭然若揭，但陶涵居然想得出說：蔣很可能善意傳話給周，說他自己並未參與此案，所以周也不責怪蔣云云，[105] 真是毫無根據的怪談。陶涵更無端猜測說蔣在大陸如有在台灣那樣的政治控制，同樣也能在那裡實施土地改革。[106] 陶涵又說蔣介石為顧忌美國的批評，只輕判了雷震十年；[107] 雷震因為籌畫組黨，而入十年大牢，何來輕判？正說明陶涵對雷案之無知。

　　陶涵的蔣傳是一本厚重的書，長達722頁，但是它的品質並不厚重，主要問題有好幾個方面。首先，此書取材雖廣，但對材料的考辨不夠嚴謹，以至於金沙俱下，真偽相雜。此書出

104　Taylor, *The Generalissimo*, p. 387.

105　Taylor, *The Generalissimo*, p. 483.

106　Taylor, *The Generalissimo*, p. 485.

107　Taylor, *The Generalissimo*, p. 507.

版之前已有中西文蔣傳多種，不無參考價值，但陶涵取用無多，中文著作更無論矣，英文近著如芬比之蔣傳，也未提及；其次，為人立傳自當客觀，然客觀並非善惡是非並舉，而不加分析與評論。若謂蔣既是儒者又是現代人，既暴躁殘酷而又勇敢正直，其間不無矛盾難諧之處，有待作者說明。引錄蔣之日記，應具批判眼光，以為佐證，不宜由其自說自話，視為定論。若謂從日記可知蔣為一誠實之人，即太天真。陶涵下筆之際，有時也會出一些蔣的「洋相」，然隨即加以粉飾，又如何能公正評價蔣這號人物？陶涵引了不少有趣的事證，惜未能深入分析其事、理解其人，卻一再說蔣是新儒家。我們不妨看看被稱為「最後儒者」[108] 的梁漱溟如何看蔣？他「覺得這個人很虛偽」、「覺得蔣介石神氣、態度都不自然，都很做作」、「親眼看到蔣介石這個人毫無信義」、「蔣介石的話完全不算數」、周恩來、黨外人士，甚至馬歇爾元帥都受蔣介石的欺騙與刁難，[109] 也不妨聽聽現代新儒家浙東大儒馬一浮對蔣介石的評語：「此人英武過人，而器宇褊狹，乏博大氣象；舉止莊重，雜有矯揉；乃偏霸之才，偏安有餘，中興不足；方之古人，屬劉裕、陳霸先之流人物」。[110] 馬氏於抗日期間曾講學樂

---

108 Guy S. Alitto, *The Last Confucian: Liang Shu-ming and the Chinese Dilemma of Modernity*（Berkeley: University of California Press, 1979）. 中譯本【美】艾凱，《最後的儒家：梁漱溟與中國現代化的兩難》，王宗昱、冀建中譯（北京：外語教學與研究出版社，2018）。

109 見梁漱溟，《憶往談舊錄》（北京：中國文史出版社，1987），頁127-129、132、135。

110 語見任繼愈，〈馬一浮論蔣介石〉，收入《馬一浮全集》（杭州：浙江古籍出版社，2013），第6冊（上），頁360。

山復性書院時，親自見過蔣，得此
印象，乃是一位真正現代儒者的持
平之言，故能明察秋毫，誠虛兩字
尤言簡意賅。

　　陶涵未能如馬一浮所見，欲為
蔣氏定不切實際的歷史地位，諸如
機敏的戰略家、精明的軍事領袖、
成功的外交操弄者、現代新儒家，
誠實不欺的個人，以及愛妻子的丈
夫等等；果如此，何以蔣失敗得如
此徹底？由書名可知，作者更有意
視蔣為啟動中國模式民主現代化之
進程者。然而通讀全書，蔣氏平生
所作所為，殊少與民主進程有關，
此書難免令讀者有言多不實之感。
陶涵認識蔣之不足，實因對中國現
代史事所知有限之故，諸多之事實
謬誤更證明其尚未能掌握中國近現
代史的基礎知識。此書對西方讀者
或感新鮮，但對華人讀者而言，主
要貢獻只是提供了一些美方的資料
與觀點而已。然而海峽兩岸迫不及

陶涵書影

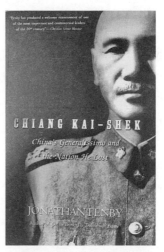

比陶涵客觀的英文蔣介石傳

待譯之為中文，予以重視，甚至認為是新出的持平之作，為蔣
翻案。但歷史事實不能視若無睹，曲解不可能是直筆，翻案豈
能輕易得逞？陶涵蔣傳橫跨傳主之一生，我借之糾其謬、直其

曲，作為我評說蔣介石的緒論；緒論之餘，再作重要議題的專論。

　　議論蔣介石頗多起伏轉折，在他統治的地方，尤其是他在台灣的二十五年，只見歌頌，高呼萬歲，甚至視若神明。等到蔣家王朝終結，台人多視老蔣為寇仇，甚至污損褻瀆其陵寢。島上如此，大陸久視其為人民公敵，雙手沾滿人民的鮮血云云，然而時移境遷，奉化因統戰修飾其故宅，若干學者忽見大量蔣氏日記稿本，更趨之若鶩，大有為蔣翻案之勢。美國輔蔣失敗，華府大失所望，鄙薄其人；然而當中國大陸鵲起，反共風潮又興，又刻意褒蔣貶毛，陶涵之書是也。雖眾說紛紜，然蔣介石主政中國二十餘年，內憂外患，民不聊生，以至於失去大陸；退居海島亦二十餘年，外仰美國鼻息，內以戒嚴行恐怖之實，以傳子延續其王朝，何善可陳？斷不可因政治或懷舊而為失敗者辯護，視獨夫如明君，青史不許。究竟如何蓋棺論定？聽我評說。

第一章

蔣介石為誰槍殺陶同志？

　　中華民國成立不過兩週，就發生了一件大事：蔣介石暗殺了革命元勳、光復會首領、革命老同志陶成章。那是1912年1月14日深夜二時，蔣介石由光復會叛徒王竹卿陪同，潛入上海廣慈醫院內陶成章的病房，將陶槍殺身亡。這件謀殺案，有心人當然要為蔣介石諱，蔣死後出版的《總統蔣公哀思錄》中有一篇〈總統蔣公年表初稿〉，於1912年條下仍記道：「中華民國元年（壬子，西元1912年）公二十六歲。總理就任臨時大總統，旋舉袁世凱自代。陶成章謀刺陳其美，破壞革命，公怒之。遂辭滬軍第五團團長，東渡日本，習德文。」所謂「公怒之」，顯然諱了殺字。吳敬恒於1964年出版的《蔣總統年表》大本線裝，並不諱言「公怒殺之」。再對照之下，原來1964本乃1975本的底本，僅僅是把「殺」字諱掉了。原來總統蔣公並非為了一生氣就辭了職去了日本，而是因為一生氣暗殺了人，才辭職去了日本的。其實，毛思誠編寫的《民國十五年以前之蔣介石先生》一書，早已不諱言殺陶。今南京中國第二歷史檔案館所藏《中正自述事略》殘稿，先於1908年條下，謂徐「錫麟之死，實為陶成章之逼成」，又謂陶於徐死後，「詆毀

先烈」，再謂「自此即甚鄙陶之為人」，詆陶「無光明正大態度，無革命人格」。更謂陶詆毀孫中山，「英士告余曰：陶為少數關係，掀起黨內風潮……乃知陶實為自私自利之小人」云云，先為殺陶找理由、下伏筆，然後轉入正題，謂辛亥革命後，「陶親來運動余反對同盟會，推章炳麟為領袖，並欲置英士於死地，余聞之甚駭，且怨陶之喪心病狂，已無救藥，若不除之，無以保革命之精神」，於是「不能不除陶而全革命之局」，於刻意抹黑之餘，更為殺陶找莫須有的藉口。如果說「除陶」一語還有點含糊，不夠明確，則蔣介石的學生做過八年侍從秘書的鄧文儀，在所寫《蔣主席》一書，第八章標題赫然就是「槍殺陶成章」五個大字。鄧文儀來頭頗大，他曾是蔣的政工頭子和特工頭子，而《蔣主席》一書還由蔣氏師保吳敬恆謹題，潘公展以主編者背書，無疑是蔣介石一方面最清楚的自白。

　　蔣介石親手殺了陶成章，已是無可懷疑的史實。但蔣介石並不是主謀，只不過是主謀人的殺手。誣陶成章欲置陳英士於死地，顯然是為陳殺陶找理由，蔣於自述事略中也無意中透露：「余因此自承其罪，不願牽累英士，乃辭職東游」，為陳代罪，已經呼之欲出。事實上，所謂陳命蔣殺陶，還是小視了這件謀殺案。陳原屬孫中山與黃興一派，陳不過是奉孫黃的意願，由蔣介石去執行罷了。陶陳之間固然自辛亥七月以來，已有衝突，如陶拒絕陳的協餉要求，陶不滿陳在滬軍都督任內的作風，以及陶在滬練兵等等，但歸根結底，並非二人私下的衝突，而是以孫黃為首的一派與光復會一派的衝突。兩派爭奪浙督，無疑是刺陶的近因。事由湯壽潛出任南京政府交通總長

後，陶最得浙江各界支持繼任浙督，呼聲最高，浙東名流更馳電謂：「吾浙倚先生如長城，經理浙事，非先生其誰任」[1]？自然招敵派之忌。此電見報之同日，陶已被蔣介石槍殺於醫院。其實陶本人並不願就浙督，只是他個人以及光復會在浙江的聲望與實力，使孫黃一派難以抗衡，非除之而不快。知此再看鄧文儀《蔣主席》中一段，更有會心：「這時候，有個假革命，陰謀奪取浙江都督的陶成章，因為陰謀不能成功，準備暗殺陳英士先生，主席知道了這件事後，心想：假使陶成章的陰謀成功，那麼江、浙再入混亂狀態，勢將影響到革命基礎的動搖。經過公私利害的慎重考慮以後，便決心先除陶成章」。

　　所謂假革命，因陶不屬孫黃一系，在孫黃一系看來，革命唯此一家，別無分店。你要開分店，當然是假革命。陶成章明明推辭浙督不就，偏偏要說「陰謀奪取浙江都督」。倒是陰謀地把人家殺死在醫院裡了！因怕陶成章「陰謀」成功，江浙成為光復會的天下，動搖的不是革命的基礎，而是孫黃的基礎。陶成章一死，光復會果然一蹶不振，從同盟會的眼光來看，可說是殺對了人。

　　陶成章之死既然是為了同盟會孫黃派的利益，刺陶必出自當時同盟會的最高當局，不言而喻。更何況孫陶兩人早自1907年以來就已交惡，必為陳所深悉。陳於此時此刻，要「秉承領袖意旨，體念領袖苦心」，而要教訓陶成章，乃意料中事。事實上，章太炎與陶過從甚密，亦知孫黃甚深，曾在刺陶後一日，做了一次談話，由寂照筆述，刊於《神州日報》，其中透

1　見《神州日報》，1912年10月10日第3版。

露二件事，其一是：「南京既破，黃興遽被舉為大元帥，浙軍不平，反對甚烈，卒以黎元洪為大元帥，黃興為副元帥，外人頗有疑陶君嗾動軍隊為此者。滬都督陳其美嘗與浙軍參謀呂公望言，謂致意煥卿勿再多事，多事即以陶駿保為例」。陶駿保就是被同盟會槍殺的光復會軍官，在刺陶之前，已對陶有所警告。太炎述此時，呂公望尚在，絕不可能是空穴來風。何況在魏蘭的〈陶煥卿先生行述〉中也提道：「當其時，上海謠傳已有陳其美欲刺先生之說，先生不以為真。王文慶在南京致書先生，謂得確實消息，先生在滬大不利，先生始避之於客利旅館。」[2] 可見殺陶已醞釀多時，而且確實消息來自南京！太炎透露的另一件事是：「孫文歸，被舉為臨時大總統，就任後，即與陶君書，請問從前宣布罪狀之理由（按即〈南洋革命黨人宣布孫文罪狀傳單〉），謂予非以大總統資地與汝交涉，乃以個人資地與汝交涉。書到之日，陰曆十一月二十三日也。其後三日，陶即於廣慈醫院被人刺死。」足見孫中山念念不忘，準備算舊賬的，想要教訓陶成章的，書到三日後，陶同志就被刺死，亦恐非時間上的巧合！陶成章也知道危險，所以才移居到廣慈醫院，即使給他的妻子寫信，也十分隱秘。現存一封11月11日（陰曆）的短箋，成為絕筆：「弟現移居金神父路，在南徐家匯路相近，廣慈醫院，頭等房間第六號。此地僻靜，晚間來看不便。如來看視弟，可在上午八九點鐘後，下午四點鐘前，此上小雲姊鑒　從弟東生白11月11日」。小雲即孫曉雲，陶

2　魏蘭，〈陶煥卿先生行述〉，見《陶成章集》，湯志鈞編（北京：中華書局，1986），頁436。

成章的妻子，1909年在日本結婚。東生為陶成章的化名，曾用「起東」筆名故。成章死後，有遺腹子，即陶珍（本生）。

　　蔣介石雖然承擔了刺陶案槍手的責任，但刺陶的意願，蔣不如陳、陳不如黃、黃不如孫。蔣介石為了將刺陶合理化與合法化，一口咬定陶是叛徒、是假革命，然而臨時大總統孫中山於刺陶之翌日（1月15日），即致電陳其美：「萬急，滬軍陳都督鑒：閱報載光復軍司令陶成章君，於1月14號上午兩點鐘，在上海法租界廣慈醫院被人暗刺，槍中頸、腹部，兇手逃走，陶君遂於是日身死，不勝駭異。陶君抱革命宗旨十有餘年，奔走運動，不遺餘力，光復之際，陶君實有巨功，猝遭慘禍，可為我民國前途痛悼。法界咫尺在滬，豈容不軌橫行，賊我良士。即由滬都嚴速究緝，務令凶徒就獲，明正其罪，以慰陶君之靈，泄天下之憤。切切。總統孫文」。[3] 孫中山明言陶成章於革命有巨功，謂刺陶乃「不勝駭異、賊我良士」，並「即由滬都嚴速究緝」，結果如何呢？不了了之！陳其美與蔣介石原是兇手，孫竟要犯人陳其美去查案，那會有結果呢？蔣介石逃到日本，孫中山總該知道誰是兇手，但凶徒不僅沒有緝獲歸案，明正其罪，反而成為幫手。後來蔣介石還加入中華革命黨，宣誓效忠孫中山。陳其美至死也一直是孫的死黨。孫明知陳、蔣「不軌橫行」，卻刻意包庇，即非參與主謀，亦係同犯。吾嘗語人云：昔有一桃殺三士，而今三士殺一「陶」也。

　　臨時大總統致電陳其美之後，陸軍總長黃興又於1912年1

3　初見於1912年1月17日上海《民立報》，收入《孫中山全集》，第2卷，頁23。

月17日拍一電報到上海，載於同月20日的《民立報》上：「上海陳都督鑒：聞陶君煥卿被刺，據報云是滿探，請照會法領事根緝嚴究，以慰死友，並設法保護章太炎君為幸。黃興叩。霰」。[4] 黃興更故布疑陣，「云是滿探」，意欲甩鍋，但又說要「設法保護章太炎」。為什麼滿洲的偵探只想殺光復會的領袖們呢？為什麼不必保護同盟會的領袖們呢？說到保護章太炎，更有趣的還在後頭，因章太炎不斷批評南京的臨時政府，黃興又想要殺章。太炎在與弟子黃季剛書中透露此事：

> 昨聞述黃克強語云：章太炎反對同盟會，同盟會人欲暗殺焉。以其所反對者，乃國利民福也，賴我抑止之耳！咄哉克強，所善者獨有恫疑虛愒耶？往者，陶煥卿死，彼即電陳其美保護，今又以斯言見飴，如是伎倆，但可於南洋土生間行之，何能施諸揚子江流域耶？暗殺本與盜賊同科，假令同盟會人誠有此志，則始終不脫鼠竊狗偷之域。克強以此恐人，而反令己黨陷於下流卑污之名，亦當戒之，令慎於語言也。

此函未署日期，但曾發表於1912年4月14日的《大共和日報》上，故不可能晚於4月14日。後又收入《太炎最近文錄》。太炎除借此痛罵黃興外，更立此存照，使黃興不敢下手。章太炎雖倖免於難，但卻不能挽救光復會在江浙一帶勢力的消逝。

4　另見黃興，《黃興集》，湖南社會科學院編（北京：中華書局，2011），頁103。

由此可知，1927年蔣介石在上海清黨之前15年，孫、黃也曾在同一地區清過黨，把光復會摧毀殆盡，而陶成章之死，實為光復會傾覆的先聲。

在辛亥革命史上，蔣介石槍殺革命元勳之事證，已不可能湮滅，然而公平地說，其罪行並不能放得太大，當時26歲的他，還沒有資格「怒而殺之」。他只不過是奉命行事的殺手。他因殺陶而摧毀光復會之功，亦不能高估，因為他只是為孫、黃一派鏟除異己，扮演了一個小角色，為大哥陳其美應盡的把小兄弟職責而已。不過，蔣介石當槍手未嘗沒有得到可喜的報償，得到的不是金錢，而是日後的飛黃騰達。

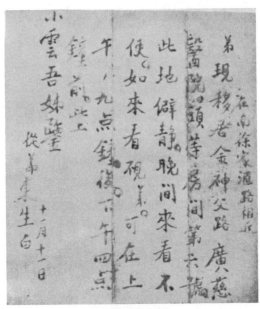

陶成章絕筆書

第二章

蔣夫人陳潔如的命運

　　1919年的夏天，蔣介石仍在上海做股票生意，有一天在張靜江家裡初識一個十三歲的小姑娘陳鳳，而一見鍾情。由於《陳潔如回憶錄》的出版，我們得知蔣、陳關係的詳情。黃仁宇說：「此書之可靠性可想而知」，[1] 理由是這本回憶錄不能掌握最基本的資料。這本回憶錄即使不能掌握基本資料，或連基本資料都錯誤百出，也絕非偽作，絕對出自陳潔如及其助手的手筆。如果是故意作偽，不至於會在「基本資料」上自露馬腳。其中許多錯誤自與陳潔如有關，例如蔣介石的母親姓王，她誤作黃，因她是江浙人，王黃不分，音近而誤，顯而易見；她手邊顯然不會有檔案文獻可查，助手也非行家，記憶之誤與時間點的誤植，不足為異。她對有些史事的誤解與誤讀，多少受到蔣介石的影響而牽強附會，特別有關中山艦事件，受到「汪精衛要害蔣介石」的先入的錯誤偏見，所以會與接汪妻陳璧君的電話相牽連，甚至認為由於她的機警才揭破陰謀。這些

1　見黃仁宇，《從大歷史的角度讀蔣介石日記》（台北：時報出版社，1994），頁25。

從民國史學者看來，當然是荒腔走板。[2] 然則，陳潔如回憶錄的
價值何在？此書既非偽作，其價值主要應該是透露她與蔣介石
之間的七年私情，以及兩人之間的房笫間事。這些私事陳潔如
不僅親身經歷，而且刻骨銘心，不但事實上不會出錯，而且最
具權威性。陳潔如的蔣介石經驗，使我們能夠揭開公眾人物的
一些真面目。正因如此，退居台灣的蔣方不惜以重金阻攔以及
收買這本回憶錄的出版。[3] 哪知當陳蔣兩人先後謝世之後，以為
已經消失的陳潔如回憶錄，偶然出現在美國史丹佛大學胡佛圖
書館後，得以問世，蔣陳關係的一些內情遂大白於世。

　　陳潔如原名陳鳳，與蔣介石第一次見面時，在場的還有
孫中山與戴季陶。蔣介石當時已三十歲出頭，見到十三歲的陳
鳳，即墜入情網，除了異性相吸的原因外，顯然由於那天在張
靜江家中的客廳，孫中山特別誇講了這位小女孩，使蔣介石對
「我們總理嘉勉的女孩」，別具青眼，乃窮追不捨。陳鳳之所
以會在張家出現，乃因比她大五歲的好友朱逸民嫁給張老頭子
做了續弦。蔣介石與張靜江有密切關係，以及被孫中山看上的
女孩，在他心目中當然會有很高的分量。於是表面看來甚是
嚴肅的蔣介石，居然也追起小女生來，並且故意製造狹路相

2　回憶錄的錯誤可參閱王克文，〈剖析陳潔如回憶錄的秘辛與史實〉，載陳
　　潔如著、汪凌石譯，《蔣介石第三任妻子陳潔如回憶錄》（台北：新新聞
　　文化事業股份有限公司，1992），頁259-279。

3　美國漢學家易社強對回憶錄被封殺過程有詳細論述，參閱Lloyd E. Eastman,
　　"The Elusive Manuscript of Chiang Kai-shek's Second Wife, Ch'en Chieh-ju,"
　　in *Chiang Kai-shek's Secret Past: The Memoir of His Second Wife, Ch'en Chieh-ju*, edited and with an Introduction by Lloyd E. Eastman（Boulder: Westview
　　Press, 1971），pp. xvii-xx.

逢，逼女孩子表態的鏡頭。甚至於約會時，騙不太懂事的陳鳳，到上海頗有名望的滄州飯店，英文名稱叫「布林頓旅館」（Burlington Hotel），幸而尚能節制，想要強姦而未遂。[4] 陳鳳驚魂初定，避不見面，蔣介石展開情書攻勢，表示拜倒裙邊的決心。當陳鳳的父親因心臟病驟發，於1921年9月7日逝世，蔣介石穿孝服來弔祭，再由朱逸民從中拉線，最後由張靜江正式說媒，使陳鳳的母親感到為難。有趣的是陳母仍不放心，雇傭了上海私家偵探調查蔣介石。調查報告乃發跡以前的蔣介石，乏善可陳，更何況此時蔣介石已有一妻一妾，乃決定謝絕。哪知張靜江親自登門拜訪，說明蔣妻毛氏已皈佛門，與世絕緣，蔣妾姚氏已同意離異，並強調蔣介石追求的堅定心意。在張靜江的大力說合之下，陳母才答允婚事，然後再勸說女兒下嫁蔣介石。兩人訂婚後，蔣介石為陳鳳改名陳潔如。張靜江是蔣陳結婚時的證婚人，戴季陶則成為蔣介石的主婚人，婚禮半西式半舊式，毫無疑問是明媒正娶。結婚以後，陳潔如才發現，蔣介石在婚前醇酒美人，生活十分荒唐，並且得了性病，還把性病傳染給她，以至於此後兩人都無法生育。蔣介石為之悔悟，發誓願終生只喝白開水，不喝其他飲料，以自我懲罰，陳潔如也只好原諒了他。[5] 這一點陳潔如敢於啟齒，應無差錯；事實上，蔣介石此後確實再無生育。

　　蔣介石的元配毛福梅，奉化岩頭村商人毛鼎秋之女，生

4　參閱陳潔如，《陳潔如回憶錄》（台北：傳記文學出版社，1992），上冊，頁23-28。
5　參閱陳潔如，《陳潔如回憶錄》之記載。

於1882年，比蔣介石大五歲。1901年結婚時，她19歲，他只有14歲，仍然是個頑童。這種奉父母之命的婚姻，當然談不上什麼感情，不過婆媳之間倒處得相當不錯。1904年春，17歲的蔣介石帶著妻子毛福梅到寧波讀書，開始獨立的家庭生活，但不久蔣介石要去東洋，又把妻子送回娘家，再度失去培養感情的機會。蔣介石於1908年從日本回上海度假時，毛福梅也來滬團聚，但卻嫌鄉下老婆土氣，無法對答應酬，常大發雷霆，只過了一個暑假，又勞燕分飛。然而毛福梅回到家鄉，即有了孕，生下蔣經國。生了兒子，該是毛福梅對蔣介石的最大意義，而毛福梅有了兒子，亦有了寄託，對丈夫的冷漠也日趨淡泊。辛亥革命那年，蔣介石納出身寒微而容貌出眾的蘇州女人姚冶誠為妾。姚氏的身世可見之於1927年10月18日的天津《益世報》的記載：「女出身寒微，當南北和議告成時，蔣隨陳英士居滬，陳每過北里，蔣亦偕往，在筵席間見蔣氏，刻意奉迎，終至以身相托」。則所謂寒微者，實係出身北里的妓女。蔣介石公然把小妾帶回老家，長久以來空閨獨守，以及深受傳統影響的毛福梅也不以為意，認為男人娶小老婆，在當時已見怪不怪，甚至待姚氏如姊妹。很多人稱讚毛氏的寬宏大量，但毛氏不大量又能如何？只是說明毛氏還算聰明和識相而已。蔣介石也樂得在家有妻之外，尚有一妾相侍。

　　毛福梅生了蔣經國之後，在1916年10月6日又出現了一個蔣緯國，緯國既非毛氏所生，亦非姚氏所出，是那裡來的呢？原來蔣母王采玉一定要把經國承祧已故的小兒子，蔣介石得了梅毒不能再生，於是把戴季陶的兒子抱來，取名緯國，又名建鎬，與經國的別名建豐相對，自小就當作自己的兒子，我們又

何必不把蔣介石視為蔣緯國的父親呢？不過，緯國雖然有父，仍然無母，蔣介石遂要緯國認姚冶誠為母，由姚氏扶養。緯國原非蔣姓可以確定，觀乎《總統蔣公大事長編初稿》載1930年10月31日記，毛氏常提及營救經國自俄回國事，引蔣介石日記說：「余為國何能顧家，……寧犧牲一切，雖至滅種，亦誓不承認也。」[6] 可知犧牲經國即「滅種」，否則尚有緯國，何至於「滅種」？另外，我們看到孫淡甯記錄的蔣緯國談話錄原稿，更確定緯國與經國原「非血統關係」，並得知緯國係日婦所出，曾於抗戰後「獨自一人悄然赴日」，見到80歲的山田純一郎，找到青田公墓，在荒涼的墓園裡，向母墳「就地跪拜、默禱念誦之後，才黯然離開」。[7] 至少以緯國而言，他早已自知身世。事實上，他在談話中亦已透露，他自德返國，蔣介石曾親口告訴他，他不是蔣家的孩子。他的生父乃是他稱作親伯的戴季陶。他也不諱言自己有兩位父親。蔣緯國晚年自認不是蔣介石的兒子，但又說蔣經國也不是，唯有靠DNA來鑒定了。

　　毛氏為蔣介石侍奉老母，教養經國：姚氏為他扶養緯國，一妻一妾皆職有專守，然而蔣介石於1920與1921年之間的日記，不時抱怨一妻一妾，如民國十年4月3日記道：「余於毛氏，平日人影步聲皆足以刺激神經……決計離婚，以蠲痛苦」，又如民國九年元旦日記道：「甚恨冶誠不知冶家法，痛罵一場，娶妾之為害，實不勝言」！大有出妻休妾之態。[8] 按

6　見秦孝儀總纂，《總統蔣公大事長編初稿》（台北：中正文教基金會，1978），第2卷，頁335。

7　最後一段引文似由蔣緯國親筆在原稿上增寫。

8　參閱〈蔣介石日記中有關陳潔如及家事的記載〉，《傳記文學》，第62卷第6期，頁241-249。

諸時間，此時蔣介石正在狂戀陳潔如，可見事出有因。陳潔如畢竟是身家清白且受過新式教育的女子，不可能做第二個小老婆，免不了要明媒正娶。北里出身的姚氏，原是侍妾之身，容易打發。但是元配毛氏，既是他唯一兒子的娘，又得蔣母歡心，難以狠下心來。然而1921年6月14日那天，蔣母王采玉死了，年僅58歲。蔣介石於辦完母喪後，在同年11月28日的晚上，當著經國、緯國，宣讀事前寫好的文書，與妻妾脫離家庭關係，全文如下：

> 余葬母既畢，為人子者，一生之大事已盡，此後乃可一心致力於革命，更無其他之挂系。余今與爾等生母之離異，余以後之成敗生死，家庭自不致因我而再有波累。余十八歲立志革命以來，本已早置生死榮辱於度外；唯每念老母在堂，總不使余不肖之罪庚，牽連家中之老少，故每於革命臨難決死之前，必托友好代致留母遺稟，以冀余死後聊解親心於萬一，今後可無此念。而望爾兄弟二人，親親和愛，承志繼先，以報爾祖母在生撫育之深恩，亦即所以代余慰藉慈親在天之靈也。余此去何日與爾等重敘天倫，實不可知。余所望於爾等者，唯此而已。特此條示經、緯兩兒，謹志毋忘，並留為永久紀念。父泐。

蔣母死了，蔣介石已無顧忌與毛福梅離異，與相愛的陳潔如正式結婚。蔣介石獻身革命，需要一個新女性做老婆，毛、姚兩氏實在也上不了檯面，他休妻出妾自然也就理直氣壯了。然而幾年之後，蔣介石的場面更大，愛上了更新而又更出眾的

女性宋美齡，又要與陳潔如離婚，也更理直氣壯了。奇怪的是，他不向陳潔如提出離婚要求，而騙她出國，甚至不承認跟她結過婚。蔣陳之間的明媒正娶既可否認，則因蔣陳婚約而與元配毛氏離異一事也不存在，於是1927年蔣宋聯姻，又必須興師動眾與髮妻毛福梅再離一次婚。鄉下人毛氏除了讓風風光光的總司令任意擺布之外，又能做什麼呢？

　　蔣陳相愛既無疑義，陳後來被奪愛，其恨可以想見。據陳所說，蔣告訴她孔夫人宋靄齡以政治利益相誘，迎娶宋美齡，並以繼續北伐統一中國的大義來懇求她「避開五年」，並自稱與宋美齡「是一樁政治婚姻」。[9] 陳潔如聞此應是最刻骨銘心的一刻，不至於有記憶上的錯誤；不過，她強調出自宋家的主動，或有感情上的偏袒，痛恨宋家姐妹的橫刀奪愛甚於丈夫的薄情。其實她自己也記得，在廣州時蔣介石一再要她討好孫家與宋家的人；孔夫人請客吃飯，蔣介石是如何的緊張與興奮；接到宋美齡的信歡喜溢於言表，還記得蔣介石的叮嚀：「要把孫、宋、蔣三家緊密的連結起來，要愈來愈緊密」。[10] 蔣娶宋美齡除了才貌之外，無疑有強烈的政治意圖。蔣宋聯姻後，蔣立即成為孫中山的姻親，宋慶齡的妹夫，財神爺宋子文的小舅子，孫宋蔣三家不就緊密連接起來了嗎？安用宋靄齡大力勸說呢？蔣向陳潔如說孔夫人以條件相逼，不說自己的強烈意願，自可理解。然而陳潔如居然相信是蔣的肺腑真言，真的就答應避開五年。

9　陳潔如，《陳潔如回憶錄》，全譯本，下冊，頁344-345。

10　陳潔如，《陳潔如回憶錄》，全譯本，下冊，頁267-268。

史學家唐德剛從「轉型期」歷史觀來看此事，受過新式教育的知青，為了時髦、為了革命，拋棄髮妻，移情別戀，乃司空見慣，只能說是時代的悲劇。[11] 蔣介石見到風華絕代、英語流暢的宋美齡，棄陳潔如於南昌，可以理解，但既非東方式的離家出走，也非西方式的離婚再婚，而是騙她出國五年。當她抵達夏威夷時，還以蔣夫人的身分受到歡迎，然而蔣介石卻突然不顧人證、物證，悍然否認原有的婚約，將之從歷史上滅其跡，暴露了蔣之專橫與無情。陳潔如與

黃埔軍校時期的蔣夫人陳潔如與蔣介石合影

他生活七年，甚能體會蔣的壞脾氣與不擇手段，[12] 故能言之灼灼。外國人旁觀也看出蔣介石容易衝動以及傾向極端的個性。[13] 陳潔如被蔣介石始亂終棄，成為他政治野心的犧牲者，她的委屈絲毫沒有換得他的些許愧疚，而他盡洪荒之力來否認與她的關係，然而走過必定留下痕跡，終難一手遮天。

11　唐德剛，〈《陳潔如回憶錄》全譯本代序〉。

12　參閱陳潔如，《陳潔如回憶錄》，全譯本，下冊，頁351。

13　參閱Marc Kasanin, *China in the Twenties*（Moscow: Central Department Oriental Literature, 1973）, p. 236.

第三章

蔣介石如何繼志孫中山

　　後人回看歷史，看起來蔣介石似乎是孫中山的不二繼承人。這固然由於國民黨的宣傳，刻意建構孫蔣親密關係。孫平生志業並未實現，革命尚未成功而身先死，但他成為革命的先行者，成為革命法統的來源。蔣自稱革命家，豈有不重視法統之理。蔣一生以孫總理信徒自居，意即在此。

　　辛亥革命前，蔣於革命毫無作為；辛亥革命後，作為陳其美的小弟，因槍殺陶成章得到孫之青睞，才於1914年見到孫。二次革命失敗後，蔣加入需要打指模的中華革命黨，成為孫的自家人，但自家人不少，蔣不過是可資差遣的一個年輕軍人。但後來國民黨剪貼照片，凸顯孫蔣在當時就是一對一的假像，製造了假歷史。

　　陳其美死後，蔣介石直屬孫中山，但自1916至1924孫蔣來往不多，關係並不密切。孫於1917年南下護法，追隨孫南下者沒有蔣介石。孫在粵唯一的收穫是得到陳炯明的武力，陳原本就是同盟會會員，在廣東建立了根據地。[1] 陳屬下的第二支隊司

1　有關陳炯明比較客觀的傳記參閱康白石，《陳炯明傳》（香港：文藝書屋，1978）。

令許崇智帶領四個營，參謀長是鄧鏗，1918年司令部來了一個
作戰科主任，亦稱中校參謀，就是蔣介石。到1922年孫中山與
陳炯明關係惡化，蔣介石不在軍中，孫曾電蔣「即來助我，千
鈞一髮，有船即來」，但蔣遲遲其行。[2] 是年6月15日發生所謂
陳炯明政變事件，孫在永豐艦上避難計56日，蔣因晚到只陪伴
孫42天。但在欽定蔣傳裡成為與孫中山共患難的英雄，其他共
患難的十餘人都被遺忘了，顯然要為蔣是孫唯一繼承人造勢，[3]
蔣並撰寫《孫大總統廣州蒙難記》宣揚自己。但事後蔣與孫仍
若即若離，所以李敖揭露鮮有人追究的這一層孫蔣關係：

> 　　今把真相排比結果，發現蔣介石至少有14次的脫隊紀
> 錄（包括怫然而行，留書而去，不告而別等等），而使孫
> 中山直接間接不勝感冒之至！蔣介石自稱是追隨孫中山多
> 年的忠實信徒，但在追隨過程中，竟有這麼多次的脫隊紀
> 錄，倒真令人大為驚歎也！[4]

　　李敖認為蔣是要與孫討價還價，但「技巧地保持管道暢
通」。他明顯志向遠大，不願意在人下當參謀。當孫依賴陳炯
明的粵軍時，蔣為陳之下屬，經常離間孫陳關係。孫陳因政見
不同而鬧翻，最大不同的政見是：孫像北方的吳佩孚一樣，想

2　蔣在粵軍中，經常一走了之，詳閱汪榮祖、李敖，《蔣介石評傳》（台
　　北：商周出版社，1995），頁101-111。
3　董顯光，《蔣總統傳》，頁48-50。
4　見汪榮祖、李敖，《蔣介石評傳》，頁122。

以武力統一，而陳因連年征戰，人民苦不堪言，反對北伐。[5] 蔣乘孫陳不合，極力詆陳，視為取代陳炯明的大好機會。蔣在永豐艦與孫共患難，更增加蔣在孫心目中的分量，但孫視蔣為軍人，不知蔣有強烈的政治野心。孫有鑒於地方武力靠不住，想創辦革命武裝。俄國革命成功後，列寧成立共產國際，號召反帝，而中國正飽受帝國主義的欺凌，正是列寧所已洞見者，而孫中山正需要外援，遂主張以俄為師，於是蘇聯提供顧問、錢財、槍炮，成立了黃埔軍官學校。[6] 軍校的校長原由粵軍司令許崇智兼任，而最後由蔣介石出任，因他被派往蘇聯考察有關。

　　孫中山於1923年得到共產國際的幫助，同年1月26日與蘇聯特使越飛（Adolf Abramovich Joffe）在滬會晤，商討由共產國際援助，改組國民黨、建立革命軍。雙方聯名發表〈孫文越飛宣言〉，孫表明拋棄對帝國主義的幻想和尋求國際進步勢力援助的願望，奠定國共第一次合作的基礎。同年5月9日共產國際代表馬林（H. Maring，原名Henk Sneevliet, 1883-1942）來到廣州會見孫中山，一個月後馬林與張繼、汪精衛等籌組孫逸仙博士代表團，赴俄國報聘與考察。代表團的最佳人選應是廖仲愷，但廖太忙無法分身，朱執信又不幸遇難，遂由孫大元帥行營參謀長蔣介石率團前往。蔣團於1923年8月16日自上海啟程，同年11月29日離俄，循原路於12月6日進入國境。此行的實質目的是向俄國取經，並無置喙的餘地，當蔣提出經營「西北計劃」，

5　詳閱康白石，《陳炯明傳》，第4章。

6　參閱汪榮祖、李敖，《蔣介石評傳》，頁132-134。

俄方認為不可行，不僅沒有「政治意義」，[7]根本毫無意義，事實上連討論都不必討論，就壽終正寢。蔣於12月15日抵達上海後寫了一份至今沒有公開的〈遊俄報告書〉，是否其中有對俄「不滿」的言辭，有違聯俄政策而不公布，還是根本沒有寫成這封報告，因回粵後也無人提起此一報告，啟人疑竇。不滿的原因要從他的性格去理解，他在俄國自覺沒有得到尊重，更使他警惕的是，共產國際把他視為「紅色將軍」，不免寄望他將聯合陣綫布爾雪維克化，怕中共坐大，影響他後日的奪權，必須及時採取行動，後來的中山艦事件與清黨，也就順利成章了。最怪異的是，他意興闌珊，不趕緊返粵述職，卻逕自轉往奉化老家展墓，慶祝慈庵落成，似乎不把訪俄當一回事。廖仲愷於12月20日寫信促蔣，「無論如何，乞即買舟來滬，同伴南行為荷」。兩天后，廖又與汪精衛、胡漢民聯名催促，言及鮑羅廷急欲見蔣議事，並有言「兄不可因小失大也」。又過了四天，胡漢民又與廖仲愷、汪精衛聯名致函，透露更多蔣的意圖：「黨事較一切為重，兄所主張者待兄至而決，兄遲遲不來，黨事無形停頓，所關甚大，軍官學校由兄負完全責任辦理，一切條件不得兄提議，無從進行。諸如此類，非兄來不可，省長問題猶在其次……兄若坐待省長發表始來上海，此層

7　語見山田辰雄，〈1923年蔣介石訪問蘇聯〉，載中國社會科學院近代史研究所編，《民國人物與民國政治》（北京：社會科學文獻出版社，2009），頁26。筆者與山田有同班學習之雅，他專精民國史。此文論及蔣訪蘇期間對蘇在感觀上的「不滿」，成為他「後來反共的原因」（頁40），以後見之明所推之因，未必是重要之因。蔣後來反共主要是奪權，不容他人酣睡，其事昭然可見。

似非必要耳。且以他事牽累，其為損失豈有紀極，望於見此信後，即速命駕，盼甚『禱甚』」！[8] 蔣赴俄考察軍事，出任軍校校長勢所必然，但他還要索價，人事要由他決定，甚至要關切省長的人選。軍校開辦在即，事不宜遲，更何況孫已於12月13日在廣州發表國民黨改組宣言，重新登記黨員，聘共產國際駐中國代表鮑羅廷（Mikhail Markovich Borodin, 1884-1951）為顧問。事已至此，胡、廖、汪等遂刻意遷就蔣介石。廖於12月28日再致函蔣，更明言「軍校教務長當俟兄就職後定人，至於政治部長，雖由中央執行委員會以鮑君當場介紹，決定委弟，然季陶兄任較弟任此為佳，到粵後當將此意報告中央執行委員會，改任季陶」。[9] 然而廖、胡、汪，以及鮑羅廷在滬等待蔣連袂返粵，但蔣依然行期未定，連張靜江都說：「以兄私意，似不宜再緩」，蔣仍不以為意。最後孫大元帥於12月30日親自出面，發電催蔣：「兄此行責任至重，望速來粵報告一切並詳籌中俄合作辦法。台意對於時局、政局所有主張，皆非至粵面談不可」。[10] 焦慮與責備之意溢於言表，孫意是蔣即別有主張，也必須趕快回粵商議。蔣才於1924年1月1日回到廣州覆命，於1月24日被派任為軍官學校籌備委員長，籌備委員王柏齡、鄧演達等七人。

　　不料到任不到一個月，蔣突然於2月21日不告而別，留書辭職離粵。孫派鄧演達到奉化去挽留，還由中執會出面，「所

8　見中國第二歷史檔案館編，《蔣介石年譜》（北京：檔案出版社，1992），
　　頁144-145。

9　中國第二歷史檔案館編，《蔣介石年譜》，頁145。

10　孫電文引自中國第二歷史檔案館編，《蔣介石年譜》，頁144。

請辭職，礙難照准」，催蔣回粵復職。如孫所言：「軍官學校以兄擔任，故遂開辦，現在籌備既著手進行經費亦有著落，軍官及學生遠方來者，逾數百人，多為慕兄主持校務，不應使熱誠傾向者失望而去。且兄在職，辭呈未准，何得怫然而行？希即返，勿延誤」。蔣在緊要關頭撒手不管，其不負責任的態度，令孫中山相當不悅，胡漢民在函電中更責備蔣之「消極主義非民黨所可言，尤非吾輩所忍言」。[11] 當孫馳電促返後，蔣不得不回覆，於3月2日上書孫總理，洋洋灑灑寫了三千餘字，原來是抱怨孫不像陳其美那樣對他的信任與愛護：「中正與英士共事十年，始終如一，未嘗有或合或離之形神，當時困苦艱難，可謂十倍於今日，而中正忍痛耐辱，曾不解餒者乃以其信之專愛之切而知之深也」。即因陳信任之專，所以他「肝膽相照，可質天日，故能與仗安危耳」。他覺得已無人真正知他，「如吾黨同志果能深知中正，專任不疑，使其冥心獨運，布展菲才，則雖不能料敵如神，決勝千里，然而進戰退守，應變致方，自以為有一日之長」。他寫此信明顯要孫專寵他，並自薦其長才，更認為孫所信非人：「今日先生所謂之忠者、賢者及其可靠者，皆不過趨炎附勢，依阿諂諛之徒耳！」說得如此露骨，在在說明他之出走，因被小人「妒忌排擠」。他身為軍人，卻向孫建議高層人事，毫無顧忌。最後他應命回粵，但不忘說「先生不嘗以英士之事先生者期諸於中正乎，今敢還望先生先以英士之信中正者而信之也」。[12] 說來說去，無非是要他

11　函電引文見中國第二歷史檔案館編，《蔣介石年譜》，頁159、160。

12　全函詳閱中國第二歷史檔案館編，《蔣介石年譜》，頁160-164。

回來，就要答應他所有的條件。

　　他要孫信任他，因除軍事外孫沒有給他黨政實權，他沒有名列1924年1月召開的國民黨一大的24名中央執行委員之中。此外，他不滿意廖仲愷任軍校的黨代表，甚至對孫之聯俄容共政策有意見。他在給廖仲愷的信中說：「吾人不能因其主義之可信，而乃置事實於不顧。以弟觀察，俄黨既無誠信可言，即弟對兄言俄人之言只有三分可信者，亦以兄過信俄人而不能盡掃兄之興趣也」。[13] 蔣之關切明顯不在主義，而是考量權力，視俄黨為其個人權力的威脅，已見其反共排俄之先機。他顯欲去廖為快，但廖為孫之核心人物，信任之專，難以動搖，而聯俄容共乃孫既定之政策，更難動搖。廖只能以「非弟力所能及者，亦當奮力以圖」[14] 報之。但最實際的問題是軍校開辦在即，而校長遲遲不歸。他雖答應孫即歸，仍拖延時日，在函電交加以及答應可答應的條件之餘，蔣介石才於4月14日自滬返粵。

　　孫中山於5月3日正式任命蔣介石為陸軍軍官學校校長兼粵軍總司令部參謀長，廖仲愷為中國國民黨黨代表。蔣雖未能擺脫廖，但仍有所收穫，他辦軍校在人事與財政上得到較多的權力。黃埔軍校師生打的第一仗，就是所謂「平定商團」。此一由蔣指揮的暴力鎮壓，廣州西關商業區慘遭焚掠，燒毀房舍三千餘棟，商民損失約數百萬元港幣，死傷近2,000人，並盡繳

13　見蔣與廖函，閱中國第二歷史檔案館編，《蔣介石年譜》，頁167。
14　語見廖復蔣函，載中國第二歷史檔案館編，《蔣介石年譜》，頁168。

商團軍械。[15] 蔣介石雖鎮壓了商團並奪取大量武器，但火燒精華城區，誠如香港英文報紙所報導的，引起極大的民憤。[16] 不久孫中山應段祺瑞之請，北上參加善後會議，試圖和平統一中國。孫臨行前也希望與陳炯明重修舊好，但蔣介石極不樂意；孫北上後，蔣於1925年1月31日迫不及待率軍東征攻打陳炯明，其中還有蘇聯顧問，陳炯明向蘇聯駐華大使館抗議無效，[17] 終於不敵蘇聯提供的重武器，敗退廈門。[18]

孫中山於1925年3月12日病逝北京，蔣介石在軍事上更上層樓，成為黨軍司令官，並身兼廣州市衛戍司令，但仍在黨政核心之外，名不在7月1日由大元帥府改為國民政府的十人委員之列。國民政府推汪精衛為主席，許崇智為軍事部長、胡漢民為外交部長、廖仲愷為財政部長。蔣依附於汪胡之間，不惜製造矛盾。[19] 蔣雖然是軍事委員會委員，但在軍事部長許崇智之下，名列八委員之末。[20] 蔣對軍委主席汪精衛，刻意承歡，自稱小弟，十分熱絡。軍委會成立不到一個多月，廖仲愷突遇刺身亡，汪精衛、許崇智、蔣介石組成「全權應付時局」的三人

15　見*Hong Kong Telegram*, 12 December 1924. 參閱汪榮祖，〈廣州焚城錄〉，載《傳記文學》，第373期，頁39-44。

16　見*Hong Kong Telegram*, 17 October 1924。

17　見美國國家檔案局Jacob Gould Schuurman公使報告 M340，Roll No。14，761.93/559；26 Feb. 1925.

18　據美國領事的觀察，蔣之所以能平定異己，主要靠蘇聯顧問，見美國國務院編，*United States Foreign Relations, 1925*, I: 742。

19　周德偉，《落筆驚風雨：我的一生與國民黨的點滴》，李敖藏手寫本，頁95。

20　見李敖藏國民政府中央執行會會議紀錄原件。

小組。許因有屬下涉案，十分被動，蔣在汪允許下，查案最為積極，因其身兼廣州衛戍司令，於案發之日即全市戒嚴，但不注重嫌犯胡毅生，而牽涉堂兄胡漢民，最後將胡漢民以出使蘇俄為名，驅逐出境。胡汪為孫之左右手，很容易被視為汪「欲培去展堂」，[21] 其實蔣在操盤。蔣更借廖案羅致許崇智罪狀，並於1925年9月19日馳書許，惡言譴責，以謊言欺騙逼許下野。[22] 當許於9月20日清晨收到蔣之譴責函，已形同軟禁，就在當天中央政治委員會決議，准許卸軍事部長兼粵軍總司令之職，當天晚上蔣即派陳銘樞旅長監送許登輪赴滬。蔣之所以能逐胡驅許，必然得到國府主席兼軍委主席汪精衛的支持，因汪視蔣為親信，不惜左袒其作為。然汪顯然不知蔣刻意經營，利用汪及俄援清除其崛起之障礙，當他先拘捕受孫中山知遇的熊克武，使熊之川軍潰亡。然後蔣用俄援大炮擊破惠州，陳炯明因失去最後據點而下野，蔣成為「東征英雄」，並以高票當選為中央執行委員會常務委員，僅比汪精衛少一票，汪蔣政軍體制儼然成形。[23] 至此蔣已是一人之下，萬人之上。他贏得汪別具青眼，以練成真正的革命軍隊相期許；又以左傾言論贏得蘇俄顧問的好感，以為出了一個革命反帝的「紅色將軍」（the Red General）。蔣介石萬事俱備之後，只待「中山艦事件」之

21　參閱邵元沖，《邵元沖日記》（上海：上海人民出版社，1990），頁188、191、193。

22　見蔣致許函，載《陸軍軍官學校校史》，第5冊，第7篇，頁33。此函不見於蔣集，有意隱其惡聲，竟錄之於校史，被李敖發現。

23　見李敖藏，〈出席第二次全國代表大會報告人員名單〉原件；參閱蔡德全，《汪精衛傳》，頁102；另閱《政治週報》，第6、7期合刊本。

東風,先驅汪,後清黨,再斷俄,遂成為大權獨攬的強人。

　　蔣介石是孫中山理想的繼志者嗎?蔣並不是孫心目中的接班人,廖仲愷最受孫器重,但孫辭世不久,廖即被暗殺;孫北上,胡漢民代大元帥職,亦因廖案去國,汪精衛遂繼承孫中山的位置。蔣介石先擁汪而後驅汪,取得最高權力。蔣與孫的關係雖遠不如胡、汪之親密,但槍桿子出政權,北伐清黨後更以軍事強人掌握實權。蔣繼孫之志北伐,但在途中抗命武漢中央,造成寧漢分裂,已違背孫之聯俄容共政策。蔣完成的北伐,其革命性質已變,以至於造成北伐集團軍之間的火拼。蔣主政的南京政權聲稱遵照孫中山遺訓,展開訓政工作,[24] 但止於紙上談兵,遲無進展,「而且很快就放棄了這一觀念」。[25]由於國民黨內部的鬥爭,尤其是寧粵分裂,群情要蔣下野,蔣遂考慮結束尚未開始的訓政,直接召開國民大會,還政於民,奢言:「中國由我一手統一,亦可由我一手以奉還國民也」。[26]意在一手完成孫中山軍政、訓政、憲政革命三時期。但事實上談何容易,自知也有風險,舉棋未定之際,又想退回軍政,「一切政治皆受軍事支配,而聽命於余一人」。[27] 蔣第二次下野後復起,專心剿共,放棄地方自治,改用傳統的保甲制度,

---

24　蔣介石一再強調實施訓政,見《事略稿本》,第2冊,頁261-262;第4冊,頁196、201;第5冊,頁137;第6冊,頁224。

25　張朋園,《從民權到威權:孫中山的訓政思想與轉折兼論黨人繼志述事》,郭廷以學術講座(台北:中央研究院近代史研究所,2015),頁132。

26　見《蔣介石手寫日記》,1931年12月7日。

27　見《蔣介石手寫日記》,1931年12月12日。

按保甲制度乃中華帝國集權之基礎，完全拋棄了孫中山的遺願，連民主集中制也棄之如敝屣，以利剿共。其結果以威權的保甲替代了民主的地方自治，實際退回到軍事獨裁。蔣卒以總裁名義「集大權於一身」，更於1930年代擁抱「法西斯主義」（Fascism），並自認為是「法西斯主義者」。[28] 然而二戰後法西斯國家敗亡，避法西斯唯恐不及。所謂還政於民，召開國民大會，頒布憲法，選舉總統，但「形同騙局」，實際由蔣一手把持。民國38年（1949）敗走台灣，「連任總統五屆，長達25年之久，至死不改威權統治」。[29] 據此，蔣介石雖以孫中山的繼承人自居，但所謂繼志，實在有名無實也。

陳炯明幼子定炎（中）為父翻案之作

陳定炎題贈

　　所以蔣號稱中山信徒，但他對中山的理念並不認真。其實，蔣介石對任何信仰，何曾認真過？

28　康澤詳述仿效德國法西斯組建別動隊，見康澤，《康澤自述及其下場》（台北：傳記文學社，1998），頁57-85。

29　參閱張朋園，《從民權到威權：孫中山的訓政思想與轉折兼論黨人繼志述事》，頁102-103、110-111、138、142-143、147-148。

因其根本重權術而輕信仰。他是只相信權術的現實主義者，故從任何意識形態來評論蔣介石，皆無意義，無論是新儒家、基督徒、紅色將軍、民族英雄、改革家，民主先驅等等皆名不符實，皆不足深論也。

第四章

中山艦事件是一場奪權豪賭

　　中山艦事件之所以成為迷，要因事件的主角蔣介石故弄玄虛，把這件事說得很複雜，說是要到遙遠的未來才能明白。例如他於事件發生後不久，居然在孫中山紀念周會上說：「若要三月二十日這事情完全明白的時候，要等到我死了，拿我的日記和給各位同志答覆質問的信，才可以公開出來。那時一切公案，自然可以大白於天下了」。[1] 所以中山艦事件的秘密藏在他日記與書信裡，當時不能說，因沒有人會相信；等他死後，時過境遷，死無對證，他的日記與書信所說就成為定案。於此可知他的日記是有意準備給後人看的，後人豈能照單全收？然而仍有後人相信日記裡呈現的心理狀態，相信他的委屈、受辱、遭迫害、被遣送，所謂「疑我、謗我、嫉我、誣我、排我、害我」[2] 等等，無非要暗示汪精衛與俄國顧問想要害他，陳立夫更明言汪要害蔣。但這些都是無法落實的嫁禍之計，所謂中山艦艦長李之龍矯命之說也是胡言。於是就有了折中的說法，說是

1　蔣介石1926年8月28日講話，載《黃埔潮》第2期。

2　蔣介石1927年3月10日日記。

「右派乘虛而入，利用蔣介石多疑的心理，製造謠言與事端，以進一步挑起蔣介石與汪精衛，季山嘉以及共產黨人之間的矛盾」。[3] 將事件的主角換作一個不起眼的右派分子歐陽鐘，明擺著想為蔣卸責！其實主角不是別人，就是蔣介石。他冒以下犯上的風險，精心策劃這場大戲，幸而得逞，得其所願，成為事件的最大贏家，可稱他的一場政治豪賭。[4]

　　蔣介石得逞，不謂無故。他在國民黨二全大會上，出了風頭，權力大增，但他並不躊躇滿志，因為他是不做第二人想的。由於不做第二人想，一時的成功，更激發他更上層樓的野心與雄心。環顧當時的權力結構，國民黨的右派，包括西山會議派在內，正處劣勢，而其中人物頗與蔣有私誼，不會對他構成任何威脅。而國民黨的左派，特別是汪精衛，正紅得發紫，既有外援又有非蔣可及的黨政資歷，若要更上層樓，非向汪奪權不可。至於中共，既有組織與人才，又有俄共撐腰，斷非蔣能控制。即使在軍事上，他只是國民革命軍的總監，上面還有軍事部長譚延闓以及控制俄援物資的季山嘉，他只能聽命行事。他不滿這種現狀的心態早已顯露，俄國人事後回憶，對蔣介石當時的心態：「追求獨裁，反覆無常，十分多疑」，印象特別深刻。[5] 蔣介石為了突破「受制於人的現狀」，雖表面上

3　楊天石，〈中山艦事件之謎〉，《尋求歷史的謎底》（北京：首都師範大學出版社，1993），頁436。

4　近見有學者也指出中山艦事變「是一種賭徒式的試探」，正可駁斥蔣受挑撥說之無稽，參閱金冲及，〈一九二七年：第一次國共合作的破裂〉，《中國歷史研究院集刊》（2020年第2輯），頁196。

5　參閱切列潘諾夫，《中國國民革命軍的北伐：一個駐華顧問的札記》（北

與汪打得火熱，親愛無比，在言論上十分左傾，但事實上早已
把汪精衛、季山嘉以及共產黨作為假想敵，形成被迫害的幻想
而伺機發動，而俄國顧問被蒙在鼓裏。令人驚奇的僅是，他發
動得那麼快。1926年的3月20日就發生了震動一時的「中山艦事
變」，或稱「廣州事變」。我們須注意到，事變不能局限於中
山艦。當時汪精衛是國民政府主席，又是軍事委員會的主席，
而蔣完全不知會汪，就宣布戒嚴，包圍蘇聯顧問寓所，解除工
人糾察隊，明明是叛亂行為，[6] 而結果居然是季山嘉容忍，汪精
衛黯然離國，共產黨的權力大大地被削弱，蔣介石開始崛起。

　　此一簡單的奪權事件，竟變成錯綜複雜的歷史之謎，除
了蔣介石本人故布疑陣外，史達林的一廂情願，以及汪精衛的
有苦難言，導致眾說紛紜，莫衷一是，害得歷史學者們拼命猜
謎。其實，就已出之史料，以公心分析，已足以解此案之懸。
先看當事人蔣介石於事後給國民政府軍事委員會的呈文，看他
是如何交代的：

　　　　為呈報事。本（三）月十八日酉刻，忽有海軍局所轄
　　中山兵艦駛抵黃埔中央軍事政治學校，向教育長鄧演達聲
　　稱：「係奉校長命令，調遣該艦，特來守候」等語。其時
　　本校長因公在省，得此項報告，深以為異。因事前並無調
　　該艦之命令，中間亦無傳達之誤，而該艦露械升火，互一

　　京：中國社會科學院出版社，1981），頁366-367。
6　參閱陳公博，《苦笑錄》（香港：香港大學出版社，1979），頁37提及汪
　　直指蔣是「造反」。

晝夜，停泊校前。及十九日晚，又深夜開回省城，無故升
火達旦。中正防其有變亂政局之舉，為黨國計，不得不施
行迅速之處置，一面令派海軍學校副校長歐陽格暫行權理
艦隊事宜，並將該代理局長李之龍扣留嚴訊；一面派出軍
隊于廣州附近緊急戒嚴，以防不測。幸賴政府聲威，尚稱
安堵。唯此事起於倉卒，其處置非常，事前未及報告，專
擅之罪誠不敢辭，但深夜之際，稍縱即逝，臨機處決實非
得已，應自請從嚴處分，以示懲戒而肅紀律。僅將此次事
變經過及自請處分之緣由，呈請察核。謹呈軍事委員會。
蔣中正。中華民國十五年三月二十三日。[7]

此一呈文寫於事變後三日，去事未遠，可視為第一當事
人的最基本史料。但當事人除了承認「專擅之罪」，「自請處
分」外，並沒有說真話，甚至刻意羅織。呈文指控李之龍矯命
調動中山艦，升火達旦，有變亂之嫌，遂採斷然措施。但是李
之龍否認矯命，[8] 而且已有檔案資料證實。黃埔軍校校長蔣介石
的辦公室主任孔慶叡，於3月18日午後6時半因外洋輪船被劫，
遂電請省辦事處派艦保護。省辦由交通股股員王學臣接的電
話，並報告軍校交通股長兼省辦主任歐陽鐘。歐陽主任即親赴
海軍局交涉，因李之龍代局長外出，由作戰科鄒毅面允派艦前
往黃埔，聽候差遣，再由海軍局值日官「傳令，帶同該員，面

7　見中國歷史檔案館編，《蔣介石年譜初稿》（北京：檔案出版社，
　　1994），頁550；另參閱廣東省檔案館編，《中山艦事件》。
8　見〈李之龍關於《中山艦案報告書》二則〉，《黃埔軍校史料》，頁355-
　　360。

見李代局長，面商一切」。李之龍知悉後，即決定派中山、寶
璧兩艦前往。當時十時左右，黃埔軍校校長辦公廳秘書季方接
到歐陽鐘電話，謂十二時將有一艦來，作為保護商船之用。翌
日早晨軍艦出航，海軍局鄒毅科長要歐陽鐘補辦調艦公函，歐
陽鐘立即照辦，此公函尚存，內稱：

> 　頃接黎股員電話云：奉教育長諭，轉奉校長命，著即
> 通知海軍局迅速派兵艦兩艘開赴黃埔，聽候差遣等因。奉
> 此，相應通知貴局迅速派兵艦兩艘為要。[9]

　　李之龍的妻子於1926年3月30日提出的報告，今藏南京二
檔館，亦謂來人親口向她說奉蔣校長命令，有急事須派艦赴黃
埔，聽候調遣。由上引檔案資料可知，李之龍絕未矯命，調艦
程序清楚，而且調艦有因，為了保護商船。所謂擅自調艦意圖
變亂，便是空穴來風。而且當中山艦於19日上午9時駛抵黃埔
後，章臣桐代艦長即赴軍校報到，出示李之龍代局長命令，並
請示任務，由校長辦公廳秘書季方的副官黃珍吾代為接見。據
黃副官說，他向軍校教育長鄧演達報告，鄧不知調艦事，但請
轉知艦長候命。
　　此時蘇聯使團正在廣州考察，要求參觀中山艦，李之龍乃
以電話請示蔣介石調回中山艦。是以調回中山艦亦事出有因，
中山艦既有「候命」的指示，調回自當請准而後行，然而蔣介

9　〈辦事處交通股長歐陽鐘致函海軍局函〉原件，引自楊天石《尋求歷史的
　　謎底》（北京：北京師範大學出版社，1993），頁438。

石卻覺得可疑。中國社會科學院近代史研究所研究員楊天石研究這一段曲折過程，認為李之龍既未「矯命」，「所謂蔣介石下令調艦而又反誣李之龍矯令說也不能成立」，認為「矯蔣介石之令的是歐陽鐘」。[10] 楊氏進而指出歐陽鐘的背景，曾於1925年5月任軍校代理輜重隊長，尋改任少校教官，再改任軍校交通股長兼省辦主任，是右派「孫文主義學會」的骨幹，海軍官校副校長歐陽格之侄。換言之，歐陽鐘的「矯命」乃揭示了國民黨右派的陰謀，或用楊氏的話說，乃「西山會議派與廣州孫文主義學會的把戲」！[11]

　　但是楊氏沒有注意到，調艦的命令初出自蔣介石辦公廳的孔慶叡主任。孔主任為了保護商船調艦，有何理由不報告他的頂頭上司？事前不稟報，已難以置信；即使事後蔣問起再報告，亦足以釋疑。誠然，包括歐陽叔侄以及西山會議派與孫文主義學派等右派分子，固然有藉故生事之可能，諸如散布謠言，圖謀「拆散廣州的局面」，「想促使共產黨和蔣分家」，但是假如蔣介石不因其個人野心，秉公調查，調艦程序與人員一問便明，歐陽鐘又何從「矯命」？那「把戲」便會揭穿。如果歐陽鐘果真「矯命」，難道蔣介石始終蒙在鼓裡？決無可能吧！蔣之言行實已否定了楊之猜測。事實上，蔣介石為了奪權與意識形態無關，他始終咬定是汪精衛與俄國顧問的陰謀，就是要針對當權派。即使在3月18、19日因受謠言影響，有調艦誤會，而蔣介石突然於3月20日就擅自採取大動作。一個月之後，

10　楊天石，〈中山艦事件之謎〉，《尋求歷史的謎底》，頁439。

11　楊天石，〈中山艦事件之謎〉，《尋求歷史的謎底》，頁446。

總該把誤會與謠言搞清楚了吧，然而他仍於4月20日當眾宣稱此事「太離奇、太複雜了」！故弄玄虛，一至於此。其實，所謂「離奇」與「複雜」，不過是堅持左派想幹掉他的陰謀，公然影射汪精衛與俄國顧問季山嘉合謀，指示李之龍以中山艦劫持蔣介石，送往「符拉迪沃斯托克」（即海參崴）。事實上，蔣於是年元月底，曾與季山嘉研究北方軍事政治，並謂：「余若在北方覓得一革命根據地，所成就功業，其必十倍於此也」。[12]可見他自己一度有北上之意，而竟誣北上為汪、季之陰謀。

　　蔣介石在日記裡一再指控汪精衛與季山嘉「疑忌」他，卻無任何事證，顯然為他發難找藉口，讀者若被他日記牽著鼻子走，會覺得他為了自保不得不發難。事實上，汪精衛當時把他當心腹，全無疑忌他的跡象；如汪真要去蔣，以其當時的地位，解其職即可，何必要搞陰謀？更何況當蔣以辭職試探或要脅，汪反而極力挽留，花了一整天勸蔣打消辭意。觀諸蔣藉故扣留第七軍軍長王懋功，並將王押送上海，其目的無非要先除去汪精衛的親信，事後忍不住高興得感到「心頭一塊石頭落了地」，其刻意搞政變之意圖，昭然若揭。至於他與季山嘉之間的所謂矛盾，根本是他自己的小題大做，甚至故意找碴；對這位俄國顧問而言，有何理由要排擠這位「紅色將軍」啊？[13]更何況事後還原諒他，繼續支持他！

　　中山艦事件發生之前，蔣介石日記處處可見對汪精衛與季山嘉的怨憤、疑懼和批評，覺得自己被左派的陰謀設計，以至

12　中國第二檔案館編，《蔣介石年譜初稿》，頁533。

13　參閱楊天石，〈中山艦事件之謎〉，《尋求歷史的謎底》，頁431-436。

於容易被認為「自1926年1月起，蔣介石和蘇俄軍事顧問團團長季山嘉以及汪精衛之間的矛盾急遽尖銳」；[14] 然而這種急遽尖銳的矛盾，汪、季是感受不到的，因為他們一直是把蔣當作反右的左派同志看待。一些具體的不同意見，原來並不尖銳，如北伐問題並無要不要北伐的政策性問題，而是到不到時機的策略問題。由於季山嘉覺得北伐尚非其時，爾後有蔣北上與馮玉祥的國民軍聯繫以及練兵的建議，汪精衛豈有反對之理？蔣本人亦一度甚為贊同從緩，最後卻作為季、汪要把他送往海參威陰謀的「事實」！檔案資料充分顯示，無論汪精衛或俄共方面，對蔣絕無陰謀之可言。即以理據而言，俄共於事變之後還要支持他，有何理由要於事前搞掉他？然則，蔣介石於中山艦事件發生前三個月日記中所表現的心態，顯然是把汪精衛、季山嘉以及左派勢力當作假想敵，不斷而劇烈地自製矛盾，把一些尋常的事刻意擴大或扭曲，把疑慮轉化成陰謀，幾乎成為與風車作戰的堂吉訶德，自然把自己心目中被激化的敵人，當作鬥爭的對象，並作為採取斷然軍事行動的藉口與根據。此一心態實已見諸事變前一日蔣氏的日記：「十九日上午往晤汪兆銘，回寓宴客，痛恨共產黨挑撥離間與其買空賣空之卑劣行動，其欲陷害本黨，篡奪革命之心，早已路人皆知。若不於此當機立斷，何以救黨？何以自救？乃決心犧牲個人，不顧一切，誓報黨國。」竟又與各幹部密議，至四時，詣經理處，下定變各令。[15] 是以若認定國民黨右派之挑撥和煽動為引發中山

---

14   楊天石，〈中山艦事件之謎〉，《尋求歷史的謎底》，頁431。
15   引自中國第二歷史檔案館編，《蔣介石年譜初稿》，頁547。

艦事變的主因，未免太忽略了蔣介石左派其表，右派其裏，一貫視左派為敵的事實，而以左派為敵，因當時左派是當權派。所以歸根結底，還是為了奪權。

蔣介石心裡的「反蔣運動」，自我刻意渲染。[16] 這不像是真實的心理恐慌，而是故意留下自己是被害人的說辭。他「犯上」的行為出自對付別人的「陷害」，頗為有趣，有一則日記說：「恨共產黨陷害，決赴汕避禍，午後五時行至半途，猛思我何為示人以弱？仍返東山，誓犧牲個人一切，以救黨國」。但後來又修改原文，自覺不妥，將此段刪去。[17] 更有趣的是，陳立夫在回憶錄中也提到此事，不過故事情節全異。蔣說自己去汕頭避禍，而陳更直截了當說，汪精衛與俄國顧問逼蔣搭船去符拉迪沃斯托克，途中經陳勸說，而不是蔣本人「猛思」，才「決定留下來幹了」，並自詡為「北伐前歷史性的建言」，更畫蛇添足地說：「這件事除了蔣先生和我二人知道以外，無第三人知道」。[18] 沒有第三人知道嗎？非也！當時擔任虎門要塞司令職務的陳肇英就說：

> 蔣校長即邀余等數人分乘小轎車兩輛，端赴盧山丸停泊處。迨車抵長堤東亞酒店附近，蔣校長考慮至再，終覺放棄行動，後果殊難把握，亟命原車馳回東山官邸，重行商

16　蔣介石1926年3月10日日記。

17　見中國第二歷史檔案館，《蔣介石年譜初稿》，頁547。

18　陳立夫，《成敗之鑒：陳立夫回憶錄》（台北：正中書局，1994），頁51-52。

討，終於採納我的建議，部屬反擊。[19]

又是另一套故事情節。中途折返到底是蔣本人的「猛思」呢？或是陳在途中所做的「歷史性建議」呢？還是回到東山后接納陳肇英的建議呢？不僅此也，連到底是坐車、坐船，還是坐轎子，都是各有其好，事後亂編故事才會發生這種羅生門式的情況。顯然，蔣先有此說，作為其反擊的藉口，而二陳則各自附會表功而已。果如他們所說，汪與季山嘉的陰謀已到逼蔣出走的地步，何以對蔣之反擊，竟全無預防而束手「待擒」？蔣介石本人後來刪去這個藉口，顯然自知難以自圓其說。然而居然仍有人把拋棄的雞毛當令箭也。

再看蔣介石於中山艦事件發生後不久的宣稱：他於事發後四日對第四期學生訓話時強調：「（李之龍）如果有罪，也只是他一個人的問題，不能牽涉到團體的身上」；事發後十日，他於《人民週刊》上發表〈三月二十日的戒嚴〉一文，又說：「蘇俄已成世界革命之中心，中國國民革命又為世界革命之一部分」，並說東山警戒「有防俄顧問出入，此亦余深致不安者」；事發後不到一個月，在對全體黨代表演說辭中再度申說：「二年以來，我對於共產黨同志親愛的精神是不言而喻的，就是我對共產主義不但不反對，並且很贊成的」。[20] 但事過境遷之後，國民黨的歷史定論卻是：「海軍代理局長李之龍

19　陳肇英，《八十自述》（台北：陳雄夫先生八十華誕慶祝委員會，1967），
　　頁67。

20　蔣介石，〈三月二十日的戒嚴〉，《人民周刊》，1926年3月30日。

（原為共產黨徒），前日矯令中山艦由廣州直駛黃埔，企圖以武力加害於公，阻礙革命進行。旋公發覺逆謀，宣布廣州戒嚴，逮捕李逆之龍及潛伏軍中之共黨分子。又令共黨所操縱之省港罷工委員會繳械，並奪回中山艦，事變遂平」，[21] 又回到蔣介石最初的指控。

　　蔣於事隔半年後仍然狡猾地對陳公博說：「汪先生要謀害我，你不知道嗎？汪先生是國民政府主席、是軍事委員會主席，他對我不滿意，免我職好了，殺我也好了，不應該用陰謀害我」！血口噴人、咬住不放之餘，還要說風涼話，直是「瑞元無賴」性格的另一種表現。陳公博應該回他，汪先生既可免你的職，甚至殺你，又何必搞什麼陰謀，何況那時汪還在病中，要搞陰謀也非其時。所以蔣指控汪精衛謀害他，完全不符史實。今人若為後見之明所誤，帶著日後蔣汪鬥爭的有色眼光來看此事，於是對汪想幹掉蔣的指控不以為疑。其實自1925年3月孫中山去世後到一年後發生中山艦事變，為汪蔣最親密時期，蔣刻意奉承，汪視為親信，甚至縱容、包庇，如對付許崇智諸事，一意袒蔣。陳公博於1928年反駁陰魂不散的「汪害蔣論」，十分有力，而且完全符合史實，不可因人廢言也：

　　一、三月二十以前，汪、蔣的親交，誰也比不上。廣東統
　　　　一，雖是黨的力量，但兩次東江之役，黃埔之力為
　　　　多。是時汪欲去蔣，無異自殺。鄉愿不為，而謂賢者
　　　　為之。

21　秦孝儀總纂，《總統蔣公大事長編初稿》第1卷，頁117。

二、三月十六日以後，汪已病不能與，十八夜自國府回家
　　以後，即臥床不起。當時廣州數經變亂，人才凋零，
　　四方引進賢才之不暇，安有去蔣之理。

三、中山艦噸數不大，海行更難，而且中國海以北遍布北
　　洋軍艦，中山艦捕蔣以後而能謂可以直送符拉迪沃斯
　　托克，雖婦孺皆知為滑稽之事。

四、三月十八下午，當軍事委員會會議，汪提出撤換中山
　　艦長李之龍而易以潘文治，後以無人和議，事遂暫
　　擱。當時有會議筆錄可查。即譚組安（延闓）亦與
　　議，可以相問。雖無人和議，人皆以為李之龍為蔣之
　　得意門生，李之龍之為中山艦長由蔣保薦，今撤換未
　　得蔣之同意，人遂不敢附和。

五、三月二十之後，共產黨猶極力擁蔣。四月初旬北京俄
　　使館猶會議對蔣問題，蔣之顧問士板諾夫（切列潘諾
　　夫Stepanoff）演說：無論蔣之為人如何，必須用之以
　　完成國民革命。此事載之張作霖搜出俄使館之文件
　　（即《蘇聯陰謀文證彙編》），現在上海南京路英國
　　書店Kelly and Walsh可以購買，當與臆造者不同。我
　　絕非在今日猶為共產黨說法（話），不過證明汪更無
　　與。[22]

　　再說，蔣介石於事發之當晚去汪府探視，留下一段日記：
「傍晚，訪汪病，見其怒氣猶未息也」。這一段還是經過修飾

22　轉引自汪榮祖、李敖，《蔣介石評傳》，頁166-167。

的，南京二檔所藏原文則是：「傍晚，訪季新兄病，見其怒氣衝天，感情衝動，不可一世。因歎曰，政治勢力惡劣，至於此極，尚何信義之可言乎」。[23] 留下一個有力的旁證。試想一個陰謀害人之人，被害人來見，即使不窘態百出，那可能「怒氣衝天」、「不可一世」？接下去一句，更可玩味，無異蔣氏自承，為了「政治勢力之惡劣」，可以不講道義。汪之所以「怒氣衝天，感情衝動」，豈不即因蔣之不講道義乎？

　　蔣的說法，前言不對後語，當時莫衷一是，事後一清二楚。他在意的只是個人的政治利益。他於事變後為了避免反撲，除自請處分外，釋放李之龍，撤出中山艦代艦長的職務，逮捕執行事變的吳鐵城師長，解散右派團體，維持他「紅色將軍」的形象，迷惑當權派。當時在廣州的中共黨人，看穿蔣之騙術，毛澤東、周恩來等都主張強硬對付。汪精衛既為國府主席，更大可理直氣壯地處理，蔣固然有軍隊，但只有第一軍在他直接控制之下，第二軍軍長譚延闓、第三軍軍長朱培德、第四軍軍長李濟深，以及黃埔軍校教育長鄧演達與尚未成為小舅子的宋子文，都對蔣之反革命行為不滿，提議「嚴厲反蔣之法」。黃埔軍校政治部主任周恩來也看到，「這時譚延闓、程潛、李濟深都對蔣不滿」，「各軍都想同蔣介石幹一下」。[24] 在此種情況下，汪精衛以國府主席之尊兼軍委主席理當聯繫各軍，對蔣做武力制裁。汪於事變後，在群情激憤下，確有所行

23　中國第二歷史檔案館編，《蔣介石年譜初稿》，頁548。

24　周恩來，《周恩來選集》（北京：北京人民出版社，1997），上冊，頁120。

動。陳公博記得汪精衛曾說：「我是國府主席，又是軍事委員會主席，介石這樣舉動，事前一點也不通知我，這不是造反嗎」？[25] 據作家茅盾回憶，當時汪曾說：「二、三、四、五、六軍聯合起來，給我打這未經黨代表副署、擅調軍隊、自由行動的反革命蔣介石」。[26] 毛澤東還去找陳延年與季山嘉主張強硬，認為蔣介石是投機，如果示弱，他就會得寸進尺。[27] 最後俄國顧問不同意，俄方既知「三二〇事件是一次針對俄國顧問和中國黨代表的小型的半暴動」，[28] 為什麼連平定「半暴動」的意願都沒有？蔣既於呈文中自請從嚴處分，何不將計就計，對蔣於3月20日擅自全城戒嚴、大肆捕人、收繳工人糾察隊槍械，以及監視蘇俄顧問與國府主席等妄舉，做出制裁？其實也不難理解，俄方看到蔣介石於事變後的處置，相信蔣介石仍然是「紅色將軍」，怕造成內部分裂，影響革命大局，故而不願與蔣翻臉，容忍蔣之作亂，遂使蔣計得逞。[29]

所以制裁蔣介石的行動迅即胎死腹中，關鍵在莫斯科。第三國際方面得知三二〇事變爆發，頗感吃驚與不解，最使他們不解的是「左派將軍」蔣介石怎麼會做出右派反共反蘇的事情來？所謂左派、右派，最具體的劃分，乃是國民黨於1924年改

---

25 見陳公博，《苦笑錄》，頁37。

26 茅盾，《我走過的道路》（北京：人民文學出版社，1997），頁307。

27 見茅盾，〈中山艦事件前後〉，載《新文學史料》，1980，第3期。

28 切列潘諾夫，《中國國民革命軍的北伐：一個駐華軍事顧問的札記》，（北京：中國社會科學院近代史研究所，1981），頁373。

29 參閱金沖及，〈一九二七年：第一次國共合作的破裂〉，《中國歷史研究院集刊》，頁196-197。

組時，贊成聯俄容共的是左派，反對者則為右派，在俄國人看來，蔣介石一直是左派，大為吃驚即在於此。但俄國人初步與蔣接觸之後，認為蔣之「斷然措施」，並非真正的反共反蘇，而是人事上的不快，以及其虛榮心與權力狂在作祟，而蔣於事後也有此種表示，蘇方才松了一口氣。蘇方是為了繼續國共合作與維持反帝統一戰線的大方針，顧全大局，決定儘量滿足蔣介石的要求，撤換季山嘉等等。斯即陳公博所指出的，蘇俄軍事顧問切列潘諾夫，即蔣介石所稱的史顧問，於事變後仍謂無論蔣之為人如何，必須用之以完成國民革命。但是此一對蔣妥協政策，並不是臨時起念，也不是在廣州的蘇俄軍事顧問切列潘諾夫或布勃諾夫的決定，而是史達林（Joseph Stalin）的既定方針，他堅持中共尚無力單獨完成革命，必須要聯合國民黨完成資產階級的國民革命。[30] 托洛斯基（Leon Trotsky）不同意此一主張，反而更促使史達林的堅持，蔣介石成為史達林錯誤政策的受惠人。由於蘇俄與第三國際方面決定對蔣妥協，當然反對「反蔣同盟」，以為會造成國共破裂的「災難性後果」。於是讓「蔣介石對右派和左派輪番進行打擊，從而把愈來愈大的權力集中到自己手中」。[31] 中共方面雖已有人確定蔣介石根本是個反革命右派，主張與蔣決裂，但是當蔣達到奪權的目的後，展開雷厲風行的反右行動，再加上在第三國際大力影響下，亦只好繼續與蔣合作。在此情況下，汪精衛變成光棍主

30　參閱Conrad Brabdt, *Stalin's Failure in China:1924-1927*（Cambridge, Mass., Harvard Universiy Press,1958）.

31　切列潘諾夫，《中國國民革命軍的北伐》，頁393。

席，若不負氣出走，豈不要成了蔣介石的傀儡主席？而蔣於致
張靜江函中還要作態說風涼話：

> 　靜江先生大鑒：刻閱精衛先生致兄一書，其意不願復
> 出，殊堪駭惶，事既至此，弟亦只可休養以償共同進退之
> 約，請兄設法力促其出來任事，以安人心，否則弟必請兄
> 出來，即以民國日報通訊。弟中正頓首。[32]

　　蔣還說要「共進退」呢！這封信主要還是請他的老搭檔
張靜江出山。汪精衛當然不會讓蔣介石任意擺布，在那種情況
下，出走倒是上策。汪妻陳璧君更馳函罵蔣，蔣於4月9日覆汪
書，極盡矯情、狡猾與無賴之能事，不僅將責任推給別人，而
且還要口口聲聲與汪言兄弟之情，甚至說：「革命事業欲期其
成，弟固不能離兄，而兄亦不可離弟」，還說：「弟自信與兄
無論相隔至如何之久遠，精神絕無貳注」，更假惺惺地說：
「如有益於黨國、有利於貴恙，即刎頸謝罪有所不計」。[33] 汪
氏夫婦於4月初已離省赴港，於5月11日乘輪前往法國馬賽，形
同流放。在香港時，曾作了一首雜詩，很可見其怨憤的心情：

> 　處事期以勇，持身期以廉。責己既已周，責人斯無嫌。
> 　水清無大魚，此言誠詹詹。汙渚蚊蚋聚，暗陬蛇蠍潛。
> 　哀哉市寬大，徒以便群僉。燭之以至明，律之以至嚴。

32　中國第二歷史檔案館原件影印。
33　長函原文見《自反錄》第3卷，頁441-449。

為善有必達，為惡有必殲。由來狂與狷，二德常相兼。[34]

　　汪精衛無疑是中山艦事變的最大受害者，被蔣介石的野心所犧牲、為俄共的政策所犧牲，還要被蔣介石反咬一口，認為出走是心虛，而有口難辯。然而青史有眼，汪畢竟於此事問心無愧，「責己已周，責人無嫌」。他終於深刻體會到政治的骯髒，汙渚中「蚊蚋」雜聚，還有潛伏在他身邊的「蛇蠍」，不幸遭其毒口。他抱怨俄共為了便於國共合作，向蔣介石市恩，亦呼之欲出，並為之悲哀。但是他深信是非終必明朗，且以善者必達、惡有必殲自慰。在台北曾任國民黨關務署長的周德偉認為「國民黨黨史中所記之中山艦案內容均非實錄，不過藉以排汪而已」。[35]

　　總之，汪精衛黯然離國之後，蔣介石便成為國民黨的老大，知道要北伐，完成國民革命，仍須蘇俄的軍援、經援以及中共的協助，故於四月中被選為軍委主席後，即向國民黨右派開刀，於4月17日要求取消孫文主義學會，23日免去吳鐵城公安局長職務，以及於5月9日再送走喜洋洋回國的胡漢民。這些舉措，果然贏得蘇俄的好感，以為蔣畢竟不是右派，只是個人英雄主義，仍可利用。鮑羅廷回到廣州後，雖知蔣有嚴重缺點，但除蔣之外無人能打擊右派反革命陰謀，因而更願意與蔣合作，情願妥協懷柔，接受其條件。至5月12日，蔣介石提出〈黨務整理辦法〉，規定共產黨員不能擔任國民黨中央黨部

34　汪精衛，《雙照樓詩詞稿》，頁59。
35　見秦孝儀總纂，《總統蔣公大事長編初稿》第4卷，頁1325-1326。

部長，將參加國民黨之共產黨員名單交國民黨中執會主席，不允許國民黨參加共產黨，以及共產黨員任職國民黨高級黨部執行委員不能超過三分之一，而以蔣介石為革命的重心。[36] 中共在忍辱負重下，只好接受蔣事先擬好的辦法，於是共產黨人譚平山、毛澤東、林祖涵均退出部長職位，使蔣更大權獨攬，儼然是廣州革命根據地的頭號人物。蔣不僅違背孫中山的容共政策，而且已形成軍事獨裁，並向鮑羅廷直言：「革命不專制不能成功」。[37] 鮑羅廷居然一一接受，並以蔣嚴重打擊右派為慰，遂全力支持蔣。鮑顧問甚至不了解蔣以退為進的手法，力勸蔣必須出任國民革命軍總司令，[38] 穩固了蔣之地位與權力。大陸學者一般認為俄國顧問與中共方面對蔣之退讓，視為「右傾錯誤」，殊不知此乃史達林的既定政策，並非一時的錯誤。俄共想利用蔣介石，反而被蔣介石耍了。艾撒克斯（Harold R. Issacs）寫《中國革命之悲劇》（*The Tragedy of Chinese Revolution*）一書，將蔣介石譬作守地獄門的「三頭犬」（cerberus），第一個頭向右，屬於戴季陶的頭，第二個頭向左，乃蔣戴假面具的頭，滿口左傾與革命。第三個頭在左右之間，面向猜忌與野心。[39] 艾氏的比喻，含義不淺。號稱

36　參閱C. Martin Wilbur and Julie Lien-ying How, *Missionaries of Revolution: Soviet Advisers and Nationalist China, 1920-1927*（Cambridge, Mass.: Harvard University Press, 1989），p. 719。

37　《蔣介石日記類抄・黨政》，1926年5月16日。

38　參閱楊天石，〈中山艦事件之後〉，《尋求歷史的謎底》，頁409。

39　見Harold Issacs, *The Tragedy of the Chinese Revolution*, Second Revised Edition（New York: Atheneum, 1938），p. 90。

「左派將軍」或「紅色將軍」的蔣介石，虛有其表，只是共產國際被蒙在鼓裡而已。斯人之內右外左，早見之於他自俄歸國後寫給廖仲愷的信，見之於與右派鉅子戴季陶、張靜江等人不尋常的關係。蔣介石以左派為敵，並不是思想上的原因，而是對他個人權力有礙，如果真誠合作下去，固然有利於革命事業的發展，卻不免為他人做嫁衣裳，絕對建立不起來蔣家王朝。國民黨右派自1924年改組後即處劣勢，可為己用，而不致受制於人。右派於中山艦事變前後興風作浪，為虎作倀而已。當北極熊被老虎所騙，最後為虎所噬，趕走鮑羅廷，以「清黨」為名，屠殺中共黨人，革命幾毀於一旦，悔之晚矣！史達林原為大局繼續支持蔣，結果讓蔣羽毛豐滿後，再施故技，大局不僅難顧，而且幾瀕崩潰。蔣介石左顧右盼而左右逢源，處處有利於個人權勢的締造、政治野心的滿足！

　　中山艦事變可說是蔣介石生平的一場豪賭，雖他一家獨贏，然贏得險象環生，並不如一般強人強悍作風的印象。事發當晚何香凝曾責問蔣，蔣「竟像小孩子般伏在寫字臺上哭了」。[40] 同日季山嘉亦派助手去對蔣「稍加責言」，蔣則「百方道歉」。[41] 只因史達林一念之差，堅持國共繼續合作，在華俄國顧問奉命行事，以期先完成自上而下的資產階級民主革命，俄國顧問遂千方百計向蔣妥協，以為反蔣會導致國共合作的破裂，更阻止汪精衛已著手組織的反蔣聯盟以制裁蔣。設若反蔣聯盟組成，獲得中共與俄國顧問的支持，豈蔣介石及其第

40　引自楊天石，《尋求歷史的謎底》，頁443。

41　見《蘇聯陰謀文證彙編》（1928），頁443。

一軍可敵？如果蔣因「中山艦事變」弄巧成拙而一敗塗地，而其政治生命就此結束，更無論蔣家王朝之興，亦云險矣！

中山艦事件前蔣介石與汪精衛合影於廣州

第五章

玉顏自古關興廢
宋美齡與蔣介石

　　陳潔如回憶說：蔣介石告訴她，他娶宋美齡是「一樁政治婚姻」（It's only a political marriage）。[1] 蔣言不由衷：為了表示真愛是陳，離開五年後再聚；蔣自稱只因政治原因與宋結婚。蔣宋婚後長相廝守，不能說毫無愛情。然而這場婚姻不僅有政治，而且涉入政治非淺，意味深長。

　　當蔣介石棄陳追宋之際，正在南昌因抗命漢口中央，被中央財政部的宋子文扣押軍火與軍餉；如不爭取宋家，無法與中央抗衡，更不要說進兵長江下游了。換言之，蔣有求於宋，遠過於宋有求於蔣。當白崇禧底定東南後，蔣自江西到京滬，成為軍事強人，於1927年4月12日突然大舉清黨，清除左派勢力，屠殺共產黨人；又以政治威脅，逼迫上海中國銀行張嘉璈「捐納」軍費一千萬元。[2] 但因是年8月蔣介石兵敗，不得已引退，

1　見 *Chiang Kai-shek's Secret Past: The Memoir of His Second Wife, Ch'en Chieju*, p. 238。

2　參閱楊天石主編，《民國掌故》（北京：中國青年出版社，1993），頁172-175。

但引退前安排妥當，下野實同度假，兩百名保鏢隨行，聲勢未減，正好乘暇進行婚事，時時進出宋府。從一封情書可知，蔣還利用下野的寂寞來贏得宋之芳心，並說在廣州時已經傾心，曾向宋子文與宋慶齡表白，但無結果，而今退居山林，全心仰慕的僅是宋美齡一人。[3] 此時美齡已芳齡三十，尚待字閨中，雖曾與同學劉紀文訂婚，但劉遠不如蔣風光，實已相許。蔣宋訂親遂於1927年9月16日在孔府由大姐宋靄齡宣布。十天之後，蔣向上海《字林西報》記者透露說：來滬「為料理個人私事，並規劃與宋美齡結婚之事」，又說：1921年已與原配離婚；再說：五年前「余在廣州常於孫總理處，以是獲見宋女士，以為欲求伴侶，當在斯人矣」！陳立夫也指出，蔣宋早已暗通款曲，稱之為「愛情的長跑」。[4] 若然，則證實蔣與陳潔如正式結婚不到一年已經變了心。不料蔣對記者也夫子自道：「此種結婚，並非政治結婚，眾人皆從事於政治生涯，乃屬偶然巧合」。蔣介石接著應宋府的要求，在《民國日報》上登載「家事啟事」，連載三天：

> 各同志對中正家事，多有來書質疑者，因未及遍覆，特奉告如下：民國十年，原配毛氏與中正正式離婚，其他二氏本無婚約，現已與中正脫離關係。現在除家有二子外，

3　見Brian Crozier, *The Man Who Lost China: the First Full Biography of Chiang Kai-shek*（New York: Scribner's Sons, 1976）, p. 116。

4　見〈陳立夫首度透露六十年前的政治秘辛〉，（李敖藏件），轉引自汪榮祖、李敖，《蔣介石評傳》，頁226。

並無妻女，唯恐傳聞失實，易資肴惑，端此奉覆。[5]

　　這則啟示說陳、姚「二氏本無婚約」，絕非事實。他與陳潔如不僅有婚約，而且物證、人證俱在。跟隨革命的芸芸眾生都知道，從1921到1927年的蔣師母是陳潔如，在夏威夷迎接的也是蔣夫人陳潔如。蔣介石可以一筆抹殺，無非是要討好新歡，新歡有了面子，也就不必追究了。

　　蔣介石刊登啟事後，於9月29日攜帶未婚妻宋美齡、小舅子宋子文、以及一大批隨從自上海搭海輪到日本長崎，遊覽雲仙、奈良、神戶、湯本、熱海、東京等地。蔣在神戶時特別前往有馬溫泉，拜訪在那裡養病的宋太夫人，得其允諾婚事。他在日本行程不定，有點故弄玄虛，其實重點在準備婚禮。蔣氏一行於11月8日啟程回滬，並於同月26日登出結婚啟事。[6] 婚禮在12月1日舉行，有兩重儀式，先是親友在宋宅舉行基督教儀式，美國駐滬艦隊司令布里斯托（Admiral Mark Bristol）也來觀禮。這個儀式結束後，在外灘豪華的大華飯店再啟動盛大的婚禮，來賓有一千三百餘人，聚集在大舞廳裡，眾多的圓桌上擺滿鮮花製成的鐘鈴。禮堂上除斗大的喜字外，高掛孫中山遺像以及青天白日旗幟，平添不少政治色彩。下午4點15分白俄樂隊開始演奏，當主持婚禮的蔡元培走到孫中山遺像前面時，十幾個國家的公使以及美國艦隊司令已一一到場，上海聞人杜月

5　見《民國日報》1927年9月28日、29日、30日。

6　啟事引自宋平，《蔣介石生平》（吉林：吉林人民出版社，1987），頁205。啟事中說他「戎馬驅馳，未遑家室」，顯非實情。他忘了已有二妻一妾。

笙與新文化健將胡適也在觀禮的人群之中。四十歲的蔣介石身穿筆挺西裝，由孔祥熙陪伴出現，引起一陣騷動。接著賓客入座，白俄樂隊奏門德松「新娘來了」（Here Comes the Bride）的曲子，三十歲的新娘宋美齡一身白紗禮服，手挽宋子文踏在紅地毯上，緩緩前進，走在後面的有四位穿粉紅色禮服的女儐相。宋美齡走到孫中山遺像前與蔣介石並立，新郎與新娘向遺像與國旗鞠躬。當此時也，照相機唪聲不斷，蔡元培宣讀結婚證書，新人用印，相互鞠躬，再向主婚人，證婚人，以及眾賓客鞠躬，同時美國男高音霍爾（E. L. Hall）在樂隊伴奏下，高唱「哦！答應我」（Oh! Promise Me）。最後在掌聲雷動裡結束婚禮，蔣介石帶著新婚妻子以及兩百名保鏢前往莫干山度蜜月去也。

第二天，《紐約時報》首版刊出蔣宋聯姻消息，上海的三家英文報也競相報導，被稱之為近年來中國人最顯赫的婚禮，禮物之多更不在話下，消費更不下數百萬元以上。這位國民革命軍總司令顯然已經高度資本主義化了。後來美國著名記者斯諾（Edgar Parks Snow）訪問宋慶齡時，談到這椿婚事，宋慶齡說兩人起先都是「投機」（opportunistic），但結了婚之後多少有愛情，應屬實情。不過，政治味還是非常濃厚，蔣介石娶了宋美齡之後，從孫中山的弟子躍升為姻弟，為革命法統增添一層「裙帶關係」，能以「死中山」號令活諸侯，在孫遺像前結婚也就不足為異了。宋美齡不會看上蔣介石的人品與學術，但權勢顯赫，不久貴為一國元首夫人，風光數十年，也足以滿足她的欲望。

宋美齡成為蔣介石的政治資產還涉及對美關係，並不是說

宋家在美國有何政治影響力，要因宋家兄妹自幼赴美求學，能說一口道地的英語，又是基督教家庭。當他們代表蔣介石與美國打交道，美國人會有親切感，很容易認為蔣政府是親美的。其實當年美國知識界對蔣有兩極的看法，一極由於宋美齡的關係，認為蔣是開明的基督徒領導人，有價值的反共盟友；另一極則視蔣為獨裁的軍閥，以落伍腐敗的國民黨體制統治中國，但華府包括白宮與國會畢竟因蔣親美而親蔣，導致美國大眾以為蔣接受美國的政教理念而值得支持，甚且誤以蔣為中國的化身。[7] 宋家的基督教信仰以及傳教士的影響無疑有助於華府全力支持蔣政府，直到蔣失去中國大陸，不得不承認對華政策的失敗。

美國於列強在華勢力中，原是後起之秀，八國聯軍侵華，中國有被瓜分的危機，美國為了與列強利益均沾，提出「門戶開放」政策，為此政策之需，必須要維持中國的領土完整；否則便無「均沾」的餘地。不過，美國雖有此政策，但尚無實力與意願執行。美國雖因參與歐戰而崛起，但戰後誤入孤立主義，雖不得不參與世界事務，但雅不願作任何承諾，是以當日本侵占東三省，明顯違反不以武力解決糾紛的〈非戰公約〉（the Kellogg-Briand Pact），也挑戰了美國門戶開放政策，但美國除了不承認滿洲國外，別無作為；甚至盧溝橋事變後，日軍侵華成為事實，美國仍然不願制裁日本。

直到日本偷襲珍珠港，美海軍基地受到重創，才對日宣

7　參閱Ross Y. Koen, *The China Lobby in American Politics*（New York: Harper & Row, 1974）, pp. 11-13.

戰，才感佩中國已獨立抗日三年有餘，才開始重視中國並予
援助。在此背景下才有美國重量級政治人物溫德爾・威爾基
（Wendell Lewis Willkie）包括中國在內的世界之旅。威爾基是
當時美國政壇上的怪傑，1892年出生於印第安那州。他律師出
身，崛起政壇不循常軌，卻得到許多美國人民的欣賞與支持。
他於1940年成為美國共和黨的總統候選人，與競選第三任的民
主黨候選人羅斯福（Franklin D. Roosevelt）爭總統寶座。當時威
爾基聲勢極大，大到自信不必做競選活動，就可以入主白宮。
在競選過程中，他甚至極為誠實、極有風度，不諱言他贊同對
手羅斯福的某些改革方案與外交政策。像這樣增他人聲勢、減
自己威風的做法，真可說是千古罕見。結果他得了兩千兩百萬
票，以五百萬票差距，敗給羅斯福。威爾基為人豪爽熱誠，他
原來是民主黨員，於1930年中期改屬共和黨。早在他是民主黨
員時，羅斯福就非常喜歡他，說要請他做國務卿。後來雖然成
了羅斯福的政敵，但羅斯福對他的好感不減，說是絕不會忽視
曾有兩千兩百多萬美國人支持的優秀政治家。因此，特別委請
威爾基做他非官方的代表，飛訪世界各地訪問。

　　威爾基於1942年8月26日搭乘四引擎轟炸機起飛，49天后
（10月14日）返回美國，寫了《天下一家》（One World）一
書，賣了一百萬冊，宣揚他的理想與報告環球訪問的過程。他
在書中以一連四章的大量篇幅，寫他在中國的經歷：蔣介石派
了兩個親信，新聞局副局長董顯光和將軍朱紹良，到迪化迎接
威爾基並全程陪伴。威爾基到達重慶前，全城已整修一新，並
張燈結綵，受到萬人空巷的歡迎。他自寫受到歡迎的盛況如
下：

　　我是傍晚時分在離重慶城幾英里遠的飛機場抵達。我們的汽車還沒有進城，人們早已排列在街道的兩邊了。在我們到達城中心以前，群眾已擠滿了店鋪前面的人行道。成人男女和兒童，長鬍鬚的紳士，有的戴著呢帽、有的戴瓜皮帽，挑夫、走卒、學生、抱著孩子的母親，衣著有的講究、有的襤褸——他們在我們車子緩緩駛向下榻的賓館途中11英里的道上，擠得人山人海，他們在揚子江的對岸鵠候著。在重慶所有的山坡上——重慶一定是世界上最多山的城市——他們站在那裡，笑容滿面，歡呼著，揮動著小小的紙製的美國和中國的國旗。任何一個參加過美國總統競選活動的人，對於群眾是習以為常的，但對這樣的群眾卻並非如此。我可以暗中依我所願地減低他們的意義，但沒有用處。人民揮動著的紙國旗是大小一律的，暗示出來，那位殷勤而富於想像的重慶市長吳國楨博士，在這個盛大歡迎的設計中曾參與其事。很明顯的，並不是所有這些人民，其中有許多敝衣跣足的人，對於我是誰或者我為什麼到那裡，都具有明白的觀念。我還向我自己說，那每個街頭巷尾喧闐不絕的爆竹，畢竟不過是中國人傳統的熱情表現。但是，儘管我這樣努力減低它的意義，這個景象卻深深感動了我。我注視的每張面孔上，沒有一點人為的或虛偽的成分。他們看我是美國友誼的一個代表，以及代表即將到來的援助的一個具體希望。那是一個群眾善意的表現，是極為單純而動人的人民感情的表現，這個力量就

是中華民族最偉大財富的來源。[8]

威爾基是個長得高大而精力充沛的人，這年正好五十歲，來日的政治前途非比尋常。羅斯福已經三任，下一任總統很可能就是他。他到中國備受歡迎，自在意料之中；國民黨官方更聲稱，他是上一個世紀退休總統格蘭特（Ulysses S. Grant）訪華以後，層次最高的美國訪客，對他的巴結自然會施出渾身解數。蔣介石於10月3日「歡迎美國總統代表威爾基致詞」中，有這樣的高帽：

> 吾人從威爾基先生之言論中，熟知其對於日寇所久蓄擾亂世界之野心與中國艱苦抗戰之價值，有深切之理解，尤其對於吾國抗戰建國之理想，有精到之認識，而其領導美國社會致力援華運動之熱誠與成就，更使我立國精神通同的中、美兩大民族，增加感情上之密切聯繫。……威爾基先生來此，將親見日寇五年餘來在中國殘暴破壞之遺跡，將親見我中國軍民堅忍不拔始終樂觀之信心與決心，將親見我中國在如何艱難狀況下，努力于充實戰鬥力量與復興建設工作，將親見中國軍民如何為實現共同目標、爭取共同勝利而奮鬥，並將使吾國人民更深切了解美國政府與人民對於戰時工作一致努力之實況而益加奮勉。[9]

8　Wendell Willkie, *One World*（New York: Simon & Schuster, 1943），pp. 127-128.

9　《中華民國重要史料初編：對日抗戰時期》第3編《戰時外交（一）》，頁752。

　　威爾基熱情有餘、警覺不夠，很容易被迷湯灌注，被蔣、宋、孔三家團團包圍。他不住美國使館，而住宋子文的豪華住宅，令美國大使高斯（Clarence E. Gauss）大不以為然。宋家三姊妹，威爾基都見到了，而只在宋家的餐會上，得見周恩來二面。他冷落蔣介石不喜歡的史迪威，而親近蔣介石所喜歡的陳納德。他在這種情況下，對蔣氏夫婦特具好感，當然不在話下。他與蔣氏夫婦有許多次單獨的早餐、午酌、晚宴。他回憶說：

　　有一個黃昏，我們開車到蔣氏在長江懸崖上的別墅，小董（顯光）也在。我們坐在木屋前的大涼臺上，遠眺重慶的山麓，下瞰長江，見到若干小舟在激流中行進，運載中國鄉下人及其產品到下游市場。那日重慶酷熱，然而在此涼風習習，甚是清爽。當我與委員長談話時，蔣夫人為我們沏茶，並與小董輪流為我們當譯員。[10]

交談好幾個小時後，他特別提到蔣夫人的溫柔體貼：

　　蔣夫人一直為我們翻譯，最後她以令人愉快而堅定的女性權威說：「已經十點鐘了，你們男人還沒有吃些什麼，來！我們需要開車進城，至少找些吃的，你們的話以後再談！[11]

10　Willkie, *One World*, p. 130.
11　Willkie, *One World*, p. 132.

　　威爾基說：他在重慶六天，無時不與蔣介石晤談，這些晤談必定有宋美齡在場當譯員。他對蔣氏夫婦的印象好極了，他說委員長作為一個人以及一個領袖，比傳奇性的形象更加高大。他特別寡言，而說話時又很「輕聲」（Soft-Spoken）。當他不穿軍裝，換上中式長衫，幾乎像一個僧侶學者，不像一個政治領袖。他又說：「他（蔣）顯然很能聽別人的意見，習於採集眾智」。又說：「當他同意你的時候，他會點頭，不斷輕聲說好好，暗示對你的敬意，使你毫無防備，多少會被他爭取過去」。[12] 威爾基也見了林森、陳立夫、王世杰、吳國楨等國民黨大員。一筆帶過之後，他說他在華府就認識了宋子文，知道他有三個姊妹，接著說：

　　　　有一次孔祥熙在他家的草坪上舉行晚宴，我坐在首席，位於蔣夫人與孫夫人之間。我們談興甚濃，我至感愉快。兩位女士都能說精美的英語，富內容而又具機智。晚飯吃過之後，蔣夫人挽著我的手臂說：「我要你見我另外一個姊姊，他因神經痛，不能到戶外赴宴」。[13]

　　於是威爾基與宋氏二個姊妹在室內聊起天來，高興得忘了時間與戶外的其他客人。他們聊得高興，無人記錄具體內容，羅斯福得到的一點訊息卻是蔣方抱怨盟邦，特別不滿意英國，

12　Willkie, *One World*, p. 133.
13　Willkie, *One World*, pp. 139-141.

懷恨史迪威，喜歡陳納德。[14] 大約到晚上11點，孔祥熙進來，
輕責蔣夫人與威爾基，宴會散了都還未回席，然後老孔也坐下
來加入龍門陣。威爾基特別指出，他們三人都能聊，而宋美齡
的談鋒最健。最後，即將分手之前，宋美齡向孔祥熙夫婦說，
昨晚吃飯時，威爾基建議她應該去美國做親善訪問。孔氏夫婦
把眼光移向威爾基，威爾基答稱是，是那樣建議的。當孔祥熙
進一步追問時，威爾基發了一大篇高論，大加讚揚宋美齡。他
說美國亟需了解亞洲與中國，中國方面有頭腦、有說服力以及
有道德力量的人，應幫助如何去教育美國人。他認為夫人將是
最完美的大使，她有極大的能力，會在美國產生極有效的影響
力。他深信，憑她的「機智、魔力、一顆大度而體貼的心、高
雅美麗的舉止與外表，以及熾烈的信念，她正是我們需要的訪
客」。[15]

　　從以上威爾基許多大特寫中可知，他對蔣氏夫婦印象好得
像阿麗絲的夢境。他對宋美齡的愛慕，更是溢於言表。同時我
們也可以看到，宋美齡對他的興趣也很大，除了政治上的需求
外，也有個人的吸引力。宋美齡美媚多姿，威爾基高大熱情，
二人言語又暢通無阻，心傾相慕，並不稀奇。

　　陪伴威爾基這一次的訪問有兩個報人，一個是邁可・考
爾斯（Gardner Mike Cowles, Jr.）是美國出版界大亨、《展
望》（Look）雜誌創辦人。另一個是約瑟夫・巴奈斯（Joseph

14　Robert E. Sherwood, *Roosevelt and Hopkins, Vol. 2: From Pearl Harbor to
　　Victory*（New York: Bantam Books, 1948, 1950）, vol. 2, p.229

15　Willkie, *One World*, pp. 139-141.

Barnes），是極有經驗的外國事務記者與編輯。威爾基認為他們二位是他最佳的遊伴。其中邁可‧考爾斯在43年以後（1985年）私下出版了一本回憶錄，書名《邁可回顧》（*Mike Looks Back*），留給自家子孫看。書中有一部分說到陪伴威爾基在重慶的經過，明白寫出威爾基不足為外人道的一些情況。他提到有一個晚上，委員長為他們設了個盛大的招待會。宴會一小時後，威爾基與蔣夫人同時消失，一直到清晨四點威爾基才愉快地回到住處，好像是剛與女友共度良宵的大學生。邁克還說蔣委員長憤怒地找人，使他感到驚恐，威爾基想邀蔣夫人同機返美，使他感到不智。第二天早晨，威爾基也感到不宜，就叫邁克去告知夫人，結果被盛怒的夫人抓傷臉龐。[16] 邁克回憶這一段故事巨細靡遺，或有渲染之處，但威爾基與蔣夫人之間有好感，應是不爭的事實。邁克於時隔數十年之後回顧前塵，並無揭發隱私之意，只是將其親身經歷，寫下來給自家的後人看，猶如「內部發行」，知之者不多，然而當宋美齡看到後，卻大張旗鼓，動用國府駐外人員控告邁克誹謗，反而顯得有點心虛，反而張揚其事，被李敖更加渲染了一番。邁克反而不願張揚，更不願他認為無足輕重之事，進行繁瑣的法律程序，也為了顧及老友威爾基的聲譽，認錯了事，挽回宋美齡的面子。但不少美國學者相信邁克絕不至於無中生有，有意造謠。威爾基想要宋美齡同機回美一事，著名業餘史家塔克曼女士（Barbara W. Tuchman）曾親自訪問當時在重慶美國使館做事、能通華語的文生（John Carter Vincent），得到證實。文生還注意到，蔣

16　見《九十年代》（香港），1986年10月號。

介石當面對威爾基甚是殷勤，但當威爾基離開後，要人趕快把窗戶打開，說是「讓洋騷臭散出去」，[17] 難掩厭惡之情，顯然事出有因。美國駐重慶的另一位官員約翰・巴頓・大衛斯（John Paton Davies），也親眼看到了宋美齡如何發揮她的魅力：

> 毫無疑問地，宋家小妹已經輕輕鬆鬆的征服了一個人。在她主持的一項救濟機構茶會上，她披著一件空軍將領的大衣，以令人無法抗拒的女性溫柔，嬌滴滴地承認威爾基先生是一位非常「撩人綺思」（a very disturbing influence）的男人，此種表白使這位羅斯福總統的私人代表渾身舒暢。……有趣的是，這番話對獨身的威爾基未來的政治發展都會產生影響。[18]

威爾基畢竟很落檻，他不但向蔣介石辭行時，說出「數日盤桓，備受優遇，深感如對家人，……為本人環遊世界，在他處所未曾遭遇之快晤」[19] 的謝詞，並且在返美以後，立刻報之以親中的實利；美中不足的是，威爾基於兩年後（1944）突以心臟病死去，使這一段特殊的中美友好聯繫，有點難以為繼。

17　"To let the smell of the foreigner out," 見Babara Tuchman, *Stilwell and the American Experience in China*（New York: MacMillan, 1971）, p. 428.

18　見Davies, *Dragon by the Tail: American, British, Japanese, and Russian Enounters with China and One Another*（New York: W. W. Norton, 1972）, p. 255。

19　見《中華民國重要史料初編：對日抗戰時期》第3編《戰時外交（一）》，頁775。

　　威爾基不便與宋美齡同機返美,他失信於她,似是情非得已。但他還是很夠意思,以他對羅斯福的影響力,促成了宋美齡的訪問美國。國民黨官方說:宋美齡訪美由於羅斯福總統於1942年8月22日與9月16日的兩次邀約,但威爾基明明在《天下一家》書中說,出於他的建議。羅斯福邀宋美齡訪美雖初見之於8月22日致書蔣介石,介紹來華的威爾基,但這一邀請在形式上只是客套話,能否成行,還有賴威爾基的玉成。再從時間上看,威爾基於10月8日離開中國後的第二個月(11月17日),宋美齡就去了美國。這一緊密配合的速度,正好印證宋美齡的訪美,乃得力於威爾基的暗中使勁。暗中使勁逃不過觸角靈敏的華府《華盛頓郵報》一位名叫密勒(Hope Ridings Miller)的記者兼專欄作家,他指出威爾基對蔣介石夫人的揶揚,超過長久以來所沒有聽到過的任何讚美詞。[20] 據美國海軍上將李海(Admiral Leahy)說:羅斯福總統與蔣夫人私下談話時,笑責她是個「vamp」,否則溫德爾‧威爾基為何近日中國之行會如此被她吸引,答應了她任何的要求?蔣夫人笑謂:「不能說我是vamp,實因威爾基先生具有一個大孩子所有的情緒反應」(Mr. Willkie has all the emotional reactions of an adolescent)。[21] 羅斯福對宋美齡評論威爾基很感興趣,接著堅持要她評論一下他。她敷衍不過去,最後說:「噢!總統先生,你很老練」(Oh Mr. President, you are sophisticated)。據羅斯福的女閣員

20　見*Washington Post*, 16 October 1942。

21　Admiral William Leahy, *I Was There*(New York: Wittlesey House, 1950), p. 154. 作者為羅斯福與杜魯門的白宮幕僚長,此書根據其筆記與日記寫成。

法蘭珊絲・派金斯（Frances Perkins）說：總統聽後大感窩心，在白宮裡一再重複地告訴別人。[22] 陪伴威爾基訪華的記者巴奈斯，在《威爾基傳》裡也提到這件事，[23] 可見當時46歲宋美齡的魅力，不僅迷倒中年人威爾基，而且也迷倒61歲的老頭子羅斯福。

　　宋美齡此次訪美，還有一個神秘而有趣的插曲。臨行之前由她的哥哥外交部長宋子文發電報給羅斯福的親信霍布金斯（Harry Hopkins），要求美方派一專機來接有重病的蔣夫人到紐約求醫，痊癒後再到華府進行正式訪問。羅斯福此時雖戎機倥傯，仍然答應了此一要求。蔣夫人遂於1942年11月27日下午2時，抵達米契爾軍事機場（Mitchel Field）。霍布金斯親自前往迎接，驅車徑往「長老會醫療中心」（The Harkness Pavilion of the Columbia Presbyterian Medical Center），包下整個第12層樓。在途中宋美齡向霍氏說，她此來為了治病與休息，雖說不談中美關係，但是還是談了許多，包括抱怨史迪威不懂中國事務，並攻擊英國政府不遺餘力。[24] 霍布金斯似乎沒有注意到，宋美齡侃侃而談完全不像有重病的樣子。不久之前威爾基訪華時，她更是生龍活虎，經常陪伴著貴賓，不僅毫無病容，亦無倦容，何以一下子得了重病？既有重病，經過長途飛行後仍能長談？有人說是要醫治五年前的車禍之傷，更是托詞，那有五年之中不即來美醫治，五年之後突然如此緊急要求派專機接運

22　Frances Perkins, Adam Cohen , *The Roosevelt I Knew*（New York: Penguin, 1946, 2011）, p. 74.

23　Joseph Barnes, *Willkie*（New York: Simon & Schuster, 1952）, p. 353.

24　Sherwood, *Roosevelt and Hopkins*, Vol. 2, pp. 240, 260.

來美求醫之理？真令人疑雲重重，難道僅是要求派專機來接的
藉口？據羅斯福太太說：蔣夫人只有皮膚病。[25] 總之，她休息
了兩個月之後，病全好了。

　　1943年的2月裡，蔣夫人病癒後轉往白宮做客，一共住了十
天，十分風光。宋美齡在美國國會的演說，尤其精彩。她的慷
慨陳詞出自流利的英語，贏得全場熱烈的掌聲，備受讚揚。美
國女作家瑪麗狄倫（Mary E. Dillon）指出，蔣夫人是那一屆國
會最精彩的演說；不過，精彩處不在內容，而在於其人之嬌小
嫵媚，極具女人的魅力，以及為中國求援的真誠。[26] 宋美齡華
府之行結束後，於1943年3月1日返抵紐約。第二天就做公開演
講，由威爾基主持，聽眾有兩萬多人。當時在紐約的胡適也來
捧場。不料胡適聽後感到失望，在3月2日的日記裡，有這樣的
一段話：

> 　　晚上到Madison Square Garden聽蔣夫人的演說，到者約有
> 兩萬人，同情與熱心是有的。但她的演說實在不像樣子，
> 不知說些什麼！[27]

　　胡適說宋美齡的演說不像樣子，顯然也是從內容來評價
的。但是她的演說目的是政治，要博取同情與支持。她嬌小的

25　Eleanor Roosevelt, *This I Remember*（New York: Praeger, 1949, 1975）, pp.
　　282-283.

26　Mary E. Dillon, *Wendell Willkie 1892-1944*（Boston: Da Capo Press, 1952,
　　1972）, p. 283.

27　見《胡適的日記》手稿本，第15冊。

人身、暢快道地的英語，代表在掙扎中抗日的中國，已足以令
老美動容，更何況日本偷襲珍珠港後，美國人恨日本入骨，舉
國以打敗日本帝國為職志，面對艱苦抗日五年之久的中國，
能不引起廣大美國民眾的喝彩？更不論無盡的「同情與熱心」
矣。因而不管宋美齡說些什麼，都會贏得美國人的心聲。胡適
未免太頭巾氣了。胡適還討厭宋美齡的虛驕，說她「一股虛驕
之氣，使我做噁心」。[28] 這種虛驕，廣大的美國民眾是看不到
的，不過比較接近她的人，遲早會發現馬腳。她代表苦難的中
國來求助，但她豪奢如貴族，諸如包下豪華旅館的整個第十二
層；在白宮住的時候，帶著二名護士、二名姓孔的家族成員
（包括孔二小姐在內，羅斯福誤呼她「我的小男孩」），每
天換絲床單，有時一天要換兩次。她來自革命的中國，但對手
下頤指氣使，在白宮時常呼喚僕役，使美國官員噁心；當警衛
人員提醒她要守時，她竟要求撤換那個警衛。她受過良好的西
方教育，卻與蔣介石一樣不知民主自由為何物。有一次在白宮
餐桌上，羅斯福向她提及頭痛的美國礦工罷工問題，問她將如
何對待像路易士（John Lewis）那種工運領袖，她很自然的舉
起那只美麗的小手，向自己的喉嚨一劃。羅斯福從桌子那邊看
到，立即要羅夫人快看這一幕之後，再繼續談話。[29] 她得意忘
形之餘，最後也得罪了羅斯福。她在白宮住宿時，忽然心血來
潮向羅斯福說，當她離開時，他不必起身；羅斯福很溫和地回

28　見《胡適的日記》手稿本，1943年3月4日。

29　Eleanor Roosevelt, *This I Remember*, p. 284.

答說：「我親愛的孩子，即使我想，也站不起來啊」！[30] 她竟然漫不經心忘了美國總統早已半身不遂。有美國記者在記者招待會上，善意地問她美國要如何把援助送到中國，她竟把這個問題拋給羅斯福，要美國總統表態；羅斯福說將以上帝允許我們的速度運去，她居然當面說：「上帝幫助自助的人們」（The Lord helps those who help themselves），語帶諷刺，羅斯福的臉都紅了，不知是羞還是怒。羅斯福的財政部長摩根索（Henry Morgenthau, Jr.）向他的部下說，總統恨不得要她早點離開。[31] 塔克曼女士則認為，羅斯福並不太在意個人的不快，而是怕蔣夫人的行為可能會損及她的公眾形象，破壞了他對華援助的政策。[32] 宋美齡一直到1943年的6月底才回重慶，離國近半年之久。總的來說，她的這次訪問相當轟動，連英國駐美大使哈理法克斯（Lord Halifax）都怕美國受到蔣夫人旋風的影響，答應中國一些做不到的事。[33] 美國以民意為重，宋美齡贏得民意，使蔣介石受惠。在民意的支持下，羅斯福放手援助蔣政府，還要把蔣介石領導的中國，提升為戰後四強之一。

　　宋美齡訪美獲得廣大民意，要因美國朝野以及民間於日本偷襲珍珠港之後，對中國艱苦抗日的高度同情與敬佩；然而宋

30　見Bernard Asbell, *The FDR Memoirs*（Gardon City: Doubleday, 1973），p. 344.

31　John M. Blum, *From the Morgenthau Diaries*（Boston:Houghton Mifflin, 1959），vol. 3, p. 106.

32　Tuchman, *Stilwell and the American Experience in China*, pp. 446-451.

33　Sir L. Woodward, *British Foreign Policy in the Second World War*（London: H.M.S.O, 1970），p. 425.

美齡卻認為是她在美工作的功勞。例如她在給她姐姐靄齡發的
電報中，非常自豪地說：

> 以前我國對外人總抱請求、客氣態度，以至外人認為老
> 實可欺。邱吉爾經妹駁斥後，艾登在美本不打算演說，其
> 所以突然改變方針者，實因妹芝加哥演說使然。邱吉爾前
> 屢言英美同種血統關係。現艾登則謂自由乃個人之護照：
> 邱吉爾完全不提中國，艾登則謂中國必為四強之一，實已
> 改變論調。凡此種種，均系妹在美工作結果。[34]

　　她得意之情溢於言表，但所言既不真實又很虛驕。中國
受列強欺侮乃因實力不夠，不是因為中國人太老實。邱吉爾的
英國一直反對中國成為四強，理由就是與中國實力不相稱。然
而中國能否在戰後成為四強之一，不是邱吉爾說的算，更非艾
登說的算，而是羅斯福說的才算，因美國在當時已有最強大的
話語權。但羅斯福力挺中國為四強之一，絕不是宋美齡在美工
作的結果，而是美國總統覺得合乎其本國利益的既定策略。當
1943年太平洋戰爭勝券在握，羅斯福已經設想日本帝國滅亡之
後，應由一個強大而親美的中國來填補亞洲的權力真空。宋美
齡的貢獻也許僅僅是加深了蔣政府親美的印象。
　　宋美齡以為說服了美國，得意之餘居然謝絕訪問英國的邀

34　見〈蔣夫人自紐約致孔祥熙夫人電〉，載《戰時外交（一）》，頁842。
　　楊天石引用此電文，未察內容之不實與虛驕，故而加以大加表揚，見楊天
　　石，《蔣介石真相之三》（台北：風雲時代出版股份有限公司，2009），
　　頁34-35。

請，甚至適逢邱吉爾訪美，與羅斯福再次會談，並召開太平洋會議，她也無意願相見。即使羅斯福與邱吉爾邀宋美齡到白宮共進午餐，蔣介石、宋子文、駐美大使都覺得應該去，但宋美齡仍然拒絕去，反而要邱吉爾先來拜訪她，以示禮儀與尊嚴。她以「目中無邱吉爾」來回應邱吉爾的「目中無人」，根本是意氣用事，有害國家利益。英國畢竟是重要的戰時盟邦，邱吉爾雖不脫老牌帝國主義者的氣焰，也有崇高的政治聲譽，對美國也有相當的影響力，安能藐視？能與羅、邱兩巨頭在白宮共進午餐，只見光彩，何失尊嚴之有？胡適之說得對，宋美齡太虛驕了。然而後人研究這段往事，竟也有人附和宋美齡的虛驕論斷：「當時英國是強國，邱吉爾是英國的首相，事實上是英國的第一把手，在這樣一個老大帝國的首相面前，宋美齡投以藐視，力圖保持自己的、事實上也是民族的尊嚴，而毫無趨炎附勢的奴顏媚骨，這是難能可貴的」。[35] 孰料不到五年，國共內戰失利，宋美齡赴美乞助，遭到杜魯門總統的奚落，甚至侮辱，尊嚴何在？

宋美齡久居紐約不返，終於離美後，先前往巴西與姊姊宋靄齡見面，遲遲到1943年7月4日才飛返重慶。在蔣介石身邊的唐縱於當天日記寫道：

> 蔣夫人由美載譽歸來。下午，蔣夫人由美歸國，委座乘機赴新津接她，但夫人直接乘機在白市驛降落，沒有往新津換機，所以沒有接到。委座回來時，適經國亦由桂林來

35　楊天石，《蔣介石真相之三》，頁42。

渝，同時降落，幾乎飛機相碰，危險極已！[36]

　　蔣介石興沖沖地去迎接久別的老婆，不但沒接到，而且差一點父子飛機相撞，真是黴氣。原來接不到並非偶然，唐縱於8月15日又有日記寫道：

　　　近來委座與夫人不洽，夫人住在孔公館不歸，委座幾次去接，也不歸。問其原因，夫人私閱委座日記，有傷及孔家者，又行政院長一席，委座欲由宋子文擔任，夫人希望由孔擔任而反對宋，此事至今尚未解決。[37]

　　可見宋美齡一回來就不理蔣介石，住在孔祥熙家裡負氣不歸。依常情而言，此次在外交上打了勝仗，載譽歸來，又夫妻分別將近九個月，理應歡喜，然而不僅沒有相見歡，反而不洽，已多蹊蹺。唐縱聽說的那些為孔、宋做官的事不洽，豈其然哉？豈止此哉？直至10月初，蔣夫人仍在新開市孔公館，而「委座嘗於私人室內做疲勞的吁歎，其生活亦苦矣」！[38] 顯然感情發生了裂痕，顯然是老婆對丈夫不洽，而非丈夫對老婆不洽。雖然夫婦兩人一道於1943年11月18日由重慶起飛出席開羅會議，回來後又是一次外交上的勝利，但宋美齡還是沒有和蔣介石要好，終於1944年7月5日，又去外國矣！蔣宋之間感情出

36　唐縱，《在蔣介石身邊八年：侍從室高級幕僚唐縱日記》（北京：群眾出版社，1992），頁367。

37　唐縱，《在蔣介石身邊八年》，頁373。

38　見唐縱，《在蔣介石身邊八年》，頁384。

了問題，已是不爭的事實，但究為何因、何事，莫衷一是。連象牙塔內的學者，如陳寅恪、吳宓兩公聽說蔣氏夫婦感情不睦，所以宋美齡再度遠赴國外，不禁詩興大發。陳寅恪時居成都，寫了一首七言律詩，題目是「聞道」：

> 聞道飛車十萬程，蓬萊恩怨未分明
> 玉顏自古關興廢，金鈿何曾足重輕
> 白日黃雞遲暮感，青天碧海別離情
> 長安不見佳期遠，惆悵陳鴻說華清[39]

「聞道」就是「聽說」，聽說些什麼呢？吳宓解釋說：「時蔣公別有所愛，於是宋美齡夫人二度飛往美國，此詠其事」；吳宓還唱和了一首：

> 雲路迢遙是昔程，重來形勢判幽明
> 星馳俊彩全球仰，日落餘光片羽輕
> 怨敵猙獰同快意，家門寵貴自關情
> 玉環雖死君願在，補充恨猶到上清[40]

從唱和的詩裡看來，他們顯然認為感情不睦，總是男人有了外遇，更何況這男人等同皇帝，因而陳詩中有金鈿何足輕重

39　陳寅恪，《陳寅恪集：詩集》（北京：生活・讀書・新知三聯書局，2001），頁37。

40　詳閱汪榮祖，〈文化神州共命人〉，《歷史月刊》。第71期，頁57-61。

之句，吳詩更哀怨宋美齡的命運還不如楊貴妃，因為唐明皇似
比蔣介石更重恩情。這種想當然爾，絕不於陳、吳二人。傳聞
遍傳山城重慶的街頭巷尾，議論不息，甚至驚動了美國使館，
政治參贊謝偉志（John Service）還給華盛頓國務院打了報告，
略謂重慶到處流傳蔣氏家務糾紛，而言人人殊，然至少可以肯
定蔣、宋婚姻的確出了麻煩，「有那麼多的煙，必然有火」
（There is so much smoke, it would seem that there must be fire）。
謝偉志說，有關政府領導人的緋聞，本來與政治無關，但中國
現狀，蔣宋兩大家族如果鬧翻，將導致整個朝代的分裂，接著
還有極具想像力的大特寫：

> 夫人有一天進委員的臥室，發現床底下有一對高跟鞋，
> 氣得扔出窗外，正中一個衛兵的頭⋯⋯委員長有一度四天
> 不見客，因為夫人吵架時用花瓶擲傷了他的頭部。[41]

說蔣介石有外遇，總要把那個女人掀出來，才能證實，但
找不到那個女人的名字。寫《宋家王朝》的施格里夫（Sterling
Seagrave）說什麼姚氏、陳氏，又說此時「陳潔如小姐秘密到
中國」云云，[42] 根本是無知亂道。如果陳潔如來到戰時重慶，
應是她回憶錄重要的一章，卻全無蹤影。黃仁宇則說，抗戰時
香港吃緊，政府派飛機往接滯港人士，卻發生孔家要飛機載運

41　Joseph Esherick ed., *Lost Chance in China: the World War II Despatches of John S. Service*（New York: Vintage Books, 1975），pp. 93-95.

42　Sterling Seagrave, *The Soong Dynasty*（New York: Harper Perennial, 1986），p. 379.

洋狗的新聞，引起西南聯大學生抗議。蔣責問此事，引起宋美齡之怒而出走，避居重慶的黃山，數日之後蔣親往道歉才了事，又牽扯到別的事，不過又說：「蔣夫人也數度以養傷名義出國……先往香港，後去巴西……當她滯留海外時，謠傳蔣宋婚姻生問題，甚至蔣納藏情婦，經蔣召集茶會否認，事載白修德、塗克門（塔克曼）各人書中」，還是導向蔣有外遇，於是說：「難道大歷史不能脫離私人生活之細節，及於風聞謠傳？又有如何之大人物全無私人生活之瑕疵」。[43] 其實，大歷史何須標榜，真正的良史自成其大，就是能從大處著眼解釋出歷史真相。但黃氏從大處著眼，卻把大人物私生活的瑕疵宋冠蔣戴了。至於說蔣宋夫妻為了孔家官位，為了蔣緯國的身世不明，而感情不睦等等，更屬亂槍打鳥，不著邊際。蔣在日記裡一再指控「共匪造謠」，恐怕連他自己也不會相信。再說蔣介石基於利害，很敬重宋美齡，不僅是孔、宋家族的實力，更因宋女會說腔正字圓的美語。蔣介石曾向侍從室的唐縱說：「在現今之世，不善英文，不能立足」。[44] 他能不敬重頗「善英文」的老婆嗎？更何況宋美齡二度赴美之前不久，剛陪他出席風光的開羅會議回來。在開羅會議上，他不會不感到不可一日無此妻。再說，他年輕時在上海灘固然是花天酒地，但是自從得了梅毒以及與陳潔如結婚後，在生活上已戒酒戒嫖，大為收斂。他遺棄陳潔如、取了宋美齡，主要是政治考慮，並非為美色所

43　黃仁宇，《從大歷史的角度讀蔣介石日記》（台北：時報文化，1994），頁251。

44　唐縱，《在蔣介石身邊八年》，頁310。

惑。在1940年代，訪美成功，宋美齡的政治價值，對他來說，到達巔峰，他豈敢在宋后頭上動土？

夫妻間有問題總是認為男人有了外遇，吳宓說：「蔣公別有所愛」，就是如此。難道女人就不會別有所愛嗎？蓬萊恩怨之所以未分明，因未深探宋美齡的感情世界。她與威爾基在重慶一見如故，威爾基熱情為她安排風光的訪美之行，到美國後又常相陪伴，紐約那次兩萬人的演講會又由他們兩人同時登臺的身影。舊夢重溫自在意中，芳心有變可能才是重中之重。宋美齡1944年7月偕姊姊靄齡到巴西，9月即轉去美國，又說是健康關係，但蔣介石的顧問拉鐵摩爾看在眼裡，「好像是故意要離開」（This looked like an attempt to get away）。[45] 其「彩鳳單飛、弋者難慕」，固已昭昭在識者眼中。董顯光《蔣總統傳》曾寫到蔣介石於1944年7月5日，「在蔣夫人飛往南美從事於健康修養之前，為夫人舉行的一個非公式茶會中，頗咎其僚屬與黨員不將外間謠言（預期蔣總統與夫人將不免仳離之結果者）見告」。宋美齡在美滯留半年後才回國而不願與蔣介石見面，開羅會議回來不久又二度出國，宋不願意與蔣在一起，明顯不過，所謂因健康需要到南美洲去修養」，托詞而已，不久又轉往美國，但威爾基於同年10月8日不幸死去，昔人已乘黃鶴去，春江水盡了無痕。宋留美整年之後才於1945年9月抗戰勝利、日本簽降後才回國。

蔣介石以完成革命大業的政治理由，要求陳潔如離開五

---

45 見Lattimore, *China Memoirs: Chiang Kai-shek and the War against Japan*（Tokyo: the University of Tokyo Press, 1990），p. 186。

年，結果一去不回，直到離開
人間，未曾相見，蔣騙陳很
大。不過，他娶宋美齡確實能
充分滿足政治期盼，特別是太
平洋戰爭爆發後，美國介入中
國事務愈來愈深，宋美齡成為
蔣介石與美國人打交道，不可
或缺的人物。宋的風光固然來
自蔣，但宋在國際政壇上的風
光卻遠遠超過蔣。她入住白宮
與羅斯福夫婦共進早餐，與來
訪美客，諸如威爾基、史迪
威、陳納德、赫爾利，以及馬

蔣宋婚禮照

歇爾等人侃侃而談，與威爾基尤建立深厚的友誼。在美國國會
兩院發表演說，受到熱烈的歡迎。她陪同蔣介石出席開羅會
議，與英美元首交談，風頭甚健，蔣介石幾成她的副官。蔣在
大陸兵敗如山倒之際，又是宋美齡出馬到華府求助，雖鎩羽而
歸，非她不力，而因他太不爭氣。蔣宋夫妻兩人敗退台灣，有
較多清閒的時間，悠游山林，相依為命，宜能增加情感。惟蔣
介石一死，蔣經國繼位，宋美齡即回歸紐約豪宅，老死異域，
魂魄分飛，最後未與蔣介石同穴。蔣宋婚姻沒有留下後代，只
留下隨風而逝的政治。

第六章

蔣介石的兩次北伐

　　蔣介石在北伐途中，擅自東下，一方面抗命武漢中央，另一方面在上海發動1927年4月12日清黨，屠殺共產黨人。蔣無疑是寧漢分裂的「罪魁禍首」，並改變了國民革命的性質，革命成為沒有革命內容的口號。蔣介石要繼續北伐只有集合新軍閥攻打舊軍閥。他於1927年6月17日面晤馮玉祥於徐州，盛宴款待，結為金蘭，大加利誘，遂於6月21日要馮攻打武漢，但被馮拒絕。馮主張調停，促使寧漢合流，以完成北伐大業。[1] 蔣介石仍想攻打武漢，卒因李宗仁的反對而作罷。[2]

　　武漢分共之後，也想討伐蔣介石，蔣召回魯南之師，直魯軍乘機南撲，於7月24日攻陷徐州，南京震動。蔣親率五個軍兩個師誓言收復徐州，不勝不歸，結果在淮河、徐蚌間中伏，大敗潰輸，幸賴白崇禧壓陣有方，免於全軍覆滅，遂於8月6日

1　馮玉祥，《馮玉祥日記》，中國歷史第二檔案館編，（南京：江蘇古籍出版社，1992），第2冊，頁337。馮玉祥，〈致武漢汪譚等電〉，1927年6月21日。

2　見李宗仁口述，唐德剛撰寫，《李宗仁回憶錄》（台北：遠流出版公司，2010），上冊，頁433。

倉皇退返南京。蔣介石羞憤之餘，槍殺了前敵總指揮王天培。
當孫傳芳部逼近浦口，武漢東征之師已經沿江而下，蔣介石兩
面受敵，危在旦夕。武漢國府主席汪精衛公開宣稱蔣「是黨國
唯一的敵人，是國民革命軍唯一的敵人，是國民黨唯一的敵
人」。[3] 當時武漢已經分共，倒蔣非因其反共，乃因其違紀。
此時蔣非下野引退不足以消武漢之怒，無以卸慘敗之責。但他
的辭職宣言花了兩個月，由陳布雷起草，於8月13日離寧後才公
布。宣言中說：

> 中正自薰沐總理之遺教，即以二義自矢：一、認黨高於
> 一切，在黨的利益之下，黨員個人絕無逞主觀、用感情，
> 計利害之餘地。二、以捍衛黨紀為黨員之天職。苟有逞智
> 弄巧，陽奉陰違，篡奪吾黨基礎，剝易吾黨主義，使吾黨
> 名存而實亡者，必竭力以剷除之。[4]

宣言中自矢的兩點，正是他自己所違反，而不明言。他
自南昌以來，以個人之主觀、個人之感情、個人之利害行事。
他抗命中央，甚至別立中央，無視黨紀，居然還說「黨高於一
切」，武漢中央呼籲「恢復黨權」，即針對蔣介石而來。他的
辭職又非真心自咎，因在宣言中又大表自己的功勞，然而「今

3　汪精衛，《中國國民黨告國民革命將士書》，載《民國日報》（1927年7月
　　22日）。

4　秦孝儀編，《總統蔣公思想言論總集》（台北：中國國民黨黨史委員會，
　　1984），第30卷，頁52。另見《國聞週報》，第4卷，33期。

既咎戾集於一身，即應自劾歸去，解除職權，以謝天下」。[5] 他身為寧方總司令，企圖北掃孫傳芳殘部，西打武漢黨中央，未料慘敗於徐州，反而兩面受敵，坐困南京愁城，咎戾豈能不集於他。蔣下野後，李宗仁出馬與漢方議和，漢方才肯派孫科與譚延闓隨同李宗仁赴寧議和。蔣卻散布謠言，說他下臺由於桂系「逼宮」，李要蔣闢謠，但蔣笑而不予理會。[6] 蔣無非要把自己作為受害者以混淆視聽。

　　蔣介石辭職後，並未歸隱山林，於離寧前已安排親信姚琮的警衛師與孫星環的憲兵團，駐守南京城，以及密令何應欽掌握其嫡系部隊，意圖再起之心昭然若揭。蔣引退後，李宗仁於8月底9月初擊潰孫傳芳意圖南渡之師，同時獲得武漢同志連袂遷移來寧，[7] 共謀黨國大政。武漢黨中央遷寧，自立的南京黨中央理當解散，此亦寧漢合流的前提。然當汪精衛率領各中央委員乘艦抵達南京，擬開國民黨四中全會，以延續武漢中央法統之時，卻遭遇到寧方中央委員胡漢民、吳稚暉、蔡元培、張靜江、李石曾等右派人士的強力抵制。這些人都是附和蔣介石的清黨者，蔣在幕後操縱可想而知。汪力爭未果，消極之餘悄然擬返粵召開四中。此時下野的蔣介石於11月10日電汪，同意召開四中。汪經港赴滬，不意11月16日廣州發生事變，張發奎等以武力驅逐粵省代主席黃紹竑。當汪於18日抵達上海後，吳稚暉、張靜江、蔡元培等攻擊汪，令汪百口莫辯。更嚴重的是，

5　秦孝儀編，《總統蔣公思想言論總集》，第30卷，頁57。

6　李宗仁口述，唐德剛撰寫，《李宗仁回憶錄》，頁441-442。

7　見〈國民黨中央政治委員會第47次會議紀錄〉（1927年8月17日）。

12月11日發生廣州暴動，組織公社，出現廣州公社，給吳稚暉等人大肆攻擊的機會，指責汪精衛釀成巨禍。汪雖辯解，仍被通緝，汪不得不於當晚偕秘書曾仲鳴等人登海輪再度赴法。汪被逼走之後，誠如李宗仁所說，蔣復出後便可穩坐第一把交椅了。

　　蔣於復出之前，製造了1927年11月22日的南京慘案。當時南京政府的當權派是逼走汪精衛的「中央特別委員會」，蔣介石利用新成立的中央黨務學校（他自兼校長，教務主任戴季陶、訓育主任丁惟汾、總務主任陳果夫），煽動學生鬧事，於21日搗毀了國民黨南京市黨部，翌日黨校學生又聚眾示威遊行、高呼口號，由於軍警開槍鎮壓，造成血案。蔣身為黨校校長，學生滋事又如此袒護，其幕後導演之事實已呼之欲出。蔣為了東山再起，必須要打倒新當權派的「特委會」，遂命陳果夫運用其組織部和黨校勢力，鼓動反特委會走上街頭，釀成南京軍警開槍的「1122」慘案，使當權派聲譽掃地，促使蔣重掌大權。[8] 蔣於事後接連發表措辭嚴厲的談話，強烈抨擊政府，更於24日策動組成慘案後援會，要求嚴懲兇手，接著各地黨部發表通電回應。12月3日，蔣於二屆四中預備會議時，議定組織特別法庭，指控居正等十人有罪，至此慘案由蔣主導已屬定論。一般史論認為蔣藉此事打擊西山會議派，其實西山派的頑固政客無拳無勇，且因蔣反共早已投靠，蔣要重掌大權，絕非障礙，何須打擊？只是遭池魚之殃而已。度蔣之意，要打擊的是

8　參閱嚴如平、鄭則民，《蔣介石傳》（北京：中華書局，2013），上冊，頁185。

現政府的威信，使其復出更具迫切感，造成斯人不出奈蒼生何的態勢。古人說一將功成萬骨枯，而蔣為了造勢也不惜人頭落地，並殃及居正等老同志！在國民黨的倫理中，居正是蔣介石的上司。儘管是上司，但仍然無辜被整肅。

　　汪精衛再度出走後，使得中樞空虛，於是蔣介石復出的時機到來。蔣介石於1928年1月4日回到南京，宣布將於9日恢復國民革命軍總司令職，並預告四中全會的召開，日期是1月13日到2月1日。此會雖一直由汪精衛堅持要召開而未果，但蔣於一退一進之間卻開成了。全會在蔣的籠罩之下，聽其意志辦事。寧漢合流原是要取消寧府以便漢府遷寧，而現在蔣取得大權後，居然是他擅立的偽寧府，把真漢府給消化掉了，不僅中共被趕盡殺絕，國民黨左派被掃地出門，汪派人馬也被排除在權力的大門之外。最後四中全會任命蔣介石為中執會委員兼組織部長和軍事委員會主席，取得國民黨最高的權力，於是終於集黨、政、軍大權於一身。

　　蔣於復出之後，藉北伐需款，發行大量國庫券，親自致電上海總商會以及中國、交通銀行，強力推銷。中國銀行的張嘉璈於前一年已被蔣索去一大筆，不願再輕易介入，不肯應命赴南京商量。蔣竟大怒，於2月28日致宋子文電文中，指責張不來寧即是阻撓北伐，並限張於一星期內承銷一千萬元。張也動了肝火，措辭強硬地回復宋子文，說是：

　　　此等電文，余無法承受。若轉與余，只好覆電決裂。試
　　問：國民軍自粵而湘而贛而浙而寧，中行幫助逾千萬；去
　　年第一次庫券，中行允八、九百萬；第二次庫券，中行允

六百餘萬；龍潭之役，孫軍過江時，中行幫助幾何？此次
上臺，中行助力幾何？去年過年，中行又借幾何？此謂把
持何？北伐失敗之罪，繫於何人？非嚴重詰問不可。否則
如此無信無義之人，何能當我輩首領！我輩犧牲為行，一
生窮困，至於今日，所望事業有成、國家有裨，若並此二
者而絕望，則既無興趣，隨時可拋棄地位。[9]

宋子文婉言相勸無效。翌日張又得蔣之電報催募，遂以
「感觸太深、精神不濟」為由，隱居不出，避不見面，以抗議
「威權相逼」。蔣於3月4日親自到上海施壓，聲稱：「北伐費
心須籌足，每月千萬始可進行」。張嘉璈雖心不甘情不願，但
是還是怕決裂引起金融風潮，最後議定中銀墊款六百萬，分三
個月付清。蔣終於表示融洽諒解，再次平白獲得鉅款。[10]

蔣安排好政治權力與經費後，即準備繼續軍事行動，統
一中國，完成孫中山的遺志。他稱之為「第二次北伐」，但北
伐的性質已變。他仍稱之為國民革命，但與原有的革命性質相
比，可說是背道而馳。廣州誓師時，國民革命軍北伐仍秉承孫
中山的遺志聯俄容共，但現在是反蘇反共，對共黨與左傾分子
格殺勿論，蔣氏的反赤情緒比孫傳芳實有過之而無不及。為了
反共同時也壓制了群眾運動，而群眾運動乃是當年廣州革命根
據地的基礎，如震動一時省港大罷工，也是北伐迅速成功的推
動力。然後在蔣主導下的二屆四中全會上，連中央政府以及各

9　楊天石，《民國掌故》，頁215。

10　參閱楊天石，《民國掌故》，頁214-216。

級黨部中有關工、農、商、婦女、學生等組織都被取消了。他
不再靠群眾，而依賴一直在建設中的特務組織。再說原來的革
命有二大目標：一是打倒軍閥、二是打倒帝國主義，旗幟鮮
明。但蔣一到京滬，立即與帝國主義妥協，甚至屈服。他復職
後不到幾天，就槍斃了五十餘名士兵，指控他們是在共黨嗾
使下於前一年（1927）攻擊外國人的罪犯，還逮捕了不少軍
官，接受軍法處置。[11] 是知蔣不僅不與帝國主義嚴正交涉南京
慘案，而且殺國人以媚外。其欲保障帝國主義在華權益的態度
與政策，更毫不隱飾。至於打倒軍閥，蔣早已收編了不少軍閥
為己用，雖然還須打倒張宗昌、孫傳芳，以及奉系舊軍閥，但
國民黨內新軍閥集團已經形成。蔣介石自領第一集團軍，以其
親信黃埔學生為班底組成的嫡系部隊，聚合了六十個師之多，
完全聽命於蔣。蔣為了展示大家長的威風，於復出之時向何應
欽施了下馬威，令何驚羞交加而告假兩個月。馮玉祥的國民軍
（又稱西北軍），於北伐節節勝利時集體加入國民黨，就像他
命令用水龍頭使所有官兵受洗入基督教一樣，組成第二集團
軍。閻錫山及其山西部隊到1927年9月才加入國民黨，組成第
三集團軍。李宗仁與白崇禧的桂系部隊，於第一次北伐中戰功
卓著，勢力不斷擴張，組成第四集團軍。這四個集團軍各有地
盤、各有軍頭，名為黨軍，實聽命於軍頭，非新軍閥云何？而
所謂第二次北伐，就是靠這四個新軍閥集團的軍隊。

　　蔣在南昌抗命時，武漢中央曾擬取消他的總司令職務，削
其兵權，唯力不從心。而今蔣恢復總司令一職之後，竟自動改

11　見Crozier, *The Man Who Lost China*, p. 125。

為平行的四個集團軍,各稱總司令。不僅此也,蔣還主動於南京中央政治會議中,提議設立廣州、武漢、開封、太原四個政治分會,分由李濟深、李宗仁、馮玉祥、閻錫山出任主席,實同政治分贓。李宗仁認為蔣於下野前曾被人罵獨裁,故復出伊始做此安排,以杜人口。此說並不儘然,獨裁乃蔣一貫目標,為達此目標,自有其迂迴的權術與戰略運用,所謂「欲奪之先予之」也。1928年年初的形勢,馮、閻各據一方,而二人資歷都在蔣之上,為了儘快底定華北,絕對得罪不起,而李白桂系於擊潰唐生智後,控馭兩湖,軍容甚盛,亦必須拉攏籠絡。更何況直魯軍雖已是強弩之末,但張作霖的奉軍以東北為根據地,實力仍然強大。簡言之,蔣介石為了清除舊軍閥以完成北伐,必須團結新軍閥不可。

　　蔣的「第二次北伐」,於1928年4月10日開始總攻擊,第一集團軍沿津浦鐵路北上。馮玉祥第二集團軍攻略京漢路以東與津浦路以西地區,閻錫山的第三集團軍自太原出娘子關,截斷京漢線。李宗仁的第四集團軍自武漢循京漢鐵路北進,與友軍會師北京。如此龐大的軍團,南北夾攻,聲勢浩大。孫傳芳與張宗昌的直魯軍於龍潭一役後,已一蹶不振,然而蔣介石及其第一集團軍沿津浦鐵路北上時,左翼忽被孫傳芳殘部突破,頓感驚惶失措,幸馮玉祥的孫良誠部及時截斷孫軍退路,始得解圍,蔣馮兩軍遂於4月22日在泰安會師,並於5月1日進占山東省城濟南。蔣介石進駐濟南,當時濟南有日僑兩千人,日本田中政府遂以護僑為名干預,蔣之外交部長黃郛雖一再保證日人生命財產的安全,蔣又於3月6日歡宴日本記者演說時,強調「中

日親善提攜」，[12] 日方仍於4月18日決定派五千遠征軍到山東，北京與南京兩府都向日本抗議侵犯主權。蔣到濟南後即與日軍獲致協議，日軍撤退，蔣保證維持和平，並令各軍「對日本始終忍耐，勿出惡聲、勿使衝突」，[13] 但5月3日一早就擦槍走火，引起槍戰。蔣介石害怕，同意撤至城外以換取停戰。根據英美公使的密件報告，衝突的發生實由於蔣軍入城後紀律太壞之故，[14] 然而蔣雖撤兵城外，日軍仍借題發揮，派遣生力軍，聲言懲罰，並於5月7日遞交第一次通牒，要求處置有關官員、解散有關部隊、撤去濟南城內部隊、查禁一切反日宣傳、以及所有中國部隊向濟南至青島鐵路南北兩側撤退20華里等，並限12小時內答覆。[15] 蔣介石在日帝橫蠻威嚇下，居然答應了一部分極具侮辱性的條件，但日方仍不滿意，於5月8日下午向濟南實施攻擊，至11日蔣軍因無力抵抗而屈服，濟南城內外遭到嚴重破壞，中國軍民死亡達數千人之多。[16]

　　蔣介石於5月5日晚上，當日機轟炸濟南時，就倉皇逃出城外，把總司令部遷至黨家莊車站。翌日馮玉祥來唔，[17] 黃郛、王正廷、楊傑、楊永泰、蔣作賓等參與會議。蔣總司令居然在會議上提出放棄北伐，與奉張劃江而治的主張，遭到馮玉祥等

12　見《中華民國重要史料初編：對日抗戰時期》，〈緒編（一）〉，頁114。

13　見《中華民國重要史料初編：對日抗戰時期》，〈緒編（一）〉，頁124。

14　見C. Martin Wilbur, *The Nationalist Revolution in China, 1923-1928*（London: Cambrdge University Press, 1983），p. 179。

15　見Wilbur, *The Nationalist Revolution in China*, p. 133。

16　據古屋奎二，《蔣總統秘錄：中日關係八十年之證言》（台北：中央日報社，1976），日寇殺害中國軍民32,540,000人，見第7冊，頁51。

17　見《馮玉祥日記》，第2冊，頁458。

人的反對。最後決定避開日軍，繞道北伐。南京政府黨政聯席
會議於5月10日在兗州召開，與會國民黨要員一致表示必須對日
妥協，滿足日軍一切要求，並訴請國聯調停。不料蔣介石再度
提出放棄北伐，此次馮玉祥不在場，由譚延闓力言不可放棄，
蔣無辭以對，只好打消這個洩氣的念頭，接受繞道北伐的前
議。但他自己不肯再在前線指揮了，把任務交給馮玉祥後，即
返回徐州去也。[18]

　　濟南慘案[19]毫無疑問暴露了日帝橫蠻兇殘的真面目，不過
一片反日情緒卻也模糊了蔣介石的舉措失當。這件慘案是在他
眼皮底下發生的，他一開始就採取極為軟弱的對策，不惜卑躬
屈膝。他在5月2日的日記裡自認：「不屈何以能伸，不予何以
能取，犯而不校，聖賢所尚，小不忍則亂大謀，聖賢所戒。慎
之！勉之！」他又於5月6日電告南京政府，「轉飭所屬，對
各友邦領事、僑民生命財產，須加保護，凡有礙邦交之標語
宣傳，尤宜隨時取締」。[20]但是他的屈辱，並未稍減日帝的暴
行，更未得到日方善意的回報，可稱國恥。他於失敗屈辱之
餘，竟因憂懼而喪志，二度想放棄北伐。他還掩飾第一集團軍
的軍紀廢弛。前次漢口事件與南京事件，他有共產黨可以指
責，而此次共黨既被他清除乾淨，已無替罪羔羊，只好加以遮
掩。

18　參閱蔣致馮玉祥電，見《中華民國重要史料初編：對日抗戰時期》，〈緒
　　編（一）〉，頁139。
19　參閱黃自進，《蔣介石與日本：一部近代中日關係史的縮影》（台北：中
　　央研究院近代史研究所，2012）》，頁115-120。
20　見《國聞週報》，第5卷，第18期。

　　蔣介石於兗州會議後回到徐州,把繞道北伐進兵河北的任務交給馮玉祥,讓第二集團軍去應付京津一帶的帝國主義,以及號稱百萬的奉軍。他又約馮玉祥與白崇禧到鄭州,於5月21日開軍事會議,以地盤與軍餉來鼓勵馮、白積極進攻。白返漢口後,即率第四集團軍北上。白回憶稱:「奉軍之偵察機發現我方之援軍有百餘列車,才退回關外」。[21] 張作霖奉軍雖足與閻錫山晉軍周旋,但桂系大軍壓境,勢必退守東北。不過由於張作霖極度敵視馮玉祥,故於離京前所做撤退安排,故意有利閻錫山進取京津。奉軍於5月底棄守保定,蔣介石即於5月30日到石家莊晤閻,許諾京津地盤。6月1日張作霖通電出關,6月3日清晨在皇姑屯被關東軍炸死,張學良於6月4日至天津,安排奉軍退出山海關。同時北京的「和平維持會」電請在保定的閻錫山進京,8日閻屬商震部先入京,翌日閻偕白崇禧進京,設立衛戍司令部。12日閻以部將張蔭梧任北京市警備司令,命傅作義任天津警備司令,完全控馭京津地區。蔣先促馮玉祥進取河北,後讓閻錫山據有京津,自有製造閻馮間矛盾之嫌。馮玉祥於6月2日電蔣:「謂我軍是為革命而犧牲、為統一而作戰,非為爭地盤而革命」,[22] 已露意氣。馮的不開心,不僅表之於電文,而且付諸行動,命韓復榘故意阻截北京公使館所請維持秩序的一旅奉軍,並繳其械。公使團與南京政府幾經交涉,才逼使馮玉祥放人還槍。馮生此事端,顯然要令蔣介石難堪。

21　郭廷以校閱,《白崇禧先生訪問紀錄》(台北:中央研究院近代史研究所,1989),上冊,頁90。

22　馮玉祥,《馮玉祥日記》,第2冊,頁468。

　　蔣介石以南京政府名義，於1928年6月15日發表宣言，通告
全國統一完成。事實上，統一並未完成，新疆至17日始易幟；
張學良退據東北，至歲暮才內屬。日本早已警告南京政府，不
得「染指」東北，蔣豈敢進兵？由於當時感到統一東北無望，
才會於6月15日宣告統一。蔣介石沒有料到張學良因國仇家恨，
不顧日帝的威脅與阻撓，毅然於同年12月29日宣布東北易幟，
歸屬中央。[23] 然而即使東三省內屬，南京政府成為唯一的中央
政府，但是各個集團軍雄踞一方，派系林立，軍令與政令均未
真正統一。所謂北伐成功全國統一，只是徒具虛名耳。

北伐後馮玉祥（左）、蔣介石、閻
錫山（右）合影

北伐後蔣介石與李宗仁（左）、
白崇禧（右）合影

23　見《申報》1928年12月30日報導，另見同日上海《新聞報》。

第七章

中原大戰誰之過

　　北伐完成後，在蔣介石的操弄下，導致內戰，損失慘重。蔣以總司令的身分於1928年7月5日就急著通電主張裁軍，聲稱：「將以實力促裁兵之進行，而不僅以空言相督責」。[1] 國民革命軍北伐有四大集團軍，蔣於北伐成功後，就想裁其他三個集團之軍，所謂「狡兔死走狗烹」，「走狗」豈能甘心就烹？於是蔣在1929年3月26日，下令討伐第四集團軍，第二集團軍的閻錫山於29日通電表態討桂，東北軍張學良於4月2日通電警告桂系，馮玉祥雖「不便偏袒」，首鼠兩端，觀望不前，但與蔣已有諒解，足見蔣介石「遠交近攻」戰略的成功，使他能專心搞桂而無後顧之憂。桂系遂於五月間瓦解，四分天下蔣已得其二，對併吞另一半的決心亦分外堅定。

　　龐大的第四集團軍在短短的兩個多月內，被蔣介石一口吃掉，當然震動國民黨內外。蔣躊躇滿志，氣焰日盛，姿態更高，與馮玉祥的關係也就日趨惡化。論者常說，蔣馮交惡由於

1　電文見黃嘉謨編，《白崇禧將軍北伐史料》（台北：中央研究院近代史研究所，1994），頁337。

1929年2月的編遣會議，不歡而散、不告而別。不過，此次會議原無定案，最多馮因此會而洞悉蔣氏心機，得知與自己金蘭義結的兄弟胸懷叵測，如謂「蔣專弄權術，不尚誠意，既聯甲以倒乙，復拉丙以圖甲，似此辦法，絕非國家長治久安之象」，[2]但尚不至於因此而動干戈。或又說：馮因於伐桂後未得武漢地盤而懷恨。蔣的確於伐桂時曾派邵力子、賀耀祖訪馮，許以兩湖地盤與行政院長，以換取馮的支持。[3]馮果然派韓復榘統兵十萬出武勝關南下，至廣水待命。然而事後蔣食言而肥，必然令馮不快，更為嚴重的是，蔣於勝桂之後，居然背信棄義，拒讓第二集團軍從日帝手中接收山東。北伐完成之前，馮軍曾在山東力戰，視山東為日後養兵之地，因馮所轄甘肅、陝西、河南三省，連年戰亂災荒，早已不堪負荷。蔣以南京政府名義，發表馮部孫良誠為山東主席，亦有意以魯省相授。然因日帝出兵山東，干涉中國內政，糾紛未了，猶待南京政府交涉。中日終於1929年3月28日，獲致協議，日軍同意於5月間全部撤出山東，並與孫良誠聯繫，答允於4月16日交還濟南，馮亦準備自豫入魯，接收膠濟鐵路。但此時蔣因勝桂而驕，不想把山東這塊肥肉奉送給馮玉祥，斷然於4月15日命令孫良誠不准進據濟南，並於翌日經由外交部通知日方，將另派軍隊、另訂日期接收。中國軍民一再要求日本撤軍，而今忽然要求延期，大令日帝不解，蓋不知蔣介石的私心在作祟。蔣雖終於4月22日讓孫良誠接

2　馮玉祥，《馮玉祥日記》，第2冊，頁571。

3　參閱薛謀成，〈論蔣桂戰爭〉，《廈門大學學報》，第70期，頁18；另閱《馮玉祥日記》，第2冊，頁602-603。

收濟南，但明言將另外派兵助孫防守青島以及膠濟鐵路，並命令陳調元、方振武率師入魯，接收膠東。另又鼓動當地殘餘軍閥反孫，以及賄賂孫部的一個師長為內線。不僅此也，馮對蔣的整體表現感到極度不滿，如謂「現今軍閥餘孽多居要職；革命鉅子，反遭摒棄，如之何不令人憤懣耶」；[4] 又說「南京當局淫佚奢侈已極」。[5] 對蔣之猜忌尤表憤慨：「吾自五原誓師以後，日與頑敵搏戰於大河南北，為革命勢力屏障。其間調停寧漢，舌敝唇焦，力顧大局，請蔣復職，一、二、三、四各集團，幸得團結一致，完成北伐。今蔣以一般反革命者為忠實黨員，而目余為反革命，顛倒黑白，莫此為甚？！」[6] 蔣對待各軍待遇不公，更是分裂的導火線。蔣居然辯稱：「東南隊伍，無餉則嘩變，而西北軍則素能吃苦，暫不發餉，亦無甚影響也」。[7] 蔣桂戰爭時，馮出兵湖北，被蔣指為爭地盤，後按兵不動又被指為「貽誤軍機」，[8] 使馮大感動輒得咎。蔣扣押了李濟深，還要求馮回南京復任軍政部長，馮當然不會中計入彀。

　　馮不肯就範，知蔣必不肯甘休，乃作戰略性的撤退，向豫西移動，以縮短戰線，並及時炸毀隴海、京漢路之橋樑和隧道，以阻蔣運兵北上。馮系在京人員，如代理軍政部長的鹿鐘麟、外交部的董副部長亦相繼離開。馮自稱「護黨救國軍西北路總司令」，以潼關為防線。至此蔣介石撕破臉，於5月23日

4　馮玉祥，《馮玉祥日記》，第2冊，頁611。
5　馮玉祥，《馮玉祥日記》，第2冊，頁612。
6　馮玉祥，《馮玉祥日記》，第2冊，頁633。
7　馮玉祥，《馮玉祥日記》，第2冊，頁634。
8　馮玉祥，《馮玉祥日記》，第2冊，頁634。。

以國民黨中央政治會議主席名義，經中常會通過，革除馮玉祥一切職務，永遠開除黨籍。不久之前，猶是金蘭義結「生死不渝、如胞兄」的煥章大哥，而今在蔣介石控制下的宣傳機器裏，把他形容為「陰險成性」、「反覆無常」、「勾結蘇俄」、「背叛黨國」之徒！馮亦不甘示弱，雙方展開電報罵戰。但是三軍未發，蔣已制馮，用的還是分化與收買的手段。蔣於1929年的3月裡，利用李明瑞倒戈，輕取武漢後即電邀率馮軍南下的韓復榘相見，蔣宋夫婦盛情款待，把韓搞得七葷八素，再由蔣伯誠送致鉅款，並以河南省主席一職為餌。同時又派人與石友三搭上線，答允每月給以協餉，馮玉祥手下的韓、石兩大主將，遂被收買。李明瑞尚是桂系中的三流角色，而韓、石卻是馮的一流戰將。蔣曾於1928年復出後北上晤馮，得見馮部之精彩，訓練精良、士氣高昂，印象深刻，知不可力敵。韓、石之可以被收買，蔣顯然做過情報分析，洞悉馮氏麾下二大將之弱點。黃埔校友容齋於〈蔣介石翻雲覆雨的本領〉一文中，有所透露：

　　韓、石都是跟著馮一步步從士兵升到軍師長地位的，那時韓已當上河南省政府主席，石也當了師長兼總指揮。馮平時對待部下是很嚴的，中下級軍官犯了紀律都要打軍棍。像韓、石這樣的方面大員，見了馮都不敢坐著講話。韓當上河南省主席後，曾在洛陽娶了一個女伶為妾，被馮聽到了，把他罵得狗血噴頭。石友三當上軍師長後，成天瞞著馮打牌吃花酒。總之，那時馮的高級將領中，很有一部分人像被管束慣了的頑皮孩子一樣，一旦羽毛豐滿了，

從西北的苦環境走進中原和平津等大中城市，接觸到花花世界，看到蔣的軍政人員的腐化生活後，都不免垂涎三尺，有的就偷偷地學習起來，像石友三那樣的人，一經接觸這種腐化生活，就不知伊至胡底，小老婆搞了幾個，大煙癮也抽上了。他們見到馮這個嚴父式的老上司，真如芒刺在背，時刻想從他的手掌裡跳出去。

這種說法，可從馮玉祥本人得到印證，他說：「韓復榘叛變，蓄心已久，蓋吾對韓，因相從二十餘年之久，遇事向不客氣，且禁止一切煙酒嫖賭嗜好，而蔣在漢口見韓時，則張口向方，閉口向方，且用種種手段以牢籠之，宜其視蔣待彼為親，而余為疏也」。馮對韓、石之叛感到十分痛心，甚至想下野出洋，又感到異常懊恨，如謂：「韓石之事，余事前竟不聞知，故未得設法勸阻防備，昏聵糊塗，一至於此！」[9] 韓、石既被收買，蔣、馮一旦決裂，韓即率馮精銳之師十萬，於5月22日由陝縣東開通電擁蔣，就任蔣所授之西北軍總指揮，石亦同時率部三萬南下開往豫省東南，就任蔣委任的第13軍軍長。蔣立致現款500萬犒賞，並於5月25日下令討馮。馮玉祥正在華陰籌畫與蔣一決雌雄，信心十足，然而突聞韓、石倒戈，知已全盤皆輸，只好於5月27日宣布入山讀書，形同下野，至少使蔣無進攻的藉口，以求保住實力，再謀後圖。美國學者西瑞丹（James E. Sheridan）為了寫英文本馮玉祥傳，曾訪問不少馮氏在台灣的舊部，他們異口同聲表示，若非韓、石倒戈，「天下一定是我們

9　馮玉祥，《馮玉祥日記》，第2冊，頁639-641。

的」。[10] 若以軍隊的素質與訓練而言，如果打硬仗，蔣軍絕非
馮軍的敵手。

　　馮玉祥能施出「入山讀書」一招，知其並非一介莽夫，
深明緩兵之計。馮佯裝讀書，暗通閻錫山，而閻亦正受蔣之壓
迫，乃企劃聯合陣線倒蔣，遂於6月21日自華陰啟程赴太原，
四天之後抵達。閻迎馮極為禮遇，卻別有懷抱。以閻之持重老
練，固不會輕易聯馮抗蔣，然亦雅不欲奉蔣命驅馮，於是依違
兩端，舉足輕重，反蔣與擁蔣人士遂絡繹於山西道上，而閻老
西兩面接待，左右逢源，並借媒體透露即將與馮連袂出洋考
察，狀至優閑。老蔣不知老閻葫蘆裡賣的什麼膏藥，至少沒有
站到自己一邊來，乃採取更加積極行動，除了派張群、吳鐵城
等攜鉅款赴晉活動外，更親自前往北平，邀閻面談。閻於6月30
日隨同蔣所派遣的孔祥熙、吳稚暉等人來到北平。蔣願以「全
國陸海空軍副總司令」相授，以示籠絡。但閻無意一面倒，一
方面應付蔣，另一方面仍想保住馮，作為互為制衡的籌碼。保
持均勢顯然於閻最為有利，馮亦因而被閻留置於建安，形同軟
禁。蔣介石以為形勢大好，遂於八月間在南京召開第二次全國
編遣會議，一切議案由蔣獨裁，毋須討論就舉手通過，故又稱
之為「編遣實施會議」。蔣固然是得遂宿願，然亦不免亮出底
牌。他的目標果然就是：「強幹弱枝」，儘量壓縮地方武力，
以便擴充自己的中央軍。馮玉祥指出：「當高唱編遣之時，蚌
埠上下竟滿布招兵旗幟，並先將教導團改為教導師，此種辦法

10　James Sheridan, *Chinese Warlord: The Career of Feng Yu-hsiang*（Stanford:
　　Stanford University Press, 1966）, p. 261.

是唯恐自己勢力不大、唯恐別人不能消滅，完全不顧念人民的負擔，也不計及部隊素質的良否」，[11] 自然引起大小軍頭的疑懼和不安。依馮玉祥之見，「日本小國、蘇俄大國，都有軍區制。我國現欲集權一身，連軍長都裁去，此全是自毀辦法」。[12] 明眼人一看便知，斯乃蔣演宋太祖杯酒釋兵權的把戲，使得馮倒蔣之志益堅。

第二次編遣會議於8月6日結束，閻錫山故意請辭山西省主席作為試探，蔣竟於四天後照准，免去閻本兼各職，等於逼閻反蔣，但閻仍不願公開，僅在暗中進行。蔣亦積極備戰，向德國購買了六個師的軍械，集兵力於蚌埠一帶，並在安徽、山東兩省大肆招兵。戰事已不可免，閻、馮遂商定先由西北軍將領通電，最後由閻、馮聯電致蔣，請將國事交於國人，如果不能和平解決，唯有用兵。西北軍將領宋哲元等果然於10月10日發出討蔣蒸電，述蔣六大罪狀，認為「蔣氏不去，中國必亡」，[13] 遂於西安誓師。可是發動之後，閻錫山又無意與蔣決裂，甚至還互通消息，以至於違約，不肯如約通電表態，使戰局無從展開。馮玉祥有被出賣的感覺，憤而絕食。[14]

馮、閻聯手，結果變成馮軍單幹。蔣介石即於10月28日發表〈討馮誓師詞〉，聲言要「肅清反叛」。馮軍最初兵分三路，鞭指河南，但是先勝後敗。致敗之由，除軍餉不足、槍械不如、以及指揮不一致之外，最主要的關鍵還是閻錫山不守諾

11　馮玉祥，《馮玉祥日記》，第3冊，頁47。

12　馮玉祥，《馮玉祥日記》，第3冊，頁37、40。

13　見《國聞週報》，第6卷，第41期。

14　參閱馮玉祥，《馮玉祥日記》，第3冊，頁56、62、64、66-69。

言，出賣朋友而有扯後腿之效。至十一月初，閻更就任蔣授予的陸海空副總司令的稱號，但未允出兵助蔣，仍採首鼠兩端策略。閻錫山的態度顯然對馮不利，確如馮所說：「閻不表示態度，且就蔣之副司令職，致前方將領心懷疑慮」，[15] 導致軍事上的全面失利，於是只望死守潼關，以待天下之變。

馮玉祥於1929年的12月中旬，離開建安前往太原，顯然要敦促閻錫山採取積極反蔣行動，但是發覺自己的行動已經失去自由，「儼若待決囚也」，感到氣憤。馮於12月16日從天津發行的《益世報》上，見到蔣、閻來往電報四則，才發覺「積久悶葫蘆已全打破」，失去自由也就不足為怪了，痛罵閻「狐埋狐搰，慫人入井而投以石」，甚恨其「反覆險詐」。雖如此，馮仍堅持反蔣工作，因為他「認定蔣為中國國民革命過程中最大障礙」。[16] 馮同時致蔣一函力斥蔣之措置乖方，登在12月20日的《益世報》上，其中說：「詎期執事主政，恣意悖行，致前次革命運動所得之成功，悉被破壞殆盡」，又說「欲舉國家為孤注，以快一人之私」[17] 等等，猶如討蔣檄文。

當時序進入1930年，閻錫山終於知道副總司令一職並不好當，不僅需要赴京上任，而且不得再兼省職，顯然是「離窩毀巢」之計，始有唇亡齒寒之懼，為了自身的利益，不得不採防禦措施，蔣、閻的電報戰於焉開始，雙方摩擦日甚。國民黨改組派的軍事倒蔣活動，更予閻以極大的鼓勵。改組派之產生有

15　馮玉祥，《馮玉祥日記》，第3冊，頁81。

16　參閱同馮玉祥，《馮玉祥日記》，第3冊，頁91、94-95。

17　未刪節之全函見馮玉祥，《馮玉祥日記》，第3冊，見97-99。

鑒於國民黨為「新軍閥」與「腐化分子」所包辦，故認為「黨
的改組」以及恢復民國十三年改組精神為黨的唯一出路。改組
派以汪精衛為核心人物，於1928年11月28日在滬成立「中國國
民黨改組同志會」，以繼承孫總理革命精神為號召，由顧孟餘
與陳公博主導。當蔣介石於翌年三月包辦「三全大會」排斥異
己，警告汪精衛，開除顧孟餘、甘乃光、陳公博黨籍。改組派
立即宣稱三全大會為非法，並成立「護黨革命大同盟」強烈反
蔣。汪精衛在法國也為之呼應，稱倒蔣運動乃「民主勢力與封
建勢力之爭」。[18] 改組派上海總部又成立護黨救國軍，開始軍
事倒蔣。親汪將領張發奎首先於9月17日以其第五師通電擁汪討
蔣，十月上旬，汪自法返國，11月17日，李宗仁與張發奎聯名
通電討蔣，唐生智、石友三回應。唐於12月2日，聯合七十四名
將領發表通電，勸蔣停止用武。到12月5日，宋哲元、孫良誠、
韓復榘、馬鴻逵、孫殿英等也紛紛通電討蔣。但是倒蔣的人馬
雖多，卻步調不一，缺乏統一指揮，被蔣以勾結軍閥餘孽，破
壞國軍編遣為名，各個擊破，蔣於永遠開除改組派要員之餘，
又於12月28日在中常會永遠開除汪精衛黨籍。但汪並不灰心，
隨即乘勢促閻反蔣。

　　閻於1930年年初，才向其主要將領表達了反蔣意圖，自二
月上旬起，雙方針對性的電報戰日見升高。閻於2月10日發表有
名的「蒸電」，指出南京國府蔣主席一再自稱：「力謀軍隊之

18　閱蔡德全，《汪精衛評傳》（成都：四川人民出版社，1988），頁169。
　　另參閱汪精衛，〈如何打破軍人割據的局面〉，《汪精衛先生最近言論
　　集》，林柏生編（南京：中華日報館，1937），頁27-34。

編遣、黨務之整理，以期樹黨國萬年之基，爾後功成身退」，
但事實上「事與願違，變亂迭陳，黨內之糾紛愈烈，軍人之恐
慌愈甚，挑撥離間者之機會愈多，加以民間之疾苦日增，士兵
之怨望日蓄」。在此情況下，實不宜再以兵戎相見，自相殘
傷。其中警句如「同持青天白日之旗，同為黨軍而互相肉搏，
傷亡者皆武裝同志；同奉三民五權之訓，同為本黨黨員，而開
除逮捕摧殘者，皆我總理信徒」。因此閻以「整個的黨、統一
之國」，與蔣互勉，要求相互「禮讓為國」，兩人何莫「共息
仔肩」。閻錫山特別要表明的是，為了避免戰爭，為黨國利益
計，他願自己與蔣介石一起下野；但是蔣回電認為他之所為，
乃「革命救國」的「義務」，而非「權利」，辯說「權利自
當犧牲，義務不容委卸，此時國難正亟，非我輩自鳴高蹈之
時」，他要閻「萬不可肥豚唱高，輕卸救國重任」。他自己當
然不會「輕棄黨國付與之重任」。閻於13日再馳電蔣介石，重
申共同下野之意，並警告不要輕易動武，排斥異己，有謂：
「治國之道，重在止亂，不重在戡亂；且能止亂，戡亂始有結
果，不能止亂，而一味戡亂，亂終無戡了之一日」。蔣得此電
赫然震怒，即欲下令撻伐。然而汪精衛卻於2月18日電閻，盛讚
「蒸電」所說「整個的黨、統一之國」，認為是「至要之圖，
得公主持，深慰海內雲霓之望」，亟力鼓勵「堅持正義，不避
勞怨」，聯合各派，進行反蔣以「共底於成」。[19] 李宗仁、黃
紹竑、白崇禧、張發奎、胡宗鐸等亦於20日聯名通電，主推閻

---

19   汪致閻電見1930年3月10日《革命日報》，蔣閻電文載日本東洋文庫藏《民
     國政治史資料》

錫山、馮玉祥、張學良為陸海空軍總副司令。翌日蔣回電給閻
錫山，認為要他引退，「無異為反動者解除本黨武裝，阻止本
黨革命」，斷然拒絕引退。閻、馮、李等45人遂於23日在太原
發出通電，主張由全體黨員投票，解決黨國糾紛。汪精衛也自
香港馳電贊成總投票，並謂若和平無望，則以武力制裁蔣介
石。

　　蔣閻的電報戰促成浩浩蕩蕩的反蔣聯合陣線，至3月間國民
黨改組派的上海總部搬到北平，同時桂系與西山會議派人馬也
紛紛派員到平津活動，與閻馮連成一體。3月9日馮玉祥由山西
回到潼關與舊部會合，[20] 臨行之際，閻送馮現款五十萬元、花
筒手提機槍200架、麵粉2,000袋，以表歉意與誠意。前第二、
三、四集團軍將領57人於3月14、15兩日，先後通電全國，數
蔣十大罪狀，要蔣還政於民，化干戈為玉帛，由閻錫山出任陸
海空軍總司令，馮玉祥、張學良、李宗仁副之。閻於4月1日宣
誓就職，通電揭蔣罪行，指蔣將黨作為「一人之化身，專制獨
裁，為所欲為……張撻伐、行暗殺，無非私張其篡竊之威」，
是以不得不「統率各軍，陳師中原，以黨救國。古有挾天子以
令諸侯者，全國必起而討伐之，今有挾黨部以作威福者，全國
人亦當起而討伐之」。這一次激起了大公憤，反蔣聯合陣線彙
聚了七十萬大軍。蔣介石則於4月5日以南京政府名義，下令通
緝閻錫山，把矛頭集中在閻一人身上，並指示吳稚暉致電馮玉
祥意圖離間，反被馮抓住機會，仿效諸葛亮罵王朗的口吻，大
罵吳稚暉「蒼髯老賊、皓首匹夫；變節為一人之走狗」！吳稚

20　見《馮玉祥日記》，第3冊，頁138。

暉應是國民黨人中被罵老賊的第一人。蔣遂於5月1日發布討伐
閻馮誓師詞，發動文宣攻勢，[21] 編印了《討伐叛黨禍國殃民的
閻錫山馮玉祥》一書，數閻十一項大罪，指馮「嘯聚潼關、進
犯鄭洛」等等。蔣本人也於5月8日渡江北上坐鎮徐州，親自指
揮五、六十萬人，發動大戰，並向其部下訓話說：「作戰的關
鍵問題，是對敵人兵員的殺傷」。殺傷極為殘酷的中原大戰，
於焉揭幕。

　　此役稱之為「中原大戰」，因主要戰場在隴海鐵路這一
橫線，以及平津鐵路與平漢鐵路二條縱線之間，包括山東、河
北、河南以及兩湖等中原省份，雙方兵力加起來約一百五十萬
人，毫無疑問是民國以來第一大戰。前國民黨第二、三、四集
團軍，分別在馮玉祥、閻錫山、李宗仁領導下，動員全軍，決
心與蔣介石做破釜沉舟的搏鬥，故一開始就戰況激烈而又呈膠
著狀態，死傷枕藉。打到7月，反蔣聯軍略占優勢，蔣軍精銳損
失慘重，蔣本人在河南歸德也險被鄭大章的騎兵所俘。[22] 但打
到8月裡蔣軍又較占優勢，聚集精銳於津浦一綫展開反攻。值得
注意的是，蔣介石的炮彈後面有更多的銀彈，美國借款以及江
南財富之地可供他購買最新型德國大炮與新式飛機，以及用金
錢來論功行賞收買敵軍，甚至還可把銀彈化作「肉彈」色誘。
蔣曾命令沿隴海線辦起戰地俱樂部，用車廂「布置成流動酒
店，備有中西大餐、煙具、賭具，雇用上海舞女、妓女充當招

21　原電見秦孝儀總纂，《總統蔣公大事長編初稿》，第2卷，頁309-310。
22　參閱周佛海，《往矣集：周佛海回憶錄》，蔡登山編（台北：秀威資訊科
　　技，2013）。

待」，以瓦解敵人鬥志。[23] 即使如此，蔣介石贏得這場大戰的決定性力量，還是來自張學良的東北軍。張於9月18日通電擁護中央，進兵關內，不僅使中原大戰的交戰團體失去平衡，而且使反蔣聯軍腹背受敵，註定閻馮以及反蔣聯盟之失敗。張學良擁蔣並不是擇喬木而棲，而是蔣方派去的代表吳鐵城、蕭同茲的「外交手腕」，遠勝於閻、馮派去的薛篤弼與賈景德。[24] 諷刺的是，一年多前，國民黨的四個集團軍把東北軍趕到關外，而今蔣介石卻引進東北軍來擊潰其他三個集團軍！完全是權術運用，主義與信仰都是假的，不是嗎？

　　國民黨內各派反對蔣介石獨裁十分明確，倒蔣如此踴躍、反蔣聯合陣線如此強大，而終不免於失敗，其故安在？軍事方面的失敗已如上述，在黨務方面，汪精衛曾於1930年3月24日就促閻錫山從速組織政府，當閻就任陸海空軍總司令之日，汪系人物陳公博、王法勤等已抵太原籌商組織國民黨中央黨部擴大會議，團結各派重組國民政府。但是由於改組派與西山會議派雖在反蔣上同仇敵愾，但在意識形態與歷史背景上猶如水火，經過多年舌戰才於1930年7月13日獲致共識，始與閻、馮以及其他地方實力派結合。汪精衛於7月23日自香港經日本抵達塘沽，轉往天津，即赴北平。途中曾向記者表示：「蔣介石如認識其負兩年來內戰的責任，當自動辭職」。[25] 汪至北平後又多方商談、交換意見，原擬待黨務處理完善後再組政府，然而由於津

23　參閱宋平，《蔣介石生平》，頁271。

24　參閱劉心皇輯注，《張學良進關秘錄‧沈序》（台北：傳記文學出版社，1990），頁2-5。

25　蔡德金，《汪精衛評傳》，頁183。

浦線戰況逆轉，濟南得而復失，遂決定提早組府以激揚士氣。
共同於8月7日在北平成立「中國國民黨中央黨部擴大會議」，
發布由汪起草的〈黨務聯名宣言〉。此一宣言可說是對蔣掌握
最高權力以來的清算，很可能借此了解何以蔣介石成為黨怨所
集的眾矢之的，復由才子汪精衛執筆，自是千古名文，汪文
說：

　　本黨組織為民主集權制，某則變為個人獨裁，偽三全
代表大會指派圈定之代表，數在百分之八十以上；本黨政
治，在扶植民主政治，某則託名訓政，以行專制，人民公
私權利，剝奪無餘，甚至生命財產自由，亦無保障，以致
黨既不黨，國亦不國。去歲以來，分崩離析之禍，皆由
此釀成也。某不唯不怍，且方以摧殘異己、屠戮無辜為快
心之具。同人等痛心疾首，務以整個之黨，返之同志；
統一之國，返之國民，在最短期間，必依法召集本黨第三
次全國代表大會，解除過去之糾紛，掃蕩現在之障礙，使
本黨之主義與政策，得以實現。同時並根據總理十三年
十一月北上宣言，召集國民會議，使人民迫切之要求，得
以充分表現，而本黨為人民謀解放之主義與政策，得以在
會議中與人民意志合為一體。此同人等認為黨國目前切要
之圖，謹以精神結合一致，共同努力，克日成立中央黨部
擴大會議，以樹立中樞，俾關於全國代表大會及國民會議
之籌備，與夫一切黨務之進行，得所指揮。望我全體忠實
同志，一其心力，以濟艱難，一切睚眥之見、意氣之爭，
皆當去之務盡，內以自固，外以禦侮，黨國安危，實繫於

此，敬布腹心，唯共鑒之！

這一段點出問題就出在蔣介石的個人獨裁，「以致黨既不黨，國亦不國」，呼籲國民會議之籌備與召開，來解決問題。文中之「某」，即蔣介石也。汪文又說：

十七年間，本黨於軍事上既統一全國，其在同志，以為破壞已終，建設方始，欣欣然望訓政之實行；其在國民，亦本於厭亂思治之心理，相與為永久和平之禱祝。然曾不一年，而內戰復起：十八年間，長江黃河西江三大流域，滿染國民革命軍相斫之鮮血，人民生命財產，隨以蕩析者，更不可勝記；至於今春以來之大戰，戰區之廣，戰禍之烈，不特北伐之役未足與擬，即民國以來絕無其例，抑亦中國數十年來所未有也。嗚呼！此誠中國之浩劫，而中國國民黨之奇痛也。誰為為之？孰令致之？

這一段點出北伐後國民黨內戰爭不已，而此次中原大戰「戰禍之烈」，「抑亦中國數十年來所未有也」。「誰為為之」？「孰令致之」？蔣介石也。汪文又說：

南京諸人，於去春召集第三次全國代表大會之際，代表百分之八十以上，悉由指派圈定，黨員之選舉權，剝奪無餘。全國代表大會既非法，則其所產生之中央黨部國民政府，其亦非法，更不待言。加以怙權之故，認約法為不便於己，置總理訓政時期須頒布約法之遺訓於不恤，使人民

竟無依法以監督政府之途。於是，對於政府之失望與極端憤激，遂不得不橫決。以上二者，實為構成內戰之原因，南京諸人不唯不思索以清弭之，反以武力為壓迫之具。於是，一方壓迫，一方反抗，而內戰乃一發而不可收拾矣。凡我國民，苟一回溯去春以來內戰之所由，度未有不為之痛哭流涕長太息者也。

所謂「南京諸人」，通俗地說即「蔣介石那一幫人」，非法妄為，違背了孫中山的遺訓。人民也不能依法監督政府，只有起而反抗，則內戰之責任在壓迫之南京蔣政府，而不在反抗之人民。是以擴大會議的最終要求是：

此後關於一切設施，先之以公開宣傳，自由討論，繼之以嚴正之決議，縱落少數而退為在野之反對派，亦必以法律規定為活動範圍。庶幾內戰原因永遠消除，革命建設，得以從容開始，國利民福，悉繫於是。而不然者，懷抱獨裁之野心，曲解訓政之真義，蔑視輿論，遏抑民權，以摧鋤異己為得計、以窮兵黷武為能事，必欲使內戰延長以為快，則誤國殃民之罪，必有所歸，而最後之勝利，必屬於正義也。謹布腹心，唯共鑒之！

汪精衛草此宣言雖未指姓道名，但蔣介石處處呼之欲出。擴大會議於9月1日舉行第五次會議，通過政府組織大綱，推定閻錫山、汪精衛、馮玉祥、唐生智、張學良、李宗仁、謝持為國府委員，閻錫山為主席，於9月9日在懷仁堂就職。張學良雖

名列國府委員，但尚未表態，故為雙方積極爭取的對象。汪精衛曾特派郭泰祺、陳公博等為代表前往致意懇談。張學良於9月9日宴請南方代表張群、吳鐵城等，復於翌日宴請北方代表賈景德、傅作義等，仍然表示中立。但至9月18日，突發巧電呼籲即日罷兵、靜候中央措置。[26] 他雖向《大公報》記者說：「衷心極願蔣、閻、馮三公各退一步，共議大計」，其實已偏袒蔣介石，故有「靜候中央措置」云云，頗出擴大會議諸公意料之外，因他們不知蔣介石分化收買的招數！陳公博在《苦笑錄》中說：「蔣介石以五百萬現款和一千萬公債，收買張學良出兵入關」，[27] 此事居然為近年所出劉心皇輯注的《張學良進關秘錄》中的蔣介石密函所證實，而且款數完全正確。蔣屢電部下促張出兵，一口氣答應鉅款，認為宋子文可以辦到，當宋子文於9月18日起，每日匯一百萬元，張學良決定出兵援蔣。[28] 張學良態度既明，戰局徹底改觀，鹿鍾麟於10月15日通電罷兵，李宗仁桂軍亦自湘撤桂。擴大會議則於9月25日移至太原繼續開會並起草約法，〈太原約法〉於10月27日完成8章211條，「由顧孟餘一人草擬完成」，[29] 主張召開國民會議，制訂約法，還政於民，杜絕軍人把持政權，以為國家長治久安之計。此次中原大戰耗時七個月，死傷約五十萬人，換得此約法，故鄒魯有詩曰：「百萬頭顱換得來，行間字裡血成堆；漫云大法都須

26　見《國聞週報》，第7卷，第37期。

27　見陳公博，《苦笑錄》，頁336。

28　參閱劉心皇輯注，《張學良進關秘錄》，頁73、80、85、97、101、105、107、137、141、142-143。

29　見黃克武，《顧孟餘的清高》（香港：中文大學出版社，2020），頁131。

價，舉國瘡痍劇可哀」，[30] 悲痛曷極！後來南京國民會議所訂的〈五五憲草〉實脫胎於由百萬頭顱換來的〈太原約法〉，而〈五五憲草〉則是戰後《中華民國憲法》的雛形。[31]

　　蔣介石打勝此仗，更加趾高氣揚，10月3日於開封軍次，致電南京中央執行委員會告捷，並於10月10日〈告全國同胞文〉有云：「此戰之中逆軍集全國各派反動之大成，而終不免於覆滅，則此戰之後，絕不致再有軍閥復敢破壞統一，叛亂黨國」。他所謂的「反動派」、「軍閥」，皆昔日之親密同志也。昔日之同志，如閻、馮、汪等可成今日之「軍閥」或「反動派」，則今日之同志，如張學良、胡漢民等，又安知不會成為明日之「軍閥」或「反動派」？問題根本出在蔣之專橫獨裁，因此不惜代價排除異己，然異己不息，紛擾正無已時。他認為從此「天下太平」，顯然言之過早。

　　張學良以一身左右戰局，雖云左袒蔣氏，尚能以和平與顧全大局為說。汪精衛經大同出亡，過雁門關有句曰：「剩欲一杯酬李牧」，似猶指望於張學良。李牧主和，然以和為制敵之手段，但是蔣介石並無和意，於閻馮尤不留餘地，故繼續轟炸，要求他們無條件下野，並於停戰之後的10月25日，令楊虎城攻克潼關，策反西安守備劉郁芬，閻之晉軍以及馮之西北軍均遭改編，閻馮兩人的軍事實力瓦解殆盡。至此前第一集團軍總司令蔣介石，終於將其他三集團軍全部併吞。蔣介石曾早於

30　詩見鄒魯，《澄廬詩集》，收入《近代中國史料叢刊正編》第57輯0559。

31　閱張朋園，《從民權到威權：孫中山的訓政思想與轉折——兼論黨人繼志述事》（台北：中研院近代史研究所，2015），頁118-119。

1929年2月向馮玉祥抱怨，滬、廣、漢、平皆為桂系占據，馮回答說：「同是一家，何分彼此？」。[32] 蔣顯然未以國民黨內的四軍為一家，「他亟亟以消滅異己是務」，亦就不足為奇了。然而為了達此目的，於黨、於國、於民都付出難以估計的代價，雙方死傷各約二十五萬人，後遺症更綿綿不絕。最凄慘的則無過於普通百姓，在大戰最激烈的8月下旬，馮玉祥在日記中記下：「人民之苦，苦到萬分；人民之困，亦困到萬分，日日要兵要錢要糧還不算，而捆抬之禍，又日甚一日，如何得了！」，[33] 這是親歷戰火者的良心話。後來的學者更認為中原大戰使國家元氣大傷，直接影響到整個三十年代的中國政治、經濟以及中外關係，更激發日本侵華的野心。即就蔣介石本人而言，亦得不償失，從閻、馮那裡搶到的華北地盤，實際轉換到張學良手裡。濫用武力解決政治問題之謬，於此可見！

　　學者陳進金已有定論：1930年的中原大戰以武力解決問題，不僅耗損國力，而且招致外患入侵，重傷國家命脈。[34] 不過，中原大戰的基本性質並非中央對地方，而是國民黨四大集團軍的火拼，起因是蔣介石於北伐後以中央自居，搞個人獨裁，意圖併吞異己，逼迫反對者造反。造反者之中有中央人物汪精衛，擁蔣致勝者卻是地方勢力張學良。總之，中原大戰導致生命與財產的巨大傷亡，的確使國家元氣大傷，令野心勃勃的日本伺機而動，入侵中華。孰令至此？誰之過？蔣介石也。

32　《馮玉祥日記》，第2冊，頁578。

33　《馮玉祥日記》，第3冊，頁332。

34　陳進金，《地方實力派與中原大戰》（台北：國史館，2002），頁364。此書敘述中原大戰始末甚詳，閱頁1-198。

馮玉祥英文全傳的書影

第八章

蔣介石建構的西安事變史

　　蔣介石對西安事變兩主角張學良與楊虎城，恨楊遠甚於張。蔣原以為楊是主謀，然張一再申明他是主謀，甚至說楊乃受張之累。蔣一直到1950年代撰寫《蘇俄在中國》一書時，才說：「此事最出人意料之外的一點，就是其主動者實是張學良的本身，而首先提出此一劫持主張者則為楊虎城。且其事前並未與共黨就此事有任何商量」。[1] 雖然終於接受張是主動者，但仍說劫持主張出自楊。其實蔣恨楊，因楊於西安事變後並不乖乖地「悔禍」，還要嘴硬、還要揭蔣的瘡疤，以至於最後慘遭毒手。

　　事實上，西安事變的兩大主角是挾持統帥的張學良與被挾持的蔣介石，事後挾持者不得不噤聲，而被挾持者憑其龐大

1　蔣中正，《蘇俄在中國：中國與俄共三十年經歷紀要》（台北：中央文物供應社，1956）。此書雖由陶希聖執筆，但經蔣本人詳加修改，批註長達8頁之多，且多經塗抹增刪，詳閱劉曉藝，〈「西安事變」與「丟失大陸」：失敗者怎樣書寫歷史——兼談國民黨文宣系統的「曲釋」操作〉，《文史哲》，2017年第3期，總第360期，頁1-19。另閱秦孝儀編，《總統蔣公思想言論總集》第9卷，頁71。

的資源，刻意經營事變的過程，主導歷史話語權。蔣刻意貶低張，徹底扭曲張學良的人格：若謂「此人怕死膽小，狡猾糊塗，不可以理喻也」。[2] 說少帥膽小，可能連老蔣自己也不會真相信。然而蔣所建構的西安事變故事，歷時半世紀而歷久不衰。蔣很容易將之定位為犯上作亂，更何況張原是軍閥張作霖之子，足可戴上胡作非為、少不更事、魯莽滅裂等帽子。於是事發之後，中外輿論一致譴責，連當時國內的自由派學者亦不例外，如胡適與傅斯年，莫不嚴詞詰難。即使65年之後，張氏以百齡高壽辭世，仍有學者以兩則傳聞將少帥描繪得不是「紈絝公子」，就是「草莽英雄」。[3]

　　然而後出的原手史料，使我們了解到消息靈通的學者，對西安事變的認知，未必一如他們公開的表態。例如1937年初，西安事變甫結束，傅斯年曾三度致函蔣夢麟、胡適、周炳琳（1月3日、4日、7日），函首用英文書寫Absolutely confidential（絕密），函尾則書：「看後焚之耳」！此三密件並未焚之，為胡適所收藏，而由北京社會科學院近代史研究所因整理大批胡適來往信件而出土。密函中證實了幾件事（「證實」他附英文字Confirmation）：（一）周恩來確曾晤蔣介石二次。傅氏說：「第一次蔣一語不發，第二次談得很好」，且說：「周謂此時非全國在蔣先生領導下抗日不可……周又謂取消中國蘇維埃、紅軍改番號、與張、楊軍守西北以抗日」，又說周、蔣第

2　見《蔣介石手寫日記》（1937年1月13日）。

3　見余英時，〈張學良的政治世界〉，《聯合報》（台北）（2001年10月18日），頁9。

二次「談得很高興」。現在蔣氏手寫日記證實《西安半月記》隱瞞的要點，證明傅斯年的消息相當正確，蔣確與周恩來在西安見過二次面，並答應不剿共，中共方面也因抗日答應紅軍接受中央指揮。蔣更保證今後不但不進剿紅軍，而且可與其他部隊一視同仁，[4] 此已可確證蔣之所以被釋放必有承諾。然而在後出的《蘇俄在中國》一書中仍要親筆增補說：「我們終於無條件的脫險回京」。[5]（二）蔣之釋放，確實共黨主持之。傅氏特加括弧注明：此事亦已證實。並說：「共黨之主張放蔣，堅謂不贊成張之扣蔣，是事實（此事弟早料到）」。（三）蔣在西安雖未簽字，但確曾口頭同意。傅氏據西安友人謂：「西安遍傳蔣云終身不內戰」。（四）蔣回南京後，不僅未如約撤兵，反而增兵。傅氏寫道：「又有確切消息，除原有軍隊未撤外，又運去六師連夜前往，我聽這消息，大為興奮」。（五）張學良在受審時，確有強烈表現，傅氏說：「張作一個政治演說，大罵南京政府及蔣先生左右，自何（應欽）至政學系，銀行家等等，謂蔣好而南京太壞，彼如在一日，必擁護蔣，亦必打倒南京政府云云，此演說把審判長greatly impressed〔為之動容〕。事為Generalissimo〔委員長〕所聞，甚氣，謂不放這小子回去！所謂管束有三端，即居處、見客、通信皆不得自由也」。

　　於今視之，傅斯年當時所得的訊息，大致正確，但由於傅氏的立場既反張楊又反共，對此事件的認知仍然有其局限。一

4　見《蔣介石手寫日記》（1936年12月25日）。

5　劉曉藝，〈「西安事變」與「丟失大陸」：失敗者怎樣書寫歷史〉，頁5。

方面傅斯年將此事看得太簡單，認為主要是犯上作亂之事，因此他呼張、楊為賊；而且認為蔣在西安雖有「同意之表示……然此亦expediency〔權宜之計〕，至此後如何辦，另一回事」。換言之，傅氏認為對於叛徒不必遵守諾言，甚至主張用兵，所以當他聽說蔣「又運去六師連夜前往」，大為興奮云。傅氏顯然對事變後停止內戰、一致對外的強烈民心，毫無察覺。另一方面傅斯年又把此事看得太複雜，張學良雖已親自送蔣回京，傅仍以二十萬東北軍、陝軍以及赤軍將不利中央為憂。殊不知張發動西安事變，雖然做的粗魯，動機卻甚單純，即欲改變中央不抗日的政策。一旦蔣同意抗日，西安事變的目的已達，東北軍、陝軍，甚至赤軍均將一致抗日。蔣之釋放，由共黨主持並不確實，實在全由張學良一人決定，共黨事前毫無所悉。張更未知會周而竟自送蔣回京，至京張雖遭滯留，仍然令其部署無條件釋放陳誠等高級將領，以及50架戰鬥機與航空人員，足證其除要求抗日外，別無他念的單純動機。也許他的單純動機「高貴」得令人難以置信，然若了解當時的舉國沸騰的民情，也就不難理解少帥的作為了。

　　若以是否達到目的為成敗的標準，西安事變是成功的，蔣被迫停止內戰，放棄不抗日之政策。就蔣個人而言，也是成功的，他不僅脫險回京，而且聲望達到高峰，成為真正的全國領袖。他自己也感受到，如在日記裡興奮寫道：「全國同慶祝余脫險回京之熱烈，實自有史以來得未曾有，無論窮鄉僻處男女老幼，其爆竹與喜樂之熱忱，毫無所異，未知此生何以報答國

民也」。[6] 但他並不完全明白,國民之所以如此熱烈,因為他決定停止內戰,期盼他領導抗日。但張學良為了抗日而兵諫,不僅難酬疆場抗敵的宿願,而且遭到軍法審判,蔣介石雖故作寬大免除他的10年徒刑,而實際上反而成為終身監禁,成為甕中之鱉,終身不得翻身。

在蔣建構的故事裡,張學良的最大罪過,即余英時所說:「西安事變解救了中共瀕於滅亡的大危機」。[7] 許多歷史學家認為1936年共軍已到窮途末路,蔣介石能夠一舉而殲滅之,而西安事變使之功敗垂成。事實上張學良的東北軍與陝北共軍交戰並不順手,還吃了二次敗仗,二個師長以及好幾個旅長陣亡,其他官兵被俘無數,顯然共產黨並未到山窮水盡的境地,能否將之消滅,仍是未定之天。而當時外敵進逼時不我與,蔣之先安內後攘外的政策,不斷內耗,非常不得人心,在不斷抗議下,難以維持,端因民心已不容繼續內戰,全國知識分子在反內戰的氛圍下尤其激昂。東北軍自東北內撤,冤曲已多,在抗日情緒下,不打日寇收復故地,反而打自己中國人,其情何堪?西安事變或是偶發事件,但其所以發生,有其歷史之必然。換言之,在外侮日深的大環境裡,民情沸騰之下,即使沒有西安事變,內戰豈能繼續打得下去?

西安事變終止內戰,抗戰遂不可避免,而抗戰最後勝利,則張學良的兵諫應該有功。但蔣並不如此想,勝利後仍不釋懷;及敗於內戰,更嫁禍於張,認為張闖此大禍,使共黨坐

6　見《蔣介石手寫日記》(1937年1月2日本周反省錄)。

7　余英時,〈張學良的政治世界〉,頁9。

大，罪不容誅，而蔣僅予管束，已是寬大已極。然此說甚謬，蔣不僅違背承諾於前，且又持續羈押張學良於後；據張自己的理解，他能存活下來，主要由於調節事變成功的宋家兄妹的維護，而楊虎城及其妻兒慘遭蔣家特務屠殺，足見蔣含恨之深，寬大云乎哉？蔣亦不顧張對蔣昔日的恩情，誰能否認少帥東北易幟，助蔣統一中國之功，而蔣與閻、馮中原對峙時，張入關相助，使蔣轉危為勝！西安事變只因政見之異而成寇仇，張絕無私利可圖，而蔣之脫險與張最有關係，事畢堅持送蔣返京，給足顏面，心跡至明！而蔣雖時過境遷，仍不釋懷，其心胸之狹隘，肚裡豈能撐船？至於蔣失去大陸江山，使公自我失之，怪不得張學良也。

欲破蔣介石建構的西安事變，必先知事變絕非偶發事件，要因蔣堅持安內不攘外的政策；所謂安內即掃除國內政敵，蔣於打敗北伐時的其他集團軍之後，欲在1930年代全力剿滅共黨。蔣介石口口聲聲「共匪」，給人的印象是中共乃土匪草寇之類。但是經過四次圍剿失利，已知問題嚴重，甚至擔心國民黨政權的存亡。蔣作賓於1932年2月15日的日記，透露了一些內情：

> 內部軍隊均為匪牽制，不能調動，餉糈、彈械缺乏，交通均被日人制止。以如此情形，欲與人戰，真所謂自取滅亡也。況各處匪共蜂起，每欲躡其後，恐不亡於敵人，而即亡於匪共也。嗚呼！殆亦數也。[8]

8　蔣作賓，《蔣作賓日記》（南京：江蘇古籍出版社，1991），頁410。

　　了解此內情，始知蔣介石為何一再說：「日本是癬疥之疾，共匪才是心腹之患」，所以當他聽到第五次圍剿得手，高興異常，於1934年10月22日在洛陽馳電中央執行委員會報捷有云：「赤匪日蹙、匪勢已窮……渠魁授首在即」；[9] 又於同月31日電令剿匪各將領：「此匪不滅，不唯民無噍類，而且國亦難於倖存，故民族之存亡與革命之成敗，及吾人之是否能為國為民真正努力，均將於此覘之，即個人歷史之榮辱而論，亦全繫於此，望切告各將士努力截追」！[10] 然而時機仍然錯失，截追失敗，紅軍在毛澤東領導下抵達陝北，別建革命根據地。

　　紅軍新建的根據地遠在陝北，在心理上遠不如江西蘇區之具威脅，更何況紅軍在長征途中損失頗為慘重。但是絕不似張其昀在《黨史概要》中所說：「赤匪至此僅剩二三千人竄達陝北，預計將於二星期至一月內可竟全功」。[11] 不過董顯光在《蔣總統傳》卻說：「共匪武力雖因當年流竄的損失而削弱，然在陝北與甘肅境內仍是一個危險性的遊擊分子。他們在延安的根據地實際上是不易攻破的，而且他們還可從其山間的巢穴常向山西及陝西的不設防地區從事掠奪」。[12] 由此可見，在張其昀筆下所謂「預計將於二星期至一月內可竟全功」的「滅共」說法，在董顯光筆下，並不成立，事實也是如此。同時，董顯光還透露說：

9　秦孝儀總纂，《總統蔣公大事長編初稿》，第3卷，頁759。

10　秦孝儀總纂，《總統蔣公大事長編初稿》，第3卷，頁761。

11　秦孝儀總纂，《總統蔣公大事長編初稿》，第3卷，頁966。

12　秦孝儀總纂，《總統蔣公大事長編初稿》，第3卷，頁245-246。

　　事實上，在西安事變一年以前之民國二十四年，蔣總
統已派其一位最親信之同僚前往維也納，作為他的私人代
表，與俄國代表商議有無合力對抗日本侵略之可能。此舉
雖無結果，然亦足（以）反映蔣總統在此時期的心情。他
認識日本為我國最大的危險，甚至不憚考慮與所謂共黨合
作，以對付日本。[13]

　　這段話透露：蔣介石內心知道一時恐怕剿滅不了陝北的共
軍，因其背後還有蘇俄。名為試探聯共抗日的可能性，實際上
是怕與日本和蘇聯兩面樹敵，故而有暫停對延安用兵的想法，
以及派親信與俄國代表商議，便事出有因了。陳立夫於1977年6
月30日在《近代中國季刊》中，發表〈參加抗戰準備工作之回
憶〉一文，從這篇回憶中知道，原來董顯光所說「蔣總統已派
其一位最親信之同僚前往維也納」，所謂同僚不是別人，就是
陳立夫。陳在回憶中明言，「照此情形，中日戰爭必不能免，
則我方應如何與中共接洽，使之共同抗日，並使蘇聯不利用中
日戰爭以助中共擴展。」所謂希望「蘇聯不利用中日戰爭以助
中共擴展」，才是真正的意圖，但是為了怕影響剿共士氣和怕
得罪日本人，所以十分隱秘。陳立夫暗中聯繫周恩來，因而周
恩來寫了一封回信給陳氏昆仲，全文如下：

　　果夫、立夫兩先生：分手十年，國難日亟，報載兩先
生有聯俄之舉，雖屬道路傳聞，然已可窺見兩先生最近趨

13　秦孝儀總纂，《總統蔣公大事長編初稿》，第3卷，頁245。

向。黃君從金陵來，知養甫先生策畫者，正為賢者所主持，呼高應遠，想見京中今日之空氣，已非昔比。敝黨數年呼籲，得兩先生為之振導，使兩黨重趨合作，國難轉機定在此一舉。近者寇入益深，偽軍侵綏，已成事實，日本航空總站且更設於定遠營，西北危亡，迫在旦夕，乃國共兩軍猶存敵對，此不僅為吾民族之仇者所快，抑且互消國力，自訴其亡。敝方自一方面軍到西北後，已數做停戰要求，今二四兩方面軍亦已北入陝甘，其目的全在會合抗日，蓋保西北即所以保中國，敝方現特致送貴黨中央公函，表示敝方一般方針及建立兩黨合作之希望與誠意，以冀救亡禦侮，得闢新徑，兩先生居貴黨中樞，與蔣先生又親切無間，尚望更進一言，立停軍事行動，實行聯俄聯共，一致抗日，則民族壁壘一新，日寇雖狡、漢奸雖毒，終必為統一戰線所擊破，此可敢斷言者。敝方為貫徹此主張，早已準備隨時與貴方負責代表做具體談判。現養甫先生函邀面敘，極所歡迎，但甚望兩先生能直接與會。如果夫先生公冗不克分身，務望立夫先生不辭勞悴，以便雙方迅做負責之商談，想兩先生樂觀事成，必不以鄙言為河漢。臨穎神馳，佇待回教。尊此並頌時祉。周恩來，九月一日[14]

14　此函留底照片收錄於陶希聖檔中，乃是1935年9月1日周恩來致陳立夫、陳果夫兄弟的信。參閱劉曉藝，〈「西安事變」與「丟失大陸」：失敗者怎樣書寫歷史〉，頁16。1993年陳立夫初刊於《近代中國季刊》，另見陳立夫，《成敗之鑒》，頁193-194。

　　信中說「黃君從金陵來，知養甫先生所策畫者，正為賢者
所主持」的話，黃君，指黃華表；養甫，指曾養甫；賢者，指
陳氏兄弟，至於「所策畫」、「所主持」，所指為何？不是別
的，就是蔣介石於公開「剿匪」聲中的秘密「通匪」作業，而
此一秘密作業由蔣介石主動，所以周恩來信中有「黃君從金陵
來」一語。陳立夫文章中說出「吾人苟欲與之接頭十分困難」
的話，更見主動在蔣。蔣這邊主動找共產黨，那邊周恩來有了
反應，就寫了這封信。陳立夫收信後說：

　　　該函經呈閱後，奉命繼續聯繫，由余等出名口頭答覆，
　　允予轉呈，唯不必立即告以蔣公已允予考慮。此一線索，
　　始終聯繫未斷，以待時機之來臨。

　　陳立夫把周恩來的信發表後，沈雲龍、李雲漢以及大陸
學者楊天石、楊奎松等等都說周恩來信中的「九月一日」，是
1936年的9月1日。[15] 但是蔣介石根據其個人的檔案條列大綱，
由陶希聖執筆的《蘇俄在中國》，也明列周恩來「九月一日」
的信，旁注「二十四年」，正合陳立夫在信尾的加注：「民
國二十四年九月收到」字樣。[16] 然而楊天石斷言所注「二十四
年」，乃陳交陶複印本時所加，而非陳收信時所注，僅是二猜
一而已，不免武斷。至今大多數學者都就周函內容斷定，此信

15　沈雲龍文見於他的〈抗戰前後國、共商談的歷史教訓〉等，李雲漢文見於
　　他的〈西安事變的前因與經過〉，均發表在《傳記文學》。
16　更何況周函原件印本有收到時所標示年份為「二十四」年字樣，見原件照
　　片。惜原照模糊，但旁注「二十四年」清晰可見，此非收件人所注乎？

寫於1936年9月1日，指當事人蔣介石與陳立夫都記錯了。楊天石甚至說「歲月不饒人」，奉勸九十六歲的陳老頭，「不能過分相信自己的記憶」，[17] 大可不必。其實並非全憑記憶，而是此信入檔有據，何莫存疑？看周函的內容，所謂「道路傳聞」，有人自金陵來，始知兩黨有「重趨合作」之轉機。陳收到信後才「奉命繼續聯繫」，可見此信明是「破冰」之作，故而於1935年末與1936年初有鄧文儀與中共代表的的接觸，杜桐蓀說得對：「在二十五年（1936）九月一日之前，國共雙方已有多次接觸協商，故在邏輯上周沒有遲到二十五年九月一日始致函兩位陳先生，再重新接洽和談的道理」。[18] 因〈博古關於南京來人談話結果致張聞天、毛澤東電〉，標明是1936年2月27日，今猶存北京中央檔案館；同年8月14日，毛澤東還有函致宋子文，提及秘密使者董健吾，謂「托致鄙意，不知已達左右否」？[19] 國共秘密來往的密件具在，那裡還需要等到1936年的9月1日，才由周恩來寫信給陳氏昆仲，請他們「進言」呢？豈非猶如「置馬於車前」（put horse before the cart）之謬嗎？斷定周函寫於1936年者無非就內容作心証，然周寫信給對方，所述時事與行軍未必精確，求之太深，未必可下定論。1935年6月3日，天津日軍演習巷戰，未嘗不可說：「近者寇入益深」；8月下旬日軍武官高橋、羽山到達綏遠，迫使綏遠各級黨部停止工

17　楊天石文見〈再談周恩來致二陳函的寫作年代問題〉，初載台北《中國時報》，1996年5月3-5日。楊氏不知有原件照片可據。

18　杜桐蓀，《誰教史達林說話？》，《傳記文學》，第42卷，第5期，頁55。

19　見毛澤東，《毛澤東書信選集》（北京：中國人民解放軍戰士出版社，1983），頁45-46。

作，辦理結束，由偽蒙接收，未嘗不可說是：「偽軍侵綏，已
成事實」，何待1936年的綏東戰役？論者見到周函中說：「今
二、四兩方面軍亦已北入陝甘」，便斷言周函必寫於1936年。
其實細察長征的進程，中共中央政治局已於1935年6月26日在懋
功兩河口開會，決定紅一、四方面軍共同北上，建立川陝甘蘇
區。同年8月26日，紅軍發動包座戰役，擊潰堵擊紅軍北上的
胡宗南的49師，打開了進軍甘南的門戶，豈非周所說「北入陝
甘」？到1936年2月，紅一方面軍發起東征與西征戰役之後，將
陝甘根據地已擴展為陝甘寧根據地。周恩來似不可能到1936年
的9月1日，仍然說：「今二、四兩方面軍亦已北入陝甘」。總
之，周函日期尚無一錘定音之實證，多理據而乏實據，並無武
斷的必要，更重要的是蔣於追剿之餘，忽欲聯俄聯共，其故安
在，值得深思。

　　周恩來於1941年11月在重慶《大公報》上發表〈悼張淮南
先生〉一文，提到「淮南先生伴我一登莫干、兩至匡廬」的
話，朱開來〈周恩來悼張淮南先生文的考訂〉文中說：

　　　周文內所謂「一登莫干」，係在二十五年夏，由張先生
　　陪周由南京赴莫干山晉見蔣委員長。所謂「兩至匡廬」，
　　係在二十六年七七事變以後，由張先生陪周赴廬山晉謁蔣
　　公。

張沖（淮南）的助手杜桐蓀在致蕭錚信中說：

　　　記得在民國二十五年一個盛暑熱天，張淮南（沖）兄命

弟陪送周恩來、潘漢年自南京出發，取道京杭國道，上莫
干山晉見蔣委員長，張本人不偕周、潘同行而由弟陪送，
無非因事未至公開，避免外間猜測而已。當日弟與周、潘
抵達莫干山時，張已先期到達山莊等候，弟任務畢即下
山，夜宿西湖蝶來飯店，翌日張與周、潘亦至蝶來飯店，
共進午餐後即各自分道，周、潘去上海，弟與淮南兄返南
京。此次周、潘上莫干山晉見蔣委員長即周之悼張淮南
兄文中所提「一登莫干、兩至匡廬」之事，其事既發生在
二十五年六、七月間，因此周致陳果夫、陳立夫兩先生九
月一日函之年份，當為民國二十四年無疑。[20]

周恩來不可能於1936年的夏天見到蔣介石，所謂「一登
莫干、兩至匡廬」都在1937年。西安事變之前，國共秘密談判
的對手主要是陳立夫與潘漢年，周恩來是想出馬的，但是由於
談判情況不佳，所以毛澤東於1936年11月22日發給潘漢年的密
電有謂：「目前此事無從談起，恩來事忙，暫難出去」。[21] 不
過，周恩來致函兩陳後，陳立夫才於1935年耶誕節的前一天，
奉蔣介石之命與懂俄語的張沖同行，二人均持化名護照，由上
海經馬賽到柏林。然而因秘密曝光，乃不敢徑往莫斯科而折
返。[22] 蔣介石遂改變計畫，一方面令陳立夫回南京與蘇俄駐華
大使交涉；另一方面，密令自俄回國述職的鄧文儀重返莫斯

20　文載《傳記文學》第36卷，第5期。
21　署名東、天亥電，見《中共黨史教學參考資料》（北京：國防大學出版
　　社，1985），第15冊。
22　參閱陳立夫，《成敗之鑑》，頁196-199。

科，轉達和談條件。蘇聯怕刺激日本和德國，不願與華有任何同盟關係，但可考慮簽訂〈中蘇互不侵犯條約〉。蔣特別要求蘇聯不得趁日本侵華時，「直接或間接侵華」。他並不擔心蘇聯會直接侵華，要點是間接，意指援助中共。陳立夫自承：「其實我們要和蘇俄訂互不侵犯條約，旨在使蘇俄不要趁中日戰爭而幫助中共」。[23] 這段秘辛說明蔣介石之所以積極與蘇聯搭線，就是怕兩邊作戰，並借與蘇聯締約以便孤立中共。所謂「聯共抗日」只是表面文章。

　　周恩來對蔣介石聯共抗日計畫，自表歡迎，並重述中共抗日立場，未必知道蔣之謀略，其中深藏聯俄制（中）共的暗盤。於是陳立夫於1936年把潘漢年請到南京，直接談判。陳立夫說：

　　　　經多次磋商後，宣言及條件的文字都已大體談妥，周恩來（按：應是潘漢年之誤）乃欲回延安覆命，余乃令張沖陪其去西安，順便往見張學良，由周口中說出：我們雙方對共同抗日大致已有協定，以免張再唱抗日高調，以保實力。潘則留京續洽，不料事隔數日，西安事變忽起，當時張沖與周恩來都在西安，外人罕知其原因何在也。其共赴國難宣言，於七七事變後，於1937年9月22日與中蘇互不侵犯條約同日公布。[24]

23　陳立夫，《成敗之鑒》，頁199。

24　參閱陳立夫，〈參加抗戰準備工作之回憶〉，載《近代中國季刊》，（1977年6月30日）。

這段話將潘漢年誤作周恩來，〈中蘇互不侵犯協定〉是1937年8月29日公布的，中共〈共赴國難宣言〉是同一年9月22日公布的，並非同日公布。更值得注意的是，陳立夫掩藏了一個重要真相，以至於變得不可解：共同抗日既已「大體談妥」，並已告知張學良，為什麼還會發生因蔣不抗日而導致西安兵諫呢？原因在於根本沒有談妥。當潘漢年與陳立夫於1936年11月10日在上海滄州飯店，討論國共兩黨救國協議草案，預定於會議後雙方停戰，然後由周恩來南下簽訂正式協定，解決各項具體問題，但是陳立夫在開會時忽然轉達蔣介石轉趨強硬的話：

> 蔣委員長的意思是：既然共產黨開誠合作，首先對立的政權與軍隊必須取消。其次，紅軍只可保留三千人，編三個團，師長以上的高級將領一律解職出洋，經過考察半年後按才錄用。共產黨作為一個在野政黨參加政府。[25]

陳立夫承蔣旨意，所以在《成敗之鑒》中提及「商談內容有四點，大要前已言之如下：一、服膺三民主義；二、服從軍事委員會蔣委員長之指揮；三、取消紅軍，改編為國民革命軍；四、取消蘇維埃組織」。[26] 這樣的條件能談得妥嗎？無怪潘漢年曾反問陳立夫：「當初鄧文儀在俄活動，曾養甫派人去

25　引自辛子陵，《毛澤東全傳》（香港：利文出版社，1997）第2冊，頁231。

26　轉引自辛子陵，《毛澤東全傳》，第2冊，頁202。

蘇區，所談均非收編而是討論合作，蔣先生為什麼目前有此設想？大概是誤認為紅軍已到了無能為力的地步，或者受困於日本防共之提議」。[27] 這已不是合作，而是站在剿共立場的收編作業，中共當然不可能接受，誰又肯不戰而降呢？潘、陳談判沒有結果的癥結在此。蔣介石想收編而不是合作，可見之於他後來所寫的《蘇俄在中國》一書之中：

> 中日戰爭既已無法避免，國民政府乃一面著手對蘇交涉，一面亦著手中共問題的解決。我對於中共問題所持的方針，是中共武裝必先解除，以政治方法來解決。民國二十三年底，五次圍剿初告成功，中央即指派陳立夫擔當這一政治任務。[28]

蔣介石於西安事變之前所謂的和談，仍然堅持要「中共武裝必先解除」，當然不會有結果，與中共的基本立場「在實行抗日與保存蘇區、紅軍等基本條件下，成立雙方之統一戰線」，[29] 南轅北轍。蔣介石的態度何以會趨於強硬呢？因為陳立夫與蘇聯大使商談互不侵犯條約時，獲得蘇方首肯：「他們（指中共）如果不聽話，你們（國民黨）把他們消滅算了」。[30] 這正是陳立夫在回憶中所說的：「這時候蘇聯只希望能促成中

27　〈潘漢年就與南京政府談判合作抗日給毛澤東、張聞天、周恩來、博古的報告〉（1936年11月12日）。

28　同上書，頁72。

29　見楊天石，《民國掌故》，頁191。

30　轉引自辛子陵，《毛澤東全傳》，第2冊，頁232。

日戰爭，他們就是犧牲了中共亦所不惜，國家至上，勢所必然」。[31] 陳立夫如何知道蘇聯肯「犧牲中共」？當然來自蘇方的允諾。蘇聯肯犧牲中共也不稀奇，史達林本來就瞧不起毛澤東，在毛打敗蔣介石之前，根本不相信毛有成功之可能，在二戰後直告中共同志奪權無望，而應與蔣介石「妥協」（modus vivendi），一直要到1948年，史達林才承認對中共估計嚴重錯誤。[32]

　　蔣介石既知滅共不會影響中蘇關係，才會放手想一舉終結中共。毛澤東於1936年11月12日覆潘漢年電文中，即有「近日蔣先生猛力進攻」之語。[33] 所以才會有蔣介石高姿態強迫張學良剿共，以至於引爆西安事變。蔣介石事後於《蘇俄在中國》書中所說，西安事變前中共已接受取消紅軍及蘇維埃、停止內戰等說法，完全不正確。若果真如此，當張學良在洛陽、西安兩地懇求蔣介石結束內戰、一致抗日時，為什麼不說一聲？難道對自己的副總司令，也會與事實相反的隱瞞？若果真如此，又何必逼張剿共？事實是蔣介石帶著滿朝文武氣勢洶洶來到西安，就是要大舉剿滅不肯接受收編的紅軍。正因如此，才會有張楊兵諫。蔣介石要陳立夫去「通匪」，是真戲假做，而少帥竟把老蔣的假戲真做起來，打破了蔣的陰謀，難怪此恨綿綿終身難忘，死也不肯饒恕張學良了。更重要的是：西安事變改變了蔣介石的「先安內再攘外」的既定政策，所以蔣介石抗日是

31　參閱陳立夫，〈參加抗戰準備工作之回憶〉。

32　見Vladimir Dedijer, *Tito Speaks: His Self Portrait and Struggle with Stalin*（London: Weidenfeld & Nicolson, 1953）, p. 322。

33　電文見《文獻與研究》（1985年第3、4期合刊本）。

被張學良逼出來的。

東北軍駐守陝西，在西安事變前處境極為苦悶，因為他們不能去東北打日本鬼子，反倒在西北打自己中國人。張學良本來就打算先跟中共談攏，再向蔣介石進言，最後大家一致對外。在跟中共談攏這一點上他很成功，中共對他信誓旦旦，甚至「願受指揮，願受監視，任何時候可以隨意譴責」都無不可。這樣子的敲定當然使張學良十分感動。於是「各以勿食言為約」後，就等張學良「向蔣公竭力進言」了。不料他在「向蔣公竭力進言」一點上，始終碰壁。他以「巨額私款」接濟中共，中共自行撤出瓦窯鋪等等，都是中共在套他的交情，等待他兌現中國人一致對外的諾言。在等待中的張學良心理壓力愈來愈重，深感不達到「竭力進言」是不行了。[34] 最後，張學良不僅進言無效，反遭威脅，被逼到牆角，不得不走上兵諫之路。

蔣介石決定要解決中共問題，飛往西安就是要逼迫張學良、楊虎城服從他滅共的計畫，堅不聽張、楊一再苦勸抗日，更嚴厲督責並加以威脅。最可注意的是，蔣介石在1936年12月9日，即西安事變發生前三日，寫了一封密函給陝西省主席邵力子，全函如下：

　　力子主席勛鑒：可密囑駐陝大公報記者發表以下之消息：蔣鼎文、衛立煌先後皆到西安。聞委員長已派蔣鼎文

34　參閱唐德剛撰，《張學良口述歷史》（台北：遠流出版公司，2009），頁294-296。

為西北剿匪前敵總司令，衛立煌為晉、陝、綏、寧四省邊
區總指揮，陳誠亦來陝謁蔣，聞將以軍政部長名義指揮綏
東中央軍各部隊云。但此消息不必交中央社及其他記者，
西安各報亦不必發表為要。中正十二月九日。[35]

　　蔣介石的目的，想由《大公報》透露他剿匪的決心與布
置。這種布置當然也同時給張、楊以警告與壓力，可說是蔣要
達到目的所採取的非常手段。另一方面，張學良一再試圖改變
蔣不抗日政策失敗後，為了達到抗日的目的，也採取了非常的
手段，遂於1936年12月12日發動兵諫，劫持蔣介石二個星期。
這就是西安事變，又稱雙十二事件。我於1986年出席美國伊利
諾大學所召開的西安事變五十周年學術討論會，與會的美國學
者曾提出張劫持蔣是預謀還是突發的問題，頗多商榷，似無定
論。今從張之口述得知，蔣要張以機槍對付抗議學生，真正激
怒了張。[36] 看起來好像是衝冠一怒的突發事件，但其中自有不
可避免的必然因素。張竭盡全力而無法動搖蔣繼續內戰而不抗
日的決心，而張背負國恨家仇反對內戰，主張一致抗日，也非
常堅定，絕不可能改變。可以說是安內與攘外先後問題的碰
撞，兩人各持己見，各不相讓，亦即張挽蔣之聯語所說：「政
見之爭，宛若仇讎」。[37] 口舌之爭不果，必然暴力相向。結果

35　《西安事變資料》（北京：人民出版社，1980），第1冊，頁11-12。
36　唐德剛撰，《張學良口述歷史》，頁289。
37　唐德剛撰，《張學良口述歷史》，頁308又提到此聯，唯上聯所謂：
　　「關懷之殷，情同骨肉」，則不免有「斯達克何莫情節」（Stockholm
　　Syndrome）矣。

張以暴力，勝得政見，而暴力使張雖有期頤之壽，而其自由人
生僅止於三十六歲。

　　張學良發動兵諫，主要是他少帥一個人的決定，得到楊虎
城的全力支持，中共事前固然不知情，遠在莫斯科的史達林更
不知情，是以當南京政府懷疑蘇聯策動西安事變，莫斯科十分
憤怒，並向中國駐蘇大使蔣廷黻提出抗議。[38] 俄國人既與蔣介
石已有尚未公布的〈中蘇互不侵犯條約〉，為什麼又憑什麼命
令素無淵源的張學良抓人？顯然是無知的想當然耳！

　　事變後一日，中共在張聞天的窯洞裡開政治局擴大會議。
毛澤東提出要求罷免蔣介石後交付人民公審，得到大多數與會
人士的贊同。毛澤東、朱德、周恩來等15人於12月15日，發表
〈關於西安事變致國民黨國民政府電〉，說是「西安事變，驚
傳蔣氏被幽事出意外，然此實蔣氏對外退讓、對內用兵、對民
壓迫三大錯誤政策之結果」。又說：「公等果欲自別於蔣氏，
停止正在發動之內戰，罷免蔣氏，交付國人裁判，聯合各黨、
各派、各軍、各界，組織統一戰線政府」。此時中共顯然仍是
「討蔣抗日」的立場，然而蔣既不在他們手中，是否「交付國
人裁判」並非他們所能決定。不過周恩來於12月17日晚上應張
學良之請抵達西安後，得以商定和平解決五項條件：

　　一、立停內戰，中央軍全部開出潼關。

　　二、下令全國援綏抗戰。

38　見蔣廷黻，《蔣廷黻回憶錄》（台北：傳記文學出版社，1984），頁198-
　　199。

三、宋子文負責成立南京過渡政府，肅清一切親日派。

四、成立抗日聯軍。

五、釋放政治犯，實現民主，武裝群眾，開救國會議，
　　先在西安開籌備會。

　　從此一協議可知，中共立場已漸由「討蔣抗日」，傾向
張學良的「擁蔣抗日」。中共在12月19日又召開擴大會議，接
受了「保蔣安全，消弭內戰」的意見，盛傳西安事變的和平解
決是共產國際來電施壓所致，並不確實。共產國際確有「指
示」，但至12月20日才到達保安，[39] 有關和平解決的方針早已
定了下來。張學良兵諫之目的始終是「擁蔣抗日」，蔣一旦答
應抗日，哪有不和平解決之理？說共產國際指示中共，中共影
響張學良，未免太小看少帥的獨斷與決心。其實張學良甚有主
意，當西安事變順利解決後，他堅持親自送蔣介石回南京，就
因為他的兵諫目的已達，蔣介石既已答應停止內戰，遂全不顧
一身之安危，全心全意擁蔣抗日，充分展示東北好漢的膽識。
但蔣回到南京後，口口聲聲說沒有答應任何事，如他在1937年
2月18日五屆三中全會報告西安事變經過時，公然說：「中正
始終命其立即悔罪，送中正回京，此外不欲聽其有何陳說」。
雖然他以領袖人格保證，可以口說無憑，然而西安事變之後，
蔣介石改變先安內的政策就是張、楊的兵諫所致，促使他把對
內的槍桿子對外，也就是不再打內戰而一致對外，也就是對日
本的侵略不再忍辱負重、不再退讓。此一「不再」之後，除非

39　見毛澤東1936年12月20日20時致周恩來電。

日本軍閥停止侵略，抗戰的爆發乃是遲早之事。果然當盧溝橋事件爆發，中國抵抗日軍，全面戰爭就不可避免了，所以西安事變與抗戰爆發的因果關係十分明顯。若問抗戰是怎樣抗起來的，西安事變就是緣起，因為事變徹底改變了蔣介石的不抵抗政策。

西安事變達成停止內戰、全國一致抗日，也就是此一事變的歷史意義。目的達到，當然是一種成功。對蔣介石及國民黨而言，也是成功的，因事變之後，蔣介石個人的聲望達到前所未有的高度（也是後所未有）。他的聲望大增，當然是由於全國人民相信他將領導抗戰。對共產黨而言，也是成功的，由於停止內戰使紅軍得到喘息、重整而後有發展的機會。唯一失敗的是西安事變兩主角：張學良被軟禁五十餘年，楊虎城全家慘遭殺害。而且最想抗日的東北軍，不准抗日而慘遭解散！張、楊兩將軍因促成抗戰而遭大殃，確是歷史性的大諷刺與大悲劇。

悲劇並非偶然發生，而是蔣介石處心積慮所造成。西安事變之後，蔣委員長決心領導全國抗日，聲望如日中天，豈能予人一種被迫抗日的印象？所以，他一再否認西安事變有任何積極的作用與意義，一口咬定是犯上作亂的叛逆事件。他之所以安全脫險，是出於他的精神感召！因而不惜偽造所謂「蔣委員長對張楊訓詞」、不惜軍事審判張學良、不惜囚張殺楊、不惜宣傳張楊乃是目無法紀的軍閥餘孽。這一切都在製造懲罰叛逆的印象，而極力淡化對抗日所起的積極作用。

蔣介石掩遮西安事變真相的主要工程是《西安半月記》。他說是當時的日記，因此不少歷史學者就把它當實錄來引證。

吳天威的英文專著《西安事變：中國近代史上的一個樞紐點》
（*The Sian Incident: A Pivotal Point in Modern Chinese History*），
雖知《西安半月記》實出陳布雷之手，[40] 仍然視為「有名的日
記」來引用，甚至據之證明張閱蔣之日記與文件後態度改變，
流淚後悔。[41] 李雲漢撰寫的《西安事變始末之研究》，雖引用
不少檔案資料，但於〈事變經過〉一章中，一再長篇徵引《西
安半月記》所述，視為最信實的史料，並據之以重建西安事變
半個月的史實。[42] 足見確有不少人難以擺脫蔣介石所建構的西
安事變。

　　閱覽《西安半月記》全文，起承轉合，一氣呵成，井然有
序，不像是原始的日記；其淺近文言，更神似陳布雷的手筆。
陳布雷於1948年歲暮自殺後，上海二十世紀出版社影印其手寫
稿出版，[43] 此影印手稿又於1967年，由台北《傳記文學》雜誌
社以鉛字排印出版，書名《陳布雷回憶錄》。觀其內容，稱之
為《陳布雷自編年譜》似較恰當。譜中民國二十五年，丙子
（1936）年12月26日有這樣一段記載：

　　　　中午往機場迎迓蔣公，隨至官邸，蔣公授余草稿一紙，
　　　命與夫人詳談，即為整理記錄，於五時前趕成之，即對

40　見Wu T'ien-wei, *The Sian Incident: A Pivotal Point in Modern Chinese History*,
　　p. 228.

41　Wu, *The Sian Incident*, pp. 86-87.

42　參閱李雲漢，《西安事變始末之研究》（台北：近代中國出版社，1982，
　　1985），頁49-75。

43　陳布雷手稿由其夫人王允默女士提供，書前並有王女士序文。

張、楊之訓詞也。[44]

是知所謂在西安的對張、楊訓詞，乃是返抵南京後，陳布雷根據蔣氏夫婦授意而編寫成文的，其目的要傳達事變之結束由於蔣的訓斥，張、楊因而勇於悔過，純屬蔣授意的虛構。不僅此也，陳布雷又於民國二十六年丁丑（1937）2月2日條記道：

> 蔣公赴杭州，余（陳布雷）與鄭醫師等同行，在杭州度陰曆年，辟室新新旅館，撰《西安半月記》，時適陰曆元旦，寓中寂無他人，望弟來助余繕寫，既成乃赴滬，蓋蔣公歸西愛咸斯路之滬寓，請醫檢視身體也。[45]

由此可以確知《西安半月記》並非蔣氏12月11日到12月25日的日記，而是陳布雷奉蔣之命，在旅館中閉門造車的產品，而且工程不小，還需「望弟來助余繕寫」。[46] 陳氏生前沒想到要發表的手稿，居然無意間透露了真相。奇怪的是，此段寶貴的史料，雖早於1948年問世，卻不被許多研究西安事變的專家們所注意與引用。近年出現的蔣介石日記更顯示，蔣本人曾據陳布雷撰寫的《半月記》繼續修改。如1937年2月12日記道：「晚修訂西安半月記」；翌日又有記曰：「上午修正半月記完」。實則尚未完，隔了兩天，於2月15日居然又說：「改正半

44　陳布雷，《陳布雷回憶錄》（台北：傳記文學出版社，1967），頁118。
45　陳布雷，《陳布雷回憶錄》，頁120。
46　「望弟」是陳布雷的妹夫翁祖望，為陳之機要秘書，女兒為中共地下黨員，後適蔣姓，即前中共人大委員長喬石之妻，喬石本姓蔣。

月記甚費力也……夜以修正半月記未妥，幾不成寐也」，足見其用心之良苦。

《西安半月記》既由陳氏所撰寫，再經蔣本人一再刻意修改而成，絕非原料，自然不能視為蔣氏的原始日記。即使是原來的日記，未必所述皆實，仍需加以考證，何況是事後的編撰，刻意修飾，必然面目全非，其目的無非要掩蓋真相，扭曲事實，以建構有利於自己的故事，跡近編造歷史以掩天下人的耳目，欲世人接受蔣氏對西安事變的主觀論斷與定位。在此不妨來解構蔣介石建構的西安事變史。

陳布雷撰寫、蔣氏事後加工的日記從12月11日起，正好是事變的前夕，所記種種疑點，諸如：「早起在院中散步，見驪山有二人，向余對立者約十分鐘，心頗異之」。「漢卿今日行色匆遽，精神恍惚，余甚以為異」。此乃小說家後見之明的伏筆！「甚以為異」何以沒有警覺？《半月記》通篇的用意，無處不在維護以及為領袖的尊嚴塗脂抹粉。西安事變之後，擁蔣抗日的趨勢已不可逆轉，為了舉國一致對外，維護領袖的尊嚴自有其必要，張學良不計後果，堅持陪蔣返京，有如負荊請罪，亦就是要給足蔣氏面子。然而《西安半月記》加油添醋，裝飾增華，刻意要凸顯委員長正氣凜然的形象，若謂：「余身可死、頭可斷、肢體可殘戮，而中華民族之人格與正氣不能不保持」。「爾有武器，我有正氣：我雖然無武器，須知正氣與喉舌即為余之武器，余必捍衛民族之人格，而求無愧為總理之信徒，無負於革命之先烈」。以及直言張學良等因讀其日記，

受其偉大人格感召而釋放他，[47]自嗨到如此境界，適足以透露他內心深處的不安全感。20年後在《蘇俄在中國》書中雖已無《半月記》所謂張學良之轉變乃因看到蔣日記的神話，但仍不承認答應任何條件，說張學良是在其八項主張被拒，南京下令討伐，才決定要釋放蔣的不實說法。甚至藉宋美齡之口，將其西安蒙難，與孫中山廣州蒙難相比擬。蔣介石顯然不僅僅要維護一時之顏面，直欲塑造千秋的歷史美名。

　　其實歷史真相難以掩蓋，不妨將《西安半月記》與當時的其他紀錄對質，比而觀之，便可真相大白。《半月記》對被捕時一刻的描述是：

　　　時叛部搜索益急，聞岩穴上叛兵相語曰：「此間有一服便衣者，或即為委員長也」。另一叛兵曰：「姑先擊以一槍再說」。又一叛兵喝止之曰：「不要胡鬧」！余乃抗聲答曰：「余即蔣委員長，爾等不得無禮！如爾等以余為俘虜，則可將余立即槍殺，但不得稍加侮辱」。叛兵稱不敢，向天空發槍者高呼：「蔣委員長在此矣」！旋孫銘九營長前來，向余長跪而泣，連言：「請委員長下山」。余乃知圍攻行轅者，為張之衛隊第二營也。孫隨護下山，至華清池行轅前，欲入內稍憩，見門內物件紛亂，屍體枕藉。孫堅請余登車入西安，謂：「委員長所居之室，已凌雜不可居，營長奉上官命，請委員長入城」。余命孫：

47　蔣中正，《西安半月記》（上海：正中書局，1937，1946），頁26。此書附宋美齡回憶錄與宋美齡筆記之對張楊訓詞。

「找爾之副司令來」！孫曰：「副司令在西安相候。吾人
非敢對上官叛變，實對國事有所請求，將面陳於委員長，
望委員長接納吾人之所請」。余怒斥曰：「叛逆狂謬至
此，無多言，欲斃余，則速斃余可也」！孫與第105師第2
旅旅長唐君堯又向余敬禮，請登車入城。余欲見漢卿詢其
究竟，遂登車行。[48]

　　蔣介石說得正氣凜然，但捉到蔣介石的孫銘九也有回憶，
臨潼扣蔣應是孫營長一生最難忘的一刻，同樣一事，請看他是
怎樣寫的：

　　此時天色即將全明，可以看清地形地物了。我同士兵
一起急往山上搜索，恨不得將蔣介石一把抓住才好。忽然
跑在我前面的陳思孝（衛隊營一個班長）喊著：「報告
營長，委員長在這裡呢！在這裡呢」！我應聲趕緊跑上前
去，只見蔣介石剛從洞裡出來，彎著腰扶著石頭站在洞口
邊，衛隊營的衛士們四面包圍著擁擠在左右。發現蔣的陳
思孝和衛士們報告說，我們先看見這塊大石頭旁邊像有人
在走動，一會兒又沒有了。我們沿這個方向搜索至大石頭
旁，見洞裡蜷伏著一個人，便喊道：「是不是委員長？趕
快出來，不出來就開槍了」！裡面連忙回答：「我是委員
長，你們不要開槍，不要開槍」！隨後站了出來。我走到

48　蔣中正，《西安半月記》，收入秦孝儀主編，《西安事變史料》（台北：
　　中央文物供應社，1983），上冊，頁4。

蔣介石的面前，只見他全身凍得發抖，抬頭看了我一眼又趕緊避開，說：「你打死我吧⋯⋯」我說：「不打死你，叫你抗日」！此時，蔣的臉色蒼白，赤著雙腳，上穿一件古銅色綢袍，下穿一條白色睡褲，渾身都是塵土。「你們是那裡來的」？蔣問。「是東北軍！是張副司令命令我們來保護委員長的，請委員長進城，領導我們抗日，打回東北去」！我回答。「啊！你是孫營長，你就是孫銘九」？「是我！你怎麼知道我的名字」？「嗯，我知道，有人報告我的」。蔣可能看出我不傷害他，便說：「你是個好青年⋯⋯你把我打死好了，你打死我吧」！「副司令要委員長領導我們抗日，沒有叫我打死委員長」。我解釋並催促蔣說：「委員長快下山進城吧！副司令在那裡等著你呢」！蔣一歪坐在地上，發怒地說：「叫你們副司令來！我腰痛不能走」！蔣的腰痛是真的，是他從五間廳往外逃跑翻越後牆時摔的。我見蔣不走，便勸他：「此地不安全，請委員長還是趕快下山去吧。你腰痛，我們背你下山」。蔣還是不動，並要馬騎。我示意左右衛士把蔣從地上扶架起來，擁推著下山了。來到華清池，蔣又不願意進西安城，我和幾個衛士便連推帶拉把他弄上了汽車。我也上了車」。[49]

兩文對照，用詞遣句雖異，所述事情實同。孫銘九的回憶

49　孫銘九回憶西安事變文載《親歷西安事變》（北京：中國文史出版社，1986），頁221-222。

樸實無華，口口聲聲蔣委員長，並無故意貶誣之處，讀來生動
真實，合乎當時的情景。反觀陳布雷編寫的蔣氏回憶，則刻意
修飾，一心想在極為窘困的情況下，描述領袖之臨危不懼與義
正詞嚴，以凸顯蔣氏的尊嚴，過度渲染不免言過其實，如謂孫
銘九一見到蔣，「向余長跪而泣」！蔣、孫初次面對，孫奉命
捕蔣，活捉成功，高興都拉不急，絕無向蔣「長跪而泣」的必
要與感情，今見孫氏回憶所述，益知跪泣一景，顯然虛設，反
而露出矯飾的馬腳。

　　蔣介石說上車後「孫銘九與唐君堯旅長既扶余登車，夾坐
余之左右；另一副官坐車前，即張漢卿親信之侍從譚海」；孫
銘九回憶卻是：

　　在車裡，我坐在蔣的左邊，唐君堯坐在蔣的右邊；前面
是副官長譚海和司機。蔣皺著眉頭剛說出太擠了一句話，
隨即又把話咽了回去。車子向西安邊駛著，蔣不斷地用手
撫摸胸前，緊閉雙眼，口中噓噓地呼著長氣。我問道：
「今天以前的事過去了，今天以後怎麼辦」？蔣說：「你
們副司令有辦法了」。「我們副司令擁護委員長抗日」，
我說。「我也沒有不抗日呀」，蔣小聲說：「打共產黨是
國策，沒有錯，是我決定的」，蔣顯然是動氣了。我據理
反駁。他說：「你！…我是國家領袖、我是國家的最高統
帥，國策是由我決定的，國策沒有錯！你不懂」！蔣此時
神態改變，怒形於色，並說：「你不要再和我說話，你不
要再和我說話了」，遂閉上眼睛。到灞橋附近，路上軍
隊甚多（後來知道這是張學良派來協助衛隊營扣蔣的），

汽車時停時走，蔣眼睛向外看，不一會兒沉寂打破了，他問我：「這是那裡的軍隊」？我簡單地說：「東北軍」。車到西安城門，門口有崗哨值勤。蔣又問：「這是那個軍隊」？我說：「十七路軍」。進城門後，車子一直開到新城大樓綏靖公署，我和蔣下車進入早已預備好的住室。

蔣介石說抵新城大樓後「孫銘九以護衛之責交付於宋而去」；孫銘九回憶卻是：

　　我同蔣進屋後，把他引到一張靠椅上坐下，我站在蔣的右後側，靠著一個小茶几。蔣仍手撫胸膛，一言不發。隔了一段時間，他才開口，幾次讓我坐下，並重復說：「你是個好青年」。這時有人進來送茶，又有人送來張學良的大衣，以後又送來牛奶，蔣不喝也不穿。他問我：「你們副司令怎麼還不來」？我隨口答應道：「馬上就來的」。蔣又叫道：「叫你們副司令快來」！我沒有答應。約半小時左右，張學良穿著藍色絲綢棉袍推門進來，臉上顯出得意的神情，對蔣微欠身子，劈頭便說：「委員長受驚了！你這回交給我做做看」！蔣說：「我看你有什麼好辦法」！這時我後退了出來，剛出門，便聽到張與蔣爭吵起來，聲音很高。上午十時，我走出了新城大樓。

蔣介石說第二天孫銘九來見，請他移居，他說：「此處即我死處，余誓死絕不移出此室」。
孫銘九回憶卻是：

十二月十三日晚間十一時許，張學良把我找去，說：我想把委員長搬到咱們這裡來住，劉師長去請，他不肯來。我看你與他對付得很好，你去一趟吧。想辦法請他一定搬到這邊來。我即去新城大樓，為了免除蔣的恐懼，我特意將服裝整理一下，把腰間手槍順著皮帶轉到身後，才小心地推門進去。剛向蔣敬禮還未開口，他便驚慌地急問：你這麼晚來做什麼？我立正答道：副司令請委員長搬家，命令我來接委員長。這裡不舒適，副司令公館旁邊的新房很清靜，請委員長起來同我一起走吧！蔣即說：我不去，我不去！今天這樣晚了，你來幹什麼？明天再說，你回去。今天太晚，我不去。我上前一步說：請委員長起來走吧，晚間外邊無人，方便些。說了半天，他還是不去。我看不好再勉強行事，便後退一步說：今天黑夜委員長不願意搬，我回去報告副司令一下。蔣鬆了口氣說：好，好！你快回去吧。我出來用電話報告了張學良，張說：就等明天吧。這時已是凌晨一點鐘了。次日（12月14日）下午，張學良又叫我去看蔣，並問他是否需要什麼東西，以便使他心情平靜下來，便於進行談判。這次見面，蔣似乎已明白我昨夜來此並無加害他之意。我一進門，蔣即說：「你是一個好青年，好青年」。接著講了一套文天祥、史可法忠誠愛國的故事和孫中山蒙難得救的經過等等，神色與昨天不同了。又說：我是國家的最高統帥、軍事最高長官，軍人應以服從為天職；你是軍人，應以服從長官為重。我看出蔣的用意是要我服從他，便說：我絕對服從我們的副司令。他又轉了話題說：你家中都有什麼人，東北家鄉還有

父母嗎？我也是貧農出身的。想用這些話來取得我對他的
同情。蔣最後還說：以後你常到我這裡來聽故事吧！我回
去把這些情況都向張學良做了彙報，張說：隨他講去吧。

從孫銘九巨細靡遺的描述中，可以看到蔣介石是藏頭縮尾
的、狼狽不堪的、貪生怕死的、張惶失措的、喜怒無常的。他
不止一次稱讚孫銘九是「好青年」，其用意可想而知的。[50] 然
而在蔣介石的筆下，卻是威武不屈的、臨危不亂的、視死如歸
的、神氣活現的、大義凜然的。蔣更以「孫中山蒙難得救」的
故事想打動孫銘九。兩相對照，虛驕與平實，不言自明。

孫銘九押送蔣至新城大樓後即辭出，前往張、楊處報告經
過，乃由楊虎城部特務營宋文梅營長監視，形影不離以察言觀
行。《西安半月記》記蔣、張於事變後首次見面：「約半小時
後，張始來，對余執禮甚恭，余不為禮，張垂手旁立」。而宋
文梅則記張於9時30分左右到達，「蔣見張來，神色突變，仍呆
在座椅上，繼續出聲長吁」。所謂「不為禮」者，乃張二次對
蔣說：「委員長！受驚了」？蔣不作答。至於「執禮甚恭」、
「垂手旁立」，顯然是文人踵華之詞。最後蔣還是說了話，令
人感到蹊蹺的是，至此蔣已知東北軍發動兵諫，而《西安半月
記》竟謂：「余（蔣）問：今日之事，爾（張）事前知之乎？
（張）答：不知」！蔣之問已屬多此一問，而張居然說「不
知」，更不可能。細閱當時在場的宋文梅的追憶，始知當日中

50　陳平景曾於1980年代在上海訪問孫銘九，據告，孫說從捉蔣那一幕，他充
　　分看出蔣介石的性格，一面是上海潑皮的性格，一面是上海奸商的性格。

午蔣要與陝西省主席邵力子見面，蔣與邵談話時要宋離開，宋不肯，乃聽到蔣問邵：「西安發生的事情，你事先知道嗎？邵答不知道，蔣聽後便不再說話」；[51] 顯然陳布雷在寫文章時，邵冠張戴了。如果是蔣氏當日日記，絕不可能有此誤記，轉手陳布雷又不細察，因而有此不自覺之誤。

蔣住新城大樓後，張要蔣移居自宅巷內的較舒適新宅，以便隨時見蔣，但蔣堅持不肯，邵力子去說也不肯，最後澳洲人端納來見後，才同意移居與端納同住。邵力子對這件移居的事感到奇怪，但沒有答案。《西安半月記》說：「余知叛部之意甚險，決以正氣與精神力量與之鬥爭」。接著發了一大段慷慨激昂、視死如歸的議論，諸如：「長隸革命之籍，古來忠烈，刀鋸鼎鑊，甘之如飴」，以及「總理之大無畏精神」、「耶穌受惡魔四十九日之磨折試煉」等，以便「於叛部交付所謂人民公判時做最後之犧牲」。[52] 僅僅要他移居，何以如此嚴重？蔣對孫銘九持槍來請，更謂「余（蔣）大怒」！其實孫怕蔣恐懼，特意把「腰間手槍順著皮帶轉到身後」，但蔣仍感驚慌，堅持不允在黑夜中移居。孫看在眼裡，認為「這種情形說明，蔣是誤解了我們的用意，以為我們要在黑夜間把他拉出去槍斃，因而怕離開住地」，[53] 監視蔣的宋文梅也說：「孫（銘九）因奉命必須遷移，要我勸說，但蔣心存疑懼，堅決不肯。最後，我請孫入室共勸，蔣見孫腰間帶著手槍，更加疑懼，

51　宋文梅，〈我所經歷的西安事變〉，載《西安事變親歷記》，頁251-254。
52　蔣中正，《西安半月記》，頁11。
53　宋文梅，〈我所經歷的西安事變〉，頁224。

向孫說：「我是行政院長，應該住在這裡，其他地方，我不
去」。[54] 孫、宋二人的觀察，頗有助於理解蔣氏何以不肯移居
的心理。然而何以端納一來疑懼頓消，就肯移居了呢？這與端
納是外國人大有關係。蔣氏不是挾外自重，而是挾外自安，蔣
在心理上覺得有外國人在旁，總不至於被拉出去槍斃。端納與
蔣同住一屋，其道理亦就不言可喻了。同樣是當事人的回憶，
一直白，一偽飾，那個可信，智者自知。[55]

　　《西安半月記》一壁大力為蔣撐門面，維護委員長的尊
嚴，另一壁則儘量抹黑張學良；後者顯然與前者相關，因張臉
愈黑，則顯得蔣臉愈白。最關緊要的是，全文全面封殺張、楊
兵諫的原始動機，並加以歪曲。內容的基本導向是：張、楊受
人（影射共產黨）迷惑，犯上作亂，然經領袖偉大人格之感召
而幡然悔改。然則西安事變之結束，乃因西安叛部受感召而改
變初衷，並非因蔣答應改變攘外先安內的政策而遭釋放，如
謂：「與余妻研究此事變之結局，覺西安諸人心理上確已動
搖，不復如前之堅持；但余絕不存絲毫僥倖之心，蓋唯以不變
者馭天下之至變」。[56] 此與事實相距甚遠。

　　張、楊兵諫的動機原甚單純，就是要蔣停止內戰，團結全
國力量，堅決抗日，以爭取民族生存，更簡單地說，即出於愛
國心。這種動機單純得使不明內情的人，不敢信以為真，即賢
者如胡適與傅斯年亦斷然不信，認定張學良別有政治野心。然

54　宋文梅，《我所經歷的西安事變》，頁255。
55　有關蔣介石與孫銘久回憶之分析，另閱汪榮祖，〈蔣介石西安半月記透
　　視〉，《傳記文學》，46卷3期（1994），44-50。
56　蔣介石，《西安半月記》，頁23。

五十餘年來史料大出，顯示動機就是如此單純。按諸張學良事變前後的言論，也相當一致。紐約哥倫比亞大學所藏孔祥熙西安事變期間未刊電報，已在北京出版的《團結報》（1991年1月2日至2月20日）上連載。其中頗多孔、張間電報，為孔氏回憶錄所不錄，頗可明張之心跡及其單純的動機，以及和平解決之真相，足以揭露《西安半月記》的刻意隱諱與增飾。

　　張學良於事變爆發之日（12月12日），曾致蔣妻宋美齡文電，即明言留蔣促其反省，絕無傷害之意，只因「此次綏東戰起，舉國振奮，介公以國家最高領袖，當有以慰全國殷殷之望，乃自到西北以來，對於抗日隻字不提，而對青年救國運動，反橫加摧殘」。其抗日救亡的動機已表露無遺，蔣妻也知之，所以說張既不要錢也不要地盤，言下之意就是貫徹主張，故張晚年口述時引宋美齡為「知己」。張又於事變後第四日（12月15日）覆孔祥熙電，亦謂：「弟等此舉，決純為實現救國主張，絕無一毫對人私見」，再度表白其單純之動機。張再於事變之第五日（12月16日）覆電馮玉祥，更謂：「介公果能積極實行抗日，則良等束身歸罪，亦所樂為，純潔無私，可質天日。……良等苦悶，唯在抗日未能及早實施」。馮玉祥提及願擔保張之安全，張曰：「擔保一層尤無必要，蓋良固不憚以七尺之軀，換得主張之實現也」。更進一步表明不惜以性命換取純正之主張。然而蔣介石卻於1937年1月13日在日記裡說：「此人怕死膽小，狡猾糊塗」！而張學良於事變之第8日（12月19日），又重申：「文日之舉，純為積極實現抗日救國主張，如中央確能改變政策，積極領導抗日，行動實現後，用我則願做先鋒，罪我亦願束身歸罪」。最後張於事變之第9日（12月20

日）致電外交部長張群說：「文電既已揭櫫八項主張，則八項之外，自無餘事，口是心非，弟不為也」。凡此足見張於私函密電中，與平昔公開之主張，完全一致，並以此為交涉之嚴正立場，則張學良發動西安事變之動機，純為抗日救國已無可懷疑，而蔣竟然不惜湮滅之。

宋美齡於覆張學良元電（12月13日）中，原亦針對張氏主張而發，謂「凡吾兄所建議，苟利國家，無不樂於採納」，又謂：「我國為民主制，一切救國抗敵主張，當取公意，只要大多數認以為可，介兄個人，當亦從同」，侈言民主固非實在，然表明可從公意，自當遵守。再謂：「昨日之事，吾兄及所部將領，或激於一時之情感，別具苦衷，不妨與介兄開誠協商，彼此相愛，當可無話不說」。但是蔣宋美齡於其《西安事變回憶錄》[57] 之中，為配合乃夫的《西安半月記》，附和不與叛部談判之立場，竟謂：「余復以長函（按即元電另由端納攜往西安）致張學良，告以彼等此舉將使國家前途受嚴重之打擊，余深信其魯莽滅裂之舉動，初無斷送國脈陷害領袖之惡意，應及時自拔，勿貽噬臍之悔」。[58] 回憶之文不僅語氣與原電相差甚遠，而且掩飾願意商談之痕跡，代之以促張釋蔣等悔改之詞，其不得已之用心，亦可知矣！

孔祥熙致張學良寒電，亦認知張之主張，謂「查抗日禦侮，舉國同心，中央同人初無二致」，不同者，「僅有時間之

57　全文載秦孝儀主編，《西安事變史料》，上冊，頁26-51。

58　蔣宋美齡，〈西安事變回憶錄〉，收入秦孝儀主編，《西安事變史料》，上冊，頁29。

不同，絕非宗旨之異趣」，替蔣氏「先安內再攘外」的政策辯解；其意蔣既亦抗日，則兵諫便無必要。張學良當然不服，於覆孔申電中謂，一致抗日之主張「對委座已再四涕泣陳詞，匪唯不蒙採納，且屢被斥責，弟受委座知遇，絕無負氣之理，但委座主張堅決莫移，已絕對不能否認，故不得已而出此」。可見就張氏而言，只要蔣答應改變政策，停止內戰、一致抗日，問題即可解決。但是孔祥熙於二十餘年後寫回憶錄，竟懷疑「張楊所提救國八項主張」，甚至說：「張楊通電，雖以抗日為理由，而八項之救國主張，則未有一項涉及抗日」，「至其所謂容納各黨各派、停止內戰、開放愛國運動等等，皆已走入共產黨之路線」！張楊通電中無抗日兩字，因當時中日仍有邦交，自無必要啟釁，然八項主張無一不與停止內戰，一致抗日有關，正見張、楊並非老粗。至於孔謂「容納各黨各派」、「停止內戰」、「開放愛國運動」，乃共黨路線，然則國民黨反對共產黨，豈不正是「一黨專政」、「勇於內戰」、「反對愛國」的路線嗎？[59] 孔氏可謂失言。

　　精心建構的《西安半月記》傳達的訊息是：張扣蔣後被蔣訓斥，不知所措；讀蔣日記後更加痛悔，力求弭過乃送蔣回京，這些論述無不極盡歪曲之能事。張學良自始至終有自己的主意，他的一貫目的既然是擁蔣抗日，必先逼蔣抗日，才能改變先安內再攘外的政策。孔祥熙所藏未刊電報中，有一封錢宗澤於12月15日發給張群的密電如下：

59　孔祥熙回憶錄載秦孝儀主編，《西安事變史料》，上冊，頁111-161。

衛密。極機密。本日端納顧問由西安回洛，據云：委員
長住張學良之旁樓甚安。張要求接受主張，委員長初甚反
抗，以後云，無論如何，須回南京方能辦，但對方認無保
障，有請求孔部長赴西安之意。總之，內幕情形，似有轉
機。謹密陳。職錢宗澤叩。刪酉。[60]

此一密電透露，事變發生之第4日，委員長已不再反抗，
答應回南京辦，則已允諾張等主張，此一「轉機」在《西安半
月記》中全無蹤跡。然而為了「接受主張」有所保障，南京必
須派人到西安來談判交涉，以獲協議。但南京中央不欲與叛部
談判，更不欲接受叛部主張，為了尊嚴乃採討伐的高姿態，
唯孔、宋家族釋蔣心切，願意談判，然又不願示弱。兩派意
見最後整合為雙管齊下策略，即表面上聲張討伐，實際上尋求
政治解決，亦即是循談判途徑。孔氏因急於解救蔣介石，遂於
12月15日建議張：「一面親送介公至并（太原），弟（孔）即
邀中央負責同人，前往會商」。其意先讓蔣脫困，再做商議，
但張於12月19日電孔，堅持「中央同人果愛國家、愛介公，自
當推人來陝商洽。抗日實現以外，別無所求，更無金錢與地盤
思想。區區志願，蘊之已久，絕非一時衝動。中央對弟主張如
無辦法，勢難送介公返京」。張學良甚為堅決，一定要中央派
人來談，同日張又致蔣鼎文電，謂可派宋子文與顧祝同來。然
中央為維持高姿態，即派宋子文亦有阻力，最後讓宋以私人名
義赴陝，以掩遮中央派官方代表到西安談判之實。宋子文於19

60　此電載《團結報》（1991年1月20日〈史海鉤沉〉欄。

日飛陝自非探親，當然是要談判，我們雖不知談判內容，但宋於21日即返南京，必有所商議，22日又偕宋美齡、蔣鼎文、戴笠、端納等返陝，做最後之商定，是則宋氏兄妹代表南京中央助蔣與張談判，達成協議後才獲致政治解決，已屬無可懷疑的事實。

　　協議未立字據，因張學良接受君子協定，因而與楊虎城於釋蔣一事有所爭執。事實上，即使立下字據，亦可撕毀，而君子協定並非完全口說無憑。張於致蔣鼎文皓電已透露：「此間要求，唯在抗日，委座已表示容納」。並說：「總之，抗日主張如不能實現，難送委座返京」。張遲至12月20日致張群電，猶堅持「非至抗日主張實現，殊難送委座南歸」。可見張學良與宋家兄妹於23、24日商談後，知道主張可以實現，乃決定於25日釋蔣，並決定親自送蔣返京。如果連口頭的君子協定都沒有，張既無以交代，楊虎城等更不肯通融。《西安半月記》謂全無承諾，則又何必協商，絕不可信；全文也無一語提及要求抗日，僅在一處說張等「於國事有所請」，故意隱諱所請何事，所請之國事乃孫銘九所謂：「副司令要委員長領導我們抗日」！蔣因已有口頭之承諾，不能說抗日之不是，又不能說被叛部脅迫而抗日，因而諱言。

　　《西安半月記》全不見周恩來的蹤影，更與事實不符。宋美齡回憶錄裡的「一有力分子」，即周恩來也，且與談甚久，然只說周擁蔣而不言抗日，亦不說蔣已允諾不打內戰。然而周於晤見蔣、宋後，曾將協議三度電告延安，近已收入《周恩來

選集》，[61] 則口頭承諾，實已留下文字記錄。張學良事後絕不
言蔣有承諾，直至1990年日本NHK電視臺記者問周、蔣會談，
張說不但在場，而且周乃由其引見，但接著說：「對不起，我
不能往下講，請體諒我的苦衷，這件事情不應該出自我口，我
也不願意傷害他人」。[62] 說出來會被傷害之人，舍蔣其誰？可
能被傷害的原因，除了蔣有承諾外，還有什麼？所以張雖不
說，但已盡在不言中。

　　事實上，《西安半月記》雖說蔣無承諾，蔣在行動上實已
接納了停止內戰，一致抗日的主張，由剿共轉向抗日。孔祥熙
說抗日救國乃蔣之既定政策，顯然言不由衷，可由蔣介石自己
的話來駁斥。蔣於1936年10月26日，距西安事變僅一個多月，
於王曲軍官訓練團訓話時猶謂：「如果遠近不分、緩急不辨，
不積極剿共而輕言抗日，便是是非不明，前後倒置，便不是革
命」。[63] 然而事變之後，卻停止剿共，逐步走向抗戰之路。盧
溝橋事變發生，中日之戰便不可避免。其實九一八事件遠較盧
溝橋事變嚴重，然因不抵抗卒未開戰。西安事變之後，既由不
抵抗轉為抵抗，任何日本挑釁一旦抵抗，即可引發戰爭，因不
能期望日帝退縮也。就此而言，西安事變確可稱為抗戰的源
頭。

　　蔣介石雖不肯說張學良逼他抗日，卻忍不住抱怨張學良毀
了他的滅共大計。《西安半月記》引言中有謂：「此次事變，

61　周恩來，《周恩來選集》上卷，頁70-75。中共遲遲才發表周電，或因照顧
　　到張學良的處境之故。

62　轉引自郭冠英，《張學良側寫》（台北：傳記文學社，1992），頁38。

63　載秦孝儀主編，《西安事變史料》，上冊，頁11。

為我國民革命過程中一大頓挫；八年剿匪之功，預計將於二星期（至多一月內）可竟全功者，竟坐此變幾全隳於一旦」。這一段話，且不論無意中自認西安事變導致其政策之改變，由剿共而抗戰；不過，所謂至多一個月內可竟全功，乃想當然耳之言。固然若不計代價，傾全國之力，擴大內戰，或可竟全功，然勢必耗盡國力，使日帝坐收漁人之利，此正是愛國者如張學良所不忍見者，乃不惜以兵諫方式，逼蔣改弦易轍，領導全國抗日救國。

　　蔣氏所謂西安事變使中共坐大之論，卻大有人唱和。孔祥熙於1950年代的冷戰時期寫《西安事變回憶錄》，劈頭便說：「八年抗日戰爭與今茲共黨之竊據大陸，亦實於是役種其因」。即使於西安事變期間代表張、楊赴太原與閻錫山商談的李金洲也說：「大陸全部淪陷，政府偏安海隅，使七億同胞陷於水深火熱之中，推源禍始，皆肇端於西安事變」。[64] 國民黨官方史家更將張學良形容成失去大陸的罪魁禍首，史傳曲筆莫此為甚。張學良晚年說：「真實之史料實在是難得訪求也，有之傳聞失實，有之記述諱隱，有之自我誇張，或者泯滅無可察考」，[65] 真是有感而發也。李敖曾撰〈別賴張學良了〉長文，鏗鏘有聲，足資參考。[66] 須知張學良發動西安事變唯求抗日，如因抗日失敗而亡國，尚可怪罪漢卿，但抗日勝利，漢卿不僅無功可居，仍為階下囚。當抗戰勝利之時，國民黨聲勢10倍於

64　見李金洲，《西安事變親歷記》（台北：傳記文學出版社，1982），頁1。
65　張學良著，張之宇校補，〈雜憶隨感漫錄〉，載《歷史月刊》，No.172（2002年5月），頁26。
66　見李敖編著，《張學良研究》（台北：李敖出版社，1988），頁155-216。

共產黨，不旋踵於四年之內，喪失神州大陸，竟怪罪於囚中的
張學良，是對歷史的諉過與曲解。

　　由「中共坐大論」再推本溯源，演成共黨陰謀說，大肆
發揮《西安半月記》所指張學良「受人迷惑，做聯俄夢想」，
認為張、楊原無主見，因受到中共的滲透、分化而製造事變，
並以周恩來為西安事變之「謀主」。李雲漢論述事變前因主要
章節，分別為「共黨慫恿張學良」、「信心動搖」、「三次秘
密接觸」、「赤氛籠罩西安」等，[67] 可謂集陰謀論之大成。李
氏固代表國民黨的立場，但長久以來大陸學者亦輒謂：張之逼
蔣抗日方針係受到共產黨的啟示與影響。雖有意表共黨之功，
無意間不免迎合《西安半月記》所謂「勾通匪部」云云。事實
上，中共對東北軍的影響不能說沒有，而之所以有影響乃因日
帝侵略的大氣候，東北軍並非因中共的宣傳而抗日，但中共號
召抗日，自有相契之處。更重要的是，張學良也影響了中共，
使中共由討蔣抗日，轉變為逼蔣抗日，爾後擁蔣抗日。這一方
面，張於事變前已有所成，只是促蔣聯共抗日，遭蔣堅拒而未
成，最後出之以兵諫的下策。近年中共歷史學者在雄辯的史實
下，終於有人肯定西安事變全由張學良主導，若謂：「主張扣
蔣的是他，主張放蔣的也是他，最後送蔣的還是他」，[68] 確是
實事求是的論斷。

　　《西安半月記》中觸目之曲筆，尚有：「爾（張）應回

67　見李雲漢，《西安事變始末之研究》，頁31-122。
68　張學君，〈張學良與西安事變的和平解決〉，載《中國現代史》（1985年6
　　月），頁209。

憶，四年以前，國人皆欲得爾而甘心，余（蔣）代爾受過者不知凡幾，以余之寬容庇護，爾尚可安然遠遊海外」，指九一八事變後，張出國訪問。然事實是張受蔣不抵抗政策之累，代蔣背黑鍋而竟顛倒黑白，混淆是非！斯乃陳布雷畫蛇添足之筆，《西安半月記》中已埋下賈禍於楊虎城的伏筆，如借張之口說：「余（張）此次之事，楊虎城實早欲發動，催促再四，但彼（張）躊躇未允；唯自十月來臨潼親受訓斥，刺激太深，故遂同意發難，然實後悔莫及」，[69] 竟認為張受楊之煽惑，失之更遠，故張於台灣囚中作〈反省錄〉，不惜力言：「平心而論，西安事變，楊虎城乃受良之牽累，彼不過陪襯而已」，[70] 顯因蔣恨楊「堅決不主張送余回京」，挾嫌扭曲，實可做楊氏一家於抗戰勝利後遭滅門之禍的伏線讀。

　　蔣介石脫險歸來，立馬違背承諾，把張學良扣留下來。張是自願而且十分堅持親自送蔣回京的，為西安事變做了動人的收場。他於行前告訴孫銘九：「我抓了他，現在送他回去，是一抓一送；送他到了南京，他再送我回來，也是一抓一送，這樣豈不成了千古美談」！但是張學良看錯了人，蔣介石才不來這一套，他要泄一時之憤，顧不到「千古美談」哩！

　　回南京沒有多久，張學良就被移付軍事審判，但在法庭上侃侃而談，把蔣比做袁世凱。據傅斯年說，蔣聽後很生氣。[71]

69　蔣中正，《西安半月記》，頁17。

70　見〈張學良氏西安事變反省錄〉，秦孝儀主編，《西安事變史料》，第1冊，頁112。

71　見汪子嶧，〈傅斯年密函裡的西安事變〉，李敖，《張學良研究》，頁149-154；另參閱馬王，〈西安事變逸話〉，《香港時報》，1951年9月5日。

最後，張學良被判有期徒刑10年、褫奪公權5年，國民政府在
1937年1月1日核准。但軍事委員會委員長蔣介石同時要求請予
特赦，理由是：「當今國事多艱，扶危定傾，需才孔亟，該員
年富力強，久經行陣，經此大錯，宜生徹悟，尚復加以衛勒，
猶翼能有補裨，似又未可遽令廢棄。……予以特赦，並責令戴
罪圖功，努力自贖」。同年1月4日，特赦獲准：

> 張學良所處十年有期徒刑本刑，特予赦免，仍交軍事委
> 員會嚴加管束。此令，主席林森、司法院長居正。

　　蔣介石特赦張學良，說得漂亮，實無意赦張，故十年反而
成為無期，以林森與居正之名「加以衛勒」、「嚴加管束」，
並不因「需才孔亟」而讓張「戴罪圖功」，張學良還是「遽令
廢棄」了。蔣介石冠冕堂皇的特赦令，虛偽極矣！少帥最不甘
心的，應是堅不讓他帶兵去抗日。

　　近半個世紀來，蔣介石「拿著培養一個團部隊的經費」，
看住張學良，只是說著要起用他，但是他一直失掉自由，從浙
江溪口關到安徽黃山，從安徽黃山關到江西萍鄉，從江西萍鄉
關到湖南郴州、沅陵，從湖南郴州、沅陵關到貴州修文，從貴
州修文關到台灣新竹、北投，在蔣政權遷移到台灣來以前，誰
也見不到他，連東北耆宿兼國民黨要角莫德惠，也不過在十二
年中，只見到他三次。

　　蔣介石不顧信義，令宋子文、宋美齡兄妹兩個調解人顏
面無光。宋美齡是妻子，無可奈何，只是說了一句「我們對不
起漢卿」的良心話。宋子文是小舅子，他對張學良送蔣先生回

到南京後，結果中央卻拿他當犯人看待，必然十分不滿。宋子文覺得無以對朋友，一怒而走上海，直至抗戰，未擔任政府正式工作，[72] 顯然也不無內疚與抗議的雙重意味。事變之後，上海被捕之愛國領袖被釋放，內戰停止，國民黨和共產黨共同抗日，蔣介石的聲望如日中天，在「赦免政治犯」談話裡，[73] 西安事變八條件大部分付諸實施，中國在走向自由，張學良卻失去自由，真是「冠蓋滿京華，斯人獨憔悴」！

　　西安事變的真相早已塵埃落定，一言以蔽之：張楊因強敵當前，而蔣仍堅持打內戰，發動兵諫，當蔣答應停止內戰，一致對外，張不僅釋蔣，而且親自護送蔣返京，蔣背信羈押張一輩子。不料近年有印裔英國學者，以《中國，被遺忘的盟友》一書在西方走紅。書中述及西安事變，荒腔走版，把陸海空三軍副總司令張學良視為「軍閥」，將兵諫說成「綁架」，將兵諫的動機說成欲取蔣代之而不成，將釋放蔣說成是國共談判的結果，而不知乃張學良的決定，將蔣羈押張是「以其人之道還諸其身」，將西安事變說成是張學良「可怕的錯誤」。[74] 這位西方新生代的中國通，居然困在蔣介石所建構的西安事變史，而不得翻身，亦云奇矣！

72　李金洲，《西安事變親歷記》，頁43。

73　蔣介石1937年2月24日談話。

74　閔拉納・米特，《中國，被遺忘的盟友：西方人眼中的抗日戰爭全史》，（北京：新世界出版社，2014），頁65-69。美國版見Rana Mitter, *Forgotten Ally: China's World War II, 1937-1945*（Boston: Houghton Mifflin Harcourt, 2013）. 此書論西安事變誤解、曲解如此，而西方佳評如潮，華語名人也爭相推薦。所謂全史，既不全，卻淺顯，青史何辜！

蔣介石與張學良合影

第九章

蔣介石如何被迫抗戰

　　日本自甲午之戰後，即有侵華的野心。〈馬關條約〉不僅要求朝鮮獨立，以便日後的併吞，且要割取遼東半島，後因三國干涉還遼，增加賠款了事。此事至少說明二項事實：其一，日本對中國確有領土野心；其二，帝國主義列強在華各有勢力範圍，俄、德、法三國並非有愛於中國而干涉還遼，實因其本身的帝國主義利益所在，甚不欲日本破壞在華之均勢。但歐戰一起，列強忙於空前的大戰，全力面對歐洲戰況，無暇東顧，不得不讓日本在遠東崛起，破壞均勢。日本侵華步步進逼，乃是勢所必然，如幣原大借款、如侵占山東，接踵而至。巴黎和會上提出的山東問題，證明列強所尊重的是強權而不是正義。中國與日本同屬戰勝國，卻要把山東的權益轉移給日本。中國人民對此事的反應強烈，爆發了有名的五四運動。但在蓬蓬勃勃的情緒揮發之後，舉國上下並沒有把精力放在對付日本的侵略上，更沒有處心積慮來思考如何救國，仍然繼續內爭、打內戰，從軍閥混戰到革命軍的北伐，槍口一直是對內的。

　　北伐的勝利，至少有一部分要歸功於全中國人民對軍閥的厭惡——他們賣國、他們喜打內戰、他們欺壓老百姓。北伐

勝利之後，創立了中華民國的第二共和，蔣介石時代的來臨。蔣介石及其國民黨雖以民族主義者自居，但他們對民族前途的考慮，並不比舊軍閥好，有時更壞。他們同樣出賣國家利權、同樣打內戰、同樣欺壓老百姓！國民黨打內戰甚至打得更凶，先是1927年的血腥清黨，然後是1929年的武漢事變，用武力來消滅國民黨內的異己——李宗仁的第四集團軍，以及1930年的中原大戰，用更大的武力來消滅國民黨內的另二個異己——馮玉祥的第二集團軍與閻錫山的第三集團軍。中原大戰的慘烈，對國家元氣的損傷，實為舊軍閥時代所未曾見。更由於中原大戰，蔣介石遊說張學良進關助陣，讓日帝有機可乘，導致1931年9月18日本關東軍攻占瀋陽的重大事變。

　　日本在東北的關東軍悍然發動九一八事變，鯨吞滿洲，顯然是由於中國人的自相殘殺，不能一致對外，使日本有機可乘。九一八發動的那一天，蔣介石正在南昌坐鎮剿匪。蔣在文稿中、在日記裡，引九一八事變為恥。他以為恥，因為中國軍隊不堪一擊，日軍攫取了整個東三省。其實中國軍隊根本沒有還擊、根本沒有抵抗。張學良及其東北軍背負了不抵抗的罪名，而不抵抗乃當時蔣政府「先安內」的政策所致。如無此政策，張學良命令東北軍不抵抗，豈非要如韓復榘那樣被槍斃嗎？爭辯誰下令不抵抗豈非多此一舉？是否真有1931年8月16日蔣介石給張學良不抵抗的「銑電」，也無意義與必要。因早自萬寶山事件後，蔣介石即已自江西發電給南京政府及張學良說：「官民協力抑制排日運動，宜隱忍自重，以待機會」。[1]

1　見《盛京時報》，1931年7月15日。

張學良即按照不抵抗政策，於9月6日打電報給在東北的臧式毅代主席，有云：「對於日人，無論其如何尋事，我方務萬分容忍，不可與之反抗，致釀事端。即希迅速密令各屬切實注意為要。[2] 不抵抗是張學良下的命令，但此一命令與國策有據啊！

　　蔣介石及其南京政府的不抵抗政策，不僅事後不是秘密，事前亦甚明確。日本關東軍精於情報，豈能不知？既不抵抗，豈有不撿便宜之理？九一八事變一發動，中國果然不抵抗，便如待宰的羔羊。不抵抗的決策者是蔣介石，但蔣卻要執行者張學良代背黑鍋！為什麼不抵抗呢？許多人說：中國太弱，不能與日本打，但抵抗不是宣戰、不是挑釁，而是敵人打上門來時，必然的自衛行動，打而後輸總比不打就輸要好。何況九一八發生時，在東北仍有不少部隊。張學良於1930年進關時，只調進七萬人，駐守關外在遼寧有六萬人、在吉林有八萬人、在黑龍江有五萬人，共計仍有十九萬人之多，而日本關東軍僅有一萬多人。一萬多的日本關東軍，不折一兵、不損一將，卻輕易地奪去了東三省，而且乘機劫掠，據不完全的估計，中國的財產損失在法幣175億以上。最可悲的是武器與彈藥的損失，據最保守的估計，日本接收飛機262架、迫擊炮及其他各種火炮3,091門、戰車26輛、步槍和手槍118,206支、機關槍5,864挺。[3] 這樣多的武器，如果東北軍拼命抵抗，縱然失敗，也必然給關東軍以相當的創傷，挫其侵略銳氣。不抵抗的結果，

2　電文今藏遼寧省檔案館〈日人中村案〉，第104號。
3　數字見陳覺編，《九一八後國難痛史資料》（瀋陽：遼寧教育出版社，1991），第1卷。

不僅平白讓敵人奪去土地與武器，而且更增敵人的氣焰，更進而染指華北！

1931年11月4日，也就是九一八事變後兩個月差四天，足證國聯無從約束日本，〈非戰公約〉也不能止戰，然而國民黨第四次全國代表大會仍對外宣稱：「中國政府尊重國聯決議，極力避免衝突，加意保護日僑，使無任何不幸事件發生」。則不抵抗的原因「全面仰仗國聯」之說，[4] 已難以成立。最主要的原因見諸蔣介石於同年11月30日，在顧維鈞就外交部長職宣示會上所說：「攘外必先安內，統一方能禦侮」。不抵抗根本就是在九一八事變前的既定政策，東北軍安能違背既定政策？

九一八以後又有一二八事變，抵抗的是十九路軍。蔣介石一心一意設法與日方妥協，締訂了屈辱的淞滬停戰協議，並把十九路軍調往福建去打共產黨。到1933年4月7日，蔣介石在〈對剿共軍事將領訓詞〉中，更強調說：「我們的敵人不是倭寇而是土匪。東三省、熱河失掉了，自然在號稱統一的政府之下失掉，我們應該要負責任。不過我們站在革命的立場說，卻沒有多大關係……專心一志剿匪……無論外面怎樣批評、詆謗，我們總是以先清內匪為唯一要務」！[5] 這是蔣介石在自己人面前所說極為露骨的話，東三省與熱河如此輕易地失去了，居然說「沒有多大關係」，可見他站的是什麼立場。為了「專心一致剿匪」，只有繼續遷就日本。有學者指出：蔣以剿共為

4　參閱黃自進，《蔣介石與日本》（台北：中央研究院近代史研究所，2012），頁168-177。

5　語見《西安事變資料》，第1冊，頁6。

由，向日本採購大量武器，並以剿共來爭取日軍的認同，以緩和東北局勢，[6] 未免一廂情願，根本無法滿足日寇的野心。同年五月雖然簽訂了屈辱的〈塘沽停戰協定〉，中國軍隊答應撤退，並保證「不行一切挑戰擾亂之行為」！蔣介石更於7月28日，以「妨害統一政令」為名，通電逼迫馮玉祥解散民眾抗日軍。但是蔣處處退讓、忍辱負重，並不曾減輕日軍的步步進逼，進一步又要製造蒙古國了、又要強迫中央軍退出華北了。然而日本得寸進尺，蔣介石的南京政府繼續忍辱負重，以至於在1935年7月6日，何應欽奉命簽訂了喪權辱國的〈何梅協定〉。何應欽晚年只提日本天津駐屯軍司令官梅津美治郎的聲明，認為「所謂何梅協定，實係有意造作之名詞」！[7] 當然在這本紀事長編中，不會有7月6日一條，從6月30日一跳就跳到9月初去了。蔣介石在1936年1月15日對全國中等以上學校校長與學生代表的講話中，也否認沒有什麼「何梅協議」，說是日本人的宣傳，「完全是自欺欺人」，「絕對沒有這一回事」，但同時又欲蓋彌彰，說「去年六月的時候，日本向何部長提出要求中國撤退河北境內的中央軍隊，並撤銷所有平津冀察黨部和特務機關，何部長回一封極簡單的信答覆他說：這些事不待你要求，我們中國已經自動辦好了，不必訂什麼條約，信中只說這幾句話而已」。既然是書面答應了別人的要求，而且「自動辦好」，再簡單也是「協議」，是有義務要遵守的。再說，這

6　閱黃自進，《蔣介石與日本》，頁154-156。

7　見何應欽將軍九五紀事長編編輯委員會，《何應欽將軍九五紀事長編》（台北：黎明文化出版有限公司，1984），上冊，頁433-434。

封簡單的信並不簡單，原是日本人代擬的文稿，要何應欽簽字的，其中並沒有「不必訂什麼條約」云云。全文如下：「6月9日酒井參謀長所提各種事項期望，均承諾之，自動實施。特此通知，此致梅津司令官」。何應欽親筆簽字答應梅津承諾日本人的「各種事項期望」，並且「自動實施」，還不夠稱作協定嗎？如果不是協議，日本人會「頗表滿意」（「高橋覺書」的作者高橋坦的話）嗎？事實上，何應欽簽這個字，並不像蔣介石所說的那麼輕鬆，他在被迫之餘，立即向當時的行政院長汪精衛請示，並附原文，汪院長覆電同意，何遂於6日簽署。近台北黨史會出版的抗戰史料中，收錄了一封出自總統府機要檔案的電報，就是何應欽在簽字那天發給蔣介石的。全文如下：

> 特急，成都委員長蔣：哂密極密。關於河北糾紛事件，日方必欲我做正式書面答覆，經與汪院長再三斟酌考慮，歷時三星期，一再與日方磋商，近始決定由職備一普通信，送達天津駐屯軍司令梅津，其文曰：「逕啟者：六月九日酒井參謀長所提各事項，均承諾之，並自主的期其遂行，特此通知，此致梅津司令官，何應欽二四年七月六日」等語，原件於今日寄平軍分會，派人送高橋轉交梅津，此事即算告一段落，知注謹聞，職應欽。魚未秘印。

二天後的7月8日，蔣介石覺得不妥，又致何應欽，指示他致梅津函從緩發出，謂：「即使要發，亦應有字句之改正，發否盼立覆。中正。齊申機容」。何應欽翌日回電，當然已經發出了。蔣介石對全國中學校長的講話中，說得很輕鬆，但原件

顯示，蔣、何兩人都不輕鬆，因為他們心裡明白，這明明是一種書面的協定，既已白紙黑字簽了字，不承認是不可能的。至於蔣介石為什麼肯簽〈何梅協定〉呢？一語道破，他要貫徹安內政策，內既未安，他要不計一切代價避免抗日。當時全中國要求抗日的呼聲愈來愈高，當然對蔣介石有壓力，但他不為所動，堅持安內的既定方針。

　　蔣介石的不抵抗，如果能獲得日本政府的善意回應尚有可說，但日方是一貫蠻橫無理、得寸進尺的。然則不抵抗非僅不能救亡，反而會導致速亡！如果不抵抗可以贏得國際干涉與調停，亦尚有可說，但國際強權對於制止暴日，並不熱心，而不熱心的原因之一乃因當時的中國太亂、太弱、太沒出息。他們並不在乎日本侵略滿洲，而在乎日本侵占中國東北，違反了1928年締訂的〈非戰公約〉，使世界安全秩序遭到威脅。如果中國強烈反抗，不僅日本因付出較高代價而有所自制，而且國際上也會更努力制止日本用暴力解決國際爭端。然則如果蔣介石全力支持張學良抵抗日軍侵占東北，日帝很可能不敢製造滿洲國，也不一定會導致全面的中日戰爭，所謂能戰始能言和，是很有道理的。國府首任駐日大使蔣作賓於九一八後的11月20日記寫道：「日報載，南京聞齊齊哈爾失陷，當開秘密會議，有蔣前往東省督戰之說，各方人心至為奮激，美國得此消息亦態度轉硬」。[8] 蔣大使之電並非空穴來風，美國駐華武官梅友（William Mayer），曾於情報函中也提到：「本周最轟動的消息：蔣介石在1931年11月19日國民黨四全代表秘密大會上鄭

8　蔣作賓，《蔣作賓日記》，頁382。

重宣布,他已決心北上盡其職責為黨國效命」。雖然是秘密會
議,但蔣的決定立即傳出去。許多報導稱他即將離開南京,但
日期未定。[9]事實上他離京並不是北上抗日,而是借機下野以表
示他原來是要親赴東北督戰的,只因被逼下野,故壯志不酬!
我們稍想便知,他之所以下野,因九一八後不抗日之故。如他
決心抗日,必能團結黨內外的抗日共識,又何必要下野呢?
九一八之後,抗日不僅是國內的共識,連美國駐華武官也鄙視
中國不抵抗,而為抗日的馬占山喝彩,讚揚十九路軍的英勇抗
日,認為表現出來的戰鬥意志,足以贏得中國抗日的最後勝
利。外國人旁觀者清,更能看出當時中國的分裂與不團結。然
而團結的最大障礙乃是元首蔣介石的不抵抗。他的注意力放在
國內的敵人,而不太在意國外的敵人。

　　蔣介石的不抵抗政策是絕對說不通的,他寄望於國聯調
停,昧於現實的時局,連國民黨元老胡漢民都認為攘外必先安
內是自殺政策,生路是從攘外中求安內。但蔣為何堅持他的錯
誤政策呢?甚至他於九一八之以後,仍然堅持不抗日,直到西
安事變發生後才被迫抗日。他的理由就是攘外必先安內,也就
是說把國內的敵人解決之後再談抗日,這個先安內後攘外的口
號,似乎是振振有詞,其實經不起分析。所謂安內,主要是消
滅「共匪」。其實國共兩黨乃是孫中山這個政治母親所生的兄
弟,國共內戰絕對可說是鬩牆,國共也許有意識形態上的糾
葛,在思想上不相容,但蔣介石要安的內,豈止共產黨而已,

9　*United States Military Intelligence Report, 1911-1941*, 微卷一, Report No. 8149,
　　1931年11月12-25日。

他還要消滅馮玉祥、閻錫山、李宗仁，以及其他的諸多雜牌軍。「其他的」都是國民黨，對北伐又有功，還是不行，照蔣介石看來，他們是「新軍閥」。但是蔣介石要安的內，又豈止於國民黨內的新軍閥，像胡漢民等國民黨元老照樣要安！是以要安內成功，必須要等到蔣介石剷除一切反對他，以及可能反對他的勢力，豈非要有待河清？

不抵抗的理由還有一說：因為中國太弱，需要時間養精蓄銳、整軍經武才能抗日。甚至還有人說：中國抗戰得還太早，如果再過幾年中國更強了，抗日可更加成功。這些人似乎認為：那時的日本帝國正在走下坡，而中國正在欣欣向榮；事實恰恰相反，九一八以後日本軍國日盛，而中國的情況則每下愈況。要先安內去打內戰是培養國力，還是消耗國力？內戰不停絕對是繼續消耗有限的國力。所以從這個觀點看，先安內再抗戰根本是不可能兌現的支票，因為真正安內完畢，中國更加沒有攘外的本錢，油盡燈枯還抗什麼戰？

蔣介石的不抗日，引起全國騷然，毫不意外。蔣作賓於九一八之後十日，記道：「南京有六百餘學生圍攻外交部，王部長（正廷）受重傷，此間（日本）留學生亦有請願回國之集議。人情奮激，莫可如何」；[10] 10月2日又記：「文武各學生均來要求回國。舌敝唇焦，苦口勸導，終不見聽」；[11] 12月8日又記：「聞國內學生大鬧，共產黨亦乘機而起，前途未可

10　蔣作賓，《蔣作賓日記》，頁363。
11　蔣作賓，《蔣作賓日記》，頁365。

樂觀」；[12] 12月15日又記：「南京學生大暴動，搗毀中央黨部及外交部，各處已成無政府現象。蔡元培、顧維鈞等均受重傷，蔣介石通電下野。[13] 如果蔣介石真要北上督戰抗日，群情激憤的學生能不歡欣若狂、一致擁戴還需要下野嗎？在廣州的胡漢民等國民黨因抗日而反蔣，蔣若抗日，又何必反蔣？然而抗日激情不僅僅見之於年輕學生，穩健持重的國之碩老，如馬相伯、沈恩孚、章太炎等也一再通電呼籲抗日。章太炎尤其積極，他於九一八之後並未立即抨擊南京政府，因為國難當頭仍然希望政府在民情的激蕩下領導抗日，但當他發現此一政府既無抗日的計畫，更無抗日的意願時，遂公開譴責南京政府賣國！章太炎與熊希齡、馬良等於1932年元月20日，在上海組織了「中華民國國難救濟會」，並致電南京當局：如果當局不願或不能抗日，便應下臺，由別人來領導抗日。

　　章太炎當然知道戰爭一起，中國很可能戰敗，但他深信作為主權國家若不能維護主權而戰，無以立國。他雖對蔣介石的南京政府失望，卻受到東北義勇軍以及十九路軍抗日的鼓舞，乃不顧衰病之軀決心到北方一行，當時陸路已經阻塞，遂改由海道經天津到北平。他最要見的就是有舊交的張學良，想借其個人的影響力促張抗日。據湯國梨的回憶，張學良在太炎催促之下，道出奉蔣介石之命不抵抗的隱情。至此太炎更加明瞭蔣之不抵抗政策，對蔣益為鄙視，故尚在平、津一帶訪問時，即已嚴詞批評南京政府，同時趁講學之便宣揚愛國精神，鼓勵抗

12　蔣作賓，《蔣作賓日記》，頁389。

13　蔣作賓，《蔣作賓日記》，頁389、391。

日。章太炎於1932年5月到蘇州講學，特別表揚儒行，標出行己有恥之旨，顯有現實的政治考慮。他要告訴國人、提醒政府，不抵抗外國的侵略，是極為可恥的。之後他決定長住蘇州講學，不是退隱，而是繼承顧炎武講學救時的傳統。同年的年底日軍炮擊山海關，並聲稱熱河為滿洲之一部以便侵占。章太炎憤怒之餘，於1933年2月與馬良發表〈二老宣言〉，指出所謂滿洲在漢代已為中國之郡，稱為遼東或玄菟，明代更立建州，當然是中國的領土，而熱河從來不是滿洲之一部，更是中國的領土。此一宣言曾寄達日內瓦的國聯，在國內亦傳誦一時，代表當時愛國知識分子的心聲。承德之失更增加章太炎的怒火，他更加嚴厲指責蔣介石之無能，以致於國土繼續淪喪。他於是力主停止內戰、國共合作、一致抗日。他呼籲不要寄望外援，而是要把抗日的擔子由全國的老百姓負起。他又與馬良、沈恩孚共同發表的〈三老宣言〉，說得更加清楚，指出中國老百姓已別無選擇，只有勇敢地站起來抗日。馮玉祥是南京政府官方人士中第一個表態抗日者，他於1933年的5月，成立了「民眾抗日同盟軍」，誓死保衛察哈爾，並收復失地，馮氏此舉，使章太炎盡釋前嫌，兩人成為好友。從〈章太炎給馮玉祥的五封信〉看來，章對馮的抗日決心，推譽有加，把領導抗日的責任冀望於馮將軍。然而蔣介石不想抗日，馮玉祥抗得起來嗎？馮的單獨行動使蔣大為光火，竟於八月間將馮之「同盟軍」給解散了，章太炎立即痛責蔣氏阻礙抗日。那時蔣介石仍在江西剿共，章太炎認為國難當頭，仍然勇於內戰，已危及民族的生存，這樣的政府早已有負國民所托。但從蔣介石的眼光看來，章太炎這一批主張抗日者，不僅破壞對日和談，而且為匪宣

傳，幫共產黨的忙。但章太炎毫不畏懼，繼續抨擊政府不抗日
的政策。於是蔣介石托張繼警告太炎不要再談時事，要他「安
心講學，勿議時事」。張繼曾與章太炎有金蘭之誼，奉命傳
言，結果被老哥訓斥了一頓，指這位老弟要他不說話，「得無
效厲亡之監謗乎」？他告訴張繼，他的持論已算是厚道的了，
「雖明知當局之有陰私，猶不欲訟言斥之」。他又反問張繼：
「誰使吾輩為小朝廷之民者？誰使同盟會之清名而被人揶揄嘲
弄者」？張繼討了沒趣之後，蔣介石又派丁惟汾到蘇州送上現
款一萬元作為療疾費。太炎宣布此款作為公用後，繼續逼蔣抗
日，蔣介石送錢給他，當然是有塞他嘴巴的意思，但他的嘴巴
是塞不住的，他繼續不斷批評蔣政府，同時呼籲全國團結一致
準備抗日。一二九學運發生後，章太炎全力支持學生，親自打
電報給北平的宋哲元，要求立即釋放學生，宋回電給他，保證
和平解決。終於在章太炎逝世前一月，蔣介石寫了一封信給章
太炎，保證互相信賴，庶幾團結一致共渡難關。章太炎於逝
世前十日，回了蔣介石一信，提醒他相互信賴必須基於愛國主
義，並指出為了抗日必須容共。章氏雖未及親見國共因抗日而
再度合作，他畢竟預見此一不可避免的發展趨勢。這封信的全
文如下：

　　前被手書，屬以其信濟艱之義，勸誘國人，抑言之非
難，欲其心悅誠服則難，邇來所以語河北者，獨云保愛令
名，勿入陷阱而已。苟其人自惜羽毛，又知東人非始終可
保，必不輕於依附。至於小小委蛇，如晉張軌之在涼州，
非不與劉、石酬酢也，而領土必不肯棄，名號必不肯更，

則所以自守者固在。一聞勸勵，當必有努力增倍者矣。若欲其殺敵致果，為國犧牲，此在樞府應之以實，固非可以口舌致也。頃者，東方於津、沽等處，又增兵矣。觀其用意，亦只以武力脅迫，欲為城下之盟而已，用兵則猶未也。然勢之所激，往往有出慮外者，樞府雖以剿匪諸師進駐晉南，陰為犄角，一旦有急，則未知河北之意，果願其入境否也？鄙意應之以實，本無他慮，彼在危急之中，而部下之不肯屈辱者，尚居大半，果以精械厚糈相助，唯有感激向前耳，安有據之以興背證者耶？此事即行，又厚遇山東，以堅其意，彼知政府之不我遺棄也，能以一部應戰固善，不能獨裁，則必有濟師之請，而晉南諸師，可與並力矣。為今日保全華北計，唯有如此。若以河北難守，而但南抗黃河，河流既長，處處可以竊渡，幸遇水潦漲盛，容可暫安，水涸則必無以阻敵矣。抑鄙意以為今之國計，固不宜恣言遠略，唯領土未亡者，則不可不加意顧全。北平既急，縱令勉力支持，察省必難兼顧。蓋非常之時，必以非常之事應之。今共產黨之在晉北者，其意不過欲北據河套，與蘇俄通聲氣耳。此輩雖多狡詐，然其對於日軍，必不肯俯首馴服，明甚！若能順其所欲，驅使出塞，即以綏遠一區處之，其能受我委任則上也；不能，亦姑以民軍視之。如此，察省介在日、共之間，漸可成為緩衝之勢，較今之左支右絀者，其得失必相懸矣。蓋聞兩害相權，則取其輕，與其使察、綏二省同為日有，不如以一省付之共黨之為害輕也。以上就形勢立說，或不致有大差池。若夫開誠布公，以懸群眾，使將相之視樞府，猶手足之扞頭

目，轉移之妙，自在廟堂，此非草野所能與，而固不能不
殷殷期望者也。匆遽陳辭，當不以臨渴掘井為誚。六月四
日。[14]

　　自北伐以後，章太炎反對一黨專政，不承認南京政府，
自稱中華民國遺民，遭到國民黨黨部的通緝，只好銷聲匿跡。
九一八事變後不久，他在給孫思昉的信中說：「東事之起，僕
無一言，以為有此總司令、此副司令，欲奉、吉之不失，不能
也」。總司令就是當時的全國陸海空軍總司令蔣介石，副總司
令就是張學良。後來，他親自北上面見張學良，始知乃是奉命
不抵抗。1932年3月，南京當局有鑒於抗日的呼聲，宣布召開
國難會議，但議程限於禦侮、剿匪、救災三項，基本上並無意
改變攘外必先安內的既定政策。章太炎亦在邀請出席之列，但
他斷然拒絕，聲稱：「軍事貴速，能斷則一言而可，不斷則眾
議而無成，紛紛召集，將以悉用」？要抵抗馬上決定抵抗，用
不著召開什麼國難會議。他懷疑「當事者志在屈服，而以聯盟
會議為分謗之機關」，所以雅不願參加，以「為黨國諸賢任
過」。章太炎繼續譴責日本侵略，更直指蔣介石勇於私鬥而怯
於公戰，置國土淪喪而不顧。乃要求以國民名義，「將此次軍
事負責者，不論在南在北，一切以軍法判處，庶幾乎平億兆之
憤心，為後來之懲戒」。章太炎在這最後的一封信裡，重申
九一八以後一貫的主張，要求結束內戰，一致抗日。他直言共

14　見湯志鈞，《章太炎政論選集》（北京：中華書局，1977），下冊，頁
　　873-874。

黨與日本應兩害取其輕，應該聯共禦日，不能再喪失領土於外
人。當時蔣介石仍然堅決貫徹內戰，執行攘外必先安內的政
策，於此可見，章太炎建議國共合作，完全聽不進去。無論國
學大師或無數年輕學生，手無寸鐵，輿論壓力雖然鋪天蓋地，
也奈何不了蔣介石。但是1936年的12月西安事變爆發，張、楊
終以兵諫使蔣介石放棄先安內的政策，被迫走上國共合作的抗
日之路。[15] 自1937年7月7日盧溝橋事變後，中日戰爭於七月底
全面爆發，長達八年。期間蔣介石作為元首，領導抗戰，國民
黨正面作戰，共產黨敵後遊擊，自不待言。

15　有關章太炎此時言行，參閱 Young-tsu Wong（江榮祖）, *Search for Modern Nationalism*（Hong Kong: Oxford University Press, 1989），ch. 8。

第十章

抗戰期間汪蔣一明一暗的
與日謀和史實

　　抗戰勝利，舉國狂歡，回看既往之八年，任何與敵謀和者都是漢奸。然而當日本以優勢兵力大舉入侵中國之時，中日之間軍力的失衡，不下於兩次鴉片戰爭，國力之衰微，亦不異於甲午。惟當年尚可割地賠款了事，而盧溝橋事變後日本意圖肢解中國，除滿蒙獨立外，漢地亦將被分割殖民。中華民族面臨生死的重大危機，而外援又遲遲不至，誠存亡危急之秋也。當國者如蔣、汪兩公必感負有千鈞重擔，到底要玉碎還是要瓦全，必然牽涉到和戰問題。凡理性謀國者，知國家之處境如此，必然是能和則和，所以「吾人讀史，不能以現時觀念，後見之明臧否人物」。[1]

　　蔣介石於戰前堅持不抵抗政策，固然有內患重於外寇的考量，亦意在避戰。但日本步步進逼，激發中國軍民抗戰的血

1　唐德剛語，見氏著，《烽火八年》（台北：源流出版社，2014），頁225。
　　然唐公不時以其縱橫之筆，以現時觀念，盡情臧否歷史人物。

性。張學良發動西安事變，終於逼蔣抗日；然而抗戰爆發之後，軍力懸殊立見，蔣介石於抵抗之餘，並未放棄暗中求和的機會，可以理解，無須掩飾。汪精衛面對國家存亡關頭，更加感到悲觀，明知謀和難為而仍欲為之，不計名譽，決心獻身於和平運動。故當日方願意調整中日關係之際，蔣猶豫而汪挺身而出，進入淪陷區建立政權，然日寇不守尊重中國政權之諾言，出爾反爾，使汪淪為日寇之傀儡。蔣暗中求和未成，反而於戰後成為英雄。汪精衛公然與日本謀和，成為漢奸，斷送了早年謀刺大清攝政王的英勇形象。女詩人陳小翠曾寫七律一首為汪感歎：

> 雙照樓臺老去身，一生分作兩回人；
> 河山半壁終存末，松檜千年恥姓秦；
> 翰苑才華憐後主，英雄肝膽惜崑崙；
> 引刀未遂平生志，慚愧頭顱白髮新。

葉嘉瑩教授解之曰：雙照樓是汪精衛詩詞的書名，汪當時已是六十歲的老人。他早年刺殺攝政王未果入獄，獲得革命烈士的形象，然而晚年成為漢奸，所以說「一生分作兩回人」。汪精衛在生靈塗炭的淪陷區建立政權，多少照顧到淪陷區的百姓。偽政府雖偏安在南京，總算保全了一部分的中國，所以說：「河山半壁終存末」。但畢竟做了漢奸，檜木是挺拔的，是正直的象徵，但到南宋出了個秦檜，「檜」從此成為負面意思，雖保全半壁江山，畢竟被貼上漢奸的標籤，所以說：「松檜千年恥姓秦」。汪精衛除烈士與漢奸外，極具「翰苑文

才」，詩詞文章皆佳，令人可惜如李後主，詩雖做得好，但後來建立了偽政府，所以說：「翰苑才華憐後主」。汪氏早年的決心與勇氣，可以比擬俠義之氣的崑崙，兼具惋惜之意，含義極為豐富，所以說：「英雄肝膽惜崑崙」。他早年因行刺入獄，有詩曰：「引刀成一快，不負少年頭」，但此志未成，活到滿頭白髮，落得漢奸罵名，終身自愧。[2] 不過，葉教授認為汪精衛早年不顧生命，已經難得，晚年不惜名聲，更不容易。

九一八事變後，汪精衛共赴國難，從1932年就任行政院長，不但主持行政院，而且兼了外交部長，要處理最棘手的國事，必然成為眾矢之的。蔣並不信任汪，所以當時有人勸汪沒有必要替蔣背黑鍋、受悶氣，如〈淞滬協定〉、〈塘沽協定〉等重要協定，汪事前皆不知，但汪氏甘之如飴，認為既任要職，只好負責去做，可略見其心境。陳公博曾為汪抱不平，認為蔣自取美名，卻要汪代背惡名！其實蔣性格如此，連蔣的把兄黃郛亦曾抱怨說：「希望今後彼此真實的遵守共嘗艱苦之舊約，勿專為表面激勵之詞，使後世之單閱電文者，疑愛國者為弟（指蔣介石），誤國者為兄（黃郛自稱）也」。[3] 連蔣介石的把兄黃郛都如此，又何況汪精衛乎？當時汪精衛的處境，難免不扮誤國角色，代演苦戲耳！

據陳公博回憶：汪精衛的主和傾向，始於1933年的長城古北口之役。此戰「因為前方將領回來報告，都說官兵無法作

2　詳閱葉嘉瑩口述，李雲整理，〈汪精衛《雙照樓詩詞稿》讀後（上）〉，《傳記文學》（2018年8月），第675期，頁22-23。

3　見黃郛1933年5月27日電報，沈亦雲，《亦雲回憶》（台北：傳記文學出版社，1968），p. 49。

戰，官兵並非不願戰，實在不能戰，因為我們的火力比敵人的火力距離太遠了，我們官兵看不見敵人，只受到敵人炮火的威脅。汪先生聽了這些報告，以後便慢慢有主和的傾向」。到了1936年西安事變後，他認為「中國對日應該尋出一條和平之路」，不然的話，一旦開戰，只會便宜了蘇聯。[4]

　　蔣介石其實也不是主戰派，他的既定政策是安外攘內；對內戰的重視遠甚於防禦外侮。汪精衛從1932年1月28日出任行政院長起，國事在形式上是由汪精衛與蔣介石共同負責，在強敵咄咄逼人的形勢下，兩人都沒有抵抗日本的信心與決心，引起舉國譁然，以至於到1935年11月1日，國民黨在南京舉行四屆六中全會，在開幕典禮拍照時，汪精衛被擊三槍。此案已經查明，開槍的兇手是晨光通訊社外勤記者孫鳳鳴，通訊社長胡雲卿，後來化名華克之，是組織刺蔣的主要負責人。他被追捕下於1937年進入延安、加入共產黨，至1987年仍然健在中國大陸。孫、胡都是二十多歲的熱血青年，激於九一八以後不抵抗的恥辱，決心犧牲個人，除蔣救國。結果蔣沒有出來拍照，而槍手孫鳳鳴已服鴉片煙泡，毒性將定時發作，乃一不做二不休，退而求其次，向汪精衛開了槍。蔣雖倖免，汪卻替蔣挨了槍。[5] 汪妻陳璧君懷疑是老蔣幹的，冤枉了蔣，但毫無疑問的是，汪與蔣合作不僅代蔣背黑鍋，而且代蔣挨了槍，受傷不輕，餘生受苦。[6]

4　參閱汪榮祖、李敖，《蔣介石評傳》，頁467。

5　參閱蔡德金，《汪精衛評傳》，頁228-231。

6　汪精衛身中三槍，屢經開刀始取出子彈，備受痛苦與煎熬，參閱錢啟予，
　　〈略述一九三五年汪精衛遇刺後的治療經過──從何孟恆回憶錄談起〉，

　　七七盧溝橋事變之後，中國全面抗戰，好像已經解決和戰問題。其實，表面上開打，暗地裡和談不斷。暴日全面侵華後，蔣仍不敢宣戰，蔣於1937年7月24、25、26三日分別約見英國、美國、德國、法國大使，希望西方強國調停。其實早於7月19日，英國外相伊頓（Anthony Eden）為了英國在華利益，宣布已與美、法兩國聯繫，並通知南京與東京，願意斡旋。[7] 蔣於7月28日，約見英國駐華大使之後，英國駐東京代辦杜德士（James Leishman Dodds）拜訪日本外相廣田弘毅，廣田聲稱盧溝橋事變可由地方解決。但事實上事端更加惡化，英國輿論雖然譴責日本損及大英利益，[8] 然英國政府僅能作無力的抗議。孔祥熙時任財政部長，經由駐美大使王正廷，要羅斯福總統調停。美國駐日大使格魯（Joseph Grew）遂向日本外相表示，如有必要，美國願意幫助解決中日糾紛，[9] 格魯大使尤其關切日本的轟炸危及到西方僑民生命財產的安全，警告日本政府，戰爭會傷害到外國使館的危險。[10] 但是日方，尤其是日本的軍方，根本不歡迎英、美介入。而德國正好與蔣介石自1920年代起就有良好關係，希特勒自1933年崛起與日帝建立夥伴關係，

《傳記文學》（2021年6月）卷118，期6，頁36-49。

7　見Irving S. Friedman, *British Relation with China, 1931-1939*（New York: International Secretariat, Institute of Pacific Relations Publications Office. 1940）, p. 93.

8　見*The Times*, 10 August 1937.

9　參閱Department of State, *Foreign Relations of the United States: Japan, 1931-1941*, Vol. 1, p. 435。

10　參閱Joseph C. Grew, *Ten Years in Japan*（New York: Simon and Schuster, 1944）, pp. 218-219.

並於1936年11月簽訂德日反共國際協議,處於調解中日的有利
地位。日本既不好峻拒德國,德國顧及對華關係,不僅希望事
變早日解決,而且希望日本考慮德國在華利益,以及提醒日本
在華行動可能會減輕對蘇的壓力。[11] 德國政府外交部長魏什克
(Ernst von Weizsäcker)於1937年7月底,電告其駐華大使陶德
曼(Oskar Tautmann):「我們已經清楚地使日本人知道,他們
不能以反共國際協議來對付中國,因該協議絕無在第三國攻打
布爾雪維克主義之目的」。[12] 同時德國繼續向中國提供軍火,
亦未立即撤除軍事顧問團。德國人最顧慮的還是:日本的侵略
行動將使中國投向蘇俄的懷抱。[13] 此為德國雖然持謹慎態度,
但仍然願意介入的原因。

　　日本侵華,軍方最賣力,文人政府並不希望戰爭擴大。
廣田外相曾於八月初遣使到上海議和,導致8月8日日本大使與
中國外交部東亞司長高宗武在上海談判。日方提出三條:一、
沿白河建立不設防區,中日軍隊各自撤退;二、不侵占領土;
三、不賠款。高氏代表中國政府表示,基於以上條件和平有
望。[14] 不料8月9日卻發生「大山事件」,[15] 最後引發八一三淞滬

11　參閱Fox, *Germany and Far Eastern Question*, p. 233。

12　美國務院編,*Documents on German Foreign Policy, 1918-1945*, 1: pp. 742-
　　743, 參閱p. 748。

13　見陶德曼報告,載 *Documents on German Foreign Policy, 1918-1945*, 1: 741,
　　748。

14　參閱《東京戰犯審判紀錄》,Exh. 3260。

15　日本海軍軍官大山勇夫故意闖進虹橋機場而被擊斃,日方有意挑起事端。
　　日本策劃類似事件很多,有的是自己送命,有的是叫別人去送命,目的就
　　是要挑起戰爭。

之戰，使談判流產。

　　淞滬之戰打得血肉橫飛，慘烈異常，但蔣介石暗中繼續試探和平，曾向德國表示是否可以「德日反共協議」來影響日本，德方未允。[16] 接著中蘇於8月21日正式簽訂互不侵犯條約，並於9月9日向國聯提出申訴，國聯遂於十月初召集會議，但廣田於10月21日聲名拒絕參加會議，唯表示願與中國直接談判，並示意德國或義大利可為說客。[17] 日本在一周之後，正式向德國駐日大使狄克遜（Herbert von Derksen）提出：「日本政府歡迎德國促使中國與日和談」。[18] 陶德曼遂於10月30日會見中國外交部次長陳介，表示願意作為溝通的橋樑。不久之後，廣田於11月3日開出和議七條件，由德國轉達。七條件重點是：一、內蒙自治；二、華北設非武裝區，委派親日首長，並圓滿解決日本開發礦產事；三、上海非武裝區要擴大，由國際員警管制；四、停止排日，修改教科書；五、共同防共；六、減低日本貨進口稅；七、尊重外國人在華權利。德國駐日大使狄克遜向柏林報告，他相信日本在上開七條件基礎上，有和平誠意，故值得勸南京接受。柏林訓示陶德曼可以這些條件為和談的基礎。徐謨於11月5日陪陶大使自漢口乘輪至南京晉見時，蔣介石因猶寄望於尚在開會中的九國公約會議，故推說中國如同意日本的要求，國民政府將會被輿論的浪潮沖倒。蔣介石又說：

16　見陶德曼與德外相往來文件，載 *Documents on German Foreign Policy, 1918-1945*, 1: 741-742。

17　見德國駐日大使Derksen致德國外交部，載 *Documents on German Foreign Policy, 1918-1945*, 1: 769-770。

18　*Documents on German Foreign Policy, 1918-1945*, 1: 773。

中國不能正式承認收到日本的要求,因為中國正是布魯塞爾的
九國公約會議關切的對象,各國有意要在九國公約的基礎上覓
取和平。陶德曼說:「我現在採取的步驟僅僅是機密地通知中
國政府,日本向我們駐日大使所表示的和平意見」。[19] 但是日
本拒絕參加正在進行的九國公約會議,而蔣介石見陶德曼的這
一天,日本就在杭州灣登陸,同時安陽失守;11月8日,太原失
守、任縣失守;9日,松江失守;11日,上海失守、大名失守;
13日,濟陽失守;14日,嘉善失守;16日,昆山失守;18日,
嘉興失守、煙臺失守;20日,蘇州失守;21日,吳興失守,仍
不宣戰;24日布魯塞爾會議閉幕,所得之決議僅僅是重申普遍
原則,促中日雙方和談,終止戰爭,徹底暴露九國的〈非戰公
約〉沒有強制力。日本繼續進軍,25日無錫失守、長興失守;
29日宜興失守、武進失守;30日溧陽失守、廣德失守,仍不宣
戰;12月1日德國外交部長紐拉特(Baron von Neurath)告知
中國駐德大使程天放說:「為中國利益著想,不要不加考慮就
拒絕日本的和平建議,還是盡速議和為好。中國政府延遲議和
的時間越久,中國國家解體的危險也越大」。[20] 蔣介石遂於12
月2日召集軍事長官會報,先由外交部次長徐謨報告陶德曼已
從漢口到南京。各將領問:日本有無旁的條件?徐謨說:據陶
德曼所說,只是所提出的七條件,並無別的條件;如能答應,
便可停戰。蔣介石問唐生智的意見,唐生智還沒回答,又轉問
白崇禧。白說只是如此條件,為何打仗?徐謨說:陶德曼所提

19　*Documents on German Foreign Policy, 1918-1945*, 1: 774。

20　美國國務院,*Documents on German Foreign Policy, 1918-1945*, p. 787。

者只是此數項條件。蔣介石又問徐永昌。徐說只是如此條件，可以答應。又問顧祝同，也說可以答應。再問唐生智，也贊同各人的意見。蔣介石就表示：一、德國調停不應拒絕，不算是亡國條件；二、華北政權要保存。蔣介石就在那天下午五點接見陶德曼，「願意以德國大使閣下所提出的各點作為談判的基礎」。另外表達兩點：一、中國深望：在恢復和平的全部過程中，德國通過調停予以幫助；二、中國在華北的主權和行政權不得改變，必須維持其完整。這就是說：一要請德國人背書，德國人不要放手；二但求保住華北，東北內蒙都可放棄。最後蔣介石要求：「必須特別提醒日本：在談判完成以前，不要公布任何提出的條件」。[21] 蔣顯然覺得事情太敏感，會損及國格，所以需要保密。

蔣介石於12月3日再度約見陶德曼，感謝德國政府的努力斡旋，願意接受日本十一月的條件為和談基礎：一、中國接受該條件議和；二、華北領土與主權獨立完整；三、德國自始至終參與調停；四、和談不涉及與第三國之協議。[22] 陶德曼得到蔣介石的毅然許諾後，轉報柏林。德國外交部認定「日本所建議的差不多在所有的要點上都已得到了滿意的反應」，遂在12月7日，轉告日本。可是此時日軍已逼近南京，氣焰甚盛，得隴望蜀，變得貪得無厭，連廣田外相也對月前所提的條件為和談基礎，表示懷疑，[23] 德國調停因而發生了意外的變化。12月13日

21　參閱《中華民國史料初編：對日抗戰時期》，中國國民黨黨史委員會編
　　（台北：國民黨黨史委員會，1981），第6編，頁113。

22　見 *Documents on German Foreign Policy, 1918-1945*, pp. 787-789。

23　見 *Documents on German Foreign Policy, 1918-1945*, p. 799。

南京失守,並發生大屠殺慘案。暴日相逼如是之甚,蔣介石仍不宣戰,只不得不發表抵抗日本的宣言,陶德曼的調停也未中斷。德國大使於12月22日在漢口提出日本所開的新條件,重點有:一、中、日、滿(滿洲國,即中國東北)共同防共;二、設立非武裝區,並在必要區域內成立特殊政權;三、中、日、滿於年底以前接受這些條款。連德國也認為新條款太苛,德駐日大使狄克遜已認為中國政府不可能接受。[24] 德國政府於12月29日照會日本,此種結果將無助於「反共產國際協議」。[25] 廣田辯稱條件可以修改,不過日本駐英大使又謂:日本願儘早結束戰爭,然若蔣介石不接受日方條款,則將與中國地方政府媾和。[26] 儘管如此,蔣介石還是不敢斷然拒絕,於1938年1月13日派出外交部長王寵惠,告訴陶德曼說:「經過適當的考慮後,我們覺得:改動條件的範圍太廣泛了。因此中國政府希望知道新提出的條件的性質和內容,以便仔細研究,再做確切的決定」。[27] 日本外相廣田雖說要與內閣討論,實對中國政府的回復極為不滿,乃於1938年1月16日上午10時半,將日方的強硬反響,請德方立即轉給漢口,並要求終止德國調停,此即日本首相的〈近衛文麿聲明〉,宣稱「今後不以國民政府為對手」。[28]

24　見 *Documents on German Foreign Policy, 1918-1945*, p. 804。

25　見 *Documents on German Foreign Policy, 1918-1945*, p. 811。

26　參閱 *Documents on German Foreign Policy, 1918-1945*, pp. 811-813。

27　*Documents on German Foreign Policy, 1918-1945*, pp. 815-816。

28　見鹿島平和研究所編,《日本外交年表並主要文書》(東京:原書房,1984),第2冊,頁386-387。有關陶德曼調停資料,參閱黃美真、張雲編,《汪精衛集團降敵》(上海:上海人民出版社,1984),頁100-171。

蔣介石的反應是：「倭政府昨日宣布不與國民政府作交涉對手，而未明言否認，此乃敵人無法之法，但有一笑而已」。[29]語帶曖昧，但在1月18日又做了自我澄清的公開聲明，謂中國將為領土完整及其主權奮戰到底。他曾在日記裡說過：「不惜任何犧牲」抗戰到底。[30]但事實上德國調停雖然結束，蔣日間和談的線索並未完全切斷，更未宣戰。

　　蔣介石於1938年之春，就已建立管道，主要是經由孫中山的日本舊友，如萱野長知（1873-1947）、小川平吉（1869-1942）、頭山滿（1855-1944）、秋山定輔（1866-1950）等。這批人看似民間人士，實與日本政府有密切關係，他們站在其本國利益的立場，又與國民黨有歷史淵源，自願為兩邊奔走和平。蔣日之間的秘密接觸，初由南京失守後出任行政院長的孔祥熙主其事，在香港設有秘密辦事處，由柳雲龍、杜石山（又作石珊）負責。日本資料稱柳為蔣介石的外甥，或稱蔣母妹妹的兒子，宋美齡曾親到香港指導，全盤都是蔣門作業。根據日本外務省檔案，國府行政院長孔祥熙於1938年1月23日，亦即日相近衛已宣布不以國府為談判對手之後，曾電請頭山滿「主持正義，力挽狂瀾，設使貴國軍人早日醒悟」。同年3、4月間，萱野長知的助手松本藏次與孔祥熙的親信賈存德，在上海中國旅社秘密見面商談，松本傳達承認滿蒙的要求，賈存德則要求日本撤兵。萱野本人也與賈見了面，並由賈帶信經港飛漢口報告孔祥熙。孔回信亦由賈遞送，並據信內容與萱野談。孔在信

29　見《蔣介石手寫日記》，1938年3月16日。
30　參閱《蔣介石手寫日記》，1938年3月13日。

中力言中日要「應棄小嫌，維持大局」，以免「鷸蚌相爭，漁
人得利」，漁人何指？不言可喻，自有其說服力。孔祥熙將戰
爭歸咎於日本的「少數軍人」，故呼籲萱野使「少數軍人早日
醒悟」。孔又指出「敝國為貴國唯一最大的市場」，曉之以
利，並以王道為共同的東方文化，望能「止戈為武」。最後期
盼「奠定中日真正共存共榮之百年大計」，並附「微物數件，
聊以將意，務祈哂納為幸」。[31] 即使鴿派萱野的和平條件，誠
然是「要求中國政府承認滿洲國獨立，承認日本關於內蒙的立
場」。[32] 中國僅要求雙方即刻停戰，日本全面撤兵以尊重中國
主權；對於日方要求解決滿蒙問題，中國原則上同意，具體問
題可於談判時商定。萱野回到日本後與小川平吉商討，覺得孔
有誠意，小川遂於6月10日分訪新任日相宇垣一成與前相近衛文
麿。不過近衛不久之前已宣布「帝國政府今後不以國民政府為
對手」，然小川與宇垣認為仍然需要與國府交涉，必要時可取
消舊的聲明，故頗支持萱野與孔祥熙繼續談判，不久談判集中
到香港，孔派其機要秘書喬輔三赴港與日本駐港總領事中村豐
一談判。孔祥熙又找到萱野老友馬伯援和居正夫人（居正的女
兒是萱野的養女）到港相助，特別希望日軍暫勿進攻漢口。不
過日方又提出蔣介石下野以承擔責任的要求，出了難題，孔祥
熙願意辭去行政院長代蔣下野，未為日方接納。一時之間，蔣
介石的下野問題成為和談的障礙，日本軍方排斥蔣介石的態度

31　孔祥熙原函藏紐約哥倫比亞大學珍本和手稿圖書館，收錄於楊天石，《海
　　外訪史錄》（北京：社會科學文獻出版社，1998），頁523-525。
32　楊天石，《海外訪史錄》，頁526。

尤其堅決。蔣日和談遂陷入僵局。日方此一強硬要求無疑減弱蔣介石和談的意願；雖如此，蔣暗地裡仍未完全放棄和談，抗戰到底仍是檯面上的口號。

約當此時，外交部亞洲司司長日本通高宗武於7月5日自香港抵達神戶。[33] 高氏日本之行，論者每想當然以為奉汪精衛之命，其實是奉蔣介石之命，專治汪精衛和平運動的美國學者奔克（Gerald E. Bunker）曾與高宗武多次訪談，論定高直通蔣介石，「絕非汪之代理人」（Kao in no sense acting as Wang's agent）。[34] 高宗武早於1938年2月就奉命在香港設立以「日本問題研究所」為名的情報機關，暗中與日方聯繫。3月27日，曾與亞洲司日本科科長董道甯在港和日人西義顯等會晤後飛往漢口，於4月3日提出報告，並於5日晨「晉謁委座」。高於4月14日自漢飛港，「負有秘密使命也」。[35] 據西義顯的《悲劇的證人——中日和平運動秘史》書中所說，蔣介石要高氏轉達：「東北與內蒙問題，可留待他日再談，唯河北省應即交還中國，長城以南中國領土與主權之完整，日方應予以尊重。上項條件獲日方之諒解，則先行停戰，再行談商細節。」高宗武於5月30日，又自香港回漢口，當時已任宣傳部代部長的周佛

---

33 參閱黃美真、張雲編，《汪精衛集團投敵》（上海：上海人民出版社，1987），頁212-273相關資料。

34 見Jerald E. Bunker, *the Peace Conspiracy:Wang Ching-wei and the China War, 1937-1941*（Cambridge, Mass.: Harvard University Press, 1972）, pp. 75, 80。

35 周佛海，《周佛海日記》（北京：中國文聯出版社，1998），上冊，頁78、83。

海，把他送往陳布雷處。[36] 高又於6月5日「奉命飛港」。梅思平於6月25日謁見汪精衛後，往見周佛海「談對宗武赴日之推測」。[37] 可見高宗武赴日之前，漢口已知之，汪、梅、周尚須「推測」，更證明高奉的是蔣命，連他們三人都不知詳情。當時在漢口軍令廳工作的張有谷說，侍從室於7月6日命令派機將求和密函，由飛行員湯卜生駕駛前往南京，空投給在訪的日本秩父宮親王，若日軍停止關內軍事行動，東北可以割讓！[38] 可見金雄白從日本人聽說「高宗武奉蔣命謀和」，[39] 是正確的。

高宗武自日本回到香港後，沒有馬上報命，周在7月19日日記上說：「聞宗武返港數日，迄無消息，布兄亦無所聞」，[40] 顯因日方仍「不以蔣介石為對手」之故，使高覺得無以向蔣報命，結果高宗武於7月22日派外交部情報司科長周隆庠，「送其報告呈委座」，沒有諱言「對方堅持要委座下野」，周氏也表示「失望」。[41] 第二天周佛海去蔣介石公館聚餐時，見蔣「打不起精神」。沒過幾天，周就聽說，蔣令「王亮疇（寵惠）托英、美大使，設法由英、美向中日雙方提出停戰，或向中、日雙方提出希望早日結束戰爭」。[42]

36　周佛海，《周佛海日記》，上冊，頁106。

37　周佛海，《周佛海日記》，上冊，頁116。

38　張有谷，〈保衛武漢時期蔣介石的一件通敵罪刑〉，《文史資料選輯》，第8輯，頁141-142。

39　朱子家，《汪政權的開場與收場》，第5冊（香港：春秋出版社，1964），頁7-10。

40　周佛海，《周佛海日記》，上冊，頁126。

41　周佛海，《周佛海日記》，上冊，頁127。

42　周佛海，《周佛海日記》，上冊，頁128-129。

　　日方堅持蔣下臺，蔣日和談就談不起來，蔣於失望之餘，竟不承認派高宗武去和日本人談判的事。後來高宗武被說成「被日軍所利用，成為汪兆銘抬轎子的腳夫」，顯然是蔣介石的一面之詞。[43] 周佛海在7月26日記道：「與隆庠談半小時，囑其明日赴港，轉達一切」。轉達什麼，雖然不知道，很可能是為了可以接受的和平條件，如不與蔣為對手，非要蔣下臺不可，則可由國民黨元老汪精衛出馬。所以高宗武並沒有就此在香港養病，而是繼續在港、滬兩地與日方交涉，尋又有梅思平參與其事，最後才會有近衛的新聲明與三原則。

　　不過經萱野長知與孔祥熙代表賈存德的溝通，日方雖堅持要蔣下野，然而若蔣決心「鏟共親日，媾和仍有辦法」。所謂辦法，即體諒蔣一時不能下野的苦衷，答允只須先做下野表示，「而在和平之後自動實行，當亦無妨」。[44] 宇垣還得到裕仁天皇秘密批准，與孔祥熙在軍艦上晤面的計畫。至此，日方實已修正了「不以國民政府為對手」的主張。馬伯援於9月25日自香港取道河內赴渝與蔣介石、孔祥熙詳商，蔣於是派鄭介民到香港會談。蔣日和談又將一拍即合，奈何日本內部一直有矛盾，陸相與外相意見尤其不合。陸相板垣征四郎認為漢口即下，國府即將投降，無須發表撤兵聲明，並指外相宇垣要與孔祥熙談判為「國賊」，反對和議。宇垣被迫於9月29日辭去外相職務，於是已經準備好的不尋常會談即告流產。[45] 日本軍閥果

43　《蔣總統秘錄》，頁2558。此書日本作者為親蔣派。

44　見小川平吉文書研究會編，《小川平吉關係文書》（一）（東京：美篤書房，1973），頁596。

45　參閱楊天石，《尋求歷史的謎底》，頁608-610；施樂渠，〈蔣介石在抗戰

於10月25日功占武漢，蔣介石發表告全國同胞書，號召「繼續貫徹持久抗戰」，但是蔣仍繼續暗中與萱野等民間人士保持聯繫。日本雖攻下武漢，並不如軍方所想中國會投降。日本政府顯然憂心孤軍深入，久戰不決，又增強了媾和意願，梅思平也有了成績。周佛海在1938年11月26的日記裡所說，頗堪玩味：

> （梅）思平由港來，略談，及偕赴汪公館，報告與宗武赴滬接洽經過，並攜來雙方簽字條件及近衛宣言草稿。[46]

這個草稿就是12月22日近衛政府發表所謂調整中日邦交、「善鄰友好、共同防共、經濟提攜」三原則的聲明。[47] 發表前約一個月，重慶方面已經知道底案。蔣、汪既然都主和，此三原則無疑可以作為和談的基礎。蔣、汪的爭執絕非主戰、主和之爭，蔣之不願附和，顯然因為近衛沒有明確撤銷先前不與他為對手的聲明，而汪則認為應做積極回應。當蔣堅持不肯，汪乃決定脫離重慶，自由表達和平主張，配合近衛三原則的發表，在輿論上造勢，逼蔣走向談判桌。值得注意的是，當日本以蔣辭職為和談條件，張群曾推薦汪精衛出馬，張是蔣的親信，誠如唐德剛所說：薦汪「實際上是蔣的主意」，因「當年對日交涉，不論敵方如何逼迫，蔣都不入前列，身居二線，搞個雙重外交（Double Diplomacy）」。「搞雙重外交，亦可收愛

期間的一件陰謀活動〉，《文史資料選輯》，第1輯，頁65-67。

46　周佛海，《周佛海日記》，頁194。

47　此亦稱近衛第三次對華聲明，全文見《日本外交年表並主要文書》，第2冊，頁407。

國者為弟（介石），誤國者為兄（兆銘）之效，不致因和談而損總裁的民族英雄之形象也」。[48]

　　汪精衛顯然願意為國犧牲名節，遂於1938年12月18日自重慶出走，飛往昆明，翌日再由昆明轉往河內。張群曾於12月21日致電蔣介石，說汪精衛有電給他，「擬對和平及防共問題以去就爭」。翌日，日本首相近衛文麿第三次發表〈調整中日邦交根本方針之聲明〉，提出善鄰友好、共同防共、經濟提攜三原則。且以絕無領土野心，尊重中國主權，不要求軍費賠償為說。龍雲於12月24日自昆明致電蔣介石，說汪精衛有電叫他代轉，內容是：「在渝兩次謁談，如對方所提非亡國條件，宜及時謀和以救危亡而杜共禍，詳容函陳」。蔣介石在26日的紀念周上宣布說：「汪先生請假四個月，出國養病，希望早日回來，共商大計」。到了12月28日，汪精衛有信給蔣介石，認為日方提出三原則後，「我方如聲明，可以之為和平談判之基礎」，進而「結束戰爭，以奠定東亞相安之局」，要求「毅然決定，見之施行」。[49] 但信中提到的12月28日「茲有上中央電」，卻未見收錄。現據1941年3月汪政權宣傳部出版的《和平反共建國文獻：國民政府還都周年紀念冊》所收，引錄如下：

　　　銘謁總裁蔣先生，曾力陳現在中國之困難在如何支持戰局，日本之困難在如何結束戰局，兩者皆有困難，兩者

48　唐德剛，《烽火八年》，頁199、201。
49　汪精衛這封信，收入於1981年9月國民黨黨史會出版的《中華民國重要史料初編：對日抗戰時期》，第6編「傀儡組織」，第3冊。

皆自知之及互知之，故和平非無望。外交方面，期待英美法之協助，蘇聯之不反對，德義之不作難，尤期待日本之覺悟；日本果能覺悟中國之不可屈服，東亞之不可獨霸，則和平終當到來。凡此批瀝，當日在座諸同志，所共聞也。今日方聲明，實不能謂無覺悟。猶憶去歲十二月初南京尚未陷落之際，德大使前赴南京謁蔣先生，所述日方條件，不如此明晝，且較此為苛，蔣先生體念大局，曾毅然許諾，以之為和平談判之基礎；其後日方遷延，南京陷落之後，改提條件，範圍廣漠，遂致因循。今日方既有此覺悟，我方自應答應以聲明，以之為和平談判之基礎，而努力折衝，使具體方案得到相當解決，則結束戰事以奠定東亞相安之局，成為不可再失之良機矣。英美法之助力，今以見其端倪，為此等助力僅能用於調停，俾我比較有利，絕不能用於解決戰爭，俾我得因參戰而獲得全勝，此為盡人所能知，無待贅言。蘇聯不能脫離英美法而單獨行動，德義見我肯從事和平談判，必欣然協助，國際情勢，大致可見。至於國內，除共產黨唯恐中國不亡、唯恐國民政府不倒、唯恐中國國民黨不滅之少數人外，想當無不同情者。銘經過沈思熟慮之後，始敢向中央為此提議；除已另函蔣先生陳述意見外，僅再批瀝以陳。伏望諸同志見其愚誠，俯賜贊同，甚幸，甚幸。專此，靜候公祺。[50]

汪精衛此電把陶德曼調停經過說得很明白，調停之所以失

50　《和平反共建國文獻：國民政府還都周年紀念冊》，李敖藏，頁3-4。

敗，因日方改變1937年11月份可以接受之條件，現在日本既已
「覺悟」，回到原來可被蔣介石接受的立場，甚至更加明確，
豈有相拒之理？到了第二天（12月29日），汪精衛即發出著名
的「豔電」（「豔」是29日電報代日的簡寫），[51] 敦促重慶接
受調整中日邦交三原則，作為和談的基礎。汪氏這三個檔，均
收入其《和平反共建國文獻》之中，基本重點只有一個，就是
如能以合乎正義之和平而結束戰爭，則不妨結束。汪精衛強
調：與日本和談，並不是他個人的私見，他說南京尚未陷落
前，德國駐華大使陶德曼從事調停，當時日本開的價碼比現在
還苛，但是「蔣先生體念大局，曾毅然許諾」。如今一年仗打
下來中國已由武漢撤守退往四川，處境更差，但日本開的價碼
反倒比去年寬了些；既然這樣，為什麼不能重啟談和？抗戰的
目的既然在保國家的生存與獨立，如果能以和平得之，為什麼
一定要戰？所以汪之初衷原是要勸蔣謀和，並不是要倒蔣謀
和。

　　汪精衛能夠從重慶出走，雖說汪氏之副總裁身分特殊，
無人敢擋駕，但出走的不只汪一人，陸陸續續，難道蔣介石的
特務皆視而不見？再說出走有目的，難道戴笠連一點情報都沒
有？其中必有文章。據馮玉祥的回憶，當時就有人說這是「蔣
介石汪精衛唱雙簧」，馮玉祥舉出最明顯的理由是：

　　　　那時重慶交通完全由軍統局戴笠管制，人民出境買飛機
　　票都要先登記，經過審查、核准，高級官吏更要先經蔣介

51　電文載《新聞報》，1939年1月1日。

石個人批准，汪精衛帶著曾仲鳴、林柏生以及許多人乘坐專機飛昆明，事先既沒有政府與黨部給他們什麼任務，戴笠豈有不先報告蔣的道理？說汪精衛是潛逃出重慶，斷不可能。汪到了昆明，龍雲還有電報來報告蔣，如蔣要阻止他，是絕對做得到的。[52]

馮玉祥的這段話，另有文件可作旁證。有一通1938年12月19日〈龍雲以汪兆銘經滇飛往河內呈蔣委員長之效電〉，內容是：

　　重慶，委員長蔣鈞鑒：僭密。汪副總裁於昨日到滇，本日深感不適，午後二時半已經離滇飛航河內。昨夜及臨行時兩次電詳呈。職龍雲。笑秘印。[53]

此秘密電文中，最可注意的是，汪精衛到雲南的當晚，龍雲就電呈了蔣介石；在汪精衛次日臨行時，又再度電呈了蔣介石。如馮玉祥所說，「如蔣要阻止他，是絕對做得到的」。關於這一疑案，參與汪政權的金雄白也有說法：

　　當年盛傳的蔣汪雙簧，是應該有其可能的，連日本人也感覺到了這一點，他們曾公然對我說過：「你們中國人

52　語見馮玉祥口述，李德全筆錄，《我所認識的蔣介石》（台北：捷幼出版社，2007），第35章。

53　國民黨黨史會，《中華民國重要史料初編：對日抗戰時期》，第6編「傀儡組織」，第3冊，頁46。

是夠聰明的，向是在賭臺上賭大小，重慶押大，而南京押小，殊途同歸，開出來總有一面是會被押中，而押中的也一定是你們中國人中之一面」。因為如果汪氏的出走，事前不得重慶方面的默許，他不能離開重慶，他不能離開重慶，自更不能離開國境一步。[54]

此外還有一個旁證，汪氏在離渝前曾對陳公博說過：「我在重慶主和，人家必誤會以為是政府的主張，這是於政府不利的。我若離開重慶，則是我個人的主張，如交涉友好的條件，然後政府才接受」。[55] 據此而觀，最後兩語的意義太明顯了。是由汪氏出面去與日本交涉，條件不好，由汪氏獨任其咎；有好條件，政府才出面接受，這不是也可說是一齣雙簧嗎？

戰後褚民誼在蘇州監獄中曾說：「早有人處心積慮，想把一隻臭馬桶套在汪先生頭上。這次是千載一時的機會，既經動了手，就絕不會輕易放過了」。那豈不是說，本來約定是做假戲；但一出場，就假戲真做了。這說法的真實性究竟如何？又安得起汪氏於地下而問之！[56]

54　金雄白，《汪政權的開場與收場》（台北：李敖出版社，1988），第3冊，頁898。此書初版以朱子家署名，《汪政權的開場與收場》（香港：春秋出版社，1964），第5冊。頁33-34。金雄白之生平，參閱蔡登山，《叛國者與親日文人》（台北：獨立作家，2015），頁152-167。蔡氏認為金雖有主見，不失為第一手史料，頁164。

55　參閱陳公博，《寒風集：陳公博回憶錄》（台北：秀威資訊出版社，2014），其中〈八年來的回憶〉，述及汪精衛的心境與和平運動的大概。

56　朱子家，《汪政權的開場與收場》，第5冊，頁34。金雄白，《汪政權的開場與收場》，頁898。

　　然而褚民誼的說法有高度可能性，如殷汝耕在1935年成立冀東政府，抗戰勝利後被捕，他在獄中終日念佛，了無嗔意，被提出槍斃時還從容得很。檢察官問他有沒有遺言要留，他說：「我很奇怪，當初不是要我組織冀東政府的，為什麼今天要槍斃我」？類似殷汝耕的疑案，在繆斌、王克敏等人身上，也都發生過。

　　汪精衛到河內主要目的就是發表和平主張，採納與否，權在中央。故發表豔電之後，即準備赴法休養。然而當蔣派谷正鼎送來護照與旅費後不久，卻在1939年3月21日發生河內刺汪案，結果誤中副軍，殺死了汪氏秘書曾仲鳴，另有五人受傷。河內法院抓了幾個人，以一般兇殺案草率處理了事。汪氏本人認為，肯定是重慶派人幹的，故在《曾仲鳴先生行狀》中說：「法文各報皆以大字標明藍衣社所為，且敘兇手供稱，謀殺目的實在兆銘」。[57] 但一時沒有確切的證據。哪知兇手們到台灣之後，忽覺自己是鋤奸的英雄，一一亮相，如陳恭澍等公然寫回憶，無異招認，甚至實際開槍的王魯翹也當上了台北警察局長，侃侃而談，與金雄白所述相同，不久遭離奇車禍死亡。河內刺汪案終於大白於世，原來是特務頭子戴笠奉蔣介石之命幹的，戴笠還親自於2月底3月初親往河內布置。谷正鼎兩度訪汪，很可能與戴配合，以觀形察勢，做好謀殺的準備工作。也

57　《曾仲鳴先生殉國周年紀念冊》，卷首。曾有法文本《和平中國》（*La Chine Pacifique*）一書，妻子方君璧，方聲和之妹，重傷未死，半輩守寡，終生作畫，自成名家，念及曾仲鳴嘗說：「我們的血流在一起，我的一半與你同死，一半的你在我身心之中」。筆者曾在美國波士頓與方女士有一面敘談之緣。

可能是單線，故連陳立夫於事前也不知情。當時汪精衛尚未當漢奸，只是表達和平政見，即予暗殺，蔣難辭政治謀殺之罪。

汪精衛於1940年11月27日因另組國府，致蔣介石感電有謂：「兆銘痛感豔電以來，荏苒歲月，國命益殆，民病益深，故不及待執事之贊成，亦不及顧執事之反對」。[58] 於此可見，汪出走前與蔣似無默契，很可能是蔣眼開眼閉任讓汪等出走，特務固不敢攔汪，自是聽命行事。蔣不攔汪，必須從蔣本人有意求和來理解。他把汪當試驗氣球，放出去瞧瞧。然而蔣又為何要謀殺汪精衛呢？應有兩種可能性，其一是蔣氏兔死狗烹哲學，讓汪發表和平主張之後，由他後續完成，免得日本人與汪做對手，不與他談判。其二，如果不除去汪，一旦和議成功，汪氏勢必代之。更何況汪途經雲南時與龍雲相處甚篤，如果龍雲回應，將更增加汪之聲勢。故明知汪有赴法打算，仍怕夜長夢多，為以後蔣日和談製造麻煩，於是不惜派特務殺之。

可是誤中副車之後，反而弄巧成拙。曾仲鳴之死，刺激了汪精衛，更增其和運之決心。汪遂於3月27日發表〈舉一個例〉，公布1937年12月6日的國民黨秘密會議記錄，即〈國防最高會議第五十四次常務委員會議記錄〉，證明政府確有主和之意，國民黨大員皆有之，蔣介石尤其主其事。文中並提出三個疑問：

　　第一、德大使當時所說，與近衛內閣去年十二月二十二日聲明相比較，德大使所說，可以為和平談判之基礎，何

58　《和平反共建國文獻》，頁143。

以近衛聲明不可以為談判之基礎？第二、當德大使奔走調停時，南京尚未陷落，已經認為和平談判可以進行，何以當近衛聲明時，南京、濟南、徐州、開封、安慶、九江、廣州、武漢，均已相繼陷落，長沙則尚未陷落，而自己先以燒個精光，和平談判，反不可以進行？第三、當德大使奔走調停時，國防最高會議諸人，無論在南京或在武漢，主張均已相同；何以當近衛聲明時，又會主張不同，甚至必將主張不同的人，加以誣衊；誣衊不足，還要奪其生命，使之不能為國家努力？[59]

他質問的要點是當年可以接受談和的條件，為何每下愈況的當下反而不能談？更要以暗殺阻談？不僅此也，激動的汪精衛觸發了他的烈士性格，為死友、為主張，乾脆一不做二不休，不考慮去法國了，也不理蔣介石高不高興，逕自去與日本人談。同時日方於河內刺汪案發生後，派影佐禎昭前往營救。[60]此一心情可見之於1939年6月在零丁洋所作的〈舟夜〉詩：

臥聽鐘聲報夜深，海天殘夢渺難尋；
柁樓欹仄風仍惡，鐙塔微茫日半陰；
良友漸隨千劫盡，神州重見百年沉！
淒然不作零丁歎，檢點生平未盡心。[61]

59　見《和平反共建國文獻》，頁8-9。

60　參閱犬養健，《誘降汪精衛秘錄》，任常譯（南京：江蘇古籍出版社，1987），頁115，122。

61　汪精衛，《雙照樓詩詞稿》（台北：漢京文化事業有限公司，2004），頁

　　後來汪精衛於1941年8月10日，在南京出版的《政治月刊》上，發表〈述思〉一文，說明此詩寫作的經過，並作自注，前兩聯詠海行景象，後兩聯藉桓溫登高歎陸沉、文天祥惶恐零丁舊句，以興救國責無旁貸之感，志士報國，雖死責任未了。可作為了死友更要勇往直前之證。

　　值得注意的是，蔣介石謀殺汪精衛未遂之後，公開譴責汪投敵之餘，暗中卻繼續經由萱野轉告新上任的有田八郎外相：他正積極布置準備對付共產黨以及對日和平之意不變。其實，不僅傳言，更起而行之，早於1939年年初已召開國民黨五屆五中全會時，明顯展示反共態度，以配合近衛三原則之二，並設置國防最高委員會。陳誠於2月3日致電在香港的柳雲龍說：

　　　今組織之國防委員會，網羅朝野人員，置於蔣氏一人之下，時機一至，便可運用和平而無阻。[62]

一個月之後，蔣介石親自發電給劉雲龍、杜石山說：

　　　石山兄台鑒：歷次來電，暨萱野翁前日來電，均已誦悉，中日事變，誠為兩國之不幸，萱野翁不辭勞奔，至深感佩，唯和平之基礎，必須建立於平等與互讓原則之上，尤不能忽視盧溝橋事變前後之中國現實狀態。日本方面，究竟有無和平誠意，並其和平基案如何，盼向萱野翁切實

75。
62　見〈杜石山致萱野長知〉，載《小川平吉關係文書》（二），頁608。

詢明，佇候詳覆。蔣中正蒙。[63]

　　此電緊要處，為蔣明顯可以接受「盧溝橋事變前後之現實」，也就是說滿蒙可以放棄，但須尊重中國本部之主權，亦即是陶德曼調停時的第一個日本方案。但蔣怕日本別開新價碼，故要「確實詢明」日方和平的基案。能不說蔣也求和心切嗎？事實上，此時蔣介石已不經手孔祥熙，由自己直接遙控了，宋美齡也於7月16日親自飛到香港與萱野面晤。會談設於香港大酒店350號房間，柳雲龍代表蔣方提出七點：一、平等互讓；二、領土完整、主權獨立；三、恢復盧溝橋事變前狀態；四、日本撤兵；五、共同防共；六、經濟提攜；七、不追究偽新政府、臨時政府人員的責任，[64] 基本上回應近衛三原則。杜石山於會後致電蔣介石：「和平之事，當在汪氏等所欲謀者未成熟之前，始克有濟，否則夜長夢多，多一糾紛即添一障礙，屆時鈞座雖欲當機立斷，恐亦為事實之所不許也。[65] 至此蔣與汪已開始做和平競賽了，接著小川平吉於3月24日赴港，聽取萱野彙報後，並與蔣方進一步商談，小川與萱野提出是否可先討伐共產黨，以實現局部停戰，宋美齡與蔣介石的回答都是正面的，並謂可用「密約辦理」。杜石山告訴小川，蔣「現已布置了大量嫡系軍隊以對付共產黨」，以及「在議和成功之時，望以日本的先鋒隊進行討共」。[66] 蔣又於4月間派馬伯援與小川在

63　日本國會圖書館藏件。
64　參閱楊天石，《尋求歷史的謎底》，頁614。
65　《小川平吉關係文書》（二），頁615。
66　《小川平吉關係文書》（二），頁653。

港聯繫，很可能有進一步的表態，但馬突於4月14逝世。小川於5月6日又與張季鸞會談，更明言日本最關切排共。蔣介石反共意願雖高，但在抗戰期間如果馬上翻臉伐共，自然有所顧忌。然小川等急於要蔣明確表態，甚至要到重慶來談。蔣在相逼之下，終感化暗為明之艱難，想緩一緩，待將和平要求於國防會議提出後再說。小川等人在杜石山等人的一再解釋下，對蔣氏苦心表示諒解。但至1938年11月和談仍無進展，蔣曾請汪主持的參政會，由若干參政員提出宣戰建議案，但非硬性決議案，僅備政府參考。度蔣之意，宣戰非其主動，亦非硬性案，且是秘密提案，其謹慎可知。汪精衛回電，覺得「宣戰案不作硬性決定，不公布，然會外傳說，無從禁止，倘政府不宣戰，彼藉此攻擊，謂政府無抗戰決心，是不啻自作束縛」，[67] 汪之分析說到蔣的心理，遂作罷論，連秘密宣戰都不可行。

　　中國共產黨在1939年6月間，對蔣日和談已有所聞，乃迫蔣履行合作抗日的諾言，廣西方面也表示，如果蔣中途妥協，將單獨抗戰，使蔣更不敢公開表態。此時汪精衛已到東京與平沼首相會談，蔣介石不僅仍然保留香港聯絡點，而且宋美齡再度飛港與柳雲龍等會商，並由杜石山會見小川，要求阻止汪精衛新政府的成立。小川等則想於汪政權成立前，逼蔣介石公開表態，接受和平條件，因而重申蔣日雙方在軍艦會談之前議。[68]

　　蔣於七七抗戰二周年發表文告，重申抗戰到底的國策不

67　蔣汪毛筆原件藏中華民國法務部調查局資料室，影本見陳木杉，《從函電史料觀抗戰時期的蔣汪關係》（台北：三民書局，1995），頁101-102, 112。

68　《小川平吉關係文書》（二），頁640-643。

變，他能不如此重申嗎？但被日方認為缺乏誠意，於是更傾向汪精衛。不過，蔣於7月16日在重慶發表軍事委員會組織與人選，規定蔣有權執行國府組織法第111條規定，即宣戰、議和、締約的權力，為蔣全權議和訂下法律根據。蔣又於8月初經杜石山轉告日方已有分共決心，並派鄭介民、王子惠先後赴日，力阻汪日之間的和平運動。小川也開始積極活動，於8月10日走訪近衛文麿，並連夜進京會晤首相，提出所謂「戰勝國寬大度」的第三方案，由小川攜赴重慶談判，同時要求對方派出孔祥熙一級代表參與預備會議。重慶方面得此報以及汪政府將延期成立之消息後，孔祥熙聲言將犧牲一身，決心在參政會提出和平案。此時德國與蘇聯已締定互不侵犯條約，日蘇亦已有妥協跡象。蔣介石怕被孤立，更加積極求和。但此一世界形勢的發展也使日本軍方更為囂張，對日本政府橫施壓力，被迫於9月13日聲明扶持汪精衛成立中央政府，使蔣、日和談再次觸礁。蔣介石對汪組府「深惡痛絕」，不謂無因。唐縱在1939年10月2日的日記寫道：

> 委員長發表重要談話，對汪逆召開偽代表大會及企圖成立偽中央政權問題，深惡痛絕。委座從未公開斥辱何人，此為第一次，並表示海枯石爛，永不寬赦。[69]

照說汪精衛去做逆，自毀歷史，蔣介石又何必「深惡痛絕」呢？其所以深惡痛絕，顯因汪破壞了蔣日和談之故。汪已

---

69 唐縱，《在蔣介石身邊八年》，頁101。

下海擺明在搞，而蔣一直暗幹，想要下海因考慮太多而又不敢
下海！

　　南京的汪政權於1939年底開場之前，高宗武與陶希聖突然
出走，抵達香港後，於1940年1月21日，在《大公報》上刊登
來函，並公布轟動一時的〈日支新關係調整要綱〉。此為1939
年11月的日本單方面提出的草案，要求十分苛酷，凸顯此一草
案的賣國性質，輿情譁然。在轟動之餘，重慶在宣傳與情報戰
場上大獲全勝，而使南京汪政權大驚失色，窘態百出而莫可奈
何。高、陶的出走成功，已可確定得自杜月笙以及重慶地下工
作人員的協助。陶希聖抵港後於1940年1月19日收到蔣介石親
筆函，令陶「坦率詳陳附逆經過」。黃仁霖於2月17日自港返
渝，陶托黃轉呈回函一件，對蔣給予帶罪圖功的機會，「銘感
於衷」，自稱罪民陶希聖。[70] 然而陶氏此件於2月13日就被日
本情報人員密得，剛崎總領事以第82號極密件發電給東京外務
省有田外務大臣，當晚收達。[71] 從此一密件得知，高武宗「之
參加汪方，早得中樞諒解」，可證高宗武非僅為汪奔走和談，
也一直為蔣效驅馳。高是蔣之人馬，尚有四條旁證：其一，當
時汪派國民黨怕蔣派國民黨謀殺，都不敢住租界，而高宗武獨
住法租界的花園洋房，因為他心裡明白，他是敵人的朋友。其
二，1939年夏天，高武宗隨汪精衛到日本，據亦在隨行之列的
周隆庠說，日本特務頭子影佐禎昭見汪，要把高宗武留在日
本，因覺其形跡可疑，因無確實證據，經汪極力反對而未留

70　見陶希聖親筆原函影本。
71　筆者獲見日文原件影本。

下。影佐是日本情報頭目，顯然已有風聞。高急著叛逃當亦事出有因。然而他私下透露的心聲卻是：「年來奔走救國，結果幾得其反，此次舉動，論私交不能如此作，論公則不能不如此作，感情與理智衝突之痛苦，莫可言宣」。[72] 其三，高宗武到香港後不久赴美，1942年5月28日，陳布雷打了這樣一通電報給駐美大使胡適：「胡大使：咸（27）日由賀主任耀組名義匯上美金4,000元，係委座發高君宗武旅學費，即請轉交高君，並覆為荷。弟陳布雷。勘。」4,000美金在1942年不是一筆小數目，學費其名，獎金其實。然而蔣要留給後人看的日記居然口口聲聲：「高宗武為奸逆、高逆，惟有斷然決絕除惡務盡」。[73] 其四，據高本人的訪談，他自港赴美前，蔣介石曾寫親筆信給他，譽為「浙東強人」，[74] 與蔣要求自稱罪民的陶希聖帶罪圖功，待遇決然不同。高氏晚年居美，雖時過境遷，猶對訪問者欲言又止，既不願說假話，又不願說真話對不起朋友。說真話最對不起者，非蔣莫屬。史家唐德剛與晚年的高宗武有所過從，談了不少，但關鍵問題，高明白說：「歡迎唐德剛來啊，但是他所問的問題，我可不能回答噢」！[75] 所以只知高明為汪投敵探路，不知高暗中為蔣探路。更未料到的是，高氏嫡孫高昕於2019年12月17日，捐贈中央研究院胡適紀念館，胡適致高宗武信件和電報36件，時間包括胡適駐美大使任內，可見兩人

72　《胡適紀念館檔案》，HS-JDHSSC-1605-008，1940年5月5日，高宗武致胡適函。

73　《蔣介石手寫日記》，1939 年 3 月 30 日。

74　見Bunker, *The Peace Conspiracy*, p. 206。

75　語見唐德剛，《烽火八年》，頁107。

公私關係甚深。最令人驚訝的是唯一的一封電報，拍發的時間是8月16日1945年下午6時28分，，正是日本無條件投降後第二天。胡適通過西聯電報公司（WESTERN UNION）發了一通電報給高宗武（時化名高其昌）、沈惟瑜夫妻，電文如下：「IN THESE DAYS OF UNIVERSAL REJOICING I HAVE OFTEN THOUGHT OF YOU AND YOUR COURAGEOUS ENDEAVORS TO SAVE TWO GREAT NATIONS FROM DIE STRUCTION BEST WISHS TO WEIYU AND YOURSELF HU SHIH. TO KAO CHI CHANG WEIYU[76]」

　　王震邦將此電文中譯為：「這幾天舉世狂歡，總是想到你以極大的勇氣，盡其在我地拯救了兩個偉大的國家免於毀滅」。震邦的解釋是：「胡適急於向高宗武傳達他的感受。再就電報內容言，胡適尋求時效的迫切感或還不僅止於爭取當下，而是胡適所感受到的歷史意義，即高宗武扮演的角色，正是胡適眼中挽救中美兩國瀕於危亡的關鍵人物」。胡適此話甚為離奇，美國即使在偷襲珍珠港之後，也未瀕於危亡，戰事的中國雖危亡無日，在美當寓公的高宗武又如何挽救？若謂胡先主和而後棄和運，故以非同小可、非比尋常的讚美與高帽戴在高的頭上，解作「愧對故人」，作為補過與救贖，[77]真不知何過須補、何罪須贖？更無從解釋電報中最關鍵語：高「以極大的勇氣盡其在我地拯救了兩個偉大的國家免於毀滅」。令人迷惑的是：胡適何出此全不靠譜之語？高無論搞和運或出逃，如何能

76　原件藏南港中央研究院胡適紀念館。

77　王震邦，〈從一通電報看胡適與高宗武的關係〉（未刊稿）。

說拯救了兩個偉大的國家免於毀滅」？那兩個偉大的國家顯然是中美，高安能拯救得了？胡適電報上的白紙黑字俱在，但那句無厘頭的話，到底有何隱情，已不能起胡適於地下問之。所可知者，高到晚年仍然欲語還休，最忌諱的話，難道就是他與蔣之間不可告人的秘密？戰後對漢奸無妨儘量潑髒水，那敢對英雄有所玷污！高主要是蔣的人，已是定論。

於此可見，罵汪逆的蔣介石並非一心一意主戰的英雄，他始終在暗地裡主和，以便早日結束抗日戰爭，庶能聯日滅共。日本駐香港武官鈴木卓爾中佐於1939年12月下旬，會見了蔣介石的小舅子宋子良。幾次會談後，日本支那派遣軍總司令部就派今井武夫大佐到香港。今井武夫於1940年2月14日，和宋子良在香港東肥洋行會見。商定在二月底舉行中日兩方正式圓桌會議。今井武夫趕到南京，向西尾總司令報告說，奉命在2月19日飛東京向閑院宮參謀總長和畑俊六陸相說明會談內容。參謀本部立即派謀略課長臼井茂樹大佐到了香港，實地了解情況。蔣方代表於3月2日全體到齊，除宋子良外，還有重慶行營參謀副處長陳超霖、最高國防會議主任秘書章友三、陸軍少將張漢年、張治平等人。三天之後，蔣宋美齡以治牙為名也到達香港。會談於3月8日在東肥洋行二樓開始舉行。會談前，雙方出示證件以明身分。日方由陸軍大臣畑俊六出證明書，中方由最高國防會議秘書長張群出證明書。會談內容主要有關滿洲國問題、日華共同防共問題、汪政權問題、以及日本在華北駐兵問題。其中當然以共同防共的意見最趨一致，其他問題也有商量餘地。宋美齡於五月間再度來港。宋子良還邀今井武夫在香港

海面遊艇密談，強調蔣委員長確實想和，[78] 如和談成功最快可
於7月間對共產黨進行討伐。雙方代表於6月6日經多次磋商後，
一致同意由板垣征四郎、蔣介石、汪精衛三人舉行長沙會談。
雙方於7月22日在香港簽署備忘錄如下：

> 下記日華代表關於進行停戰會談事，係分別遵照板垣總
> 參謀長及蔣委員長意旨，並互相確認各自上司有關進行會
> 談的親筆證件後，約定事情如下：
> 一、時間：八月初
> 二、地點：長沙
> 三、方法：板垣征四郎及蔣介石商談日華停戰問題
> 代表　鈴木卓爾（印）
> 代表　宋士傑（印）
> 昭和十五年七月二十三日

　　這就是日本人所謂的「桐工作（Kiri Kōsaku）」。宋士傑
為宋子良的化名，其實宋子良也由特務頂替。同時蔣介石又於
6月21日致電香港杜石山，邀萱野前來和談，並代致「表示後
悔」之意。萱野原擬8月初赴港，然因板垣正著手於「桐工作」
而受阻。在侍從室工作的唐縱已於8月5日察覺到「日來和平已
在暗中舉行，此事關係重大，外間知者極少。[79] 唐縱並未參與

78　見今井武夫，《今井武夫回憶錄》（北京：中國文史出版社，1987），頁
　　144。
79　唐縱，《在蔣介石身邊八年》，頁145。

其事，他只是從」許多小徵候「觀察而知。唐縱於8月28日被戴
笠告知」，張季鸞昨天回來，今日又飛香港，這是與日秘密交
涉有關，[80] 可謂「桐工作」正在進行中的旁證。

　　「桐工作」可說是蔣日和談的最高潮。談到包括蔣在內三
人會談的地步，實由於戰局對中國不利，當時英法都想與日本
妥協，日軍又已進占宜昌，直接威脅到重慶。蔣於和戰之間自
然動搖到最嚴重的關頭，更何況和後可全力對付共黨，消除心
頭隱患。然而正當「桐工作」積極進行之際，近衛文麿第二次
組閣，蔣介石記得近衛有不與他做對手的聲明，遂於7月31日要
求以某種方式撤銷，他才覺得放心。他也顧慮到汪日之間的條
約，汪政權既已成立，若與汪平起平坐也使他感到為難。其實
汪很願意日本與蔣直接和談，[81] 表示不計個人利害，但是蔣堅
持「有汪無蔣，有汪無和平」的論調，要求汪出國、退隱，甚
至把汪交給蔣處理，十分計較個人利害。日方表示蔣之要求難
以接受。更重要的是中共發動了百團大戰，日本人寫的《太平
洋戰爭史》認為百團大戰「是中日戰爭開始以來最大的一次激
戰，給予日本軍隊以沉重的打擊」，並認為中共抗日力量的展
示，使「蔣介石不敢脫離抗日陣營」，顯然蔣若不抗日，中共
還是會繼續領導抗日。這種說法已被大陸學者證實，他們更進
而指出，百團大戰就是因為獲知「桐工作」而發起的。若然則
中共防止了蔣介石步汪精衛的後塵。蔣介石既然起了猶豫，板
垣雖於8月22日寫來親筆信，深信三人會談「當能確立調整兩

80　唐縱，《在蔣介石身邊八年》，頁151。

81　Bunker, *The Peace Conspiracy*, pp. 155-156.

國邦交之基礎」向蔣打氣，但蔣終於不敢接受，於9月中旬由
宋子良轉達，推說重慶意見不一，「目前不應馬上舉行長沙會
談」。所謂「桐工作」遂於9月19日以失敗告終。雖如此，蔣
介石仍未因此放棄和談。他於同年的11月1日又托杜石山致電萱
野，有謂：

> 蔣公既以石山等與先生有所約，中日和平路線絕對已有
> 維持，故拒絕紅軍進攻平津以斷日軍接濟，不准小張復出
> 而重東北糾紛。[82]

從這一密電才知，蔣介石不放小張（張學良），原來還
有日本因素。蔣介石又於1940年11月16日向頭山滿與萱野長知
致意，說是宋子良擅自與板垣代表晤談、接受條件，並說宋子
良「懼而避之美國」云云，顯然要在國民黨的日本朋友面前推
卸責任，[83] 其實連宋子良都是冒充的。今井武夫到1945年才弄
清楚，與板垣代表談判的宋子良，根本就是戴笠手下特務曾廣
（王新衡）頂替的，[84] 再據參與「桐工作」的香港大學教授張
治平於1953年訪日時告訴今井武夫說，當年會談的幕後的大老
闆確是蔣介石，而是由戴笠秘密執行。[85]

蔣介石雖然一再解釋、殷勤示意，日本政府仍然於1940
年11月30日正式承認了汪政權。汪政權雖然建立，但汪之和平

82　《小川平吉關係文書》（二），頁696。

83　蔣原函可見之於楊天石，《民國掌故》，頁329。

84　見今井武夫，《今井武夫回憶錄》，頁416-417、162。

85　見今井武夫，《今井武夫回憶錄》，頁163。

運動因高陶叛逃，揭發草案，受到致命打擊。所以蔣介石依然沒有死心，當萱野於1941年5月到澳門，蔣又派柳雲龍前往徵詢和平意見。萱野建議委托頭山滿，蔣即贈相片示意。頭山滿卻不領情，認為蔣不識抬舉，對願提攜他的日本「反戈」，罵蔣「終竟是傻瓜」！自此蔣與這些日本「民間人士」再也無法從事有意義的談判。上面這些秘密接觸，皆從日本戰敗後公布或洩漏出來的檔案所證實。蔣介石一直宣傳絕不中途妥協、宣傳抗日到底，甚至在日記裡說：日本向他求和，他嚴詞拒絕云云，對這些秘密接觸當然是要守口如瓶，無非要掩藏通敵叛國的暗盤。讀史者不明究裡，以日記為據，證明蔣阻止或拒絕和談，豈不正中蔣之下懷。高明如史家唐德剛也為蔣所矇蔽，認為蔣是抗日的「硬漢子」、「民族英雄」。[86] 英雄與漢奸的距離似乎十分遙遠，有時候卻近在咫尺。汪精衛早年不惜性命，成為英雄，晚年不惜名譽，成為漢奸，以其烈士性格，固置生死榮辱於度外，任由後人評說。[87]

　　蔣介石暗通日本，並不難理解，對他最大的誘因莫過於可以聯日滅共，經過多次密談，只因日本政府受到軍方的干擾，蠻橫無理，出爾反爾，遲不撤兵，使對華政策難以貫徹，而蔣

86　語見唐德剛，《烽火八年》，頁117、146。

87　數十年來汪精衛成為秦檜、張邦昌之類人物，斥為漢奸，固然事出有因。然而經過長時間的沉澱，漸有較為同情之理解，如許育銘：〈汪兆銘革命生涯的崛起〉，《東華人文學報》，第三期（2002年7月），頁323-346。更多不以其人而廢其極有才華的舊詩詞，引得陳寅恪、錢鍾書、葉嘉瑩、余英時等名家的賞識。《雙照樓詩詞稿》當可不朽。汪氏女婿何孟恆編輯《汪精衛與現代中國》套書六冊，（台北：時報出版公司，2019）。將是研究汪精衛較為最完整的資料。

之一方則感到難以「化暗為明」，遲遲難決而延誤時機，再加上共產黨一直在揭他的底，以及半途殺出一個程咬金汪政權，更加攪了局，卻讓蔣介石最後「八年一覺渝州夢，贏得人間抗戰名」！

最有趣的是：照龔德柏《汪兆銘降敵賣國密史》的說法，汪精衛生前死後的一大罪狀，乃在於他「妨礙中日講和」！龔德柏是拼命醜詆汪精衛的報人，但弄巧成拙，豈不正好反證了蔣介石也在跟日本講和嗎？是以「蔣汪雙簧」的謎底是「兩人並無默契，各自搞一暗一明的和平運動，只因陰錯陽差，兩人的努力不僅不能合作，反而互相抵消。和平運動因挫折而遷延時日，讓蔣介石熬到日本偷襲珍珠港引爆太平洋戰爭，隨美國之後對日正式宣戰，之前所以不宣戰者，顯然留有餘地，最後贏得始料未及的勝利。

汪日和談是公開的，連日方草案都被曝光，抗戰勝利後無所遁形，落實為漢奸無話可說。蔣日和談則是絕密的，戰後日方公布資料，「桐工作」等秘密始大白於世。戰後日人參與和談者大暴內情，巨細靡遺以示日本並非一戰到底，也一直在尋求和平，故無所保留，但利害相關之處，仍難免曲筆，例如今井武夫在回憶錄中提到汪精衛對日本方面的希望，包括「徹底轟炸重慶」，[88] 顯欲將爛炸重慶之罪嫁禍汪精衛。日本後來狂炸陪都重慶，平民百姓死傷慘重，必然是日本軍方的策劃，豈容一介書生汪精衛來建議？汪自願當漢奸也不至於如此喪心病狂。事實上，日本對重慶進行疲勞轟炸六個月，出動戰機高達

88　今井武夫，《今井武夫回憶錄》，頁304。

110到160架次,由於宜昌淪陷,日軍利用宜昌機場就近轟炸,對中國陪都施壓,威之以力,仍無法動搖中國人民的抗戰意志。[89] 回憶錄之不可盡信於此可見;然史家唐德剛雖曾在華府面詢高宗武此事,高氏雖力辯絕無此事,但唐氏仍然信之。[90] 看來向漢奸頭上潑糞者尚有日本鬼子。

日人於戰後大談和談往事,蔣方於戰時就隱秘和談,於戰後對談和更加顧忌,特為敏感,益加隱秘。同時嚴懲漢奸,以示忠奸不兩立。惟凡走過必留下痕跡,無可掩蓋的事實是確有「桐工作」,而桐工作非日方單方面要和。時間在1939年與1940年之際,當時日軍氣焰仍盛,可見之於和談條件之嚴苛,豈是求和的態度?所謂日方求和因「日軍攻占武漢廣州中國廣大地區以後,兵力枯竭,財政困難,已達勢窮力蹙境地」,[91] 完全昧於戰況,讀史者豈能因蔣在日記裡說日方求和,就說日本求和。試想若日本軍力已「枯竭」,日軍何能不到一年還能夠發動太平洋戰爭?占領包括中南半島及南洋更廣大地區。如果「枯竭」,為何蔣方在嚴苛條件下仍然要談?事實是當時戰況對中國極為不利,孤立奮戰前途暗淡,所以才願意接受日方所提八項「覺書」為基礎的和談。其中最關緊要的如承認滿洲國與放棄抗日容共政策,不僅可以考慮,而且傾向接受。其回應日方條件之委曲求全之態,已昭然若揭。

蔣日和談幸而在太平洋戰爭之前沒有談成,沒有淪為失

---

89 參閱黃自進,《蔣介石與日本》,頁275。

90 唐德剛,《烽火八年》,頁231-232。

91 楊天石,〈「桐工作」辨析〉,《蔣介石真相之二:奮起:抗戰及戰後》,頁326。

敗的漢奸，反而成為勝利的英雄。沒有談成的一大障礙竟然是
汪政權的存廢，蔣堅持「有蔣無汪」，而日方希望「蔣汪合
作」。今井武夫注意到，「一向抱著與日本方面進行和平談判
野心的孔祥熙、蕭振瀛等，深恐收拾時局的鑰匙掌握在汪等的
手中，表現出異常焦慮的神色，極力通過廣播宣傳汪的作用不
大」。[92] 豈非有點爭寵的意味？既未談成，情異境遷之後，刻
意掩飾，自在情理之中。讀史者若不能揭示掩飾，殊不宜曲為
之說，把蔣日和談「去蔣化」，認為蔣介石為談判的「委任狀
與備忘錄，都是偽件」，因蔣秘密談判要求「不立文字、不落
痕跡」。[93] 除非否認談判，如有談判，若無委任狀，如何開始
談判？所謂不立文字，文字發出用過之後，收回銷毀，達到不
落痕跡之目的。蔣有委任狀，當然不會留下痕跡，但日方有
之，所以知之。若謂委任狀是偽件，即非蔣之授意，然又出自
何人之意？若謂軍統特務假借蔣之名義，[94] 殊不可思議，按特
務乃主子的鷹犬，聽命辦事，鷹犬豈敢、豈有自作主張之事？
孔祥熙也不可能自作主張與日和談，更何況孔與蔣公私關係均
非一般。再說兩國之間的和戰，何等大事？國家領導人豈有蒙
在鼓裡之理？當然蔣介石可以在日記裡，「專立文字」，以隱
其跡，難道他會在日記裡忠實留下為後世罵名的痕跡？他的日
記故作義正之嚴詞，留將後人而已。若謂：「汪奸派張治平偽
造我中央函件與偽狀，以欺敵人，敵人信之」，[95] 香港大學教

92　今井武夫，《今井武夫回憶錄》，頁302。

93　楊天石，〈「桐工作」辨析〉，頁318-319。

94　楊天石，〈「桐工作」辨析〉，頁322。

95　見《蔣介石手寫日記》，1940年9月15日。

授張治平明明是代表蔣方之人，卻公然嫁禍於「汪奸」，顯然是欺騙世人之謊言。蔣在日記裡說，日本向他求和八個月沒有效果，他沒有授權和談，他的委狀是別人偽造，讀史者若依樣畫符，視日記如聖經，豈非可容青史成灰乎？

蔣介石原本不想抗日，所以明確提出不抵抗政策，一則，內部敵人未除；二則，對日軍力差距過大。然而日本步步進逼，國內譁然，激成東北軍兵諫，迫蔣抗日。抗戰軍事既興，我方以劣勢孤軍奮戰，極其慘烈；淞滬一戰，死傷枕藉，精銳盡失；南京屠城，慘絕人寰；長沙大火，自亂陣腳；黃河決口，生靈塗炭。國內敵騎縱橫，國外援助遲緩，憂國之士豈能無動於衷？和運既出！汪精衛最為積極，不惜一生令名，投身和平運動，主張在可接受的條件下，寧可瓦全。當時可接受的條件，即放棄滿蒙以換取日本撤兵，也是蔣介石一再要求的「恢復七七事變以前狀態」。故當日相近衛發表三原則，汪即回應，成為最受矚目的主和人物。

蔣介石在檯面上領導抗日，私底下不可能不知前途堪慮，暗中尋求和平，並不意外。蔣介石的通日管道於抗戰八年之中始終未斷，連燕京大學校長司徒雷登亦曾於1939、1940、1941年替蔣向華北日軍提過只要以長城以南主權的和平條件。[96] 直到1941年年底日本偷襲珍珠港，美國對日宣戰，中國得到有力盟邦之助，形勢突變，蔣才跟著美國正式對日宣戰。即使加入盟邦，勝算在望，蔣仍不惜冒有違不與日單獨言和的承諾，並

96　見Shaw Yu-ming, *An American Missionary in China*（Cambidge, Mass.: Harvard East Asian Monograph,1992）, p. 125。

未完全切斷東京的管道。何以知之？金雄白在獄中親見繆斌之命運，可資說明。繆初來時帶者裝滿文件的皮包，因繆在勝利前夕，曾攜當局某人親筆函件前往東京，斡旋全面和平；得到國賓的待遇，惟當盟軍在日檔發現繆斌攜去之文件，質問重慶有違開羅會議的決定。結果奉命行事信心滿滿的繆斌，是第一個被執行槍決者。[97] 蔣當局顯然怕與日本暗通款曲諸事東窗事發，迅速殺人滅證。總之，蔣介石一方面清除戰時暗通日本的痕跡，另一方面大舉懲治汪政權人員，用儲民誼的話說，硬要把臭馬桶倒在汪精衛的頭上。不僅僅臭馬桶，連汪精衛的新墓也被炸毀，屍骨無存。追隨汪精衛的漢奸們非殺即押，清理得乾乾淨淨，但是蔣介石暗中議和的痕跡，青史無情，雖欲蓋而彌彰。近人論史，仍用「抗戰到底」一詞來表達蔣介石領導對抗日戰的基本方針，足以涵蓋一切，[98] 不知如何涵蓋得了。

　　不可忽視的是，即使在戰後，蔣與日本人仍然暗通款曲。岡村寧次是當年發起九一八事變的日本少壯軍人，岡村於事變後大有戰功，從關東軍副參謀長而參謀本部第二部長、仙台師團師團長、華北陸軍最高指揮官，最後當上日本侵略中國的派遣軍總司令。他在主導侵華期間，積極作戰，並提出「治安強化運動」；珍珠港事變後，他提出「完成大東亞戰爭兵站基地」的號召，將中國作為侵略世界的基地，宣示要進兵四川，

97　詳閱朱子家，《汪政權的開場與收場》，第5冊，頁149-154。金雄白，《汪政權的開場與收場》，中冊，頁566-572。

98　見蔣永敬，〈蔣中正先生領導對日抗戰的基本方針──抗戰到底〉，載《蔣中正先生與現代中國學術討論集》，（台北：蔣中正先生與現代中國學術討論會編輯委員會，1986），第2冊，頁499。

最後於1944年發動「一號作戰」，乃抗戰八年中最慘烈的戰鬥
之一，欲使中國政府迅速屈服。岡村寧次無疑是頭號戰犯，雙
手沾滿中國人的鮮血，但蔣介石的法庭居然於1949年1月26日
判他無罪！[99] 然而於1949年1月26日的東京審判，把前任派遣
軍總司令畑俊六判處無期徒刑，國際法庭判處前任派遣軍無期
徒刑，而蔣家法院居然判繼任派遣軍總司令完全無罪，可見蔣
家軍法官如何罔顧歷史、為日本軍閥開脫。何以至此？因岡村
配合蔣對付共產黨，也正是蔣日和談時最有共識的一條。蔣於
1945年8月15日就致電岡村寧次，其中要求日軍向他指定的人投
降繳械。蔣不要共軍受降的意圖已十分明朗，而岡村完全懂得
蔣的意思。八月下旬天津日軍果然拒向共軍投降，發生劇烈戰
鬥，何應欽奉蔣命要求岡村堅決反擊。當冷欣奉蔣之命到南京
去接洽受降時，岡村寧次更露骨地建議，願以一百二十萬在華
日軍幫助蔣介石打共產黨。據白崇禧透露，岡村的建議深獲蔣
心，特予嘉許，只因怕美國人反對以及顧慮國內民情可能的反
彈，未敢採納。蔣家法院准岡村以「勞績」贖罪，而免以戰犯
起訴。既然有罪可贖，卻在判決書裡看不到有罪的痕跡。至於
「准予以其勞績贖罪」，所謂勞績，無非岡村投蔣所好，視為
反共盟友。然而周佛海裡通戴笠，勞績確鑿，雖免一死，仍然
有罪，判無期徒刑，瘐死獄中。蔣介石制裁漢奸，槍斃不少，
坐牢的更多，而對暴日軍頭除寥寥數人外，其餘都輕輕放過。
不僅如此，蔣介石對日盡情「以德報怨」，盡速遣返大批日

---

99 判決全文見〈國防部審判戰犯軍事法庭判決——民國37年度戰審字第28
號〉。

僑。當中國人沒車、沒船回家的時候，日本人有車有船可坐回
國；當日本人有東西吃而中國人「大米不能運往接濟」；蔣把
自己人民的苦難，順水人情送給日本人，事實斑斑。蔣介石在
日記裡罵「倭寇」，而在行動上無比親日，發人深思。

　　蔣敗退到台灣後仍不忘岡村，請他來當特技軍事教官，蔣
屬下的高幹向他行禮，尊之為師。這個侵華元兇不知殺害多少
中國軍民，竟然貴為蔣介石座上貴賓！中國人民，情何以堪？
岡村寧次一案昭示我們：蔣介石對日本侵略者有離奇的寬肚大
量，而對自己同胞中的異己則絕不放過；對非我族類的日本
人，看來卻像同志，熱絡異常。當時司法行政部長謝冠生曾向
參政會報告說：戰犯處理方面，「計經審查認為罪行成立者，
共計2,879案，被害民眾可考者19,946人」。[100] 據審判長石美
瑜的回憶：「全國各法庭統計共受理戰犯二三八八名，除南京
大屠殺案罪魁谷壽夫、蹂躪港粵之酒井隆等主要戰犯，經判處
死刑，以昭炯戒外，其餘二千餘名，悉以罪嫌不足，經宣告無
罪或不起訴，遣回日本」。[101] 石所說的「罪嫌不足」的二千
餘名，自然就是謝冠生報告中「罪行成立」的二千餘名，顯然
最後還是被蔣介石給放了。何應欽也對日本人說：「對於戰犯
以其為非作歹，在貴我兩國之間，闖下滔天大禍，處置雖較嚴
峻，但一至中共進迫京畿、上海危急之際，本人即設法徵得盟
總同意，將當時羈留上海的貴國重要戰犯二百五十餘名，遣送
返日，交由盟總送巢鴨監獄執行，其中一部分服役成績良好，

100　載桂林《中央日報》，1946年3月26日。
101　詳閱汪榮祖、李敖，《蔣介石評傳》，頁573-590。

且先後予以假釋」。[102] 可見蔣政府所處分之日本戰犯，只是
谷壽夫、酒井隆、田中久一（華南最高指揮官）、向井敏明、
野田毅、田中軍吉（南京大屠殺中以殺人比賽出名的三個日本
人）而已，最後的二百五十餘名，全給放了。何炳棣教授在其
《中國人口研究》一書中，估計抗戰八年，死亡一千五百萬到
二千萬中國人，[103] 絕對是言而有據。蔣介石開釋諸多日本戰犯
無罪，放棄對日索賠，兩千萬冤魂難安，蔣有愧於吾國吾民，
孰云不宜？

汪精衛頭像

汪精衛詩作

102　語見何應欽，〈中日合作與遠東之集團安全保障〉演說（李敖藏件）。

103　見 Ping-ti Ho, *Studies on the Population of China*（Cambridge, Mass.: Harvard University Press, 1959），p. 252。

第十一章

蔣介石與美國的愛恨關係

　　許多人對蔣介石與美國關係的看法，往往想當然耳，以至於不免簡化。蔣並不是靠親美起家，而是靠蘇俄起家。如果沒有蘇俄在中國，北伐根本無從開始。北伐以後，蔣宋聯姻之後，蔣美關係仍不甚熱絡，與德國的關係倒是更為密切，來了大批德籍軍事顧問。太平洋戰爭爆發以後，表面上看，美蔣關係進入蜜月期；事實上，酸甜苦辣都有，不僅僅是甜甜蜜蜜。

　　對美國而言，日本侵占東北後，視滿洲為禁臠，不僅有違其一貫的門戶開放政策，以及1920年華盛頓會議的精神，而且公然踐踏1928年的〈非戰公約〉，違反不以武力解決外交問題的承諾。美國為了本國的利益與世界和平，理應對日嚴厲制裁，然而由於歐戰後美國孤立主義彌漫，對華商業利益無足輕重，以及殖民地菲律賓孤懸遠東，不願亦不敢激怒日本，僅採溫和的「不承認政策」。盧溝橋事變後，中日爆發全面戰爭，美國《時代雜誌》雖以蔣氏夫婦為該年的風雲人物，但華盛頓仍不願制裁日本，對中國之被日本侵略，僅表同情，除口頭強調門戶開放以及中國領土完整諸原則外，別無作為。此即美國外交史學者所習稱的「參與而不受約束」（participation without commitment）的政策。換言之，美國不會在遠東縮手，但亦不會因受約束而被捲入戰爭。蔣介石於淞滬之戰前後，渴望華盛頓據〈九國公約〉制止日本，終於大失所望。

　　蔣失望之餘，仍希望英美有所作為，至少能夠援華或調停。胡適等學者於1937年秋奉命赴歐美進行國民外交，即因此故。國民政府於1938年9月17日正式任命胡適為駐美利堅合眾國全權大使，胡於10月6日赴華府上任，十天後蔣介石致羅斯福總統長電，表示「中國人民深信唯有美國政府可以為獲取公正和平之領導者，如美國有意發起邀集有關國家舉行謀致遠東永久和平之會議——如華盛頓會議之先例，此正其時」。[1] 兩天後白宮就回電婉謝，謂「調解時機未到」。[2] 經濟部長翁文灝又於9月21日，寫信給胡適大使說：中國的出路「似莫如由美國強力施壓日本、聯絡英法、召開會議、共圖解決，國命存亡，關係至巨」，希望胡大使與美國要人面商具體辦法，以達救國目的。[3] 翁於11月8日的晚上，又來電報說：「國內有一部分人鑒於實力難久持，願乘此媾和」。[4] 於此可見，胡適出任大使的要務，除了借款之外，就是希望美國政府干預調停，能與日本媾和。

　　胡適原是鴿派，曾唱不抵抗的低調，但此時他已堅信和

1　電文見吳相湘，《民國百人傳》（台北：傳記文學出版社，1971），第1冊，頁178。
2　見《胡適的日記》，手稿本，第13冊。
3　見耿雲志、宋廣波編，《胡適來往書信選》（北京：中華書局，1979），中冊，頁383-384。
4　見《胡適的日記》，手稿本，第13冊。

比戰難，主張苦撐待變，顯然與蔣政府的訓令有異。胡氏為了
表達自己的意思，不聽使館游、崔二君的勸阻，給翁文灝回了
一通私電，有云：「六年之中，時時可和，但事至今日已不能
和。六年中，主戰是誤國，不肯負責主和是誤國，但今日屈服
更是誤國」。[5] 胡氏的不聽話與自作主張，很快便有了反應，
美國報紙約在1939年7月中旬報導來自重慶的消息，說是嚴惠慶
將取代胡適為駐美大使。[6] 這是一種警告，並未真正執行。同年
10月，胡適與美國國務院官員談及中日和解的可能性之後，花
了40天的功夫寫了一份英文說帖，說是日本若能接受〈九國公
約〉的規定和解，中國當然歡迎之至；但事實上並不可能，強
調和議的種種困難，也就是他所說的「和比戰難」。胡適發出
此一說帖後，自謂：「政府若知道我這四十多日的苦心，必定
要大責怪我」，不過他說：「我不避這種責任」。[7] 當蔡元培
於1940年死後，又傳出胡適將調任中央研究院院長的消息，但
胡適「為國事計，實不想在此時拋了駐美的使事」，乃明言不
做大使也不就中央研究院院長。結果重慶官方於7月23正式否認
召回胡適大使之說；不過蔣介石派來宋子文，用胡適的話說：
「來了一群太上大使」。[8] 太上大使宋子文當然不僅僅是要「監
視」胡適，更重要的任務是向美國要錢、要飛機。當蔣介石於
1941年3月得知〈軍火租借法案〉適用於中國，立即要求宋子文

5　見《胡適的日記》，手稿本，第13冊，見1938年11月13、14日記。

6　見《胡適的日記》，手稿本，第14冊，1939年7月13日。

7　見《胡適的日記》，手稿本，第14冊，1939年10月14、15日。

8　見《胡適的日記》，手稿本，第14冊，1940年5月24、25，6月2日，7月
　　12、19、24日，12月17日。

提出一千架飛機、三十個師裝備等要求。珍珠港事變爆發美日
開戰，蔣介石抑制不住心頭的喜悅，於1941年12月8日記道：
「抗戰政略之成就，本日達於極點」，[9]山城陪都也一片鼓舞。
美國被偷襲，不得不全力支持蔣介石抗日了。宋子文遂於1941
年12月23日，被任命為外交部長，胡適向他說：「你回去時，
若有更動駐美使節的需要，我隨時可走」。[10]胡適終於1942年8
月15日，收到免去他大使的電報，並於一個月之後的9月18日離
開華府雙橡園。戰爭還未結束，他的大使生涯已告結束。唐德
剛說：

> 　　胡先生故鄉的農民就有一句土話說：「撈魚摸蝦，耽誤
> 莊稼」！胡適身為中國抗戰期中的駐美大使，好多外交上
> 重要的莊稼，他丟下不做，而拼命去撈魚摸蝦，豈不該撤
> 職？[11]

　　其實撤職的最主要原因，乃是傅斯年告知胡適的所謂：
「對介公未能奉令承教，去年說是介公有一電，先生回電逕告
以不可行，當然介公的想法不見得做到，然此等對付法，其非
習也」。[12]不按蔣介石的習慣辦事，連胡適也該撤職。胡適上
任不久，還沒有「撈魚摸蝦」，就傳出調職的消息了。
　　日本於1941年12月8日偷襲珍珠港（華府時間為12月7

9　見《蔣介石手寫日記》，1941年12月8日。
10　見《胡適的日記》，手稿本，1941年12月24日。
11　唐德剛，《胡適雜憶》（台北：傳記文學出版社，1979），頁16。
12　耿雲志、宋廣波編，《胡適往來書信選》，中冊，頁477-478。

日），美國迅即對日宣戰，蔣介石頓成羅斯福的作戰夥伴。白宮於翌年元旦就向胡適大使說：「可告知蔣先生，我們歡迎中國為四強之一」。[13] 在蔣介石領導下的殘破中國、被日本蹂躪得不成樣子的中國，忽然之間可以成為世界四強之一，難怪胡適要在四強兩字上面加個引號。原因無他，羅斯福見及四億人口大國的潛力，提升中國可平衡蘇俄，而強大親美的中國合乎美國的利益。[14] 胡適所謂的「苦撐待變」，終於有了出頭天。不久美國的經援、軍援源源而來，蔣宋美齡訪美轟動一時，其受歡迎的程度，美報比之於1920年代飛越大西洋的林白（Charles Lindbergh）。高潮還在後面，那是1943年底的開羅會議。

開羅會議使中國成為四強之一，使蔣介石以巨頭之一的地位，參加歷史性的國際高峰會議。顧維鈞已說得很清楚，這一切「實有賴於羅斯福」。[15] 羅斯福於1943年已在籌畫戰後的世界新秩序，他希望出現一個強大統一而又親美的中國，以填補日本敗亡後亞洲的權力真空，故不理會英、蘇等國的阻梗，一意提升中國的國際地位。英、蘇阻梗並不是妒忌中國強大，因為當時中國根本不強大，而是認為名實不副，但羅斯福則要以提高名望，來幫助親美的強大中國。由於羅斯福的堅持，蔣介石才得以赴開羅之會，與英、美元首平起平坐，商討共同戰略以及戰後的善後問題。蔣居然還在日記裏說：「接羅斯福電

13　見《胡適的日記》，手稿本，第15冊。

14　參閱Robert Dallek, *FDR and American Foreign Policy,1932-1945*（New York: Oxford University Press,1979），pp. 390-391。

15　見梁敬錞，《開羅會議》（台北：臺灣商務印書館，1973），顧序。

約下月中旬在埃及相晤，余實無意為此，然卻之不恭，故猶豫深為不安」。[16] 他好像是不願意參加，因感於羅斯福對他的誠摯，才勉強前往！如此惺惺作態，居然也有讀史者信以為真，認為蔣出席開羅會議，並不積極。[17] 此乃讀史無識，被蔣日記牽鼻子之例，蓋羅斯福為美國利益而扶中國為四強，並非對蔣之誠摯。至於說蔣擔心參加峰會遭到「輕視」而猶豫，更是無端的猜測。何謂峰會？舉世重視，何來輕視！蔣若真的婉謝出席風光的峰會，將無台澎、南海諸島回歸中國之宣言，那要比不要中南半島，不要琉球更加嚴重百倍了。

開羅會議設址於米納飯店（Mina House Hotel），距離尼羅河西岸15公里，位於沙漠的邊緣，可以望見金字塔。蔣介石、宋美齡率領中國代表團於11月21日星期天抵達。羅斯福為了提高中國的地位，對蔣介石備極禮遇，甚至在照相時，「羅氏讓蔣主席坐中間位者至再，蔣主席堅辭乃自坐其右側，邱吉爾坐左側，最後邀蔣夫人同坐」。[18] 蔣介石在六天會議期中，與羅斯福、邱吉爾聚談三次，蔣、丘對談三次，蔣、羅對談四次。最後發布〈開羅宣言〉，中國收回東北、台澎等失地。羅斯福還要「以越南、琉球相慰愿」，蔣「皆婉避不遑」。[19] 蔣介石回重慶後，在他身邊的唐縱說「此行結果甚為圓滿」，並親眼

16　見《蔣介石手寫日記》，1943年10月31日。
17　見王建朗，〈信任的流失：從蔣介石日記看抗戰後期的中美關係〉，載中國社會科學院近代史研究所編，《民國人物與民國政治》，頁222。
18　見蔣主席開羅會議日誌，載梁敬錞，《開羅會議》，頁89。
19　見梁敬錞，《開羅會議》，頁251。

看到「委座精神奕奕，毫無風塵倦容」。[20]

事實上開羅會議並不很圓滿，更不似表面上看來那麼風光。梁敬錞寫《開羅會議》一書，雖以老吏筆法多方掩飾，仍然無以遮蓋。他歸罪於盟邦的背諾以及不以平等相待，並加以諸多之「壓迫」。他忘了「人必自侮而後人侮之」的古訓。他口口聲聲羅斯福如何敬重蔣介石，而馬歇爾、史迪威等在扯後腿、搞鬼，並不儘然。此時羅斯福已知蔣介石政府的「腐敗與無效率」，明言他對一個不管老百姓死活的政權沒有耐心；然而他也注意到無論蔣之軍事眼光多淺、軍隊打得多差，只有他才能於戰後維持中國的統一。羅斯福曾向他的兒子說：「蔣儘管缺點很多，我們還是得靠他」，[21] 可見羅斯福支持蔣，乃是別無選擇的選擇。

最糟糕的是，蔣氏夫婦既早於1942年取得五億美元的貸款，又在開羅會議上獅子大開口，要再借10億，美國財政部長摩根索在華府聽說後，私下大發脾氣說：「他們簡直是一群他媽的騙子」（They are just a bunch of damn crooks!），誓言絕不上國會山莊去要一分錢，並建議蔣介石那幫人跳揚子江去死吧！[22] 多沒面子啊！摩根索並不是獨反眾意，而是眾人沒有一個贊成再借10億。宋美齡說羅斯福在開羅會議對10億有善意的回應，哪知羅斯福要他手下將批駁的理由，一五一十毫無隱瞞

20　唐縱，《在蔣介石身邊八年》，頁393。

21　Elliot Roosevelt, *As He Saw It*（New York: Duell, Sloan and Pearce, 1946），p. 154.

22　參閱John Blum, *From the Morgenthau Diaries*, vol. 3, pp. 110-119。

地告訴蔣介石，[23] 顯然含有羞辱之意。蔣氏夫婦卻仍不知趣，竟然以不派雲南遠征軍赴緬甸、不修轟炸機機場，甚至以半年內中國戰場會垮臺相要脅，又充分表現出「瑞元無賴」的性格。然而耍賴亦得有本錢，這種「白老虎」（bluff），老美一揭就穿。中國原本為自己的生存而戰，若於此時違約與日本媾和並無好處。當時太平洋上逐島躍進頗為成功，不在中國建機場可在靠近日本的海島上建。美國裝備的中國遠征軍不肯入緬作戰，但在美國三令五申以停撥租界物資相迫下，亦只好乖乖就範。蔣介石豈非自取其辱乎！

　　更不幸的是，蔣介石的軍事幕僚們在開羅會議上提不出問題。有人當著羅、丘、蔣三元首面前，問起雲南遠征軍近況時，中國方面竟無人能答腔，最後由史迪威做了回應。英國參謀長布魯克（Sir Alan Brooks）本來就不滿意美國抬高中國，乃乘機找碴、借題發揮，嘲笑馬歇爾說：都是你們美國人惹的麻煩，讓我們無端地浪費時間。[24] 當蔣介石在一次會議上堅持要維持每個月10,000噸駝峰運輸，英國蒙巴頓海軍元帥（Admiral Lord Louis Mountbatten）告訴他沒有那麼多飛機運輸，即使有那麼多架飛機，亦須於季風（monsoon）到來前，集中轟炸緬甸日軍。宋美齡忙著翻譯，半晌沒有出聲，最後望著皺眉頭的蒙巴頓說：「信不信隨你，他（蔣介石）不知道什麼叫季風」！這

23　見摩根索說帖，載Blum, *From the Morgenthau Diaries*, vol. 3, pp. 113, 960, 1006。

24　見Sir Arthur Bryant, *The Turn of the Tide: 1939-1943*（UK: Reprint society, 1958），p. 55.

一掌故是蒙巴頓親口告訴塔克曼女士的。[25] 宋美齡也可能不知道什麼是季風，否則她盡可技巧地掩遮此一無知的尷尬！梁敬錞把「中國幕僚無能與不足共商戰略之惡評」，歸罪於史迪威之播弄，[26] 那麼蔣介石缺乏基本常識又能怪誰呢？

　　開羅會議後，由於太平洋戰役的節節勝利，蔣介石在軍事上、政治上、經濟上弱點的暴露，使中國戰場的價值被大大貶低。美國人至此僅希望蔣繼續抗戰，拖住在中國大陸的日軍而已。當他們發現連這一點希望都可能落空時，便逼蔣改弦更張，以便更有力、更有效地作戰，於是蔣美之間摩擦日多。其實摩擦的根源來自蔣美合作之始，當中國單獨抗戰時，蔣愛怎麼抗就怎麼抗，無人能干涉，他也可以暗中與日本人和談、可以殲滅抗日的新四軍、可以圍堵陝北邊區、可以獨斷獨行。但是一旦有了合作夥伴，而那夥伴又財大氣粗，肯任你為所欲為嗎？當老美干涉這、干涉那，干涉到可能動搖老蔣的根本時，只好硬著頭皮反抗，摩擦生焉！

　　美蔣摩擦最嚴重、最戲劇化的莫如史迪威事件。日軍偷襲珍珠港之後，羅斯福電告蔣介石籌組中國戰場，並以蔣為該戰場的最高統帥。蔣於1942年元月2日去電接受，並請推薦一位高級將領為其參謀長，於是來了史迪威（Joseph Stilwell）將軍。此人曾於1920與1930年代在平津住過十年，當過駐華武官，能通華語，為美軍將星中罕見的「中國通」。不過史迪威不僅僅是蔣的參謀長，而且還擁有美軍司令、美國總統的軍事代表、

25　Tuchman, *Stilwell and the American Experience in China*, p. 738.

26　見梁敬錞，《開羅會議》，頁131。

美國對華租借物資的調配人等頭銜，惟任務只有一個，就是幫
助中國抗戰。

　　蔣介石於1960年代開放大溪檔案給梁敬錞撰寫《史迪威事
件》一書，特別強調之所以造成糾紛與麻煩，要因史迪威同時
擁有諸多職務。言下之意，蔣只需一個聽命於他的參謀長，並
怪罪宋子文沒有把史迪威職務的定位搞清楚。梁敬錞像蔣介石
一樣不知老美是故意要這樣做的，人家為什麼要派一個唯命是
從的參謀長給你？人家對你的軍事才能有疑問，才派史迪威來
幫助你整頓與改進。問題出在蔣根本不能也不會整頓，因為如
照老美的法子整頓，連老本都會被整掉，蔣軍中個人效忠的封
建關係就會被整掉，而史迪威就是想要從蔣之軍令系統入手，
甚至要改造國防部，[27] 蔣介石能吃得消嗎？最使蔣介石難堪的
是，史迪威還有調配「租借物資」（Lend Lease）之權，美國國
會通過此一法案來援助盟邦，其他盟邦如英國與蘇聯，分別由
元首邱吉爾、史達林來調配，唯有中國由史迪威調配，而史又
不唯蔣命是從。蔣雖屢請由他自己調配，但未被允准。可見羅
斯福信不過蔣介石，怪宋子文有什麼用呢？我們從唐縱的日記
可知，蔣向宋部長大發脾氣，摔破飯碗，唐起先不知何故，過
了半個多月才曉得是為了史迪威。[28] 蔣介石至此應知美國佬史
迪威要比北極熊鮑羅廷難纏得多，資本主義的羅斯福要比共產

27　參閱Charles Romanus and Riley Sunderland, *China-Burma-India Theater*:
　　Stilwell's Command Problems（Washington D.C: CreateSpace Independent
　　Publishing Platform, 1956, 2015）, p. 42

28　見唐縱，《在蔣介石身邊八年：侍從室高級幕僚唐縱日記》（北京：群眾
　　出版社，1992），頁386-389。

主義的史達林精明得多。

　　史迪威個性的確粗魯率真，絕非搞外交的人才。他竟想以強渡關山的方式來逼蔣就範。他又怎能把偉大的蔣委員長比作一顆「花生米」（peanut）呢？在他的日記裡，花生米幾成為蔣之代號！梁敬錞也承認史迪威執行的政策，不是他自己的政策，「皆馬歇爾之政策也」。[29] 梁氏應知美國的外交政策是總統定的，馬歇爾豈能妄定政策，是亦「皆羅斯福之政策也」。梁氏在其書中指出：蔣曾三度要求調走史迪威，皆因故擱置。薛光前在梁書英文版序言中，竟謂蔣之擱置，乃基於「中國哲學中的道德勸導以及善待部下」。[30] 薛氏已故，否則可翻閱一下新近「出土」的唐縱日記，便知蔣介石心情不好的時候「常批槍斃」，蔣何愛於史迪威？他一再擱置還不是投鼠忌器，深怕得罪羅斯福！如1942年8月7日蔣自己坦白說：「若始終強硬，則對羅斯福總統輔助中國為四強之一政策有所背棄，是於吾為最不利」，[31] 可為確證。

　　史迪威所犯大忌中的大忌，乃是建議武裝陝北共軍來打日本人。梁敬錞順蔣之意，向史迪威頭上套紅帽子，怪史之總部與中共掛鉤，不要忘了當時史將軍的任務是抗日而非剿共。當時的蘇聯更是共產大國，美國人能夠一面與蘇聯共同打德國，另一面設法對付蘇聯嗎？蔣介石於抗戰期間封鎖共區，無論如何是說不過去的，唐縱在日記裡透露蔣「初不肯承認」封鎖共

29　見梁敬錞，《史迪威事件》（台北：臺灣商務印書館，1973），頁12。

30　見Liang, *General Stilwell in China: the Full Story,1942-1944*（New York: the St. Jones Univesity Press, 1972），p. xiv。

31　見秦孝儀總纂，《總統蔣公大事長編初稿》，第5卷，頁2015。

區；[32] 為什麼不肯承認，說不過去也。蔣介石不喜歡美國人去延安，結果也阻擋不了。史迪威既不是共產黨也不是親共派，只是逼蔣積極作戰、促蔣與中共合作、迫蔣實行改革，以增強抗日實力。[33] 他要裝備中共部隊，以便共軍出兵山西、河南，牽制日軍，減輕平漢鐵路的壓力，[34] 史迪威的用心實在無可厚非。

　　蔣介石雖亟需美國的支援，但因有摩擦並不愉快。蔣與英國之間，雖亦同為盟邦，關係更壞。蔣在廣東當紅色將領時就頗仇英、反英；再者他的勢利眼覺得無求於英，不惜在美國人面前與英國人爭取美援外，還想給英帝看點眼色，例如蔣介石與宋美齡於1942年1月5日至21日訪問印度，就是向英國示強，表示同情印度獨立，挑戰大英帝國的殖民地。當時重慶有關印度的報導，尤其表現出一種反英的姿態。蔣廷黻曾提醒蔣介石：「我們實際能夠做到的，才是真正能夠幫助印度的」。[35]言下之意，沒有必要得罪英國；然而蔣介石不僅親訪印度，而且不顧英政府的反對，堅持會晤甘地，當然會使中英關係更加惡化。

　　當時亞洲盟軍對日作戰共分四個戰區：尼米茲（Chester William Nimitz）海軍元帥的中太平洋戰區、麥克阿瑟（Douglas MacArthur）元帥的西南太平洋戰區、蒙巴頓（Lord

32　見唐縱，《在蔣介石身邊八年》，頁415。

33　參閱徐魯航，〈史迪威與1942-1944的國共關係〉，複印本，頁129。

34　Charles F. Romanus, Rily Sunderland, *Stilwell's Mission to China*（University Press of the Pacific, 1956）, pp. 368-369.

35　蔣廷黻，《蔣廷黻回憶錄》，頁224。

Mountbatten）的東南亞戰區，以及蔣介石的中國戰區。從地緣來說，蒙巴頓與蔣介石最宜並肩作戰，但因中英關係不洽，根本談不上密切的合作，反而常有爭論。蒙巴頓對蔣介石的印象不佳，認為蔣委員長永遠是一個問題，說「他（蔣）不會說英語，他不重視英國的作戰能力，他對軍事後勤沒有概念。他真正要我們做的，只是幫他守住運輸通道，以便將美援物資，源源送到中國，而此主要是政治問題。這可能是我主持東南亞戰區所遇到的最頭痛的問題」。[36] 史迪威對蔣印象惡劣，顯非個案。日軍至1944年，猶能發動規模龐大的「一號作戰」，意圖打通自東北到越南的全線交通，想奪取長沙、衡陽；進窺桂林、柳州，指向重慶，中國戰場出現有崩潰的危機。羅斯福深恐日軍深入摧毀中國戰場，故於7月6日電請蔣介石委任史迪威統帥中國軍隊，以挽救危局，有謂「予覺中國已瀕危地，如不能立施激烈敏捷之補救，則吾人之共同目的，勢將受到挫折之危險」。[37] 蔣介石不敢一口拒絕，回電表示：「原則贊成」，但謂中國情況複雜，需要準備時間，另希望派一政治代表來「調整予與史迪威之間的關係」，婉轉道出與史迪威之間的矛盾。羅斯福當天即覆，促蔣「將史迪威統率華軍案迅付實施」，並認為史所統率的中國軍隊不應排除共軍，說是「拒絕支持任何殺日本人者是不恰當的」。蔣介石表面上「原則贊成」，私下十分「苦悶」，認為是「最難堪最難處之問題」。[38]

36　Louis Mountbatten, *The Life and Times of Lord Mountbatten*（London: Arrow Books, 1980）, p. 123.

37　「大溪資料」，引自梁敬錞，《史迪威事件》，頁308。

38　見唐縱，《在蔣介石身邊八年》，頁447。

蔣介石以為羅斯福要奪他的兵權，其實美國總統覺得蔣能力不足，所以需要有能力的美軍將領來指揮，美國人出任盟軍統帥屢見不鮮，在西方人看來並不至於損及主權，艾森豪將軍就是歐洲的盟軍統帥。

就在1944年的6月底，羅斯福派副總統華萊士（Henry Wallace）至渝，蔣即向華萊士抱怨史迪威之「不合作態度」，以及不信任史之判斷，華萊士隨即向羅斯福報告。羅斯福於9月6日另派赫爾利（Patrick Hurley）為私人代表抵渝，仍然要求「史迪威在中國戰場如艾森豪之在歐洲」；換言之，美國人艾森豪可以在歐洲當統帥，為什麼美國人史迪威不能在中國戰場當統帥？蔣初不同意，「但終非同意不可」。[39] 在蔣身邊的唐縱於7月8日至9日認為：「史迪威為中國戰場總司令，這已成為無可避免之事實」。他憂慮「史迪威有權指揮中共部隊，也有權接濟中共部隊械彈藥品」，擔心可能因此更加壯大了中共的武力。唐縱還透露：蔣對美國人的壓迫「極為焦慮」，向陳布雷說：「美國是否有意迫本人下臺」？又憤然說：「我何愛乎四強」？[40] 蔣介石氣得連中國成為四強都不在乎了。

蔣介石雖然「非同意不可」，但仍想討價還價，諸如提出限制共軍、掌握租借物資，以及以陳納德接替史迪威等等要求，但均未得逞，難怪他懊喪逾恒。而九月間日軍的一號作戰已進入第二階段，以奪取美國在桂林、柳州的空軍基地為目

39　參閱Don Lohbeck, *Patrick J. Hurley*（Whitefish: Literary Licensing LLC, 2012）, pp. 269-286。

40　見唐縱，《在蔣介石身邊八年》，頁458-459。

標，同時向怒江方面增強壓力。蔣在此緊急情況下，仍不肯調
動圍堵共區的胡宗南精銳之師南下赴援，反欲將雲南遠征軍自
緬調滇。羅斯福得報後，發了一封極為侮慢的電報給蔣，無異
最後通牒，值得引錄，以資警惕：

　　予詳細閱讀關於中國局勢之最近報告後，曾與各高級
參謀交換意見，深恐在最近之將來，閣下將面臨一非常危
急之局面。閣下統帥之遠征軍勇越怒江，對於緬北戰事裨
益甚大，但予相信該軍隊如不得補充與援助，直接協助滇
緬公路之開放，則其以絕大犧牲而換得之勝利，將必歸於
烏有。更有進者，如該處部隊於渡過怒江後按兵不動，或
竟提議撤回，則將中日軍之詭計，日軍佯在中國東部加緊
攻勢，誘取閣下發生遲疑。日軍又深知，如果閣下繼續進
攻，並與蒙巴頓將軍最近即將發動之攻勢互相呼應，則接
濟中國之路上路線，可望於一九四五年初開放。中國抗戰
之繼續，與閣下之控制權，均可更得確定；反之，如閣
下不立即補充緬北部隊，或不派生力軍援助怒江方面之華
軍，則吾人將完全消失開放接濟中國陸路路線之機會，直
接危害現在之空運途徑，如果至此，則閣下必須準備接受
必然之結果，擔負全部之責任。數月以前，予曾迭次請求
閣下採取斷然步驟，以消除對於閣下個人與對於中國漸漸
發展之危局。茲因閣下延擱委派史迪威將軍指揮中國全部
軍隊，致中國東南部之重要土地為之損失，影響之大，殊
非吾人所能臆測。日軍陷桂後，吾人之昆明空軍站，將受
直接威脅，而中印之空運噸數，亦將不免因而銳減。在世

界各前線之盟軍，雖已每戰必克，但對中國之直接影響，尚須時日始能實現。盟軍在太平洋上之躍進，誠屬迅速；但除非閣下立採積極行動，則太平洋之迅速躍進，對於中國戰局亦將不生影響。閣下必須立實行動，方能保存閣下數年來英勇抗戰所得之果實，與吾人援助中國之效果，否則政治上軍事上種種策畫，皆將因軍事之崩潰完全消失。予與邱吉爾首相在魁白克會議中，因深信閣下必能在怒江方面推進，故決定加緊作戰，以開放對華接濟之路線，予深信唯一破壞日軍對華計畫之方法，即係閣下立即補充怒江方面之部隊，並飭加緊推進，同時必須立即委任史迪威將軍，授以全權，指揮中國全部軍隊。此步驟之實現，將更增加美國援華之決心。目前吾人雖在歐洲及太平洋面同時作戰，然對援助中國，猶當刻刻進行。余深信閣下之卓見，亦必任予所請求之行動，乃立應採取之步驟。予與此間各高級人員，均認為閣下及吾人對於援助中國所有之計畫，如再延擱或猶豫，便將完全消失，故坦率立上聞，諸希亮詧。1944年9月18日 羅斯福。[41]

　　此電最關緊要的是逼蔣讓史迪威來指揮中國軍隊，語氣之倨慢，詞露意顯，而羅斯福之電又經史迪威轉手，恰給史以公報私怨的機會，無異侮上加辱。史迪威的傳記作者塔克曼女士也認為此電難以掩藏白人的優越感，她懷疑羅斯福會以這種語

41　轉引自梁敬錞，《史迪威事件》，頁324-326。

氣對待歐洲國家的元首。[42] 史迪威於19日前往蔣氏黃山寓所，
赫爾利亦在，赫勸史僅述大意即可，但史正欲出氣哪肯甘休，
將電文直接給蔣看。蔣介石受辱後一聲不響，只在當天的日記
中寫下：「此實為余平生最大之恥辱也」。[43] 史迪威對蔣之無
聲反應雖感到有點意外，不過仍興奮得說：「過江時，喜見重
慶燈火輝煌」。[44] 連中美關係都搞到這般田地，蔣的戰時外交
尚有「善」可陳乎？

　　此一侮慢事件給蔣藉口反悔，不願再授史中國戰區及中
美聯軍統帥之任，堅決要羅斯福另派高明，並請赫爾利轉達。
然而蔣介石於9月25日要求撤換史迪威後一直沒有消息，因為
「委座為史迪威事大傷腦筋」，使「委座近來甚為苦悶」，難
下決心。蔣又在中常會上表示，「如羅斯福不贊成，即決裂
亦所不惜」！所幸終於在10月19日得到羅斯福的覆電，同意調
回史迪威，使「中美嚴重之局面算已解除」。[45] 楊天石說：蔣
介石「在一場比賽智慧、比賽意志的較量中，羅斯福敗在蔣介
石手下了」！[46] 真的嗎？蔣介石的確以為是「我中國解放之始
也」。[47] 蔣為史迪威苦惱甚久，史終於被召回，當然鬆了一口
氣，有「解放」的輕鬆之感。蔣介石一貫把自己等同中國，但

42　見Tuchman, *Stilwell and the American Experience in China*, p. 629。

43　秦孝儀總纂，《總統蔣公大事長編初稿》，第5卷，頁224。

44　Tuchman, *Stilwell and the American Experience in China*, p. 631.

45　見唐縱，《在蔣介石身邊八年》，頁462、464、466。

46　語見楊天石，〈蔣介石與史迪威事件──戰事中美之間的嚴重衝突〉，
　　《蔣介石真相之三》（台北：風雲時代出版股份有限公司，2009），頁
　　110。可見楊兄不知輕重的捧蔣。

47　見《蔣介石手寫日記》，1943年11月24日。

他自己挽回了面子，中國卻失去了裡子。羅斯福堅持要史迪威統帥中國戰場，希望中國戰場有所作為；事既不成，羅的「不悅」由孔祥熙傳達到了重慶。[48] 美方的訊息也顯示，蔣顯然以是否要維持中國戰場相要挾，羅斯福當然不會因史迪威而影響到中國戰場，[49] 畢竟蔣是中國的領導人，召回史迪威並不意外，但後果是羅斯福認為中國軍隊在蔣指揮下，不會有多大作為，為了對日作最後總攻時減少美國人員的損傷，遂以中國的利益換取史達林出兵遠東助戰，此即〈雅爾達密約〉出賣中國利權之由來。[50] 楊天石有所不知，不知蔣介石贏了，中國卻輸了，茫然看不到中國輸得有多慘，輸到喪權辱國的地步，羅斯福又「敗」了什麼呢？再說中國也未因史迪威被召回而得到什麼解放。弔詭的是，中國的解放要等蔣之死敵共產黨來完成。

當重慶與華府之間緊張的二十幾天裡，雙方管道還是暢通的。羅斯福初不願再派別人，因為他認為史迪威搞不好，別人也不可能搞好。然經蔣一再懇請，最後派來魏德邁（Albert C. Wedemeyer），但不再認領統帥中國軍隊的責任。中國戰場的情況繼續惡化，羅斯福由輕視更轉為鄙視。羅丘二人於1945年的二月裡，在雅爾達秘密允諾史達林旅大權益，恢復俄國在東北的鐵路權益、南薩卡琳與庫頁島歸還給俄國等等。為什麼？

---

48   見王世杰，《王世杰日記》（台北：中央研究院近代史研究所，2012）上冊，頁620。

49   見Sherwood, *Roosevelt and Hopkins*, vol. 2, pp. 186-187, 353.

50   此美國中美外交史名學者之結論，見Warren I. Cohen, *America's Response to China: An Interpretative History of Sino-American Relations*（New York: John Wiley and Sons, 1971）, p. 175.

為了請求史達林於德國戰敗後二至三個月內，出兵遠東。為什麼？因為對中國戰力的失望與對蔣之鄙視。如果珍珠港事變之後，中國軍隊再能像八一三、台兒莊那樣打幾個大勝仗，國共若能真正合作，擴大像平型關與百團大戰那樣的戰果，則中國戰後地位必將大大提高，收穫的勝利果實更豐。然而蔣介石有了美國撐腰之後，竟然消極抗日，據日方估計有45萬蔣軍，68名將官降敵，參與汪精衛的偽軍，[51] 同時積極反共，以大軍圍堵延安。古人有言：人必自侮而後人侮之。我們常說〈雅爾達密約〉出賣了中國的利益，實際上蔣介石為了私利出賣了中國的權益。

羅斯福提高中國的地位，當然是為了美國的利益，希望中國於戰後成為親美而民主的盟友，但由於對蔣介石的失望，不免輕視中國戰場的重要性。羅未親見二戰勝利而身先死，繼承者杜魯門於戰後也不得不關注中國的情況。他的對華政策基本上仍然承襲羅斯福，希望國共達成和議而統一，然而國共內戰一起，動亂的中國不再符合當時美國的利益了。

戰時美國的對華政策，近程目標是增強中國的抗戰力量，至少不至於潰敗；遠端目標則是於戰後希望出現民主的中國。民主乃是與法西斯、馬克思鼎足而立的三大潮流之一，美國是民主國家的盟主，民主亦可為親美的代名詞。團結才能解決當時中國中央與地方的矛盾，尤其是國共間的矛盾，解決矛盾才能統一，才能避免美國國務卿伯恩斯（James F. Byrnes）所謂的

51　見楊逸舟，《蔣介石評傳》（東京：共榮書房，1983），上卷：霸權ての道，頁134。

「兄弟鬩牆之爭」（fratricidal conflict），[52] 才能於打敗日本之後，成為像樣的現代國家。美國希望中國強大，因為中國非強大不足以於日本敗亡後，填補東亞權力的真空，成為亞洲的穩定力量。羅斯福以四強名義相授，是給積弱的中國打強心針。這是羅斯福的既定政策，而由杜魯門全盤承繼。羅、杜兩總統先後派遣居里（Lauchlin Curie）、威爾基、華萊士、赫爾利（Patrick Hurley）、馬歇爾（George Marshall）等特使來華，都直接、間接與執行此一近程、遠端的對華政策有關。即使蔣介石所指責「親共」的史迪威，也是在奉行此一政策。以近程而言，為了有效擊敗日本，扭轉中國戰場的劣勢，美國想武裝八路軍也是順理成章之事，更不必說當時美軍原有在中國沿海登陸的計畫，需要包括共軍在內所有中國軍隊的配合。以遠端而言，從美國人的現實觀點看，中國要民主團結，必須先要容納包括中共在內的各黨各派。美國人固然全力支持以蔣介石為首的中國政府，但也不喜歡蔣介石獨裁。所以「親共」的史迪威固然冒蔣介石之大不韙去延安，「親蔣」的赫爾利也要冒蔣介石的大不韙去延安。蔣介石雖向美國人力言國際共產主義的陰謀，但美國政府的情報確認史達林與毛澤東之間的關係疏而不密。伯恩斯、赫爾利與史達林等蘇俄領導人接觸中，也體會到對毛共的輕蔑與不在乎。史達林不僅承認而且支持蔣介石領導的中央政府，甚至嘲笑中共是「奶油共產黨人，他們對糧食

52　見James F. Byrnes, *Speaking Frankly*（New York: Harper & Brothers,1947），p. 226。

與土地比馬克思主義，更有興趣」。[53] 當時在重慶的美國使館外交人員並不小看中共，多認為毛澤東是土地改革者，不是正宗的共產黨，雖未必真實，但可以確定的是：中共不是蘇俄的第五縱隊，而是一股中國內部的勢力，並贏得不少民主人士的認同。既然中共是國內勢力，從美國人的觀點看，非團結不足以言民主。更重要的是，若不團結中共，中國內戰勢不可免。內戰一打起來，民主統一的中國固然泡湯，甚至造成亞洲的動盪，威脅到世界的和平，既不符合美國利益，亦非美國人所樂見。羅斯福的副總統華萊士於1944年訪問重慶時，聽到蔣介石一意詆毀中共，就感覺到蔣「充滿惱恨與拙劣的邏輯」（full of bitter feeling and poor logic），擔心他將成為中國的克倫斯基（A. F. Kerensky），[54] 可謂不幸而言中，最後毛澤東取代蔣介石，正如列寧取代克倫斯基。老蔣失去了江山，也傷害了美國的利益。理解美國對華政策，才能理解為什麼蔣介石的胡宗南大軍包圍陝北，養兵八年雖時時竄動，但直到日本宣布投降後，國共摩擦更趨激烈，仍不敢立即進攻解放區，即因蔣不敢逆美國之鱗，遽然發動內戰。在蔣介石心目中，國內厭戰與反戰的民意，尚屬其次。

　　所以國共和談的始作俑者原來是美國人，蔣介石在抗戰期間對解放區採封鎖與防堵，甚至攻擊的策略，不可能主動與共

53 "Referred sacrcastically to the Chinese Communists as 'margarine Communists' who were more interested in food and land than Marxism." 語見Paul S. Holbo, *United States Toward China*（London: The Maxmillan Co. 1969），p. 55.

54 見John Morton Blum ed., *The Price of Vision: the Diary of Henry A. Wallace, 1942-1946*（Boston:Houghton Mifflin, 1973），p. 351。

產黨和談。然而羅斯福有鑒於蔣對日作戰表現不佳，亟欲加強
其作戰能力，乃想到整合共軍武力。再由於若干美國記者突破
封鎖線訪問，對延安印象頗佳，認為頗有新的氣象，與重慶之
萎靡不振，呈現強烈的對比，更促進美國政府謀求聯合共軍，
以增進中國抗日實力的想法。羅斯福於1942年7月21日派其代
表居里至渝停留16日，與蔣談話14次，談及蔣防共而不抗日的
問題，敦促蔣對共產黨儘量優容。[55] 開羅會議之後，羅斯福又
派副總統華萊士（Henry Wallace）來華，任務也包括勸蔣與中
共談判。從1944年6月21日至24日，華萊士與蔣長談四次。蔣
強調中共比俄共更共、更壞，儘量挑撥離間之餘，仍只好答應
美國軍事代表團訪問延安，[56] 或稱「軍事觀察團」（Military
Observer's Mission），成為蔣所不願見的美毛關係之突破。蔣不
樂見，因美毛軍事合作若有進展，蔣勢必無法獨占美援，將更
加增強共軍實力。其實當時在華不少官員，包括史迪威在內，
都主張在政治上和軍事上援助延安以抗日。

　　沒隔多久羅斯福又派赫爾利於八月間以總統代表身分抵
達重慶，此公軍人出身，奧克拉荷馬州人，自信極強而天真爛
漫。他於美國對華政策固然一清二楚，但對中國的情況卻一知
半解。他受到蔣氏夫婦熱情招待，對蔣產生好感，在美國支持
蔣政府的政策下，積極助蔣團結抗日，助蔣建立軍政統一的有
效政府。換言之，他願把雞蛋完全放在蔣的籃子裡；即使如

55　見秦孝儀總纂，《總統蔣公大事長編初稿》，第五卷（上），頁2014。

56　Blum ed., *The Price of Vision: the Diary of Henry A. Wallace, 1942-1946*, pp.
　　332-333, 351-352.

此，他仍須繼續美毛間的對話，以及化解國共間的矛盾。他於
1944年11月7日，以代理駐華大使的身分，親自飛往延安，促
進國共軍事力量的統一。毛澤東回答說：統一團結先使中共分
享美援，赫爾利認為可由聯合的國民政府來分配美援，並相信
蔣介石會接受此議。周恩來乃應赫氏之請同返重慶，做進一步
的商談。此無異由赫爾利逼成國共和談，蔣介石不得不承認共
產黨的公開地位，惟尚需由軍事委員會統一指揮之後，整編共
軍為國軍。但是蔣絕對不答應聯合政府，仍然要中共投降。此
結果與赫、毛在延安所得五點共識相差甚遠。[57] 周恩來致函赫
爾利，要求釋放張學良等政治犯，解除陝甘寧邊區的封鎖，取
消限制人民自由之律令，取消特務警察。[58] 目的要取消一黨專
政，建立民主聯合政府之主張。豈蔣介石所能接受？然而當蔣
虛以籌組容納中共的戰時內閣作為回應，天真的赫爾利乃轉而
支持蔣氏主張，使蔣政治攻勢得逞。[59] 簡言之，赫氏竟贊同中
共交出武力，然後邀共產黨到蔣政府做官的聯合政府，認為是
合理的解決辦法。[60] 美國派在延安的軍事觀察團團長包瑞德上
校（Cal. David D. Barnett）曾向毛澤東說：「你們要聽一聽赫
爾利的話，派幾個人到國民黨政府裡去做官」；毛回答說：捆
住手腳的官不好做，我們不做。要做就得放開手放開腳，自由
自在地做，這就是在民主的基礎上成立聯合政府。包瑞德說：

57　E. J. Kahn, *The China Hands: America's Foreign Service Officers and What Befell Them*（New York: Penguin Books, 1976）, p. 138.

58　見王世杰，《王世杰日記》，上冊，頁665。

59　參閱唐縱，《在蔣介石身邊八年》，頁473、476、485。

60　參閱Lohbeck, *Patrick J. Hurley*, pp. 313-318。

「不做不好」。毛問：「為什麼不好」？包說：「第一、美國人會罵你們；第二、美國人要給蔣介石撐腰」。毛說：「你們吃飽了麵包，睡足了覺，要罵人、要撐蔣介石的腰，這是你們美國人的事，我不干涉。現在我們有的是小米加步槍，你們有的是麵包加大炮。你們愛撐蔣介石的腰就撐，願撐多久就撐多久。不過要記住一條，中國是什麼人的中國？中國絕不是蔣介石的，中國是中國人民的。總有一天你們會撐不下去」！[61] 毛的口氣不小，充分顯示中共不可能參加做官的聯合政府，然而赫爾利初未料到蔣介石連做官的聯合政府都不太情願，更不必談1944年9月在國民參政會上，所提出的廢止一黨專政、成立民主聯合政府的要求。整個抗戰期間國共雖然合作，但中國共產黨仍然是非法的，共產黨參加國民參政會是以「文化團體」的名義出席，可見蔣對中共一直採取否定的態度，真是所謂「臥榻之旁，豈容他人酣睡」？

　　赫爾利抵達重慶時，蔣介石與史迪威已鬧得很不愉快；赫責備史不應故意羞辱蔣，給蔣「以夷制夷」的機會，幫忙把史迪威給「制」掉了。史迪威離華後不久，美國駐華大使高斯也辭職，遺缺即由赫爾利於1944年11月繼承。赫爾利大使便成為蔣介石的護航員，當國民黨於1945年5月召開六全大會，赫爾利更產生樂觀的幻想，以為蔣會走民主的路，中共可被迫與蔣合作。[62] 赫爾利看不到蔣在大會上做政治報告時，明說要「消滅

61　毛澤東，《毛澤東選集》（北京：人民出版社，1960），第4卷，頁1031。

62　Russell D. Buhite, *Hurley and American Foreign Policy*（Ithaca: Cornell university Press, 1973）, p. 214.

共產黨」。[63] 美國駐華大使囿於所見，漠視各黨派組聯合政府的主張，贊同蔣所召集的國民大會，並附和蔣要求中共交出軍隊、交出地方政權，以換取中共的合法地位。赫大使更於1945年4月，在美京華府發表聲明，強烈支持蔣介石政府，替蔣之國民大會捧場；反而指責中共拒絕參加蔣政府，是分裂主義者。赫爾利以為蔣之國民大會若成功召開，中國便可民主統一了。結果他擁蔣反共的立場，得罪了毛澤東，被毛指為與蔣合唱反共雙簧，鼓勵蔣打內戰。當7月間召開參政會，中共就拒絕再參加了。

赫爾利的扶蔣、擁蔣立場引發重慶美國使館內部的劇烈爭辯，使館人員如謝偉思等認為赫爾利的做法，將使國共內戰不可避免，有違美國政策。他們甚至認為中國的希望在延安而非重慶，建議軍援延安，告知蔣即可，無須與他協商。甚至說完全站到蔣之一邊，何異「與僵屍共舞」（Dance with the Corp）。赫爾利則怒斥這些人親共反蔣，甚至送上紅帽子。[64] 美國大使與使館職員的辯論，其結果取決於政治多於雄辯，而羅斯福正風燭殘年奄奄一息，自然站到大使的一邊。羅斯福不久病逝，美國的政策遂定位於扶蔣之上，軍援中共之意便完全打消了。[65]

赫爾利感到有把握擺平中共，因他從史達林獲得明確不支持中共的保證。這位蘇聯最高領導人確實坦白對美國人說：

63　原件今存南京二檔館國民黨中央黨部檔。

64　參閱Esherick ed., *Lost Chance in China*, pp. 333-363。

65　參閱Buhite, *Hurley and American Foreign Policy*, pp. 193-194。

延安中共並非真正的共產黨，他們之中也無人能領導中國，也就是說毛澤東不可能奪取政權；即使蔣要吃掉延安，他也不在乎，更讚賞蔣是「大公無私的愛國者」。史達林情願見到戰後的中國由蔣介石而非由毛澤東領導，顯然完全贊同美方的扶蔣政策，故而赫爾利向剛上任的杜魯門總統說：史達林無條件同意美國對華政策。赫遂於4月24日返回重慶後，深信由於蘇聯與美國合作，可以逼中共就範，統一於蔣介石領導的國民政府之下。但是赫爾利有兩大盲點，其一、他高估了蔣的實力；其二、他誤以為中共會在蘇聯不支持下屈服。他的盲點在重慶美國使館裏的中國通看得很清楚：中共不會消失，中國的命運非蔣能左右。但使館人員人微言輕，赫大使不僅不聽，更予責罰。[66] 資深的外交家像肯南與哈里曼曾警告華府，史達林的承諾未必可靠，但當史達林斷然跟哈里曼說，中國只有蔣介石能領導，共產黨人中絕無可勝任者，確是史達林的肺腑之言，哈里曼不得不信蘇聯跟美國一樣會支持蔣介石統一中國。[67] 赫爾利當然更加肆無忌憚，以為中共不可能不屈服。

毛澤東於6月11日中共七大會議上，發表「愚公移山」為題的談話，公開反對美國的扶蔣反共政策。[68] 蔣遂於7月21日指示胡宗南向陝、甘、寧邊區的淳化縣發起攻擊，進駐爺臺山威脅延安。中共《新華日報》大舉揭露此事，抨擊重慶發動內戰。

66　參閱Kahn, *The China Hands*, pp. 157-159, 137. 這些「中國通」（the China Hands）雖預測中共成功，卻於1950年代因「親共」遭到麥加錫主義的清算。

67　Cohen, *America's Response to China*, p. 180.

68　全文見毛澤東，《毛澤東選集》，第3冊，頁1001-1004。

美國畢竟不願見內戰發生，更不願在日本投降之前，國共繼續發生嚴重軍事衝突，魏德邁將軍乃命美軍人員分駐國共接壤之處以便制止。[69]

　　日本即將無條件投降的消息，在8月10日已有所聞，然此時日軍仍然占領自東北至廣東的中國國土，立即發生如何接收與繳械的問題。蔣介石的嫡系主力偏處西南，就地理位置而言，共軍顯然具有接收失土的優勢。蔣即以統帥名義，命令共軍駐防待命，不准擅自行動。蔣之用心當然可以理解，但命令一支抗日的軍隊於敵人將要投降之際不准繳敵人的械、不准受敵人的降，必然說不過去而於理有虧。毛澤東針鋒相對，以第十八集團軍總司令朱德的名義，向蔣介石發了兩通電報，指出駐防待命的命令，有違國家民族利益、有利於敵人，礙難遵行。[70] 不過在接收問題上，由於周佛海出任蔣之上海行動總隊總指揮，[71] 以收編三十餘萬偽軍，[72] 由於日軍統帥岡村寧次的通力合作，以及由於美軍提供海空運輸服務，使蔣在地緣上的劣勢一變而為優勢。毛澤東洞悉此情，於8月13日以新華社評論員名義，發表〈蔣介石在挑動內戰〉一文，向「全國同胞、全世界人民宣布：重慶統帥部，不能代表中國人民和中國真正抗日的軍隊」，要求解放區抗日軍隊直接派遣代表「參加四大盟國接受日本投降」。[73] 當蔣介石的發言人稱朱德及共軍為人民

69　參閱唐縱，《在蔣介石身邊八年》，頁527-528。
70　詳閱毛澤東，《毛澤東選集》，第4冊，頁1087。
71　見唐縱，《在蔣介石身邊八年》，頁531。
72　參閱王俯民，《蔣介石詳傳》，頁230-232。
73　見毛澤東，《毛澤東選集》，第4冊，頁1037。

公敵，毛即反唇相譏說：「提起人民公敵，誰都知道這是指著誰……他叛變了孫中山的三民主義和一九二七年的大革命。他將中國人民推入十年內戰的血海，因而引來了日本帝國主義的侵略」，又說：「勝利到來了，他叫人民軍隊駐防待命，他叫漢奸維持治安，以便他搖搖擺擺地回南京」。[74] 毛將「人民公敵」這頂帽子奉還，套在蔣介石的頭上，國共長期摩擦之餘，於日本宣布投降前後，就已可能有爆發全面內戰的危機。

日本昭和天皇於1945年8月15日向全世界廣播，正式宣告無條件投降，全國慶祝抗戰勝利，但蔣介石的心情十分複雜，憂喜參半，甚至憂多於喜。當日向全國及世界廣播，即以要愛敵人為說，竟將日寇加諸中國軍民的苦難與殘暴一筆勾銷，因其心目中別有牽掛，就其革命使命而言，反共一直重於抗日。他在同年9月9日的日記中感歎道：

> 嗚呼！抗戰雖勝，而革命並未成功；第三國際政策未敗、共匪未清，則革命不能曰成也，勉乎哉！[75]

蔣若能為所欲為，必以朱德不奉駐防待命之令，向已被包圍的解放區展開全面進攻，一舉蕩滅他恨之入骨的「共匪」，完成他所謂的革命。當抗戰尚未勝利時，他就親口告訴他的顧問美國學者拉鐵摩爾（Owen Lattimore）：「戰後中共問題

74　見毛澤東，《毛澤東選集》，第4冊，頁1047。
75　秦孝儀總纂，《總統蔣公大事長編初稿》，第5卷（下），頁2671。

必須要用武力解決」，[76] 自然無意組織聯合政府，但當時國內
外情勢絕不允許他立即發動內戰。不過，他已掌握和平攻勢
的有利條件，美國扶蔣態度已經明朗，〈中蘇友好條約〉已經
談妥，史達林已公開詼蔣抑毛。延安在國內遭到圍困，在國際
上更形孤立。既然大家要和，何莫展開和平攻勢，在有利的情
況下，逼對方就我之條件而和。日皇宣布投降之前一天，在赫
爾利的敦促下，認為重慶與莫斯科間的聯盟，必能迫使毛澤東
前來請和，[77] 蔣乃親自急電延安，請毛澤東「克日惠臨陪都，
共同商討，事關國家大計，幸勿吝駕」。當時國共間因「駐防
待命」問題有糾紛，故毛覆電稱俟蔣對此事表示意見後，再考
慮會見。於是蔣於20日再度電毛，把「駐防待命」推說是盟軍
總部的規定，說是「未便以朱總司令之一電破壞我對盟軍共同
之信守」云云。然後再度亟力促駕，說是「行旌遲遲未發，不
無歉然」，又說：「大戰方告終結，內爭不容再有，深望足下
體念國家之艱危，憫懷人民之疾苦，共同戮力，從事建設。如
何以建國之功收抗戰之果，甚有賴於先生之惠然一行，共定大
計」。言下之意，若不來豈不是不體念國家艱危、憫懷人民的
疾苦？這是何等壓力！毛遂於22日覆電，謂先派周恩來前來接
洽。蔣怕毛推託，於接此電報後翌日，三度發電報給毛，謂周
氏來渝固欣慰，「惟目前各種重要問題，均待與先生面商，時
機迫切，仍盼先生能與恩來先生惠然偕臨」，並「已準備飛機
迎迓」，做進一步之敦請，而電文均公諸報端，眾目睽睽，促

76　Lattimore, *China Memoirs*, p. 139.

77　Lohbeck, *Patrick J. Hurley*, p. 404.

駕來勢之洶洶猶如錢塘之潮，一波高過一波，難以抵禦。毛只能於24日急電重慶，表示「極願與先生會見，共商和平建國之大計」。[78] 蔣之緊迫邀請，乃是極具匠心的招數，欲將毛一軍，而且無論來否，自以為均操左券。若不來，蔣可說毛無和平建國誠意，不僅可卸內戰之責且可將此責任推給對方。若來蔣可以主人的優勢、有利的情勢，逼毛接受他的和平條件；如不接受，再加之以武力亦可謂先禮後兵矣，剿撫並用矣！

　　延安接此一招，的確沉重，壓力來自四面八方。然而蔣氏囚禁政敵的前科累累，諸如李濟深、胡漢民、張學良、楊虎城等不一而足，利用特務暗殺，亦屢見不鮮。雖說美使赫爾利代表美國作安全保證，諒蔣不敢以政治生命作豪賭，但畢竟防不勝防，萬一事發，徒歎奈何。然而無論風險多高，毛勢在必行，否則未決雌雄已輸了一招，絕非毛澤東所肯為，所以毛應蔣之請，前往重慶，並不意外。中共中央要求魏德邁派美機接送，由赫爾利陪同以防意外，並決定毛外出期間由劉少奇主持大計，都是設想周全的萬全舉措。

　　毛澤東於1945年8月28日下午，由赫爾利、張治中、周恩來、王若飛陪伴下，自延安飛抵重慶，蔣介石當晚在林園官邸設宴歡迎。毛來渝前的正午，蔣才集會商討方針，臨事才抱佛腳，原無新的腹案。他一貫堅持統一軍令與政令的原則，也就是要中共交出軍隊與政權。他能寬容的政治要求，不過是給予中共合法地位以及允許到蔣政府做官而已。蔣氏的和平條件不外三條：「一、不得於現在政府法統之外來談改組政府問題；

78　見《重慶談判紀實》（重慶：重慶出版社，1983），頁4-8。

二、不得分期或局部解決，必須現時整個解決一切問題；三、歸結於政令、軍令之統一，一切問題必須以此為中心也」。[79] 蔣意在逼和，組織聯合政府根本不在他的考慮之內。

毛澤東雖在重慶一住四十餘日，但蔣毛會見時間並不太長，正式商談了五次。歡迎晚宴時蔣介石一身戎服，胸前勳章耀眼，似乎是向毛顯示他是最高統帥。蔣氏夫婦以茶會招待蘇聯大使彼德羅夫時請毛作陪，又邀毛與美國大使一起吃午飯，似乎在向毛顯示他有美蘇兩大國的支持。蔣以聲勢懾毛顯然無效，穿土布中山裝（即列寧裝，後來又稱毛裝）的毛澤東，絕不肯屈服，卒使蔣「腦筋深受刺激」。毛於10月10日臨行前，要求宿於林園，翌晨與蔣共進早餐，但話不投機。毛離去後，蔣散步林園一周後於記事批閱公文之餘說：「甚歎共黨之不可與同群也」！[80] 蔣介石在「統一軍令政令」的底線下，根本不會允許解放區與八路軍的存在，也不會同意重起爐灶，組織聯合政府來完成軍令與政令的統一。和談在此情形下，不可能談出任何可行的結果。毛澤東同意縮編若干軍隊，退出若干解放區只是表示一點誠意，距離蔣的要求甚遠。國共重慶和談後所簽訂的〈雙十協定〉，明眼人一望可知，不過是裝點門面，根本問題並未解決。唐縱在日記中透露，蔣介石說毛澤東本欲趁日本投降占領華北，因來渝談判而未成。[81] 事實上在和談期間，美軍已出動陸戰隊助蔣占領華北。就蔣而言，此次和談的

79　秦孝儀主編，《總統蔣公大事長編初稿》，第5卷（下），頁2656。

80　秦孝儀主編，《總統蔣公大事長編初稿》，第5卷（下），頁2688。

81　見唐縱，《在蔣介石身邊八年》，頁591。

真正收穫是達到緩兵之計的目的，使蔣軍獲得由美國海空聯運
送部隊到華北的寶貴時間。不過「毛」翁失「土」，卻在統戰
上大有收穫。毛澤東、周恩來一行以貴賓身分抵達重慶，逗留
將近七周之久，周旋於各界人士之間，往往侃侃而談，時時心
心相印，贏得無數同情與支持，而毛氏一首〈沁園春・詠雪〉
詞氣勢不凡，使很多士人為之傾倒。

　　蔣介石於重慶和談期間，已秘密分發在江西時訂定的原
《剿匪手冊》，準備展開軍事攻勢。他同時授意張治中密電胡
宗南說：「目前與奸黨談判乃係窺測其要求與目的，以拖延時
間緩和國際視線，俾國軍抓緊時機迅速收復淪陷區中心城市，
再以有利之優越軍事形勢與奸黨做具體談判，如彼不能在軍令
政令統一原則下屈服，即以土匪清剿之」。[82] 事有湊巧，〈雙
十協議〉簽訂前兩天，一架國民黨運輸機迷航降落在太行山麓
的共區，查獲編號為3251代電的蔣致閻錫山密件，附《剿匪
手冊》兩本，洩露了「剿匪」的天機，[83] 證明和談是場假戲。
〈雙十協議〉簽訂後，蔣失望之餘再密令各軍努力進剿，想以
餓虎撲羊的兵力，完成軍令與政令統一之任務，不宣而戰的國
共內戰實已爆發，但是進展遲滯並不如蔣氏想像那樣容易克奏
朕功。

　　中共於日本投降後，雖知美、蘇兩大國均支持蔣介石，仍
然不肯屈服，繼續強硬抵抗，軟的不吃、硬的也不吃，不僅大

82　見〈中共代表團關於張治中向胡宗南傳達秘示致中央電〉，（李敖藏
　　件）。

83　見葉永烈，《毛蔣爭霸錄》（台北：風雲時代出版社，2006），頁428。

出蔣的意料之外，也大出美國人的意料之外，還誤以為史達林與毛澤東有什麼默契呢。其實史達林得到滿蒙利益後很願幫蔣的忙，只是對在華美軍感到疑懼。史達林既對毛冷淡，毛自亦不必買史之賬，於是瞧不起秦皇漢武的毛澤東同時與蔣介石、史達林、杜魯門對抗起來了。

　　支持蔣介石的在華美軍旁觀者清，很快看到蔣軍不可能迅速解決共軍，因而怕被捲入中國的全面內戰，更何況中共已對美軍助蔣提出抗議，蘇聯也要求美國自華撤兵。杜魯門基於中國須統一的原則，武力統一既不可能或代價太大，只有回到和平統一的日程上來；若要和平統一，國共必須要回到談判桌上來，美國不得不再度扮演仲裁的角色。赫爾利大使的親蔣反共立場既過於明顯，又與國務院在反共問題上搞得很不愉快，遂於1945年11月辭職返美。杜魯門乃特命馬歇爾以總統特使赴華調解國共爭端。當時馬歇爾在美國的地位僅次於總統杜魯門，而聲望或更過之。美國派出這樣一位重量級的人物來做調人，可見對國共問題的重視，以及要維護美國對華政策之心切。

　　馬歇爾於1945年年底飛抵重慶，帶來的不僅是馬氏個人的聲望，還有「胡蘿蔔與棍子」（carrot and stick）；如果聽話不打內戰，美國將提供大量經援與軍援幫助中國和平建設；若不聽話，則停止一切援助。蔣介石對馬歇爾原有顧忌，因馬與史迪威私人關係甚篤；馬歇爾固然不至於以私害公，但他絕非親蔣之人，更不會贊同蔣之個人獨裁和一黨專政。依馬歇爾之見，民主的聯合政府乃理所當然之事，也是和談必需的先決條件。蔣必須依靠美國，並無拒絕馬歇爾調停的本錢。蔣之說辭無非是強調中共乃蘇俄之附庸，以迎合美方對俄冷戰的心態。

不過美方則認為若國共不能合作導致內戰，反而失去以中國牽制蘇俄之實力。[84]

　　馬歇爾與國民黨代表張群、共產黨代表周恩來組成三人小組，經過六次會議於1946年元月10日獲致停戰協議，於14日零時生效。同日中國人民政治協商會議也終於在國民政府大禮堂召開，[85] 出席代表除國共兩黨之外，還有青年黨、民盟和社會賢達。政協一直到月底才閉幕，中共在民主黨派與自由分子的支持和合作下頗占上風，誠如唐縱所說「在政治協商會，政府好似在受裁判，其屈辱難堪，令人難受已極，但又無可如何」。[86] 最後通過五項決議，雖於國府委員名額有所爭執，但重要的是確定政府改組、結束一黨專政。蔣介石在開幕式上宣稱他將接受政協的決定，在閉幕式上更講得冠冕堂皇，聲明擁護政協訂定的〈和平建國綱領〉，願以「保障民主自由為職志」，以「建立法治國家為目的」，甚至說今後的政府要由各黨派的中堅分子以及社會賢達共同來負責，說是「建國的重擔既不是國民黨一黨的責任，更不是中正個人的責任」，最後還說「今後中正無論在朝在野，均必本著公民應盡的責任，忠實的堅決的遵守本會議一切的決議」。[87] 話說得如此漂亮，蔣介石毫無疑問已遵從政協民主自由的決議，願意結束一黨專政，

84　參閱Van Slyke, *Marshall's Mission to China*（New York: Praeger Publishers In., 1976），vol. 1, p. 6-7。

85　此會議之得以召開，實由於美方之壓力，見Buhite, *Hurley and American Foreign Policy*, p. 186。

86　見唐縱，《在蔣介石身邊八年》，頁580。

87　蔣介石致詞全文見重慶《中央日報》，1946年2月1日。

改組聯合政府。[88] 當時在場聽蔣致辭的人，很難懷疑他的真誠，以為內戰可以避免、民主在望。但事後看來，講詞中所謂「中正個人從幼年起對政治是不感興趣的，平生的抱負和事業是只知獻身於國民革命，以期救國救民」，語氣已見矯情，而言外更有一段別含深意的話：

> 我相信，我們國內此後不會再有私有的武裝軍隊、分立的地方政權，來妨礙政令與軍令的統一。否則無論如何高唱民主，而事實上所表現出來的必是各行其是的假民主，甚至完全是反民主的行動。

他在此暗指中共黨軍（私有武裝）與解放區（地方政權），妨礙了政令與軍令的統一。換言之，中共如不交出軍權與政權，則政協所標舉的民主是假民主或反民主。他擁護他認為的真民主，自無義務順從假民主。就此而言，他要中共投降的基本立場從未改變。問題在於他把中共的武力定位為黨軍、是私有的，而把他自己的嫡系軍隊以及國民黨黨軍視為整個國家的軍隊。事實上呢，國共兩黨是各自擁有「武裝軍隊」的政黨。葉公超曾向蔣介石提及，英國人問起國民黨政權既從武力取得，何以中共武力即為罪惡？蔣介石的答覆是：「吾人推翻清帝制與軍閥割據不得不有武力，今無此目標自應不能私有武力」。[89] 他應想到滿清帝制與軍閥割據之所以被推翻，由於無

88　參閱 Van Slyke, *Marshall's Mission to China*, vol. 1, p. 24。

89　見唐縱，《在蔣介石身邊八年》，頁568。

能腐敗，不得人心，而此正是當時國民黨一黨專政的弊病，共
產黨正可以此理由擁有私有武力來推翻國民黨專政與蔣介石的
獨裁。

　　若知蔣氏真正的意圖，始能理解為何他公開尊重政協決
議之餘，不僅不付諸實施，反而反其道而行之了。唐縱的日記
已經承認，蔣介石在國際要求下，不得不召開政協，所以並
非心甘情願，認為「此次政治協商會議是失敗的」，是一種
「屈辱」。[90] 美國人也早明白蔣介石一心一意要以武力使中共
屈服，因而有「蔣挾持了中國成為一個民主而富裕國家的一線
希望」的說法。[91] 更不幸的是，大批特務於政協開會期間多次
前往搗亂，用流氓手法侮辱出席代表。政協的民主同盟代表黃
炎培與張申府的居處，被便衣人員侵入騷擾，民盟提出嚴重交
涉，請求查究，國民黨代表孫科以政協主席資格雖表示道歉，
但特務仍未收斂。當近萬群眾於1946年2月10日上午9時在重慶
較場口慶祝政協會議成功時，特務又來鬧場並高聲喊打，大會
總指揮李公樸、政協代表郭沫若、馬寅初、施復亮等被毆傷，
造成流血的暴力事件。過了不久重慶的中共《新華日報》社與
民盟的《民主報》社也被暴徒搗毀，報社人員多被毆傷。民盟
主席張瀾特於2月23日致函蔣介石指出特務一再鬧事，雖一再
「請求政府懲辦禍首」沒有結果，而又發生搗毀報社事件，遂

90　見《在蔣介石身邊八年》，頁578、580、591。

91　參閱U.S. Department of State, *United States Relations with China with Special, Refernce to the Period 1944-1949*, p. 90; Charles W. Hayford, *To the People: James Yen and Village China*（New York: Columbia University Press, 1990）, p. 205。

責問蔣介石說：

> 使我公知之而故予優容，則人將疑其不誠；使我公竟
> 不知之，則人將謂其不明。中國民主同盟同人本於愛護國
> 家、促成民主，並為維持我公威信起見，謹請迅予嚴懲較
> 場口血案及搗毀《民主報》、《新華日報》之主使人，並
> 解散特務組織，責令陪都各治安機關切實保證以後不再發
> 生同樣事件，使人權獲有保障，而政治協商會議所鄭重通
> 過之一切決議，得以確實進行。[92]

特務根本是蔣之工具，若非示意哪會傷人？唐縱日記中
透露，2月6日官邸彙報時，蔣主席即有「對民主同盟為共黨做
鷹犬應予膺懲」的指示，[93] 張瀾的責問和要求豈非與虎謀皮？
蔣介石慫恿特務的結果終於出了大亂子、吃了大苦頭。政協於
1946年7月11日開會期間被特務打破頭的李公樸在昆明被暗殺
了，四天以後，著名的西南聯大文學教授聞一多，在參加李公
樸追悼會後，也被人槍殺了。李、聞都是民盟的骨幹分子，蔣
介石一直認為民盟是共產黨的「鷹犬」、一直想要「膺懲」，
所以事發之後十目所視、十手所指，莫不指向特務，成為震動
中外的重大政治謀殺事件。民盟失去兩大要員，固然打擊不
小，但蔣介石及其政府受到的衝擊更大。美國方面對此事件的
反應也是十分強烈，杜魯門總統於8月10日寫了一封「措辭嚴

92　載《政治協商會議資料》，（李敖藏書），頁465-466。
93　見唐縱，《在蔣介石身邊八年》，頁587。

峻」、「甚至唐突」的信，要求中國大使館立即轉送蔣介石，其中特別提到「最近昆明發生暗害中國著名自由主義者事件，不容忽視，這些殘暴的謀殺事件不論其責任誰屬，其結果已使美國注視中國局勢，且日益認為中國當局只圖以軍隊或秘密員警等暴力解決重大社會問題，而不採取民主手段」。[94] 馬歇爾亦曾於有人在場時，當面向蔣介石提及李、聞二教授被刺事，令蔣十分難堪。[95]

　　蔣介石連手無寸鐵的民盟都容不了，遑論小米加步槍的中共，更遑論聯合政府？但是聯合政府乃是戰後和談的基礎，基礎既不存在則國共停戰不過是暫時的舉措，虛有其表而已。到了國共在東北公開兵戎相見之時，內戰一發而難以收拾了。蘇聯軍隊進據東北後最初阻止中共接收，然而由於蔣介石的過度親美以及美軍出現華北，使蘇軍有藉口延遲撤兵（史達林要求美軍同時撤出未果），乃不再阻止新四軍與八路軍發展。蘇軍於1946年4月14日撤出長春，即由三萬中共軍隊進入，逼使已經投降國民黨的偽滿軍退出。蔣遂以「俄國已決心在北滿製造共產黨偽政權」[96] 為理由，密令徐永昌進剿。此時雖距公開內戰還有好幾個月，但停戰變成斷斷續續的休戰，基本上和平已名存實亡。

　　蘇軍於1946年5月3日撤出東北，蔣介石、宋美齡夫婦回到南京，5月5日宣布還都，5月6日史達林邀蔣介石訪俄，蔣竟然

94　見顧維鈞，《顧維鈞回憶錄》（北京：中華書局，2013），第6冊，頁17。

95　Kenneth W. Rea & John C. Brewer ed., *The Forgotten Ambassador: The Reports of John Leighteon Stuart, 1946-1949*（New York: Westview, 1981），pp. 2-3.

96　見蔣介石1946年4月20日反省錄。

認為是「離間中、美關係之最大陰謀」而加以拒絕。蔣接著於5月19日開始在東北發動攻擊，先後攻克四平街與公主嶺，又於23日攻占長春。蔣原說共軍非撤出長春不能繼續和談，馬歇爾乃要求蔣下停戰令以免擴大，而蔣以視察東北為名，告訴馬歇爾回來再說。蔣顯然以為一舉奪取長春證明中共實不堪一擊，然後再停戰。宋美齡陪蔣介石於5月24日抵達瀋陽後寫英文長函給馬歇爾，除表示仍將遵守前訂停戰協議外，提出三項要求：一、中共讓中央政府接受東北主權；二、中共不干涉恢復全國交通；三、國共代表意見不一時，美方有最後決定權。馬將此函交周恩來，周於26日回信原則上同意作為談判的基礎，只對所提三項要求略做澄清，並要求停戰。但停戰須等蔣回京，蔣到6月5日才回到南京，馬歇爾立即要蔣宣布停戰以便和談，而蔣僅允休戰十日，說是所有條件談妥後再正式停戰。馬要求無限期停戰，但蔣僅略做讓步，允多休戰五日，[97] 等到休戰期限將滿，蔣在各方壓力下再延八天。最後中共對宋美齡提出的三項要求多少做了讓步，但蔣介石又提出蘇北地方政權的新要求。蔣不僅要共軍自蘇北撤走，而且共方員警、保安以及行政人員也須撤走，完全由國民黨接收。中共不答應，只允按照政協決議原則選舉改組政府之後由新政府來接收。至6月29日休戰期滿前夕，雖經馬歇爾苦心勸說，蔣仍不肯接受馬氏的解決方案，也不肯暫行保留未有協定部分，不肯簽字停戰，也不願宣布談判破裂。國共五人小組周恩來、董必武、邵力子、王世杰、陳誠於7月2日商談未了問題，談了10天仍無結果，蔣於是

97　參閱Van Slyke, *Marshall's Mission to China*, vol. 1, pp. 136-139.

下令開火，並立即登上廬山躲避馬歇爾。

　　馬歇爾於7月14日跟上廬山，此後飛來飛去，到9月1日為止一共九上廬山（幸而馬歇爾夫人也住在廬山，尚可公私兼顧）。馬雖一再進言停戰，仍無法說服蔣介石。[98] 蔣卻於8月11日又向中共提出五項要求：一、中共自蘇北、皖北撤退；二、中共自熱河朝陽撤出；三、中共自膠濟鐵路全線撤退；四、中共於6月7日以後所占晉、魯各地須撤出；五、中共須於10月10日之前自興安省撤退、自黑龍江吉林兩省撤出一半。這五項要求又超出蘇北地方政權問題甚遠，真是沒完沒了。中共則要求停戰後才能談。蔣挨到9月底終於答應停戰，馬歇爾正感高興，但形勢又告緊張：蔣軍進攻張家口打得順手，中共抗議聲稱若不立刻停止，和談將全面破裂，責任將由國民黨來負。蔣不予理會，更於10月2日提出有關國府委員名額與駐軍地點兩點聲明，連馬歇爾都感不妥，馬要求見蔣，蔣避而不見。馬將這兩點聲明交給周恩來後才得與蔣見面，此時馬已經生氣要求杜魯門把他召回，司徒雷登也認為「蔣氏進軍張家口，同時又利用馬將軍和我繼續和平談判，這會連累到美國方面的信譽」。[99] 最後馬與司徒雷登大使於10月6日和蔣談了八個鐘頭連飯都沒有

98　見Van Slyke, *Marshall's Mission to China*, vol. 1, p. 190. 另參閱屠傳德，《美國特使在中國，1945-1949》（上海：復旦大學出版社，1988），頁274-280。

99　司徒雷登，《司徒雷登日記：美國調停國共爭持期間前後》，陳禮頌譯，傅經波校訂（香港：文史出版社，1982），頁9。司徒大使參與國共和談之經過，參閱郝平，《無奈的結局——司徒雷登與中國》（北京：北京大學出版社，2002），第10、11章。

吃，而蔣僅僅答應停戰十天。[100]

　　周恩來見到蔣之兩點聲明已不高興，及知馬要中共於停戰十日之內實行這兩點聲明才能停戰，更感有助蔣為虐之嫌，於10月9日給馬歇爾寫了一個備忘錄說明不能接受兩項要求的原因，並責怪馬陰助蔣無意和平。馬歇爾辛苦一場，結果是豬八戒照鏡子兩面不是人。據董必武和王炳南告訴梁漱溟，馬帥大發雷霆氣得發抖。[101] 正在此危機時刻，國民黨軍隊於10月11日攻克了中共重要據點張家口，蔣介石得此佳音捷報，高興之餘，更不顧中共反對以及政協決議，擬於11月15日召開國民大會。國共之外的第三勢力雖仍想做最後的努力，但蔣於10月21日接見中間派人士後，立即飛往台灣，顯無談判誠意，至25日國民黨拿下安東，大家才明白蔣早已決定要大打特打了。

　　馬歇爾聲望極高、信心極強，對於調停失敗當然很不高興。連親蔣的國民黨學者邵玉銘在他的司徒雷登傳裡，也不得不指出：馬歇爾對蔣一意想用武力解決感到非常憤怒。[102] 黃炎培於1947年元旦寫的一首打油詩：「去年一月政協開，今年決議燒作灰；借問將軍馬歇爾，將軍端為何事來」，[103] 很可表達馬帥離華前的落寞心情。馬歇爾最大的敗筆是他雖促成政協完成自由民主的決議，但不能使決議落實。他譴責國共雙方的「極端派」（extremist elements）破壞了和平，[104] 不過是外交辭

100　見梁漱溟，《憶往談舊錄》（北京：考古文化事業公司，2007），頁204。

101　見梁漱溟，《憶往談舊錄》，頁207-208。

102　見 Shaw, *An American Missionary in China*, p. 171.

103　見許漢三編，《黃炎培年譜》（北京：文史資料出版社，1985），頁201。

104　Van Slyke, *Marshall's Mission to China*, vol. 1, pp. 431-433.

令，因中共方面的意見相當一致，固然沒有什麼「極端派」，
國民黨方面派系雖多，一切都是蔣介石說了算，他若要和平誰
敢破壞？所以和戰的關鍵人物無過於蔣。蔣既一心想要「消滅
共匪」，決無意要和，然逼於情勢、震於馬歇爾的威名，不得
不加以敷衍，後來發覺美國因戰略關係，冷戰形勢已成，不會
主動放棄蔣政府，也不會斷絕軍援、經援，更因反共的「麥卡
錫主義」（McCarthyism）抬頭，親蔣的「中國遊說團」（The
China Lobby）在華府實力強勁，乃有恃無恐，令馬帥九上廬山
吃盡苦頭而和談不成。[105] 馬歇爾於和談失敗後曾於12月1日往見
蔣介石，坦白警告蔣，內戰將導致經濟崩潰，絕不可忽視中共
的力量，而蔣不同意馬之悲觀看法，認為中共在他的攻勢下，
不可能維持八到十個月。蔣於一周之後又向美國駐華大使司徒
雷登說：他即使沒有美援亦將在十個月內消滅中共！[106] 他有如
此信心，所以一意要打，馬勸阻不成，結果打輸了又怪美國人
援助不力，這就是蔣介石的個性。

　　杜魯門派出王牌馬歇爾來華調停國共內戰，馬無功而返不
免耿耿於懷，回華府後終於認為和談的失敗，國民黨要負的責
任多於共產黨。[107] 蔣介石總以為馬歇爾在幫共產黨的忙，其

---

105 以美國之實力、馬歇爾之威望，和談仍然不成，實與冷戰的客觀形勢有
　　關，詳閱拙作Young-tsu Wong, "The Fate of Liberalism in Revolutionary China:
　　Chu Anping and His Circle,1945-1950," *Modern China: An Interdisciplinary
　　Journal* Vol. 19, No. 4（Oct. 1993）, pp. 457-490. 中國遊說團為蔣遊說事實
　　可參閱Koen, *The China Lobby in American Politics*, pp. 11-13, 46, 48, 56-57,
　　70, 90, 103, 105, 164, 166.

106 參閱Shaw, *An American Missionary in China*, p. 184.

107 見Ernest May, *The Truman Administration and China*（Philadelphia: Lippincott

實美國人是要幫蔣介石的忙，希望能不戰而統一於蔣的領導之下。幫蔣介石的忙也是幫美國的忙，一個親美的中國政府才符合美國在亞洲的戰略利益，和平穩定的中國才符合美國的商業利益，戰後美國經濟獨霸全球，一度產品占世界總額的六成，中國不僅是廣大的潛在市場，亦是主要的原料供應國，奈蔣介石「冥頑不化」，一意想要消滅「共匪」，偷雞不著蝕把米，不但使自己失去了大好江山，也使美國「失去了中國」（Loss of China）。因而杜魯門與馬歇爾對損人害己的蔣介石，鄙夷與憎恨之情，更有甚於羅斯福。

馬歇爾畢竟是一正直的軍人，不苟言笑，不會出言不遜，然而杜魯門乃出身小城的政客，常口不擇言，國罵隨心所欲，頗具鄉土風味。他退休之後，有人替他做口述歷史，當時雖已年逾古稀，但提到蔣介石仍然火氣甚大，氣憤溢於言表。他說他經過一段時間之後才發現，包括蔣氏夫婦在內的孔宋家族，盜取了美國對華援助35億中的7.5億美元，投資於巴西聖保羅和紐約的地產，以及用之於親蔣的「中國遊說團」。杜魯門毫不留情地說：蔣、宋、孔「他們都是小偷，他媽的他們之中每一個都是賊」（They are all thieves, every damn one of them）。[108]於此可見，杜魯門是如何鄙視中國的領導人蔣介石及其皇親國戚。

杜魯門和馬歇爾雖早就不喜歡蔣介石，但他們的問題是

Williams & Wilkins,1975）, p. 12.

108　見Merle Miller, *Plain Speaking:An Oral Biography of Harry S. Truman*（New York: Berkeley Publishing Corporation, 1974）, pp. 288-289。

別無選擇，從美國的利益著眼，他們更不喜歡毛澤東。美國人雖在延安沒有看到俄國顧問、任何俄式裝備，也深知史達林為己遠甚於助毛，但毛畢竟是共產黨，毛的勝利仍然是國際共產主義的勝利，在冷戰已漸成氣候之時，美國是完全不能接受的，更何況杜魯門不是獨裁者，必須承擔其他政治勢力的壓力，而蔣介石在美國有的是右派朋友，如出版界的盧斯（Henry Luce）是最忠實的擁蔣派，再通過右派參眾議員的反共信念，以及「中國遊說團」的組織，在美國形成一股強大的親蔣勢力。親蔣與親華本來是兩碼子事，但當時一般美國公眾往往和蔣介石一樣，把蔣介石當作中國。羅斯福的親信霍普金斯（Harry Hopkins）就曾說過：「美國公眾多誤以為蔣介石就是中國」。[109] 尤其是美國公眾之中的右翼政客，把扶蔣與反共視為一體，以批蔣與媚共為同義之兩詞。因而在「麥卡錫時代」，有曾駐在重慶的美國外交人員，因批評蔣介石而被戴上紅帽子，遭遇清算。

在反共的大方向下，除了公眾之外，美國的官方特別是外交與軍事部門，大都主張「助蔣滅共」，幾乎一致認為蔣介石垮臺和毛澤東的勝利，將導致蘇俄控制中國，威脅到美國在亞太的利益。美國第七艦隊司令庫克（Admiral Charles M. Cooke），於馬歇爾在華調停期間，提出訓練中國陸戰隊，以減少美國駐華陸戰隊的兵力，以及利用美國海軍來支持國民黨的各種建議。[110] 雖未被馬歇爾接受，但美國仍然繼續強調在

---

109 引自E. J. Kahn, *The China Hands*, p. 102。

110 參閱*Foreign Relations of the United Sate*s, vol. 7（1947），pp. 73-80, 864-865,

華軍事基地的重要性，特別是在青島的海軍基地，認為一旦失
去將有災難性的後果，故美國國務院上下以及駐華大使司徒雷
登，大都採取扶蔣、援蔣的立場，都希望美國的援助可以幫助
蔣介石打敗共產黨。理解此一背景便知杜魯門和馬歇爾再討厭
蔣介石，也只好援助他。蔣亦心知肚明，所以有恃無恐，最後
可以不買馬歇爾的賬，關閉和談之門，全面展開內戰，蔣還想
請馬留在中國當他的軍事顧問呢！從《顧維鈞回憶錄》看到，
蔣還是低估了馬歇爾，所以當聽說馬出任美國國務卿時，會感
到震驚！總之，杜魯門也好、馬歇爾也好，並不存在援不援助
蔣介石的問題，而是援助多少到什麼程度，以及如何使援助得
到應有效果的問題。馬歇爾初來華時，就帶來一張五億美元支
票，作為達成和議的獎賞。馬歇爾於1946年的下半年，曾以禁
運軍火作為對蔣和談的壓力，但在馬離華之前禁令已經取消。
蔣介石打共產黨始終有美國的軍援，到1947年的秋天又有新的
援助計畫。美國國會於1948年4月又通過四億六千三百萬美元的
援華法案。據美方的估計，自抗戰勝利五年以來，援助蔣介石
政府不下二十億美元。而蔣介石卻一直認為美援不足，導致他
的失敗，美國右派政客也借此攻擊杜魯門政府「失去中國」。
但是在華觀察的美軍一致認為，國民黨軍隊挫敗絕非由於軍火
缺少，而是由於領導無方以及士氣低落。他們見到解放軍進入
北平時所攜美械裝備，以及毛澤東閱兵乘坐的凱迪拉克敞篷轎
車，很不是滋味。

　　當1947年的秋天，戰況日漸對蔣介石不利的時候，蔣在東

944-945, 953。

北的據點益形孤立，司徒雷登大使甚至向美國政府發出華北可能不守的預警。[111] 他於6月4日又致電國務院說：中國現狀的悲劇是由於蔣總統及其周圍的人不能理解全國人民和平的渴望，而只相信他們的特務以至於不能迎合大眾的訴求，只能用殘酷的鎮壓方式，實在幫了共產黨的大忙。[112] 馬歇爾懼怕國民黨政權會全面崩潰，於六月間向一群美商坦言：「我用盡腦汁苦思而不得解救之道」（I have troubled my brain and I can't now see the answer），[113] 最後他建議魏德邁率團訪華，魏將軍的反共觀點眾所周知，又與蔣介石熟識，而其團員包括財政、經濟、政治和工程技術等各方面專家，在華府的顧維鈞大使認識到魏德邁率團出訪，「是美國政府對華政策可能有所改變的跡象」。[114] 所謂有所改變，乃美國政府將會根據魏將軍的實地調查報告，增加對蔣介石的援助。當時美國的一般輿論亦持這種看法。後來馬歇爾當面向顧維鈞說：

> 魏德邁的出使是（我）建議的，以便魏德邁研究中國的情況並回美提出報告。該報告將使（我）據以檢查美國的援華政策。（我）自己從中國回來，已逾半年，急切想幫

111 見司徒雷登1947年3月26日致國務卿函，載 *Foreign Relations of the United Sates*（1947），vol. 7, pp. 84-86。

112 Rea & Brewer ed., *The Forgotten Ambassador*, p. 115.

113 見David E. Lillienthal, *The Journals of David E. Lillienthal, Vol.2: The Atomic Energy Years, 1945-1950*（New York: Harper & Row, 1964），p. 201.

114 見顧維鈞，《顧維鈞回憶錄》，第6冊，頁171。

助中國，但怎樣幫助最好，卻感到沒有十分把握。[115]

　　馬歇爾之所以遴選魏德邁率領訪問團，就是因魏反共與蔣合拍，以及魏曾任蔣氏軍事顧問。由此可以證實，馬歇爾雖有憾於蔣，仍想積極援蔣以挽危局。白宮於7月11日宣布派出代表團訪華，魏德邁做了一個多月的實地調查，走訪了南京、台北、廣州、上海以及華北、東北等地。他雖然反共親蔣，但他畢竟是美國的軍人，負有調查真相的重責大任，其本國利益交關，他的直言無忌與坦率是必然的。他指出國民黨文武官員普遍貪污和腐化，徵兵極不公平，權貴子弟紛紛出國留學，以逃避兵役。他甚至在瀋陽當面痛斥熊式輝，因熊說不出軍中實有的人數，暴露了國民黨軍隊中吃空額的大弊端，並責罵熊從未到過軍中醫院視察，所以不知道醫院中有多少床位。魏德邁於8月24日離華前夕，更在報端發表一篇極為坦率的談話。一言以蔽之，他批評蔣介石政權的「精神破產」（spiritually insolvent）。這種坦率與直言對魏德邁而言乃職責所在，但對蔣介石而言自然刺耳而又難堪。我們從顧維鈞的回憶錄中得知，外交部長王世杰電告顧大使：「委員長和政府其他負責人員對魏德邁的講話表示憤慨」，不僅惱怒，而且是「頗為惱怒」，不僅是反感而且是「十分反感」，指責魏德邁「驕傲自大」。由於這些反感與惱怒，魏德邁離華前設宴招待蔣介石話別，蔣藉故不去由宋美齡代表，然而正當夫人首途赴宴之時，

115　顧維鈞，《顧維鈞回憶錄》，第6冊，頁203。

魏也託故疲乏取消了宴會，[116] 美國佬不會買帳，蔣介石只好自討沒趣。一個美國將軍來到中國任意調查，已有干涉別國內政之嫌，但蔣竟表歡迎且願把權力交給魏德邁，及魏認真批評，尤其是說中國當前需要一位能夠鼓舞群眾的領袖，使蔣難堪至極，卻又難以啟齒，雖曾央司徒大使說項請魏德邁不要批評過甚，但大使先生以不便干預應之，實際上這位親蔣的大使私下贊同魏的嚴評，希望有當頭棒喝之效，[117] 結果不僅無效，反增怨恨。

　　魏德邁回美後報告，指出中國情況自馬歇爾離開後更趨惡化，但是他的反共立場不允許他建議美國洗手不幹，他不但主張援蔣，而且主張大規模的經援，不過所有的軍援與經援，在企劃和運用時都須經美國人的監督，才不至於白費。他深信東北已不可為，建議由聯合國託管以免被中共占領，淪為蘇俄的「衛星國」。蔣介石及其外交部長王世杰還以為美國要中國放棄東北，實際上魏德邁要保住東北，不為共產黨所取，因他早已觀察到蔣介石的精銳虛弱不堪，他曾向顧維鈞極具形象地把手握成拳頭，然後把食指伸直說：「形勢正像這樣，共產黨隨時可以切掉那個手指，從而掐斷國軍的補給線」。[118] 這位美國將軍到東北一看便知無望，然而中國最高統帥蔣介石卻看不到，最後眼睜睜地讓解放軍把他的補給線完全切斷。馬歇爾有鑒於魏德邁的報告過於敏感未即公布，且做私下的參考。後來

116　見顧維鈞，《顧維鈞回憶錄》，第6冊，頁193、195。

117　參閱Rea& Brewer ed., *The Forgotten Ambassador*, pp. 133, 137。

118　見顧維鈞，《顧維鈞回憶錄》，第6冊，頁199。

白皮書公布後，〈魏德邁報告〉（Wedemeyer Report）才公諸於世。從魏德邁的報告可知，這位將軍因反共，極力主張大規模援蔣，然而同時指出如無美國人掌控再多的援助也無濟於事。所謂掌控，最終勢必要把蔣介石肩上的財經與軍事擔子全挑過來。蔣曾向司徒雷登提出簽訂〈中美反共協定〉，司徒不予鼓勵，因知蔣有套牢老美之意。[119] 當瀋陽棄守，徐蚌會戰於1948年11月9日開打，蔣介石向杜魯門「狂呼求救」（a frantic appeal for help）。同時美軍駐華顧問團團長包大維（General David Barr）向白宮報告說：「我深信軍事情況已經壞到惟有美軍積極參與才有辦法，自我抵華之後沒有一次敗仗是由於槍械不足。他們的敗仗在我看來，完全歸咎於世界上最糟糕的統馭術，以及其他有損士氣的因素，以至於全無鬥志。」[120] 杜魯門政府至此已有清楚的結論：除非美國願意花費數十億美元，派百萬美軍赴華助戰，對蔣增援實同浪費。美國出兵百萬保蔣似乎是天方夜譚，其實不然，當時美國有的是狂熱的反共人士，很願意組織反共十字軍阻止共產主義的擴張，至少要阻解放軍於長江以北。共和黨於1949年大選時，推出右派保守的杜威（Thomas E. Dewey），極力附和反共援蔣的論調。他公開說：「中國如果倒下，我們有理由認為整個亞洲將要完蛋，然則西歐與美國勢必在極具敵意的世界中受到孤立」，[121] 儼然是越戰前的「骨牌理論」（The Domino Theory）！杜威心目中的中國就是蔣介

119　見Rea & Brewer, *The Forgotten Ambassador*, p. 194。

120　閱Margaret Truman, *Harry S. Truman*（New York: William Morrow & Company, Inc. 1973）, p. 411.

121　見*The New York Times*, 25 Nov. 1947, p. 18.

石的中國，意在給蔣更大的援助以及與中共決戰。蔣介石素知與美國在反共上具有親密的共識，自然更冀望於杜威的當選。事實上杜威麾下的共和黨人，有不少認為幫助蔣介石戰勝中共，乃是反共戰爭中一項較為便宜的投資！

　　杜威一時呼聲頗高，輿論預測其當選，結果出乎意料，杜魯門獲得連任，美國參眾兩院亦由民主黨得到多數席次，更加強杜魯門的政治實力。蔣介石壓錯寶，無法期望美國對華政策有重大變動；其實，即使杜威當選，是否真正會出兵助蔣剿共仍是大問號，因美國軍方早已理解到，開戰容易如何收場難。蔣只有期盼杜魯門能夠多給些美援，仍做明知不可為而為的努力。蔣介石於11月9日的呼救函，就是在大選之後不久向杜魯門發出的，請「加速並增加軍事援助」，甚至饑不擇食，要求「美國軍事顧問參加指揮作戰」，[122] 但杜魯門對蔣已經失望，無意應蔣之請而改變對華政策。當徐蚌會戰情況不利時，美國國務院對蔣政權的態度已由鄙夷轉為冷漠，認為蔣介石倒臺將不可避免，而適於此時蔣介石尚不知趣，還想派孔祥熙到華府做他的私人代表去當「太上大使」，結果被馬歇爾認為不妥、被杜魯門拒之門外。顧維鈞大使於11月24日拜會杜魯門，美國總統比中國大使更知道徐蚌戰況，說是國軍32個師攜帶全部裝備投共，顧竟全然不知，後來向葉公超詢問之後，才得到證實。[123]

　　時至1948年年底，南京政府已經癱瘓，蔣介石原想親自到

122　參閱顧維鈞，《顧維鈞回憶錄》，第6冊，頁523。
123　參閱顧維鈞，《顧維鈞回憶錄》，第6冊，頁544-553。

美國來求援，但杜魯門不贊成，說是：「看不出此刻委員長怎能離開中國」，[124] 蔣介石致函杜魯門，希望美國增加軍援，以鼓舞士氣，鞏固其搖搖欲墜的地位之餘，又以宋美齡為其代表前往華盛頓求援，但美國方面堅持為私人訪問。宋美齡於12月1日上午抵達華府。她此行的境遇與上次迥然不同，上次日本侵略軍雖占據中國半壁江山，他們夫婦受到美國朝野的敬禮，視為抗日英雄，故接待時盛況空前，而此行根本不予官方禮遇，踉蹌和難堪之情難以掩飾。她此行的真正目的連大使顧維鈞都搞不清楚，尚需猜測到底是委員長授意，還是夫人自作主張，甚至如謠傳所說的一些古怪原因，諸如與丈夫吵架以及怕被共軍俘虜等等。她向杜魯門提出三大要求：援華聲明、派遣高級軍官來華、增加軍援，已是舊事重提，但美國政府完全不感興趣。杜、蔣之間已難於異中求同，杜認為蔣不肯改革，援亦無益，蔣則謂沒有援助根本無從改革，討價還價之餘，說話全不投機。她若事前與顧大使好好研商，了解華府情況，根本不必多此一舉，讓杜魯門說不而自取其辱。然而她抵達華府後，顧大使雖一再求見，蔣夫人未予理會，更無機會向她作背景分析，最後在她赴白宮見總統那天下午才約見顧大使，卻板起面孔，原來是因為一個在大使館掛名為隨員的黃仁泉，專門為孔家辦事而被撤職之故。談完話後她起身以「嚴厲的聲調」向顧大使說：「黃仁泉將被撤職是否真有其事」？然後一再反覆說：只要她在美國，就需要黃仁泉辦事，就不應撤他的職。顧大使保證不撤銷黃的職務，她才走出客廳。顧大使得此奇遇，

---

124 見顧維鈞，《顧維鈞回憶錄》，第6冊，頁560。

忍不住在日記中寫下這樣一段：

> 我有這樣一種印象，就是她（宋美齡）並不急於見我，因為她的心情不好，為她的使命和她遭到的冷遇感到煩惱，也許還因為她的親戚和黃仁泉在背後說我的壞話，她對我的態度不那麼友好和自然，和我們以前在各種場合見面時都迥然不同。奇怪的是，在我們四十五分鐘的談話中，她一次也沒有對我說她是怎樣決定接受訪美使命、訪美的目的、委員長或政府的希望、馬歇爾將軍的態度、她想像中援助的前景等等。好像她安排這次會見只是為了避免人們批評她不願了解我提供的情報或意見。[125]

　　顧維鈞的透露，很可印證這位高貴夫人的任性、不識大體、假公濟私，以及胡適之曾說過的「一股虛驕之氣」！即使大難臨頭，也不改舊習。從她一下飛機就由馬歇爾夫人陪同，以及多次會見馬歇爾，可見她確想套舊關係，畢竟馬氏夫婦曾在華一年，多少建立起一些私人的交情，想憑其三寸不爛之舌冰釋蔣馬之間的誤會，讓這位國務卿重視國民黨危局的嚴重性，在反共的共識下大力援蔣。但在馬歇爾的心目中，蔣介石的紀錄實在太差，即使有私情的話，他也不會以私害公。

　　宋美齡與馬歇爾話不投機已形之於色，她再次會見馬歇爾之後，記者問她有無收穫，她巧妙地反問「有誰見到馬歇爾將軍而不感到有收穫呢？」無意中承認她的收穫僅止於見到馬將

125　顧維鈞，《顧維鈞回憶錄》，第6冊，頁574。

軍，顧維鈞證實了她與馬的會談是「極為失望」的。她於12月10日與杜魯門僅有的一次見面，更加失望，她於下午五時在白宮用茶點，五點半在杜魯門書房談話，不到六點鐘就已結束，連晚飯都沒有，與上次吃住在羅斯福的白宮，不可同日而語。她走出來，在眾目睽睽下，「神色嚴峻，冷冷一笑，給人的印象是會談沒有成就」。[126] 杜魯門退休後口述，提及此次會見說：

> 當1948年我仍然是總統的時候，她來美國要求更多的「施捨」（handouts）。我不像羅斯福那樣讓她住在白宮，我想她頗不高興，但我一點也不在乎她高興或不高興。[127]

顧維鈞說：蔣宋美齡此行沒有成就；何止沒有成就，簡直是災難性的失敗。情況已經很明顯，就蔣介石的對美關係而言，宋氏兄妹已不再是財富，而是負擔。宋美齡於杜魯門不願再次見面後，悄然離開華府，隱居在紐約長島的孔氏豪宅，直至1950年大陸盡失後，才回到台北與夫君蔣介石重聚。

杜魯門政府不願提供更多援助，因知已經無濟於事，真要救蔣只有捲入中國內戰，美國曾考慮派麥克阿瑟將軍（General Douglas MacArthur）來華，但恐深陷泥淖，老美終不願也。蔣介石在抗戰期間不許史迪威指揮中國軍隊，而今飢不擇食，竟積極要求美國派大將來指揮國軍剿共。蔣介石為了救命，要

126　顧維鈞語，見顧維鈞，《顧維鈞回憶錄》，第6冊，頁574。
127　Miller, *Plain Speaking*, p. 288.

美軍介入的意圖，毫不隱諱，[128] 美方敬謝不敏，事機亦稍縱
即逝。美國為了阻止共產黨在1960年代派遣了五十萬美軍到越
南，結果鎩羽而歸，杜魯門沒有在1940年代出兵中國保蔣，除
了時、地、人諸多不同因素外，馬歇爾起了一定的作用。他到
過中國，與中共有所接觸，比較熟悉中國的情況。他雖然反
共，但確知蔣介石的失敗並非蘇俄的陰謀，而是由於中國內部
的力量。如果美國介入，無異把所有的中國難題一肩挑起，如
馬歇爾本人所說：「實際上勢必準備接收中國政府，無限期地
投入大量的軍事力量與經濟資源」，故認為「如此大規模的投
入和消耗，明顯地與可能獲致的結果完全不成比例」。[129] 美
國人視越戰為一場災難，他們應當感謝馬歇爾阻止了更大的一
場災難。如果真的發生，後果可想而知，不僅是美利堅的大災
難，也必然是中華民族的大災難。就此而論，蔣介石夫婦求救
的失敗，豈不正是中華民族的幸運？

　　當塵埃落定之後，杜魯門政府的國務卿已由艾奇遜（Dean
Acheson）繼任，此君於1949年8月5日發表了轟動一時的中美關
係白皮書。此一白皮書的用心顯然要回答日益高漲的美國右派
抨擊，所以用大批檔案資料來說明杜魯門政府已用盡力氣想幫
蔣介石打敗共產黨，但中國內戰的不利結果絕非美國政府能夠
控制和改變，所以「失去中國」的責任主要應由蔣政權的腐敗
和無能來負擔，許多精良的美械部隊很容易就投降給了共軍。

128　見司徒雷登於1948年6月10日致國務院函，謂蔣願將全部權力交給美方來企
　　劃、監督與執行，函載Rea & Brewer ed., *The Forgotten Ambassador*, p. 242.
129　參閱May, *The Truman Administration and China*, pp. 30, 81-82.

這一點被毛澤東證實：「中國人民解放軍強大的物資裝備，大部分是從美國帝國主義得來的」。[130] 換言之，杜魯門盡力提供了軍援和經援，無奈蔣介石是扶不起的阿斗，所以失敗了，到1948年底，連支持蔣的一紙聲明也不願發了。[131] 杜魯門當然有推卸責任之意，而蔣介石對白皮書敢怒不敢言。史家陳寅恪有句曰：「可憐漢主求仙意，博得胡僧話劫灰」，[132] 直把杜魯門比作話劫灰的胡僧。美國的右派譏白皮書為「洗白書」（The Whitewash Paper），毛澤東更借此大做文章，指出白皮書是美帝「無可奈何的供狀」，自承「出錢出槍」由「蔣介石出人」替美帝打代理戰爭。蔣介石一直指毛澤東是史達林的代理人，白皮書正好為毛澤東證實蔣介石是美帝的代理人！最後老美覺得蔣介石扶不起來，想要換新的代理人。老美不要他了，而毛澤東那邊卻發出「向全國進軍」的命令，要「特別注意緝拿匪首蔣介石」了！

　　蔣介石失去大陸，在美國右派分子鼓噪下，杜魯門也被波及，背上「失去中國」的黑鍋。杜魯門是不服氣的，他於1950年1月4日在白宮開記者招待會，明確宣布不再介入中國內政，不再給退居台灣的蔣介石任何軍援，甚至要撤僑，顯然要放棄蔣介石了。當時美國情報單位估計中共即將展開龐大攻勢，台

130　毛澤東，《毛澤東選集》，第4冊，頁1372。

131　見《中美關係資料彙編》，第1輯，頁902。參閱U.S. Department of State, *The China White Paper, 1949*, Introduction by Lyman Van Slyke（Stanford: Stanford University Press, 1967）.

132　句見陳寅恪，《陳寅恪集・詩集》（北京：生活・讀書・新知三聯書店，2001），頁67。

灣將不保。美國雖不樂見失去台灣，但大勢已去也無可奈何。
杜魯門已準備接受不可逆轉的現實，承認新中國亦勢所必至。
蔣介石心知肚明，所以在5月28日給在美國的胡適一封信，信中
最關切的不是經援或軍援，而是不要華府承認新成立的中華人
民共和國。[133] 孰料1950年6月25日突然爆發朝鮮半島的戰爭，
金日成的軍隊跨過三十八度線長驅直入。美國視之為國際共產
主義的擴展，為防骨牌效應遂出兵干預，並派第七艦隊進入台
灣海峽重新保蔣，激怒北京抗美，抗美之不足，接著援朝，
在朝鮮半島上打得烽火連天成為死敵，惡化北京與華盛頓關係
長達20年之久。此一轉機為蔣介石始料未及，使蔣在台灣轉危
為安，但杜魯門對蔣仍不假辭色。當蔣願派三個師赴朝助戰，
杜總統不但一口拒絕，還要說「他（蔣）從來就不成個樣子」
（He never was any damn good），[134] 雖不得已又保蔣，但對蔣
之鄙夷依然如故。

　　美軍統帥麥克阿瑟在朝鮮半島揮師北上，逼近鴨綠江時碰
到中國人民志願軍，美軍被擊退，回到三十八度線以南；高傲
的麥帥惱羞成怒，宣稱要轟炸東北，並鼓勵台灣的蔣介石反攻
大陸。杜魯門怕麥失控，引發第三次世界大戰，不惜撤了麥帥
之職，使盼望第三次世界大戰的蔣介石大失所望。艾森豪繼杜
魯門為美國的總統，他的國務卿杜勒斯號稱「冷戰武士」（the
Cold War Warrior），尤為右傾反共，又給蔣介石帶來希望。但
是美國再右傾亦必以其本國利益為重，對共之策略是「圍堵」

133　蔣信原件藏南港中研院胡適紀念館。
134　Miller, *Plain Speaking,* p. 283.

（Containment）而非「解放」（Liberation），絕無意犧牲美國人的性命，幫助蔣反攻大陸，只願保住台澎而已。美國政府怕蔣在冷戰期間利用高漲的反共勢力，被蔣牽著鼻子走，例如親蔣的加州參議員諾蘭（William Knowland）即曾要求美國封鎖中國沿海，正是蔣所樂見。所以美、蔣於1954年12月簽訂的〈防禦條約〉，一方面美軍保護台澎，另一方面防止蔣反攻大陸，所謂「拴住蔣」（leash on Chiang），猶如給狗拴上繩。蔣介石公開接受美國的保護，暗中掩蓋反攻無望的事實，仍唱「反攻復國」的高調。他內心當然是不服氣的，仍想乘冷戰緊張的氛圍，迎合好戰政客言論製造事端、牽連美國，故而蔣向金馬外島增兵，欲將美國的保護圈包含外島，然後在大陸邊緣放火，將美軍捲入，一旦演成大戰，便可乘勝反攻大陸。艾森豪總統有鑑於此，要蔣在外島減少駐軍遭到婉拒，「美國人始知他們背後跟著一隻熊」（The Americans knew they had a bear by the tail）。[135] 到1958年蔣乘大陸內部困難，不顧美國人勸告，將金馬駐軍增加到十萬之眾，既以外島為基地騷擾內陸，又高唱反攻大陸口號。北京於1958年8月23日發動大規模炮戰還擊，艾森豪不得不派第七艦隊助蔣突破封鎖，軍事衝突急劇升高，《紐約時報》出現「如果共軍入侵金門，美國決定動武」的聳動標題。如美國果真動武，豈非就是蔣介石夢寐所求的嗎？美國畢竟是多元社會，出現不同的批評意見，最後連冷戰武士國務卿杜勒斯也知事態嚴重而改變了主意，遂於9月30日招待記者會，

---

135 John Dulles, *American Policy toward Communist China*（New York: Crowell, 1972），p. 160.

希望金門停戰而後撤兵，蔣大為不悅，想套牢美國又將落空。杜勒斯並不在乎蔣之不悅，更直言不支援、也不容忍蔣進攻中國大陸。北京方面看到若取金馬不能解放台澎，反而會導致台澎與大陸的分割，遂終結炮戰。蔣此後再無機會牽連美國，美國民主黨人甘迺迪（John Kennedy）於1960年當選總統，更明言只保台澎、不保外島。中國大陸於1964年試爆原子彈成功，美軍介入更不可能，也不再以核武威脅中國。蔣介石自此明知反攻無望，仍要興獄鎮壓提出「反攻無望論」的《自由中國》政論期刊。

蔣介石沒料到美國共和黨的反共健將尼克森（Richard M. Nixon）於1968年當選總統之後，在中蘇交惡與越戰泥淖的背景下，遣送軍師季辛吉（Henry Kissinger）打通前往北京之路。尼克森遂於1972年2月與周恩來在北京人民大會堂杯酒交歡，在中南海與毛澤東書房暢談，毛打趣說：我們相見會使蔣介石不高興，毛最後說：「我們和他（蔣）的友好關係比你（尼）與他（蔣）要長」。[136] 尼克森臨行時發表中美上海公報，奠定了兩岸同屬一個中國的基調。對蔣衝擊更大的是，北京順利取得聯合國安理會與大會代表的席次，成為中國的唯一合法政府，中華民國正式被中華人民共和國取代。蔣介石的大陸夢徹底破碎，而此時他已入風燭殘年，奄奄一息，於1975年4月5日晚上病逝，活了87歲。

蔣介石大半輩子與美國人打交道，他的美國經驗酸甜苦辣

---

136 詳閱Richard M. Nixon, *The Real War*（New York: Grand Central Pub, 1980），p. 144。

兼而有之。美國在華影響力原本遠不如歐日，蔣介石在上海清黨後，才脫離親俄的革命路線轉而親美，至太平洋戰爭爆發與美國結盟抗日，介入益深。美國羅斯福總統規劃戰後新秩序，期盼強大而親美的中國，所以力挺蔣為四強之一的元首，然戰後蔣勇於內戰而強大無期。蔣打內戰雖以優勢兵力與美國援助的精良裝備，居然一敗塗地。美國因受蔣之累，新中國不僅不親美，甚且仇美。美國之中國政策，無疑徹底失敗，美國人歸罪於蔣，美國人因而輕蔣、辱蔣、甚至倒蔣，而蔣自亦憤懣，惟其只能發洩怨恨於日記，終不能脫離美國的保護而自立，所謂人必自侮而後人侮之。蔣介石的美國經驗或也可稱之為自侮與被侮的經驗，吾人真不必以為辱蔣即辱華也。

第十二章

駁蔣介石策動德軍推翻希特勒的 所謂驚天秘密

　　楊天石在台北《傳記文學》月刊發表〈抗戰期間中德關係的驚天秘密——蔣介石策動德國軍隊推翻希特勒〉一文。[1] 誠如編者按語所說「聞所未聞」。凡是讀過第二次世界大戰歷史的人，對於戰爭期間部分德軍將領試圖推翻希特勒及其納粹統治，應該耳熟能詳，絕非什麼「秘密」，但若說此事由蔣介石策動，確是「驚天秘密」；如果屬實，不僅應該作為《傳記文學》的封面故事，全世界的媒體都應該報導這則新聞，但事實並非如此，沒有一家外國媒體報導或注意此一「驚天秘密」。因為蔣介石不可能，也無能力策反德軍來推翻希特勒。

　　其實楊文僅有一小段文字與所謂蔣介石「策動」直接有關：「蔣介石終於在1942年1月做出決策，派齊焌赴瑞士運動德國軍隊倒戈，並且將有關計畫報告羅斯福」後，便無下文。我們不知道蔣介石如何在中立的瑞士運動德軍倒戈？「運動」

1　楊文見《傳記文學》總574期（2010年3月），頁4-16。

的經過與事實何在？向誰「倒戈」？報告給羅斯福的又是什麼
計畫？有無羅斯福收到報告的證據？均無交代。更何況「倒
戈」是投向敵方，絕對與事實不符，那些德軍將領早於1942年
之前，就想要推翻希特勒，原因是為了與英法等盟國議和，
以避免全面戰爭，出於愛國心，何待蔣介石來策動？又何來
「倒戈」？至於說德軍要求蔣介石代向英美求和，更有違常
識。反納粹德軍將領與敵方，尤其英國方面早有管道，何須
由蔣介石仲介？固不必說當時之中國已自顧不暇，有何能力干
預別國的內政，蔣與羅斯福、邱吉爾亦無特別交情，由蔣轉達
有何方便與好處？據楊文所述，蔣介石也未曾向盟邦提出過此
事，只向在白宮訪問的宋美齡發了一封電報，請她轉達，但宋
美齡是否轉達也不知道，也未見羅斯福回應的紀錄，只能說不
了了之，毫無影響。楊文在最後一節述及1944年德軍反希特勒
的政變未遂，極力將之與蔣扯上關係，若謂曾向「蔣介石表示
『忠誠』的法肯豪森將軍也被捕了」，以落實所謂由蔣「策
動」，實在過於牽強。法肯豪森將軍（General Alexander von
Falkenhausen）於二戰末期擔任比利時與北法軍事首長，他像隆
美爾元帥一樣，參與反希特勒，絕對與蔣介石無關。另外楊文
特別提到宋子文於1943年4月7日經過齊焌匯美金三萬元給在瑞
士的軍火商人克蘭（Hans Klein），好像落實了蔣介石金援反希
特勒德軍的事實。其實，自1942年底到二戰結束，德國反納粹
地下組織與盟軍在瑞士的接觸，主要是通過美國戰略服務處主
任杜勒斯（Allen Dulles），何必要由一個軍火商通過齊焌經由
蔣介石轉達？

　　至於1944年那場政變，牽涉到德軍將領之多、層次之高，

根本不需要外來的金援？這區區三萬美元在楊文裡也下落不明，宋子文說給了錢，齊焌說收到錢並給了克蘭，但我們不知道齊焌是否給了這筆錢？也不知道那位在反希特勒運動中名不見經傳的軍火商，是否將錢收入自己的口袋？不然的話又如何用在反希特勒的活動上？全無交代。在楊文裡蔣與德方的聯繫均由齊焌轉手，連德方的回信也是由齊焌轉述，卻不見原文，以致於有不少阿諛奉承蔣氏的話，顯然是齊焌的加料，以討主子歡心。最有趣的是，齊焌的德國朋友也會像中國人一樣在信裡跟他稱兄道弟。換言之，德國人的回函都是齊焌的筆調。我們並不懷疑這些材料的真實性，但這些材料並不能說明蔣介石策動德國軍隊推翻希特勒。

　　楊天石如多讀一些西文材料，包括德軍將領的日記以及戰後紐倫堡審判（Nuremberg Tribunal）的證詞，大概不會輕易作「蔣介石策動德軍推翻希特勒」的驚人之語。楊文所用唯一的所謂德方資料，是一本1960年出版的英文暢銷書，記者夏伊勒（William Shirer）寫的《第三帝國的興亡：納粹德國史》（*The Rise and Fall of the Third Reich: History of Nazi Germany*），而他所依賴的又僅是中文譯本，筆者未見中譯本，故不知是否有誤導之處，但可以斷言的是：楊天石沒有細讀這本厚達一千二百餘頁的原書，不然他一定會發現，書中沒有一丁點蔣介石「策動」的影子，不少德軍將領一再試圖推翻希特勒，完全是自發的，與蔣介石絕對無關。

　　德軍將領有鑒於侵略戰爭會危及祖國而反希特勒，可說出之於愛國心。希特勒於發動戰爭之前，經過他的納粹黨五年有餘的經營，權力已相當穩固，在極權暴政之下，任何反對運動

都難以生存，唯有靠軍隊的實力才能推翻強勢的法西斯元首；
然而軍隊原是其獨裁體制之一部分，德軍將領們對希特勒能擺
脫歐戰後凡爾賽條約的束縛，莫不感到欣慰。所以勃洛姆堡元
帥（Field Marshal Werner von Blomberg）在紐倫堡大審時作證
說：德國將領們在1938-1939年之前無人反對希特勒，因沒有反
對的理由。當希特勒決定要發動侵略戰爭時，才有德國將軍感
到有重啟歐戰的疑慮，可能導致德國的敗亡，重蹈上次大戰的
覆轍，遂試圖阻止希特勒。就在希特勒決定攻打捷克之前，至
少有三位掌握兵權的指揮官同意參與逮捕希特勒的行動，以免
因捷克而與英法開戰，其中包括衛戍首都柏林及其鄰近地區的
司令員維茨勒本（Erwin von Witzleben）將軍，未料英國首相張
伯倫（Neville Chamberlain）為了避免戰禍採姑息政策，同意將
捷克的蘇台德（Sudetenland）拱手讓給希特勒，助長希特勒席
捲捷克的野心，反而使反希特勒的德軍將領感到為難，因而派
遣克萊斯特（Edwald von Kleist）前往倫敦告知英方，德軍將領
大多反對侵略捷克，如果英國政府領導人出面嚴正警告納粹侵
捷之後果，德國將領將會阻止希特勒。[2] 德國陸軍參謀長哈爾德
將軍（General Franz Halder）更派出其個人代表，一位退休的
陸軍中校去倫敦與英國軍方及其情報部門接觸。反納粹德國將
領為了達到目的，不惜秘密透過德國外交部與駐英使館，希望
英方對希特勒持強硬立場；如果英法能夠堅持，德軍準備對付
希特勒。於此可見德軍中反納粹將領一開始就是出自愛國心，

2　克氏訪英紀錄載英國外交檔*Documents on British Foreign Policy*, Third Series,
II。

為了自己的祖國不捲入無法獲勝的全面歐戰，主動要求英法配合，英法反而不甚積極。然則，何待外力策動乎？更何待1942年由蔣介石來「策動」？很難想像有其他學者會說，部分德軍的反希特勒運動是由外力策動的。

　　反納粹德軍將領為了防止希特勒擴大戰爭，曾透過管道警告倫敦，希特勒將於1938年9月間全面進攻捷克，希望英國政府協同法國明白宣示將以強硬軍事回應。英法情報單位絕對知道德軍中的反戰聲音，然而由於英法政府對捷克政策的軟弱，不免使柏林衛戍司令維茨勒本對阻止希特勒的行動，感到猶疑。換言之，如果由於英法姑息，入侵捷克不會引發大戰，對德軍將領而言，反希特勒便無意義，又有何理由逮捕希特勒將其審判。當希特勒能夠不戰而為德國擴張疆域，任何德國人又有何話可說？亦因而失去了及早推翻納粹政權的良機。當紐倫堡審判於1946年2月底行將結束時，德軍前參謀總長哈爾德明確告知一位參與審判，而來自紐約的年輕律師，就因為英法領導人同意與希特勒和談，他才取消推翻希特勒及其納粹政權的既定計劃。這位年輕律師追問：如張伯倫不到慕尼黑求和，希特勒就會被推翻了嗎？哈爾德回答說：一定會舉事，但成敗則難逆料。哈爾德更進而說明兵變成功的條件有三：其一要有明確而具魄力的領導人，其二群眾有意相隨，其三有恰當的時機。[3] 其中並無外援，更無蔣介石的金援與策動。

　　當德國不戰而併吞奧地利，更證明反納粹將領的憂慮是

3　詳閱《納粹陰謀與侵略》（*Nazi Conspiracy and Aggression*）（美國政府出版社，1946），補編B，頁1553-1558。

多餘的，使希特勒聲望大增，甚至被認為是德國史上難得的天才，加強了他在歐洲、在德國、在德軍中的地位，納粹控制德國之軍、警、民也日益嚴密。當希特勒決定要粉碎波蘭時，一年前想要推翻希特勒的維茨勒本，已不作此想。他離開柏林，前往西線成為一支集團軍的統帥。哈爾德也不再想要去除希特勒，反而埋首於攻打波蘭的計畫書。楊文提到的軍中經濟專家湯姆斯將軍（General Gerog Thomas）擔心會爆發世界大戰，但希特勒告訴他，已與蘇聯元首史達林訂盟，可無此慮。不過當希特勒要在西歐擴大戰爭時，並聲言英國被痛打後才會和談，使哈爾德等將領感到沮喪。他們又面臨若不除掉希特勒，則必將奉命攻打西歐，會導致災難性的後果。此時希特勒以「閃電戰」擊敗波蘭後，聲望如日中天，欲去除他，非靠軍隊莫辦，但軍民均受到納粹的洗腦，反納粹將領一旦發動，深恐會造成舉國疑惑與混亂，故極力欲與英方以及教廷保持聯繫，希望英法不要乘兵變，造成亂局，而後進占德國。對反對希特勒窮兵黷武的德軍將領而言，推翻希特勒是德國唯一的希望，但問題是如何能做得到。德軍參謀長哈爾德又成為要角，他在紐倫堡審判時說：德國野戰軍面對全副裝備的敵軍，不可能陣前背叛，所以他才想到統領預備隊的佛洛姆將軍（General Friedrich Fromm）；佛洛姆將軍願意聽命於陸軍總司令。[4] 當時德國的陸軍總司令是勃勞希契（Walther von Brauchitsch），後來升任為元帥，為了勸阻希特勒升高戰爭，他不惜渲染德軍士氣低落，

4　《納粹陰謀與侵略》（*Nazi Conspiracy and Aggression*）（美國政府出版社，1946），補編B，頁1564-1575。

以及軍中充滿失敗主義等等，反而引起希特勒的震怒，責問總司令是怎麼幹的，如有這等事，你槍斃了多少人？總之，你們是不想打仗。[5] 勃勞希契後來在紐倫堡審判時也提及此一不愉快的經驗，希特勒的氣焰與強詞奪理使他不知如何是好。不久之後，發生一件以炸彈謀殺希特勒的事件，此舉與反希特勒將領無關，納粹特務指稱由英國情報人員所為，但真相未明。

　　希特勒決意在西歐大戰一場，陸軍總司令勃勞希契想要辭職，但希特勒不准，屬聲道：「我們要像每一個戰士那樣，完成職責」。這一天是1939年的11月23日，是希特勒壓過德軍的一個里程碑，他自認為他的政治與軍事判斷比他的將軍們高明，不惜用暴力來鎮壓他的反對者。[6] 無論勃勞希契或哈爾德，在希特勒的氣焰下，為顧全大局，竟無所作為。直到1941與1942年的冬天希特勒在俄國失利，又重燃德軍內部反納粹的希望。事實上當希特勒進攻俄羅斯，一路狂勝之際，很難說服德軍兵變；然而當兵敗如山倒的時候，當半年之內損失百萬雄師的時候，當許多名將被獨裁者解職與羞辱成為替罪羊的時候，就有將軍們不得不思考如何推翻狂人統治，而唯一有實力推翻暴君的仍然是軍隊。

　　侵俄失敗與美國參戰已註定德國不可能贏得這場戰爭，希特勒既不能適可而止，唯有另建反納粹德國政府之後，才能與

5　這一幕面談記錄在哈爾德的日記裡，轉引自William L. Shirer, *The Rise and Fall of the Third Reich: A History of Nazi Germany*（New York: Simon and Schuster, 1960）, pp. 650-651。

6　William L. Shirer, *The Rise and Fall of the Third Reich: A History of Nazi Germany*, pp. 658-659。

盟軍議和。反希特勒德軍自稱是「德國的愛國者」並非虛言。德國到1941年的夏天仍有擊潰蘇聯的可能性，他們仍然希望戰後德國是一個大國，擁有希特勒所取得的奧地利、蘇台德、波蘭的西疆。但是同年8月19日羅斯福與邱吉爾所發布的〈大西洋憲章〉（the Atlantic Charter），其中第八款明載：德國於戰後必須解除武裝，使這些反對希特勒的將領感到英美並未分辨德國的納粹與反納粹勢力，所以不僅要打敗希特勒，也要擊潰德國，連自衛的力量都不能擁有，形同無條件投降。所以楊文所錄蔣介石致在白宮訪問宋美齡的電文，實不知所云。電文如下：

> 據報，最近納粹對內宣傳，常以英、美最近戰後政策之種種表示，與前年〈大西洋憲章〉日形歧異，致使德國各方深恐如無條件投降，英、美長期解除德國軍備，監視教育，並主接防德國地方行政等，致一般願早日推翻希特勒者，均躊躇不前。倘英美堅持此種苛求，則德國未來新政權，寧願與蘇聯合作，不願淪為英美之殖民地等情。為促成德國內部運動起見，此種心理不可忽視。希將此意對美政府委婉說明，加以注意（見楊文頁13）。

按〈大西洋憲章〉之第八款，雖尚未列出細節，但形同無條件投降，已昭然若揭，何歧異之有？欲推翻希特勒之德軍將領，並未「躊躇不前」，而是鍥而不捨，只是效果不彰，最後到1944年仍然是孤注一擲。所謂「德國未來新政權，寧願與蘇聯合作」也是不切實際、不明底細之言。德軍將領多半反共，

更怕赤化，雖有些反共而親俄者一度認為與蘇聯議和或較容易，史達林也乘機宣傳反希特勒而不反德國人民，比英美的無條件投降中聽，但最晚在1943年10月已放棄此一幻想，因蘇聯在莫斯科召開的盟邦外長會議上公開並正式接受〈卡薩布蘭卡宣言〉（Casablanca Declaration）中的無條件投降條款。約略同時，駐瑞士的杜勒斯也明確知會德國沒有與盟邦任何一國單獨議和的可能性。蔣介石發此電文豈非不明國際情勢，宋美齡如沒轉達給羅斯福，或事出有因。

　　且不論〈大西洋憲章〉，德國在1941年仍然占據大部分的歐陸，如成立新政府仍有議價的條件。然有鑒於未來情勢不利，自有其急迫感，以免失去有利的時機，才有決意勸說德軍在俄境作戰的將領，伺機逮捕希特勒。進兵莫斯科的中央集團軍司令博克元帥（Field Marshal Fedor von Bock）雖不願相從，但軍中有兩位年輕軍官決定當希特勒到訪時乘機抓他，但他們低估了納粹衛隊安全措施的嚴密，根本無法靠近，於是想到唯一的辦法是謀殺希特勒造成既成事實。當時指揮西線德軍的維茨勒本元帥甚為積極，同意以直接行動推翻希特勒，乃是唯一的解決辦法，但他因痔瘡突發休病假而被取代。於是到1942年初，仍無對付希特勒的具體做法，到同年春天才找到一個具有國內外聲望的領袖人物貝克將軍（General Ludwig Beck），認為是了解德軍，也能掌控德軍的前參謀總長，被認為是可以「斬斷亂麻之劍」。[7] 此時希特勒正準備重新攻打蘇俄，可能使德國

7　語見Friedrich Meinecke, *The German Catastrophe: The Social and Historical Influences which led to the Rise and Ruin of Hitler and Germany*（Cambridge,

進一步陷入泥潭。行動雖由貝克將軍接洽，在前線的高級將領仍然猶疑不決，於是決定採取斷然措施，在1943年之中至少有六次試圖暗殺希特勒的行動，其中有一次最為驚險，一枚炸彈放置在希特勒的飛機上，居然沒有引爆而安全抵達，炸彈也因而未被發現。屢次刺殺希特勒不成，希特勒的特務卻捕殺了不少涉案菁英，或被免職、或被軟禁，地下組織也遭破壞殆盡。

到1944年初，統領歐西第二集團軍的隆美爾元帥（Field Marshal Erwin Rommel），著名的北非「沙漠之狐」，有鑒於戰爭之無望，也加入反希特勒的行列。他的決心也是基於「我相信挽救德國是我的責任」，使反對陣營大受鼓舞；不過隆美爾反對刺殺希特勒，因有反效果，會使希特勒成為烈士。他主張由德軍逮捕希特勒，然後送德國法院審判其罪行。最迫切的還是如何推翻納粹政權，以便儘快結束戰爭。隆美爾於希特勒被推翻後，將出任臨時元首或全軍統帥。但是隆美爾想要的不是無條件投降，他的底線是雙方立即停戰，盟軍停止轟炸、德國撤軍、推翻納粹統治，另組新政府。[8] 對德國而言，1944年的夏天情勢已相當危急，必須趕快除掉希特勒，否則無法獲得不被徹底滅亡的和約。盟軍於同一年6月6日諾曼地登陸成功，俄軍於6月20日發動總攻，希特勒仍然不聽隆美爾的苦心勸告，誠實面對現實，終止戰爭。隆美爾因而告訴他的參謀長史派德爾（Hans Speidel）說，「我給了他最後機會，他若不做，我們

Mass.; Harvard University Press, 1950）, p. 98.

8　參閱隆美爾的參謀長史派德爾將軍所著書：Hans Speidel, *Invasion 1944*（Chicago, 1950）, pp. 65-74。

會做」。[9] 說此話兩天以後的7月17日的下午，隆美爾的坐車被低空敵機襲擊而受重傷，由克魯格元帥（Field Marshal Guenther Hans Kluge）接替。在此關鍵時刻，這位反希特勒的重量級人物一時無法行動。

在柏林的反希特勒將領們，沒料到盟軍竟已成功登陸諾曼地，一時不知所措，因即使兵變成功，亦難以避免德國被占領的命運，只能希望減少生命與財產的損失，以及防止蘇軍入侵與赤化，並寄希望於西方民主國家。於是不計一切代價暗殺希特勒，去除和議的障礙，更刻不容緩，納粹特務也聞風捕殺，毫不手軟。有一位帥哥上校史陶芬堡（Count Claus von Stauffenberg），是博克元帥侄子崔思考上校（Colonel Henning von Tresckow）的表兄弟，兩代德軍血濃於水，都想為國除害。他當時是柏林後備軍司令佛洛姆將軍的參謀，給他有許多向希特勒會報的機會。他生於1907年，出身南德望族，十九歲從軍。他早於1939年的夏天，就對納粹反猶太的種族政策極為不滿，並已覺察到希特勒將帶領德國走向漫長的戰爭、帶來巨大生命財產的損失，而最後勢必以敗亡終結。他在俄國戰場所見更使他對第三帝國徹底失望，他雖然於1943年4月7日在北非戰場觸雷重傷喪失左眼、右手以及左手的兩根手指，他的左耳與左膝蓋也受傷，但仍然以「救德國」自許。他像其他反希特勒德軍一樣，為了自發的愛國心，決定除掉將德國帶往毀滅的

9　Hans Speidel, *Invasion 1944*, pp. 115-117；另參閱Erwin Rommel, *The Rommel Papers*（《隆美爾文件》）, Edited by Liddell Hart（New York: Da Capo Press, 1953）, p. 486-87.

元首，希望組織新政府與盟軍議和。他於1943年9月底回到柏林，用剩下的三根手指練習引爆定時炸彈，希望炸死希特勒之後，立即在柏林成立新政府。為了迅速穩定局勢，最好能將希特勒的得力特務頭子希姆萊（Heinrich Himmler）與空軍司令戈林（Hermann Goering）同時幹掉（希姆萊掌控百萬「納粹特種兵」（Schutzstaffeln），而戈林是空軍司令），但知道很不容易。

時刻終於到來，1944年7月20日，希特勒親自命令史陶芬堡上校前來東普魯士總部做報告，他將定時炸彈放在手提箱內，將箱子放在地上，然後輕輕踢入桌下，希特勒坐在長桌的中央，炸彈距離他的腳下大約只有六英呎。由於手提箱被一軍官不經意移動，爆炸時雖然死了不少人，但希特勒僅受到輕傷。史陶芬堡於爆炸前溜出，眼見總部被炸倒塌，以為希特勒必死無疑，而柏林反希特勒將領等待希特勒的死訊，遲不行動；一旦證實希特勒未死，就不知所措。[10] 史陶芬堡是後備軍司令佛洛姆的參謀長，但當佛洛姆聽到希特勒未死，竟不敢行動，於是在柏林首都完全看不到支持成立新政府的德軍，即使原來講好的坦克也未到達，連廣播電臺也未占領，於是在一日之內全盤皆墨。納粹將軍萊內克（General Reinecke）在秘密員警部隊支持下，控制了柏林所有的部隊。佛洛姆見風轉舵，迅即槍決史陶芬堡與其他三位參與者，同時逼死博克將軍，但

---

10 此次最有可能炸死希特勒的機會，居然功虧一簣，失敗的原因有不同的說法，參閱Roger Moorhouse, *Killing Hitler: The Plots, the Assassins, and the Dictator Who Cheated Death*（New York: Dell, 2006），p. 260-261.

他自己並未倖免，最後也被處死。特務頭子希姆萊於當晚回到柏林，電告希特勒叛軍已被徹底消滅。希特勒於午夜廣播，聲言此一暗殺行動是德國歷史上空前的罪惡，他們是少數人，必將與他們算帳到底。果然接著是血腥清算、嚴刑逼供、臨時軍事法庭將涉案者宣判死刑，後又開所謂「人民法庭」，嚴審叛徒，涉嫌者的親友被送往集中營者也以數千計。希特勒更親自要求速審速決，命令將他們像畜生一樣吊死。維茨勒本元帥以下與史陶芬堡有關的將校都被送上「人民法庭」，盡情呈現他們最惡劣的形狀，回答侮辱性的問題，然後處死，並做錄影在軍中傳閱，以儆效尤。有不少軍官情願自殺，哈爾德爾被關進黑牢數月之後被盟軍釋出。史圖爾普納格（Karl Heinrich von Stuelpnagel）將軍自殺未遂，不經意說出隆美爾元帥的名字，後來賀發克上校（Colonel Caesar von Hofacker）在「蓋世太保」（Gestapo）祕密員警嚴酷刑求下，供出隆美爾在反對活動中的角色。希特勒給這位全德國最受愛戴的將軍選擇自殺而後得到國葬，或以叛國罪受審喪失榮譽，隆美爾選擇了前者。德軍三大元帥，維茨勒本受絞刑、克魯格與隆美爾被迫自裁，一大批優秀的德國將官在前奧國陸軍下士希特勒的淫威下，驚恐地匍匐乞憐、尊嚴掃地，好不淒慘。[11]

　　希特勒是20世紀的一大狂人，對人類與文明傷害之深罕見其匹，或可稱之為「希魔」。他乘第一次世界大戰後德國受

11　史陶芬堡720事件為謀殺希特勒最驚心動魄的一幕，此事件的詳細本末可參閱Shirer, *the Rise and Fall of the Third Reich*, pp. 1048-1082. 其事並曾拍成電影。

到不公平待遇以及羞辱，宣揚極端民族主義贏得民意、奪取政權、發展武力，依靠秘密員警與特務，建立強大的法西斯獨裁政權。及其壯大之後，即西方強國如英、法亦怯擾其鋒而一意姑息，而德國國內的異議分子更噤若寒蟬、徒歎奈何。當希特勒於1938年開始發動侵略戰爭起，有識之士不以為然，然而又如何能阻止獨裁者的一意孤行？答案是除了軍隊別無他法；但軍隊乃其獨裁體制的重要支柱，難以動搖。畢竟德國的職業軍人非僅武夫，都受過良好的訓練與教育，不難看出希特勒政策對國家的危害性，其中有不少受到愛國心的驅使，包括元帥級的將領在內，不惜反對自己的元首，自始至終是內部自發絕非外國策動，更無可能由遠在東亞的蔣介石策動。總之，蔣介石何德何能可以策動德國軍隊來推翻希特勒政權。

事實上，德國軍隊並未真正起兵推翻納粹政權，德軍雖由德將策動，但並未得逞。嚴格而論只是有不少德國將領一再試圖推翻希特勒未遂而已。他們用心良苦，最初欲防止德國捲入漫長而難有勝算的戰爭，後欲挽救德國於危亡。但他們搞政變不如在戰場上的果斷，往往猶疑不決，坐失良機。他們雖主動與英國溝通，但敵方實難有所幫助。楊天石雖聲稱蔣介石金援反希特勒的德軍，但除了不知下落的三萬美元，不知到底有何幫助，楊文提到與蔣介石聯繫的德方三人小組亦非反希特勒集團的主要角色。

反希特勒將領未能成功策動體制內的軍隊推翻納粹政權，卻效體制外的暗殺手段，最後於德國敗亡前夕一位年輕德國軍官攜帶定時炸彈，欲炸死獨裁者，雖然引爆後聲震屋宇，希特勒竟只受輕傷，而在柏林預備政變的部隊又遲疑不舉，遂被輕

易殲滅，所有涉嫌將領遭遇到極其非人道的處置。所以所謂策
動德軍推翻希特勒政權的往事，成為一場德國人民慘烈的悲
劇。將蔣介石與這場悲劇掛鉤，既無必要更非事實。

　　我回顧部分德軍以及若干非軍方人士，在二戰期間想要
推翻希特勒納粹政權的前因後果，點明這些反希特勒人士的目
的是要防止希特勒擴大侵略戰爭，以免導致德國的滅亡，完全
出自愛國之心。這不是我個人研究的結論，而是西方學者的共
識；然則德軍不需要任何外來的策動，自然也否定了蔣介石策
動之說，證明楊天石揭發的「驚天秘密」，完全不能成立。不
料天石兄回應說，我誤讀了他的大作，但是楊文的命題是十分
清楚而明確的：「蔣介石策動德國軍隊推翻希特勒」，而且強
調說：那是「抗戰期間中德關係的驚天秘密」。這樣明確的命
題，說得如此清楚明白，如何可能誤讀呢？

　　楊的回應文承認我所點出的，諸如「德國將領為阻止侵略
戰爭而反希特勒」、「為免戰爭擴大而推翻希特勒」、「為挽
救德國而推翻希特勒」等，但說和他的大作「並無矛盾，我都
同意」。如果是這樣，則必須承認這些將領陰謀推翻希特勒自
始至終都是自發的，而不是由外力策動的；既非由外力策動，
自然不可能由蔣介石所策動，這是最基本的邏輯。天石兄如何
能以虛無的蔣介石「策動」之盾，來面對明確的德軍「自發」
之矛？

　　楊文固非空穴來風，有其所本，所本無非是蔣介石日記，
未免將日記裡的一根雞毛當了令箭。蔣日記固然是可用的史
料，手稿日記的公開更提供更多的訊息，但是誰也不能保證蔣
在日記裡沒有「騙人」的話，沒有自戀的話，沒有不正確的

話。早期成名如蔣，其日記絕不可能是私密的空間；若認為
是，其結果必然是自欺欺人而已。蔣在生前就已公布經過選擇
的日記，死前沒有燒毀日記，難道會認為永不見天日？更沒有
人能保證蔣在日記裡所說的、所以為然的、所判斷的都是正確
的，所想要做的事都能落實。按歷史人物的日記是史家可貴的
材料，然而史實到底如何？還是需要歷史學者來研判、分析與
論斷，而不能自甘淪落成為日記的代言人。

　　楊文說：「蔣介石日記明明寫著：對德運動倒戈工作之
進行、派齊焌赴瑞士、運動德國軍隊倒戈計畫應告知羅斯福總
統」。後人讀史有後見之明，既知德國第三帝國始末，當讀到
蔣介石日記所說運動德國軍隊「倒戈」，怎能輕易隨之起舞？
以為發現了「驚天秘密」。而是應該從蔣介石不切實際的空想
展開，首先蔣想要策動德軍「倒戈」，完全是誤判。按「倒
戈」是倒向敵方，向敵方陣前起義。然而想要推翻希特勒的德
軍出自愛國心，認為狂人希特勒會搞垮德國。他們是要「叛」
希特勒，絕不是要「叛」自己的祖國。蔣介石想要策動德軍
「倒戈」，豈非妄想？整個二戰期間，德軍不曾倒過戈，德國
將領也沒有不按軍令與敵方作戰，或倒向敵軍。即使部分將領
想要陰謀推翻希特勒，也得按照軍令與敵作戰，不然就會露出
馬腳。最後當1944德國敗亡迫在眉睫，反對希特勒一意孤行的
將領增多，層次升高，連隆美爾元帥也加入了。即使如此，就
整體而言，參與者在德軍將領中仍居極少數。正因為整個德軍
到最後都不曾倒戈，正因為極大部分的德國人民仍然相信希特
勒，以致於包括元帥級在內的高級將領以及少數菁英徒勞而無
功，而且遭遇到慘烈的後果。其結果導因於這些將領在納粹淫

威下，猶疑不決，並非缺乏資源與外援。再說德軍連他們的元帥都無法策動推翻希特勒成功，蔣介石可能做到嗎？部分德軍將領出自愛國、救國的動機，無須外來的策動，更不可能被蔣介石的三萬美元所策動。

　　反對希特勒的德軍既是自發，蔣介石到底能干預些什麼呢？他是否做過努力呢？能做什麼有意義的努力呢？他的努力是否發生過任何作用呢？羅斯福是否收到他的計畫呢？這些最基本的問題都無答案，又如何能抓住單方面的材料不加論證而誇大其事？蔣介石致宋美齡的電報是否轉達羅斯福很可懷疑，宋美齡不轉達電報好像「不可思議」，但宋的國際知識要比蔣豐富得多，也應該想想蔣為什麼不直接致電羅斯福，而要先致電宋，再由宋轉達。蔣電的時間在1943年4月，如德軍中「親俄」者還沒有完全放棄幻想，這點「幻想」有任何影響力？到了1943年底連那一點點「幻想」都沒有了呢！須知當時德國反共意識形態之強，德軍之中尤其強烈，想靠蘇俄來解決問題，自始至終都不是可行的選項。

　　我們既然不知道蔣的努力是否發生過做作用，如何能遽下定論說蔣曾經策動過德國軍隊倒戈呢？怎能渲染說那是「驚天秘密」呢？蔣介石到底與德軍陰謀推翻希特勒有無關係？即使退一步說，蔣僅僅是企圖策動德國軍隊倒戈，如果只是「企圖」（intention），根本不必管是否落實，那還能說是「驚天」大事？然而即使是「企圖」，也應知如何能使「德軍倒戈、推翻希特勒」的計畫成功，其企圖的具體進程又在哪裡呢？楊文將蔣介石的「策動」改為「企圖策動」，豈非將中矢之「的」，換了包，然後說是「無此的」呢？其實，如果了解德

軍欲倒希特勒的本事，便知根本無須外力策動，再說蔣介石企圖策動也是空話。

楊文說：「齊焌從克蘭、沙赫特、湯瑪斯那裡了解到德國內部反對希特勒的力量已經相當雄厚、實力甚巨、籌畫已非一日」。如果是這樣，還需要蔣介石送去三萬美元的經援？還需要去「策動」嗎？所謂克蘭、沙赫特、湯瑪斯的「三人組合」應該是杜撰的名詞，在德國內部反希特勒勢力中並無這樣一個所謂「三人組合」。克蘭是軍火商，中國曾長期向德國購買軍火，齊焌與之相識當然可能，但既說克蘭無官職，卻又登了他全副戎裝、掛滿勳章的照片，令人錯愕。沙赫特原是希特勒的功臣，因其財經長才導致德國振軍經武之大成功，並獲得最高勳章，後因反對希特勒的侵略政策而遭解職失勢，但因其背景並未得到反希特勒核心的信任。湯瑪斯是德軍中的財經人才，知道若攻打波蘭會導致世界大戰，憂心德國的原料與糧食難以為繼，但當希特勒告訴他不必憂慮，他也無可奈何。這三人因之前有密切的中德經濟關係與中國有來往，但他們不是要推翻希特勒的主要角色，也無從策動德軍倒戈。楊文所謂「三人組合」也不是另一組的反希特勒勢力；搞政變推翻希特勒，必須依賴掌有實際兵權的將領。

楊文又說：「蔣介石也正因為得知德國的反納粹力量已經龐大，蓄勢待發覺得事有可為，才決定派齊焌赴歐運動」。無論這是蔣的判斷，還是楊文的推測，都不正確。德國的反納粹力量雖有高層次將領參與，並不乏資源，但絕不「龐大」，誠如《第三帝國興亡史》的作者所說，「反對運動自始至終小而弱，由一群勇敢而真誠的人所領導，但是缺少足夠的追隨者」

（the German resistance movement） remained from the beginning to the end a small and feeble thing, led to be sure, by a handful courageous and decent men, but lacking followers）。[12] 若然則蔣以為「事有可為」的判斷也完全是錯誤的，「派齊焌赴歐運動」摸不到邊也沒有下文，就不足為奇了。

　　楊文辯稱：德軍不是全由蔣「策動」，那麼既非「全由」，到底哪些德國軍隊由蔣「策動」的呢？除了那些自發的德軍之外，蔣介石又策動了那些德軍？全無答案。至於說德國反納粹人士要求蔣介石代向英美求和，更「有違常識」，因為如果了解當時國際情勢，向英美求和根本不需要經過蔣介石。經過蔣介石有何好處？楊文說：「汪文所述，德國地下運動和艾倫・杜勒斯建立聯繫是在1942年底，已在三人組合與齊焌談話一年多之後。怎麼能用發生在後的事情否定發生在前的事情呢」？其實早在1938年反希特勒分子已與倫敦有了聯繫，而且當時最關鍵的是英國，當時美國尚未參戰，美國特務艾倫・杜勒斯遲至1942年年底才建立並不奇怪。請問1941年的所謂「三人組合」在1938與1942年之間扮演了什麼角色呢？恐怕毫無關係吧！

　　楊文得知我所指出德軍有英美的通道，於是辯稱蔣介石別有管道，信手寫下這一大段想當然耳的文字：

　　　德國反希特勒的地下運動是緩慢地、逐漸發生、發展、
　　壯大的，其參加人員逐漸增多，並沒有形成高度嚴密、互

12　Shirer, *The Rise and Fall of the Third Reich*, p. 372。

通聲氣的組織，也沒有形成如臂使指、上令下行的領導系統。其中有一部分人和英國有聯繫，會和英國方面聯繫；另一部分人和美國人有管道，自然會和美國人交往。鑒於這種聯繫的極端機密性（否則是要掉腦袋的！），他們自然不會向其他地下運動的成員通報：更不會下令：我這裡已經和西方掛鉤了，你們就不要再找尋別的門路了，自然，更不會也不可能禁止其他人士找尋其他門路。其情況，可以說是各自為政，各顯神通。[13]

這段議論根據什麼而發？不過將之說成「各自為政」，想彰顯「其他門路」，讓蔣介石來顯神通。於此可見，蔣不讀德國史，所以妄想企圖策反德軍，楊也不讀德國史，所以想要落實蔣能策反德軍。他倆都不知德軍（*Reichswehr*）繼承普魯士軍國精神，極重忠誠與紀律，更何況在軍中有納粹特種兵（*Waffen* SS）的存在，希特勒也是靠德軍忠誠威武之師橫掃歐陸。簡言之，倒戈或「兵變」（a military Putsch）在德軍傳統裏是聞所未聞的。要因個別德軍將校出於愛國心，覺得希特勒的狂妄自大與征戰時屠殺異族的行為，將危害到德國，尤其在征俄戰爭失敗、美國參戰之後，感到已無勝算，而有敗亡之虞。增強了救亡的意志，既無可能策反德軍兵變，唯有除掉希特勒，才有挽轉局勢，使德國擺脫納粹的一綫希望。但希特勒防備極為嚴密，抓他受審幾不可能，唯有謀殺，因為正如當時德國一位外

13　楊天石，〈蔣介石企圖策動德國軍隊倒戈的史實應該得到承認——敬答汪榮祖教授〉，《傳記文學》（台北），577期（2010年6月），頁123。

交官所說：「時人深信，希特勒存在一日，德軍不會接受另外一個統帥」，[14] 但殺他又談何容易，故屢試不成。楊天石將部分德軍（相對少數）將領出於愛國心，欲搞政變推翻希特勒，誤認為是一個「逐漸發生、發展、壯大的」反對運動。事實上在納粹集權統治下，不可能會有一個「逐漸發生、發展、壯大的」反對運動。要改變現狀，唯有消除希特勒這個障礙。欲達此目的，唯有置希特勒於死地，然也要靠能夠接近他的高級將領參與，最好是衛戍首都的司令。一旦希特勒不在，雖有可能與效忠希特勒的部隊發生內戰，但捨此別無他法，只希望希特勒死後，由有聲望與能力的將領來掌控軍隊。若謂需要外來的幾萬美元來搞政變，認為德軍需要蔣介石的三萬元才能搞政變，太異想天開，不可思議了。再說三萬美元下落不明，如果欲以地下工作需要保密為由，為「下落不明」作解釋，須知齊煥的報告是「機密報告」，在機密報告裡也要保密？錢花下去總要知道做了些什麼事，真的有助於「策動德軍倒戈」嗎？楊文又異想天開說：

　　親華分子「要蔣介石介入因為」他們擔心，新的德國可能受到英美的不平等待遇；因此，希望找到管道，聯繫英美領袖，得到國際保證。蔣介石在當時是中國抗戰領袖，而且已經和英美，特別是和羅斯福建立了同盟關係，宋子文已經作為蔣介石的代表派往美國。在這樣的情況下，他

14　Hans-Heinrich Herwarth von Bittenfeld（1904-1999），*Against Two Evils*, transl. by Frederich Starr（New York, London: Rawson, Wade 1981）, p. 254.

們通過長期相熟的齊煥求助於蔣介石，有什麼奇怪的呢？[15]

這段話的根據何在？還是想當然耳的自說自話？奇怪的是德國人如此昧於當時的國際情勢，即使不知蔣介石與羅斯福的「同盟關係」受盡屈辱，史迪威事件尤令蔣痛心疾首，至少也應知道這關係是很不平等的。楊天石認為抗戰期間美國羅斯福總統「給了蔣介石以很高的地位和榮譽，也是羅斯福在開羅會議前後，力主中國應為四強之一」，竟附和國民黨宣傳的表象。研究抗戰時中美關係的客觀學者，雖知羅斯福不顧邱吉爾的反對，力主中國應為四強之一，但完全出自美國國家利益的考量，並非由於當時中國的實力。羅斯福寄望戰後一個親美的中國，才給蔣「很高的地位和榮譽」，既然都是羅斯福給的，正可說明不平等的關係，熟讀蔣日記者難道看不見蔣受盡美國人的屈辱？蔣自己都無法爭取到平等，如何為「新德國」爭平等？德國反納粹運動中有些親華人士如真有向蔣求助之事，是經過授權的呢？還只是表達個人的意願？以法肯豪森將軍為例，法肯豪森將軍在戰前曾任德國駐華軍事代表團團長，與蔣自有個人間的關係，但是說法肯豪森將軍向蔣「輸忠誠」，會有阿諛奉承之詞，不僅奇怪，而且太不了解西洋人了，更太不了解出身貴族的德國軍人了。二戰期間德日均為敵方，法肯豪森將軍不可能與蔣再有來往。後來法肯豪森將軍反對希特勒，與隆美爾元帥一樣出自救國之心，又何待蔣介石的「策動」？

15　楊天石，〈蔣介石企圖策動德國軍隊倒戈的史實應該得到承認——敬答汪榮祖教授〉，頁123。

更何況德日已結軸心，同盟國間也有默契不可與敵方私通，蔣豈敢明說通過齊焌與相熟的德國「親華人士」密切來往。德國未敗之前議和得到平等待遇有何困難？何須國際保證？德國既敗之後，又安能得到平等待遇？德國與日本都以無條件投降告終。蔣介石既不必為「新德國」爭取平等於前，又不可能為「新德國」爭取平等於後。

楊文說：「反納粹人士和邱吉爾、艾登、杜勒斯的聯繫也都可以說是不了了之，因為，同盟國最終採取的是武裝摧毀希特勒政權，並未採納地下運動人士的暗殺或政變建議」。這又是不明史實之言，反納粹人士與英美之間的交涉是很清楚的，最初他們希望英法對希特勒採取強硬態度以阻止戰爭，大規模戰爭爆發後，唯有政變成功或暗殺希特勒成功，才能以新政府與盟國議和。搞政變、暗殺希特勒是德國人的事，並不是盟國「採納」或「不採納」的問題，盟國當然不會反對。之所以「不了了之」，只是政變既沒有成功，暗殺也遭遇到失敗。然而蔣介石的「對德工作」又是如何「不了了之」的呢？能夠這樣輕易地模擬嗎？

楊文自認證據不足，但只有三分證據卻說了十分的話。那「三分證據」是三份材料，其一，蔣日記說派齊焌運動德軍倒戈，但是如何運動？如何倒戈？均不知；其二，蔣介石致宋美齡的電報，其中訊息是否轉達給羅斯福？不知；其三，宋子文給齊焌的三萬美元，如何花的？下落如何？也都不知。三分無法落實的所謂證據，就想要下「驚天」的結論，豈非將「雞毛」當作「令箭」了？

第二次世界大戰結束是反法西斯的偉大勝利，蔣於戰時

真有策動德軍倒戈之事，即使對此偉大的業績不作宣揚，豈有保密之理？而且一保就是六十餘年，要等楊天石來揭秘，豈非太不符合常理了？「驚天秘密」大家都聞所未聞，連蔣介石本人也不提，這才是不可思議呢！為什麼蔣要隱藏這一「驚天秘密」在日記裡呢？唯一答案是那些所謂「企圖」與「努力」毫無影響，想要策動德軍倒戈連邊都摸不到，以致於不值得提，也不好意思提。楊文不以蔣於戰後不提他曾策動德軍推翻希特勒的「驚天」偉業為異，還拉些不能類比的例子來作辯解，忘了自己所說的「敬之而不增其功」？蔣介石自己都不好意思公開之「功」，老楊又何必挖空心思來「增」之呢？

最使我感到無趣的是，天石兄最後學梁惠王顧左右而言他，牽扯到喜不喜歡蔣介石的問題。他說我不喜歡蔣來擺脫我的質疑，未免過於輕巧。他說什麼「憎而應知其善」，請問憎希特勒者，除納粹餘孽外有誰知其善？希特勒曾向他周邊人說：「如果上天不讓我勝利，我不會讓德國人民活在恥辱之中」。[16] 換言之，他若失敗，所有的德國人都不應該活！蔣固然沒有希特勒作惡的能耐，但在1930年代他是希特勒的崇拜者，他效法希特勒的「棕衣社」組織「藍衣社」，而且像希特勒一樣，將自己等同黨國。楊天石未必因「愛其人而揚其善」，不過是因國內長期從政治觀點否定蔣，得見蔣日記之後如獲至寶，欣然代言蔣之善，視為翻案的創見以名世。他視為「驚天秘密」的蔣介石策動德軍發動政變既不能落實，

16　見Meinecke, *The German Catastrophe*, p. 59. 作者是德國著名歷史學家，謂於1944年屢次聽聞此驚人之語。

卻仍然堅持三份不靠譜的材料等同證據，實在不知「證據」（evidence）為何物。他承認某些德軍想要推翻希特勒是自發的，無須外力干預，但他理直氣壯地說：「難道自發、自覺和外力的鼓勵、支持、協助、促進是絕對排斥的嗎」？但是他的原文明明是「策動」，而不是「鼓勵」云云，所謂蔣之鼓勵、支持、協助、促進也都不能落實。吾人應知德軍自發、自覺的陰謀是絕密的，否則未發先被鎮壓，蔣安能有比希特勒更厲害的情報及時給予鼓勵、支持、協助與促進？楊天石揭出的「驚天秘密」至今已屆八年，未被英、美、法、德相關學者稍加認可，豈非白忙一場。總之，所謂「蔣介石策動德軍倒戈」是一偽命題。

「驚天秘密」封面

第十三章

蔣毛重慶會談的前因後果

　　日本百萬侵華大軍被中國艱苦抗戰拖住八年，如陷泥潭。日軍於1944年發動的「一號作戰」（Operation Ichigo）雖然聲勢浩大，畢竟是強弩之末，以失敗告終。翌年伊始，蔣介石已將「中共問題之解決與對俄外交之進展」，作為年度重點計畫。[1]他視中共問題與對俄外交實密不可分，所以在日記中一再明言願意犧牲外蒙與旅順，以便對俄外交有所進展，而其目的就在「孤立中共使之就範」。就在年初他就想派宋子文去延安，他認為如對方拒絕，正好「使美國知余確有誠意，並使美國對共之嫌惡為要旨也」。毛澤東果然拒絕，反而要求召開國是會議。蔣認為此舉出美國調停者之意外，並斷言毛對美國已經失望。[2]於此可見蔣之算盤：如能使美國「嫌惡」，令蘇聯「滿意」，便可以「中共孤立」，而後解決之。

　　蔣介石在全面抗戰之前，對中共根據地曾發動五次圍剿，雖迫使朱毛長征，但最後功虧一簣。及抗戰軍興，各處地方勢

1　見《蔣介石手寫日記》民國三十四年（1945）大事表。
2　見1945年1月9日；1月12日《蔣介石手寫日記》。

力在外患下共赴國難，國共於西安事變後亦形成聯合抗日的陣
線。抗日戰爭期間雖然國共摩擦不斷，最嚴重的是新四軍事
件，但因強敵當前幸而沒有破裂。然而日本一旦投降，共赴國
難的凝聚力迅即消失，所以蔣介石最關切的是如何於戰後掃除
異己，一統天下。其中最令他棘手的莫過於延安，毛澤東自是
蔣介石心目中的重中之重。其實在日本投降前，他已在日記裡
稱「共匪」不諱，並預定「對共鬥爭方案與行動之組織」。更
進而要求作如下之宣傳：

> 甲、共黨在過去實際行動上，不僅脫離抗戰陣線，而且已
> 　　公然攻擊國軍，破壞抗戰，已為民族之敗類。
> 乙、在國法上，實為企圖顛覆政府之國家叛徒與亂軍矣，
> 　　而其目的則在推倒政府後，組織其所謂聯合政府，把
> 　　持政權，與日寇謀和而脫離聯合國民主陣鏈，陰謀赤
> 　　化中國與東亞，以建立其第四國際於中國也。[3]

於此可見，蔣欲借宣傳來刻意抹黑中共之意圖，以及與中
共不共戴天之用心，已昭然若揭。中國經過八年苦戰，生命財
產的損失難以估計，勝利之後人心必然厭戰。美國羅斯福總統
於太平洋戰爭逆轉勝之後，開始布局戰後世界，希望在日本帝
國崩解後，在東亞出現強大而親美的中國。要中國強大必不能
有內戰，所以華盛頓積極想要調解國共矛盾，但支持蔣政府的
立場始終堅定。蔣更顧慮蘇聯，史達林據〈雅爾達密約〉而出

3　見1945年1月18日，24日《蔣介石手寫日記》。

兵東北，若輕啟戰端，蘇軍或借機助共，則難以收拾。既不能戰只有撫，想不戰而屈服政敵。因而積極進行對俄交涉，蔣在1945年7月6日在日記裡寫道：「手擬（宋）子文覆電千餘言，決照所定方多處決心，約其待中國完全統一以後，即可由我政府自動提出外蒙獨立方案，期待正式閣會通過後，乃得批准之意示之」。王世杰在日記裏也提到，蔣告訴他宋子文畏懼負戰後承認外蒙獨立事之責，要把外交部長的位置由王來擔任。蔣並說「外蒙早非我有，故此事不值顧慮」！王只好不計毀譽，擔任艱巨。[4] 在王看來，宋子文已答應史達林外蒙獨立，他只是壯士斷腕，代背黑鍋而已。可見蔣介石在日本投降之前，已經決定犧牲外蒙，甚至要由「我政府單獨宣告外蒙獨立」，[5] 以換取蘇聯不妨礙他統一中國之目的。

常言道：〈雅爾達密約〉出賣中國權益，導致外蒙獨立，似是而實非。羅斯福為邀史達林出兵東亞，補中國戰場之不足，答應史達林出兵開出的條件。這是兩人私下授受，並無法律效果，況且密約明載須經蔣介石委員長同意，[6] 更何況羅斯福死後，杜魯門將密約告知蔣，也沒強迫他接受，而當時美國有識之士，已知羅為史所騙，戰後美俄冷戰態勢已現，密約更無足輕重。[7] 再說，歐戰後巴黎和約，出賣山東利權，北洋政府尚能不予承認，拒絕簽字，而蔣介石於抗戰勝利之際，居然派

---

4 閱王世杰，《王世杰日記》，上冊，頁716-717。

5 語見王世杰，《王世杰日記》，上冊，頁712。

6 見Sherwood, *Roosevelt and Hopkins*, vol. 2, p. 553.

7 冷戰既起，有德裔美國學者力批羅斯福之失策，過於輕忽，參閱Wittmer, *The Yalta Betrayal*, pp. 14-17.

宋子文、王世杰、蔣經國赴莫斯科與史達林商談，承認外蒙獨
立，蔣在此關鍵時刻說：「外蒙早非我有」，為其出賣外蒙，
找無端的理由。他真的以為外蒙早非中國所有嗎？非也！他早
年有「武力征蒙」之論，他於1923年訪蘇，甚不滿俄方拒絕他
在庫倫設立軍事基地，晚年又反悔不承認蒙古國，可見他是很
在乎蒙古的。然則何以在此當口如此積極「犧牲蒙古」？所謂
顧忌東北、新疆，并非主要的原因。蓋原因有多階層，見其主
次。蔣於抗戰行將勝利之時，最關注的是陝北的中共，如何遏
制延安，消滅朱毛，是他思考的重中之重。他所謂的統一政
令、軍令，若不消滅中共的武力，安能達成？他知美國必然挺
他，如再使蘇聯幫他一把，則中共勢必孤立無援，可操勝券。
蔣自願為〈雅爾達密約〉背書，即是利誘史達林之計。他自以
犧牲外蒙為得計，認為是超人的謀略，「非有高見遠識者不能
瞭然其意義之所在也」，難怪美國駐蘇大使哈里曼（William
Averell Harriman）也會說；「蔣介石於1945年8月14日簽署中蘇
協議，願意、更欣然接受雅爾達條款」。[8] 然而當公告外蒙獨立
之際，又感痛心，但甩鍋給中共，說是：「今日如無奸匪，何
止如此」，[9] 無意識之間透露他的心思：犧牲外蒙最主要的原因
就是為了利誘蘇聯、打壓中共。結果呢？用句諺語說：「偷雞
不著蝕把米」也。

　　美軍於1945年8月6日與8日分別在廣島和長崎投下原子彈，

8　原文：“Chiang Kai-shek willingly and even happily accepted the terms of the
　　Yalta pact by Signing the Sino-Soviet agreemnts of August 14, 1945.” 引自
　　Wittmer, *The Yalta Betrayal*, p. 81.

9　參閱《蔣介石手寫日記》1945年8月31日、1946年1月5日。

日本天皇於兩天後接受〈波茨坦宣言〉的無條件投降。蔣介石
於8月15日獲知日本正式覆文投降後，急不及待發電報給在延
安的毛澤東，邀他來陪都重慶「共商國事」。之前國共在美國
人的調解下，蔣堅持己見，毫無進展，所以連發兩電催促毛親
自來渝談和，均無回應。當第三電發出後，毛竟然接受邀請，
蔣方即以為「蓋中蘇條約成立後，中共之勢力益孤也」，[10] 足
證蔣簽訂〈中蘇互助協議〉，出讓滿蒙利益，就是為了孤立中
共！有人將蔣介石三電毛澤東視為劉備三顧茅廬的美談，[11] 比喻
不倫不類。劉備三顧茅廬出之於求才若渴，對諸葛亮尊敬與信
任有加；而蔣介石根本視毛等為「共匪」，當接到毛接受邀請
的覆電，蔣甚為得意說：毛「溫順已極，匪性固如此也」。傳
統對付匪類的老梗非剿即撫，蔣請毛來從心底裡打的就是招安
的如意算盤。當毛於8月28日抵達重慶，蔣覺得已將中共搞定，
必能招撫，信心滿滿地以為毛「未知最近國際內容與情勢之發
展，而更未知中蘇協定之內容，可憐極矣！彼猶不知早為蘇俄
所遺棄矣」。[12] 蔣此時深信他的聯蘇之計已經得逞。

　　蔣介石想要招撫中共，並非一廂情願，已有計劃與行動。
美國對他不民主雖有所批評，但支持其政權不容置疑，如提供
軍援以及動用海空力量協助國軍接收淪陷區等等。至於應付蘇

---

10 語見王世杰，《王世杰日記》，上冊，頁728。

10　語見王世杰，《王世杰日記》，上冊，頁728。

11　楊天石，〈如何對待毛澤東：扣留審治還是授勳禮送？——重慶談判期間
　　蔣介石的心態考察〉，收入楊天石，《蔣介石真相之三：遺憾：抗戰及戰
　　後續》（台北：風雲時代出版社，2009），頁253。

12　見1945年8月下旬《蔣介石手寫日記》「上星期反省錄」。另見8月28日
　　《蔣介石手寫日記》。

聯，蔣早於1945年6月派宋子文、蔣經國先後前往莫斯科與史達林談盟約，最後為了拉攏蘇聯不助中共，接受了出賣中國在滿、蒙利益的〈雅爾達密約〉，最後派王世杰與蘇聯外長莫洛托夫簽訂了〈中蘇友好條約〉，承認外蒙獨立、東北長春鐵路的共同經營、宣布大連為自由港、旅順由兩國共同使用為海軍基地，以換取蘇聯的道義與物質援助、承認中國對東三省的主權、不干涉中國在新疆的內政、蘇軍於日本投降後三個月內撤離滿洲。[13] 史達林之所以與蔣介石簽訂友好同盟條約，固然是貪圖滿蒙利益，也由於瞧不起毛澤東，視毛澤東的農民革命為異端，以為不能成氣候。據美國國務卿貝恩斯（James F. Byrnes）所說，史達林見過宋子文，在出席波茨坦會議時，聲稱蔣介石的國民黨是唯一能統治中國的政治力量，[14] 完全沒把中共看在眼裡。

　　蔣介石認為搞定美、蘇後，便可收服孤立無援的毛澤東。蔣介石批准〈中蘇友好同盟條約〉，等於背書了他引以為恥的〈雅爾達密約〉，也說明了蔣為了對付中共，連國家重大利益都可以出賣。王世杰簽字的條約照會於8月14日，發給蘇聯外長莫洛托夫，正是蔣發第一封電報邀毛澤東來渝之日。蔣可說動員了內外之力，逼毛非來不可，然而有鑒於蔣氏對待政敵之前科，不能不有安全顧慮，但毛並不擔心，因為美、蘇固然對毛施和談的壓力，但同時以國家的名義提供安全保證，美國總統

13　有關中國友好條約的文獻與論述，詳閱汪榮祖、李敖合著，《蔣介石評傳》，頁604-623。

14　James Byrnes, *Speaking Frankly*, p. 228.

代表赫爾利（蔣介石筆下的哈里）並親自陪同毛澤東乘飛機前
來重慶，以策安全；更何況蔣邀毛來是為了和平，如發生意外
豈非成為破壞和平的眾矢之的？所以蔣介石面對內外的無形壓
力，想要保護毛澤東的安全都來不及，深恐若有閃失，難辭其
咎。然則楊天石卻從蔣介石日記發現，蔣在談判期間曾要「扣
留」、「審治」毛澤東云云，毫無意義，因為那是蔣在日記裡
的發洩，透露他情緒的起伏；若要考察他的心態，豈能隨他的
心態起伏？畢竟他的理智尚在，深知「扣留」或「審治」的後
果，必然會動搖他在國內外的合法地位，所以不能為也，不敢
為也，事實也證明如此。蔣因「招撫」不成，情緒益發激動，
遂出語不遜。如果像扣留和審治張學良那樣沒有什麼後果，他
也不必在日記裡大發雷霆了。所謂史識，要能理性解釋與評
論，而不能被蔣介石的情緒牽著鼻子走也。

　　蔣介石在日記裡有情緒，我們完全可以理解。蔣邀毛來
「共商大計」是客套話，蔣要的是接受他的大計。蔣在談判之
前已經定調：「對政治之要求予以極度之寬容，而對軍事則嚴
格之統一不稍遷就」。翌日他在日記裡說得更加具體：「一切
問題之解決，均須不違背政令、軍令之統一」。蔣要毛交出軍
政實權的意圖十分明顯，就是想要招撫。當毛接受邀請，蔣深
為得意，於8月31日記寫下：「毛澤東果應召來渝，此毛應邀
前來，雖為德威所致，而實上帝所賜也」。[15]「德威所致」何
等口氣，即認為他軟硬兼施得逞，連上帝也在眷顧他。因他自
以為有美、蘇兩大強權支持其中央政府，憑其優勢實力，再以

15　見1945年8月28、29、31日《蔣介石手寫日記》。另見其「上月反省錄」。

「寬大待遇」，自以為可使毛就範而入其轂中。史家陳寅恪有詩題曰：「報載某至重慶距西安事變將十年矣」，「某」明指毛澤東。詩句曰：「鐵騎飛空京洛收，會盟贊普散邊愁；十年一覺長安夢，不識何人是楚囚」。[16] 西安事變十年之後，似已忘了張學良仍是蔣之楚囚。史家雖喜見和談，但是否有另一楚囚之慮，唯恐歷史重演，不得而知也。

　　不過毛非張之比，而1945年的中共也已非1937年之比，若謂其坐大，不如更具體說乘抗戰壯大；如何壯大？日本入侵，中共以民族主義動員農民，深得民心而擴大其影響力。[17] 毛澤東早於1937年4月5日清明節那天，寫了一篇充滿激情的〈祭黃帝陵〉文，開頭四句就是：「赫赫始祖，吾華肇造，冑衍祀綿，嶽峨河浩」，[18] 充滿民族精神、祖國山河之戀，豈能不激動人心？中共到抗戰勝利時已擁有四分之一人口、百萬大軍。毛來談豈能不要蔣承認其已有之實力，特別是「解放區政權及抗日部隊」之存在。蔣覺得毛「獅子大開口」，其實當時的獅子是老蔣，但毛已經是老虎，所以問題是獅子不讓老虎公平分食。毛也不難破解國家政令與軍令要統一的大難題，理當各黨派平等合作實行政治民主化之後，才能談軍隊國家化。在蔣掌

16　詩見《陳寅恪集：詩集》，頁51。

17　參閱Chalmers A. Johnson, *Peasant Nationalism and Communist Power: The Emergence of Revolutionary China, 1937-1945*（Stanford: Stanford University Press, 1962）。此書主題為「農民民族主義」為中共在抗戰時期擴張的動力，用了不少日文資料，並與南斯拉夫共產運動作比較，頗有創見。

18　全文與祭文原跡見劉濟昆編著，《毛澤東兵法》（台北：海風出版社，1995），頁127-129。

控中央政府的現實下，如交出軍隊與地盤，豈不等同接受招安？蔣於9月2日「忽覺上帝賜予智能，此時對共黨應以主動予之妥協，並投其所好，准予整編十二師部隊，如其真能接受政令軍令，則政治上當準備委派共黨黨人以一省之主席，使其滿足一時以觀後效。以目前形勢，如由我主動為之，實於大局無損而有益也」。他以為做了最大的讓步，卻無視中共已有的實力，當然不可能被共方接受。果然隔天就在日記裡大失所望，恨毛共「要求無厭，余以極誠對彼而彼竟利用余精誠之言，反要求華北五省主席與北平行營主任，皆要委任其人，並要編組其共軍四十八萬人，以為余所提之十二師三倍之數，最後將欲廿四師為其基準乎。共匪誠不可以理喻也，此事惟有賴帝力之成全矣，痛心極矣」！但蔣仍不死心，「願共毛之能悔悟」，使他「腦筋深受刺激」。他要毛「悔悟」，卻不悟他獨斷獨行，想要「導之以德，望能感格也」。[19] 這些根本是針對匪徒的用語，所有違反他意志的都是「非法」、「無理」，如此自以為是，連召開國民大會也要堅持戰前由他一手包辦產生的代表而不肯重選，然則由這些代表選出的國家領導人非蔣介石莫屬，如何取信於國人？毛自然不肯相從，蔣遂在9月27日的日記裡大發雷霆，破口大罵中共是「變相之漢奸，借抗戰之名義（而在抗戰陣線內），以破壞抗戰，借民主之口號，以污蔑民主國家，如欲不懲罰漢奸，處治叛逆則已，否則非從懲治此害國殃民、勾敵構亂第一之罪魁禍首，實無以折服軍民，澄清國本也。如此罪大惡極之禍首，猶不自俊悔，而反要求編組

19　語見《蔣介石手寫日記》1945年9月4日，20日。

一百廿萬軍隊，與割據臨海路以北七省市之地區，皆為其勢力範圍所有，政府一再勸導退讓，而總不能廢其無窮之欲竇，如不加審治，何以對我為抗戰而死軍民，在天之靈耶，應審慎無忽」。大罵共黨之餘，還想要扣留、審治毛澤東，甚至想一舉「根絕共匪」，為此即使「新疆暫失，東北未復」，[20] 也在所不惜。根本是絕望後的氣話，強詞自慰與發洩，挫折後的強烈反彈，也是一種阿Q式的精神勝利法。但瞬間回神便知茲事體大，不能輕舉妄動。在國際上不僅過不了蘇聯一關，更過不了美國一關，因關係到兩國的信用與對華政策；對內則抗戰方勝，若發動內戰，民心盡失; 欲殲百萬共軍，並非易事，其風險何止新疆、東北之失？本部之內又安能立足？所以讀史者略知大勢，便知蔣在日記裡的情緒乃「空爆彈」而已，安能當真？然而卻有歷史學者信以為真說：「毛澤東在重慶，如魚遊釜內，有點懸了」。[21]

　　讀蔣介石日記不能隨其起舞，卻應洞見其複雜的心思。蔣招撫不成恨共入骨，認為「滔天罪惡」卻不敢孟浪行事，實因風險太大，代價難以承擔，當然不可能複製扣留和審治張學良的舊戲碼。蔣毛雙方既無共識，最後簽訂的「雙十協議」只能含糊其詞，不了了之。臨去秋波，蔣仍盼望共黨「放棄軍隊與地盤觀念，而在政治上、經濟上競爭，此為共黨今後唯一之出路」。[22] 若放棄軍隊與地盤之後，真能在政治上、經濟上公平

20　語見《蔣介石手寫日記》1945年10月5日。

21　楊天石，〈如何對待毛澤東〉，頁267。

22　語見1945年10月9日《蔣介石手寫日記》。

競爭乎？在蔣氏黨國體制之下，必然不能。無獨有偶，胡適於8月24日從美國發長電給在重慶談判的毛澤東，其中有云：

適陳鄙見，以為中共領袖諸公，今日宜審察世界形勢，愛惜中國前途，努力忘卻過去，瞻望將來，痛下決心，放棄武力，準備為中國建立一個不靠武力的第二政黨。公等若能有此決心，則國內十八年之糾紛一朝解決，而公等二十餘年之努力，皆可不致因內戰而完全消滅。[23]

胡適在電報中還要毛學習美國的民主黨與英國的工黨，經過大選取得政權，看起來似是「懇切坦誠」之言，完全忘了當時的中國沒有英美長期而穩固的民主體制與選舉制度。中共歷經清黨、圍剿、長征之慘烈，如何能「忘記過去」？在蔣專政之下，第二政黨不靠武力只能被予取予求；若不被解散，唯有當作花瓶而已。毛澤東畢竟雄才大略，不是天真的書生；若毛採納嘉言，不是出路而是死路。胡適雖於事後自認「天真」（naïveté），但他的「天真」不僅是要毛放棄武力、學習英國工黨，而且以為毛會聽他的「忠告」，[24] 真不失天真之尤矣！更值得注意的是，胡與蔣都認為毛如不就範，內戰一起，共軍

23　全文見黃艾仁，〈歷史長河一瞬間——毛澤東與胡適從友誼走向決裂〉，黃艾仁，《胡適與中國名人》（南京：江蘇教育出版社，1993），頁92。

24　參閱Hu Shih, "Introduction", John Leighton Stuart, *Fifty Years in China: The Memoirs of John Leighton Stuart, Missionary and Ambassador*（New York: Random House, 1954）, p. xix. 中譯本司徒雷登，《在中國五十年》（香港：求精出版社，1955），上冊，頁10。

必然會被消滅。蔣介石因而對談判雖然失望，信心依舊滿滿，於毛離開重慶後，痛罵共黨「不僅無信義而且無人格，誠禽獸之不若矣」，但他斷言毛「無成事之可能」，不足妨礙其統一，相信毛不能跳脫其掌握之中。[25] 然而事隔多年，當塵埃落定，被消滅的是蔣介石而非毛澤東，楊天石因而指出史乃蔣介石一生最錯誤的判斷。[26] 所謂錯誤的判斷，乃後見之明，以當時之聲勢，不僅蔣深信若不能撫之，必能剿之。胡適豈不也警告毛，若內戰一起中共會被「完全消滅」嗎？其實美國亦如是認為，否則不會支持蔣直到失去整個大陸。不僅此也，連史達林也不看好毛澤東。何以知之？據著名波蘭傳記作者伊薩克‧多伊徹（Isaac Deutscher, 1907-1967）所寫《史達林傳》，這位蘇聯領導人至1948年仍要求毛與蔣謀和，認為與蔣開戰是「不現實而魯莽的」（unrealistic and reckless），且懷疑共產主義在中國有任何機會。但毛勝蔣敗後，史達林曾向南斯拉夫外長卡代爾（Edvard Kardelj, 1910-1979）自認其錯誤判斷。[27] 除了毛澤東及其黨人外，幾乎無人相信中共會在短短幾年之內打敗蔣介石。

毛澤東在重慶一住四十餘日，蔣毛會見時間不長，正式商談五次。歡迎晚宴時蔣介石身穿軍裝，胸前勳章耀眼顯示他是最高統帥。蔣氏夫婦以茶會招待蘇聯大使彼得羅夫時，請毛作陪，又邀毛與美國大使一起吃午飯，向毛顯示他有美蘇兩大國

25　參閱《蔣介石手寫日記》1945年10月11日，13日。

26　楊天石，〈如何對待毛澤東〉，頁273。

27　閱Isaac Deutscher, *Stalin: A Political Biography*（New York: Oxford University Press, 1967），p. 591.

的支持。蔣以聲勢懾毛，顯然無效，毛澤東不屈服使蔣「腦筋深受刺激」。毛於10月10日臨行前要求宿於林園，翌晨與蔣共進早餐，但話總不投機。毛離去後，蔣散步林園一周畢，於記事批閱公文之餘，「甚歎共黨之不可與同群也」！[28]

　　蔣介石在「統一軍令政令」的底線下，根本不會允許解放區與八路軍的存在，也不會同意重起爐灶組織聯合政府，以完成軍令與政令的統一。在此情形下，和談不可能談出任何可行的結果。毛澤東同意縮編若干軍隊，退出若干解放區，只是表示一點誠意，距離蔣的要求甚遠。國共重慶和談後所簽訂的〈雙十協定〉，明眼人一望可知，不過是裝點門面，並未解決根本問題。

　　唐縱在日記中透露，蔣介石說毛澤東本欲趁日本投降占領華北，因來渝談判而未成。[29] 事實上在和談期間美軍出動陸戰隊助蔣占領華北，故就蔣而言，此次和談的收穫只是滿足緩兵之計，使蔣軍獲得寶貴的時間由美國海空聯運，送部隊到華北。不僅此也，蔣介石於重慶和談期間，已秘密分發在江西時訂定的原《剿匪手冊》，準備展開軍事攻勢。同時授意張治中密電胡宗南謂：「目前與奸黨談判，乃係窺測其要求與目的，以拖延時間，緩和國際視線，俾國軍抓緊時機，迅速收復淪陷區的中心城市，再以有利之優越軍事形勢與奸黨做具體談判，如彼不能在軍令、政令統一原則下屈服，即以土匪清剿之」。[30]

28　秦孝儀主編，《總統蔣公大事長編初稿》，第5卷（下），頁2688。

29　見唐縱，《在蔣介石身邊八年》，頁591。

30　見〈中共代表團關於張治中向胡宗南傳達秘示致中央電〉。

事有湊巧〈雙十協議〉簽訂前二日，一架國民黨運輸機迷航降落在太行山麓的共區，查獲編號為3251代電的〈蔣致閻錫山密件〉，附《剿匪手冊》兩本，洩露了「剿匪」的天機。[31]〈雙十協議〉簽訂後，蔣失望之餘，再密令各軍努力進剿，想以餓虎撲羊的兵力，完成軍令與政令統一的任務，不宣而戰的國共內戰實已爆發，但是進展遲滯，並不如蔣氏想像那樣容易克奏朕功而已。

中共於日本投降後，雖知美、蘇兩大國均支持蔣介石，仍然不肯屈和，繼續強硬抵抗。軟的不吃，硬的也不吃，不僅出蔣意料之外，也出乎美國人的意料之外，還誤以為史達林與毛澤東有暗盤。其實史達林既得滿蒙利益，情願助蔣。美蘇雖都站到蔣介石一邊，但毛依然不肯屈服。

毛澤東到重慶談判雖然無功而返，卻有意外的收穫。他出現在當時中國的政治中心，得與各方人士交往，廣結善緣，在統戰上大有斬獲。毛澤東、周恩來一行以貴賓身分抵達重慶，近七周的逗留，周旋於各界人士之間，往往侃侃而談、時時心心相印，贏得無數同情與支持，而毛氏〈沁園春・詠雪〉詞「北國風光，千里冰封，萬里雪飄」，氣勢不凡，使很多士人為之傾倒。事由毛到重慶後，南社詩人柳亞子寫了一首七律給毛索和，毛就把〈沁園春・詠雪〉詞書贈給柳，時約在1945年中秋節前後。此〈詠雪〉詞並非毛之新作，實寫於1936年2月東渡黃河之際，反映當時高漲的抗日情懷與愛國情操。值得注意的是，當時中國共產黨處於低潮劣勢，而毛非但沒有挫敗感，

31　見葉永烈，《毛蔣爭霸錄》，頁428。

依然豪情萬丈，對革命前途十分樂觀而自信。這種情懷事隔九年，不僅沒有過時，反而在抗戰勝利之際，更能振奮人心。

　　蔣與毛簽訂「雙十協約」後，毛飛返延安，柳亞子又寫了和詞，望能將唱和的兩首詞同時在《新華日報》上發表。但是當時的《新華日報》不能未經同意就發表毛主席的詞，柳就先發表他的和詞。讀者見到和詞，當然希望看到原詞，於是新聞記者爭想獲得原詞以饗讀者。當時重慶《新民報晚刊》（董事長為蕭同茲）副刊編輯吳祖光，從若干傳抄稿中獲致完整的詞稿，遂於1945年11月14日在他編的副刊上發表，最先將之公諸於世。兩周後重慶的《大公報》也轉載了毛的〈詠雪〉詞與柳的和作。《大公報》銷路甚廣，頓時轟動山城。

　　〈詠雪〉詞的上半闋亟寫雪景，以長城、黃河、秦晉高原為宏闊的背景，來烘托萬里雪景的壯麗山河，將雪的形狀與神態都表現得十分雄偉，然後以雪景的壯麗來言情，以寄託祖國疆土之美。上闋雖著意寫景，作者的豪情壯志已出，在遼闊的銀色世界裡欲與天公試比高，頗有氣吞山河之勢。紅裝素裹即使是寫實，亦予人以赤、白對照的聯想，在雪白色的天地裡，紅色顯得分外妖嬈。下闋以「江山如此多嬌」承上啟下，引發大篇議論，寫下一段簡潔而有力的史論，借著名帝王批判了兩千五百年的帝制中國。議論既發，每難以收結，而毛氏以「俱往矣」三字有力總結了舊時代。通觀全詞，如果上闋呈現中國的地理空間，下闋則是展露中國的歷史時間，其題中蘊意與題外遠致，更具祖國之戀的愛國情操。詩言志，無意中透露了作者的性格與氣概。這首抗戰前寫的〈詠雪〉詞，到抗戰結束時才為世人所知。毛詞驚人的氣勢，令敵人厭惡、友人振奮，引

發了一場〈沁園春〉大戰。毛澤東既是頭號政治人物，筆仗不能僅止於筆仗，無異是一場國共之間的文化大戰。

　　國民黨方面利用《中央日報》、《和平日報》（原《掃蕩報》）、《益世報》，以及《大公報》作為陣地，展開文字圍剿，發表具有攻擊性的和詞，批評毛澤東〈詠雪〉詞的主旨，挑剔最後兩句豪邁的宣示：「數風流人物，還看今朝！」指毛有帝王思想。今朝的風流人物究竟指誰？其實作者已有自注，指的是無產階級。非如此不足以正視作者無產階級革命的思想與感情。共產黨方面則於《新華日報》、《客觀》、《民主星期刊》等報章雜誌上進行反擊。反擊以郭沫若為主將，郭乃新詩人亦通舊格律，一共寫了兩首〈沁園春・和毛主席韻〉。他回顧中國長期受到帝國主義的侵略「國步艱難」，日寇入侵尤使國家付出慘重的代價，「八年抗戰，血浪滔滔」，希望和平到來之後，「肅清敵偽，解除苛嬈」。然而日帝敗了又來了美帝。美國人把「殘鋼廢鐵」、「飛機大炮」輸送給獨裁的蔣介石，則挑起內戰的責任實在美國。美國人為了反共不惜扶植反動政權，壓制人民；郭沫若同時指責國民黨為了美援，出賣國家主權與利益，以致「欲把生民力盡雕」，最後借狙公賦芧的典故，嘲笑美國人是耍猴子的狙公，而國民黨則是被耍的猴子。國民黨將內戰的責任推給共方，郭沫若反唇相譏，把內戰的責任退還給美蔣反動派。可說是蔣、毛談判後又一回合的國共鬥爭。一首詞引發大規模的文化與政治論爭，大大增加了〈詠雪〉詞的知名度與影響力。[32]

32　詳閱汪榮祖，《詩情史意》（台北：麥田出版社，2005），頁309-318。

　　總之，蔣介石請毛澤東來重慶談判，原想以其「德威」以及不惜出賣外蒙換取蘇聯的「友好」，逼毛就範，可憑國家政令與軍令統一的高調，逼毛交出軍隊與地盤。但毛堅持其立場，不為所動，令蔣氣惱又無可奈何。然蔣雖恨「撫」之不成，深信必可「剿」之，已發內戰之先聲。毛受邀而來似居劣勢，但不僅沒有失分，反而有所得分，容其有曝光之良機，周旋於朝野之間。更偶而因〈沁園春・詠雪〉詞引發論戰，更得有利的宣傳效果，可說是毛澤東重慶之行的意外收穫。

《雅爾達大出賣》書影

美國大使赫爾利陪毛澤東抵達重慶

郭沫若書毛澤東沁園春雪詞作

第十四章

蔣介石如何失去中國大陸

　　蔣介石失去中國大陸，是既成的歷史結果，由果推因，雖有後見之明的優勢，但所見不一。英國史家卡爾（Edward Carr, 1892-1982）曾說：史事的發生有偶然，然偶然也有原因，原因又有「層次」（multiplicity）與「階層」（the hierarchy of causes），[1] 先後、輕重、主次不一，由繁而約，於萬緒之中，排除非必然之因，確定最主要之因，若非此因，不會有此結果，定論出焉。

　　蔣失江山絕非偶然，其故誠多，諸如政治的腐敗、軍事的失利、經濟的崩潰、社會的動盪、雖然都可以排序定其輕重主次，但是莫不與蔣相干。皇親國戚的貪污、官僚之瘋狂劫受，蔣不能止；蔣又堅持用軍事手段解決內部矛盾，使抗戰瘡痍未愈而內戰驟起，造成惡性通貨膨脹，又濫發金圓券，竭澤而漁，民不聊生，豈不就是經濟崩潰與社會動亂的原因？戰事既起，蔣以元帥的身分，包攬自上而下的指揮，以絕對優勢的兵

1　原文：“The study of history is a study of causes,” Edward H. Carr, *What is History?*（New York: Alfred A. Knopf, 1964）, pp. 113, 117.

力，居然兵敗如山倒，一敗塗地，捨蔣誰能擔此重責？史家陳
寅恪謂蔣：「自我失之終可惜，使公至此早皆知」；[2] 更可惜的
是，使公雖自知，也雅不願承認由其失之，故而雖敗退海島之
後，仍然嚴於責人，寬以責己，嫁禍於知識分子之批評，學生
之鬧事，甚而甩鍋美國援助之不力，馬帥議和之干擾，皆可以
休矣！

　　取蔣介石而代之的是毛澤東，自北洋政府逐漸退出歷史
舞臺，便是國共爭奪天下的時代。國共原屬一家，來自孫中山
的聯俄容共政策；然而蔣介石奪權成功之後，不僅分共而且視
若仇讎。蔣之南京政府成立後即開始江西「剿匪」，以十倍之
眾剿而無功，屢敗者四，最後博古、李德誤判情勢，而蔣的德
國顧問圍堵之策奏效，使第五次圍剿得逞; 然而朱毛殘部竟能
將「流竄」變為「長征」，敗而不潰、退而不亂，卒能敗部復
活，重建革命根據地於陝北，促成逼蔣抗日，因抗日使國共再
度合作。

　　國民黨寫八年抗戰史，往往說共產黨不打日本人而打國
軍，因搶奪地盤而乘機坐大。乘機坐大沒錯、搶地盤也沒錯，
地盤被日本人侵占甚多，只要在敵後繼續打遊擊，就可搶到很
多地盤、贏得更多的人心，是以愈抗戰愈有機會坐大。國共兩
黨曾各自詮釋抗戰，但以抗戰決心而言，國實不如共。據英文
《劍橋中國史》估計，抗戰期間中央軍投敵部隊多達五十萬之
多，再就1943年投靠敵人的降將就有42人之多，[3] 而共產黨領導

2　陳寅恪，《陳寅恪集 詩集》，頁66。

3　John Fairbank & Albert Feuerwerker, *The Cambridge History of China, Vol. 13,*

以及紅軍中沒有一個在抗戰期間降敵者，也無與日本人暗通款曲者，更沒有當漢奸者。

國民黨說共軍打國軍，其實是國軍常打紅軍。蔣介石於戰前沒能消滅共產黨，已感到十分遺憾；眼見共黨坐大更是痛心疾首，一心一意想溶共、剿共、滅共。蔣介石原以「紅色將軍」起家，深知共產黨的利害，深感臥榻之旁不容他人酣睡，怕中共會奪取他的政權，故非除之而不快。他對付政敵不是公平競爭而是用強制手段，用強就有反彈，而反彈的最後結果是自己被打倒。

蔣介石溶不了共產黨，然而國共在抗戰中並沒有決裂，主要有二個原因：其一、在舉國一致抗日的大環境裡，蔣不敢公然大舉剿共，只能暗中搞。其二、毛澤東對蔣介石的挑戰有時針鋒相對、有時退讓，儘量不導致決裂，也就是毛氏所謂既團結又鬥爭的策略：一方面維持抗日民族統一戰線，在中央政府之下，奉蔣介石為最高統帥；另一方面則維持紅軍及共區的獨立與自主性，不惜先斬後奏或斬而不奏。因此衝突與矛盾固然不斷，共產黨仍繼續奉行國共合作的既定政治策略。毛澤東不肯決裂、蔣介石不敢決裂，只好走既團結又鬥爭之路。毛擺好棋譜請蔣來下，蔣自非對手。蔣雖在軍事上占優勢，卻在政治上處處被動，愈來愈退居劣勢，難怪蔣在1940年3月9日記道：「唯共產黨作祟為可恨耳」。[4] 蔣以共為死敵，毛豈有不知之

---

　　pt. 2: Republicn China, 1912-1949（Cambridge: Cambridge University Prss, 1986），p. 571.

4　另參閱古屋奎二，《蔣總統秘錄：中日關係八十年之證言》，陳在俊翻譯（台北：中央日報社，1975-1977），頁2692。古屋為日本右派《產經新

理?曾說「過去十年的蔣介石是反革命的。為了反革命,他創造了一個龐大的中央軍。有軍則有權,戰爭解決一切。這個基點,他是抓得很緊的。對於這個點,我們應向他學習」。[5]

西安事變之後國共合作已如弦上之箭,但蔣介石始終不喜歡國共合作的提法,因這種提法把國共對等起來平起平坐,豈其所願?因他不承認共產黨是合法的政黨;他不要聯共而要溶共,想把共產黨合併於國民黨內猶如軍隊之收編,化掉以後實現一個黨、一個主義、一個領袖的理想。所以周恩來雖一再向蔣表示國共合作的誠意,蔣總是大剌剌地回答說:「不要提國共合作,只要提與我合作就行了」。[6]蔣介石從盧溝橋事變到武漢棄守,忙於應付兇猛的日軍進攻,尚無餘力來對付共產黨,國共之間因而暫無摩擦。值得注意的是,蔣毛對付日軍進攻的戰略已見其異。蔣打的是正規的陣地戰,兵力不易集中,面對敵人強大優勢的火力時,常陷於被動挨打,付出慘痛的代價,往往導致一瀉千里的大潰退。毛打的則是運動戰,發動廣大人民群眾打遊擊。朱德、彭德懷等共軍將領掌握機會深入敵後,建立越來越多的抗日根據地,包圍敵人占據的都市與交通要道,易於擾敵而不易被敵所殲。蔣之正面作戰與毛之遊擊戰,

---

聞》記者,國民黨為古屋提供尚未公諸於世的蔣日記,作有利於蔣介石之論述。另有978頁篇幅的英文縮譯本,見Keiji Furuya, *Chiang Kai-she, His Life ad Times*, Abridged English Edition by Chun-Ming Chang(New York: St. John's University Press, 1981).

5　辛子陵,《毛澤東全傳》,第2冊,頁323。

6　參閱嚴如平、鄭則民,《蔣介石傳稿》(北京:中華書局,1992),頁293、363。

可謂國共兩黨抗日的戰略配合。國共於抗戰初期在戰役上的配合，贏得平型關之戰的勝利。日軍第五師團長板垣征四郎在1939年的9月裡，決定突破長城防線進兵山西，全力向平型關一帶進攻。經過9月22、23兩日血戰後，國軍傅作義奉第二戰區司令長官閻錫山之命增援，同時共軍第115師由林彪率領拊平型關敵軍側背，林彪的機動靈活戰術與傅作義正面主力防禦相互配合，利用有利地形設置埋伏以待進犯之敵。日軍輜重部隊於25日早晨進入伏擊圈立遭痛擊，日軍被截斷首尾，至翌日中午已殲敵千餘，並切斷了日軍的交通，有力支持了傅作義的正面反攻，使日軍第21旅團陷入重圍，遂因板垣大舉增援，各部才於9月30日撤離戰鬥。這一仗可謂國共聯合抗擊日軍的第一仗，但也是最後一仗。

中國軍民從平津、淞滬到南京失陷雖然犧牲慘重，但抗敵的英勇確實可歌可泣。毛澤東在1938年9月29日，值武漢保衛戰期間，特別托周恩來給蔣介石一封親筆函，向蔣「領導全民族進行空前偉大的革命戰爭」表示崇仰，同時鼓勵蔣「團結全民，鞏固與擴大抗日戰線，堅持持久戰線，動員新生力量克服困難，準備反攻」。毛澤東在信中一再強調團結，並提醒敵人會刻意破壞團結。他相信「國共兩黨之長期團結，必能支持長期戰爭，敵雖凶頑終必失敗」，[7] 表達兩黨長期合作的願望，十分明顯。武漢失守後抗戰進入膠滯狀態，蔣介石的注意力遂轉移到共產黨問題上來。同時蔣日和談仍在繼續秘密進行，共同防共一直是日方必要的條件之一，對付共產黨成為蔣介石的

7　全函收入古屋奎二，《蔣總統秘錄》，頁71。

一石雙鳥之策，既可去心腹之患又可展示對日和談的誠意。國民黨五屆中全會於1939年元月在重慶召開，內政的主要議題便是整理黨務。蔣介石在會場上講話，呼籲要喚醒黨魂，目的是要國民黨警惕各地共黨以強化國民黨，並於會中通過決議案確定「防共、限共、溶共方針」，且專門設置了防共委員會。大會為了強化黨又決議設置國防最高委員會，以蔣為委員長獨裁黨政軍大權。會議開過之後為落實會議的精神，制定了一系列對付共產黨的辦法，諸如〈共黨問題處置辦法〉、〈淪陷區防範共產黨活動辦法草案〉、〈第八路軍在華北、陝北之自由行動應如何處置〉、〈異黨問題處理辦法〉等等。[8] 蔣介石於抗戰十五個月之後再度確定了反共方針，雖不似1927年清黨之劇烈，但毛澤東所希望的長期團結與國共合作只剩虛有其表了。

蔣介石於1939年3月又設立了精神總動員會，自兼會長，制定〈國民精神總動員綱領〉，並提倡「精神之改造」，其中所謂「分歧錯誤之思想必須糾正」，[9] 矛頭顯然指向中共及共產主義。同年五月蔣親自在重慶主持清神總動員誓師大會及遊行。全國精神總動員表面上是為了抗日救國，然要求全國人民行大孝、盡大忠，實欲落實他一人一黨的獨裁，以達到「軍政軍令及行政系統之統一」，在骨子裡防共已甚於抗日，可知此後蔣介石已將重心由抗日轉向防共。同一年的11月下旬，周恩來在延安受傷，電請重慶航空委員派飛機送莫斯科治療，但航委會說無機可派，延安只好請莫斯科派飛機來迎。蔣介石聞之

8　見《國民黨五屆五中全會記錄》（李敖藏件）。

9　見重慶《中央日報》，1939年3月22日。

甚怒，「責航領會一定派機去接送，不許蘇聯機來迎」。[10] 航
委會起初不肯派機豈非秉承蔣的意志？及見「偷雞不著將蝕把
米」，乃大發脾氣責令派機，既如此，何必當初？這件小事足
見蔣氏心事之大。小事之後即有大事，同年年底蔣介石就命令
胡宗南構築堡壘群，東自黃河西至甘肅西峯，像是第五次圍剿
的工事，目標在包圍陝甘寧邊區，並企圖進取延安。朱德、彭
德懷對蔣之軍事進攻做政治性的反擊，通電全國指責國民黨槍
口對內。[11] 中共十八集團軍（即八路軍）參謀總長葉劍英於1940
年3月初到重慶參加會議，報告國共摩擦的原因，但蔣介石聽後
避而不答，一字不提。[12] 到四月間蔣主持國民參政會第一屆第
五次會議，才由何應欽做軍事報告時，反而以延安自組政府、
擅設銀行、發行紙幣、擴充軍隊，造成割據為由，作為嚴厲制
裁中共的依據。國共關係自此日見惡化，山西、河南一帶發生
大規模的衝突，中共繼續對蔣發動政治攻勢。蔣既不能決裂，
最後命衛立煌與朱德在洛陽談判，朱德提出共黨合法化、保護
《新華日報》、釋放被捕中共人員、停止進攻共軍等要求。蔣
雖不可能接受這些合情的要求，但在政治上已甚被動，既不肯
甘休，遂命陳立夫擬具對策，約有三項：

　　統一黨內同志對共產黨問題之認識，使共產黨無所施其
　　挑撥離間之技。第二、建立軍事政治根據地，以防範共黨

10　見唐縱，《在蔣介石身邊八年》，頁103。
11　電文見國民參政會史料編輯委員會編，《國民參政會議史料》（台北：國
　　民參政會在台歷屆參政員聯誼會，1962），上冊，頁724-725。
12　見唐縱，《在蔣介石身邊八年》，頁719-720。

　　勢力之蔓延，並進而逐漸縮小其占據區域（如魯冀邊區、
陝北邊區等）。第三、根絕共黨在後方各省之活動。[13]

　　蔣介石按此方案於1940年7月中旬提出防止案，要點有四：
其一將陝甘寧邊區改稱陝北行政區限18個縣暫隸中央政府行政
院管轄；其二取消冀察戰區，將第十八集團軍及新四軍作戰地
區併入閻錫山的第二戰區，以朱德為副司令長官秉承軍事委員
會命令指揮作戰；其三命十八集團及新四軍於一個月內開往規
定地區之內；其四第十八集團軍准編為三個軍六個師、五個補
充團，新四軍准編為兩個師，[14] 其目的是要嚴格規範共軍活動
的區域與兵力，以便防堵。然而在抗戰期間又如何能阻止紅軍
的抗日，特別是敵後的遊擊活動？此時國際局勢對華更加不
利，越南、緬甸均遭封鎖，使重慶更為孤立。不少人主張重新
揭舉孫中山三大政策聯蘇聯共，朱毛也通電做此要求，[15] 但蔣
全不予理會，寧願走另外一條路：暗中積極進行蔣日和談，於
是國共間的矛盾更趨緊張。

　　中共經過八年抗戰，在勝利之際實力已不可小覷，紅軍
已逾百萬，所轄人口近億，更由於從事敵後遊擊，據有根據
地，敵退我進便可捷足先登，再加上中共嚴密的組織與嚴明的
紀律，政治氣候已經形成。共軍雖仍是小米加步槍、解放區雖
仍是偏遠地區，但已是一股不可忽視的力量，而其領導人毛澤

13　唐縱，《在蔣介石身邊八年》，頁134。

14　參閱蔣中正，《蘇俄在中國》（台北：中央文物供應社，1956）。

15　見唐縱，《在蔣介石身邊八年》，頁143。

東、周恩來等雄心勃勃，有問鼎中原的壯志。然而由於實力
與國民黨相比仍然懸殊，又為國際現實所逼，國內普遍厭戰，
中共不能亦不願向國民黨挑戰。但求改組國民黨一黨專政的政
府，重組結合各黨各派的聯合政府，庶幾取得合法之地位，分
享政權。但是蔣介石不能相容，他要中共於聯合政府成立之
前，就先交出軍隊與地方政權，無異要毛先率眾投誠，怎麼可
能呢？既不可能，就要以武力解決，重演當年江西剿「匪」的
故技；然而今昔異勢，當年以十倍之眾不能蕩滅的「共匪」，
而今能以三四倍之眾來蕩滅嗎？當然不能！

　　毛澤東譏笑蔣介石蹲在山上等待抗戰勝利，勝利等到了，
便要下山摘桃子（勝利的果實），「把手伸的老長老長地要摘
桃子」。[16] 問題不是他要摘桃子，而是他要把整棵桃樹上所結
的桃子一家獨摘，不許旁人插手。蔣介石自武漢遷都重慶後已
經抗戰不力，把力氣用在對內，想剷除包括共產黨在內的所有
地方勢力，以達成一黨專政、特務統治、保甲制度三位一體的
個人獨裁。珍珠港事變後，蔣知道美國人遲早會打敗日本，心
思更加對內不對外了。這種心思最具體表現在1943年3月出版的
《中國之命運》一書。此書由文膽陶希聖執筆，藉提倡民族主
義來美化傳統文化，進而反對「個人本位的自由主義與階級鬥
爭的共產主義」。其本質是在搶道統，以強化政統。道統是中
國聖賢繼承的系統，道統就是治統之所繫。凡統治者，必須要
搶道統，都是舊思維。陳伯達等人寫了一本小冊子評《中國之
命運》，由新華書店晉察冀分店於1945年出版，劈頭就問「為

16　參閱毛澤東，《毛澤東選集》，第4卷，頁1070、1074-1075。

什麼要讓自己的作品，交給一個曾經參加過南京漢奸群，素日鼓吹法西斯……的臭名遠著的陶希聖去校對呢」？挖苦蔣手下無人。

　　蔣介石既是上繼中華道統，還有誰有資格跟他爭政統？他固然容不下陝北的共產黨，也容不了其他任何地方勢力、民主人士，他想要完成個人的大一統。當抗戰甫勝利，雲南的龍雲就被吃掉，也就不足為奇了。抗戰之前蔣介石的南京中央管不到自治的大西南，抗戰之後蔣以重慶為陪都，中央軍入川情勢丕變。龍雲雖尊重慶為中央，但由於特殊的地理、文化，甚至種族背景，相當於法國兩倍大的雲南一直在龍雲的控制之下。當日軍於1938年攻占武漢與廣州之後，雲南的地位更加重要，在滇緬公路一端的昆明既是不可缺少的對外視窗，也是西南聯大的校址，彙聚了全國第一流的學者。珍珠港事變後昆明更成為美軍駐紮的基地以及飛越駝峰後的落腳點，無論軍援經貿皆由此進出。雲南的重要性當然誘使蔣介石染指，想用他的繩索套在龍雲的脖子上。蔣以龍雲為他的滇黔行營主任，逐步把中央軍調入雲南，到1943年的中旬，雲南的蔣軍已四倍於滇軍。蔣又派特務進入雲南，因昆明於戰時已成為自由主義知識分子的中心，並受到龍雲的禮遇與保護；龍雲雖想把特務趕出雲南，但並不成功。蔣於抗戰後期為了加強獨裁，在特務的安排下政治迫害益趨劇烈。共產黨和民主人士都是特務打擊的對象，但也包括所有的地方實力派，而龍雲是最大的地方實力派。被打擊者在1943年之春，醞釀反蔣，但翌年由於日軍突然發動一號攻勢，豫湘桂戰鬥極為激烈，日軍有入寇四川、雲南之勢，暴露中央的無能也打擊了蔣委員長在國內外的聲望。當

一號攻勢接近尾聲時，地方實力派李濟深、龍雲、張發奎、余漢謀等在粵桂之間組織自治民主政權，若重慶蔣政權崩潰之後有所取代。在昆明的民主人士如羅隆基、張君勱、左舜生、沈鈞儒、章伯鈞等人均表贊同。這場反蔣運動雖未成功，但蔣介石與雲龍之間的關係惡化，重慶與昆明要到1945年的1月裡才得到緩解，主要由於蔣介石允許美國租借物資裝備滇軍三個師，龍雲則讓蔣介石的特務增加活動空間，並答應限制民盟活動。不過此乃蔣的權宜之計，他早已決定於戰後消滅共產黨以及一切半獨立的地方政府。蔣介石於1945年4月把杜聿明自昆明召回重慶密授機宜，五月間又密令李宗黃任雲南主席，可見蔣在抗戰勝利之前就已準備把龍雲攆走。當日本於8月15日正式宣布無條件投降，蔣介石命令盧漢率領三個軍從雲南就近入越南受降，此乃調虎離山之計。蔣為了更加減弱保護龍雲的兵力，又與美國人一起慫恿再增加一個滇軍入越，於是龍繩武的龍家兵也跟著盧漢去了越南。龍雲身邊只剩下龍繩祖的一個師、一個憲兵團以及警衛大隊。研究中國近代史的美國學者易勞逸說：龍雲自知無力抗命，「於是他請求重慶派他的四個師的部隊，由他的親信助手盧漢指揮，去印度支那接受日本人的投降」，[17]並不確實。如果龍雲真的聽天由命，當杜聿明於9月30日拂曉時分突以兵戎相逼，龍雲又何必登五華山待援，拒絕下山呢？從事後看，龍雲因疏忽大意，連八月間美軍在昆明戒嚴，都無警覺，終成蔣介石權術下的階下囚。蔣介石於戰時掌握川黔兩省

17　易勞逸，《毀滅的種子：戰爭與革命中的國民黨中國（1937-1949）》（南京：江蘇人民出版社，2020），頁29。

之後，就在雲南下功夫，並曾親至昆明視察。龍雲猝不及防，只好於10月4日下午在昆明登機飛渝，接受蔣介石虛有其表的軍事委員會軍事參議院院長頭銜。蔣介石就這樣一口就把龍雲吃了，吃相畢竟難看。[18] 龍雲居然成為另一個張學良，幸而得到飛虎隊陳納德將軍的幫助脫離虎掌，逃到香港後投共去也。

　　蔣介石情願搶龍雲的雲南，卻不要送上門來的越南。美國羅斯福總統在開羅會議時曾要把中南半島給中國，蔣介石卻說「任何情況下」（under no circumstance）都不要。[19] 羅斯福離開開羅後於1945年2月23日在昆塞軍艦（U.S S. Quicy）上舉行第992次記者招待會，當記者問到：「戴高樂已經宣布法屬中南半島即將解放，總統先生將由誰來解放」？總統答道：「我兩整年來一直十分憂慮中南半島，我曾在開羅與蔣介石談過，又與史達林在德黑蘭談過，他們都同意我的看法。法國人在那邊已經有好幾百年，不應再重歸法國，法國人在那邊不曾教導當地人自治，他們投資一元要賺回十元，那邊的情況很像1898年的菲律賓。中南半島的人有獨立的意願，但他們的獨立還未成熟」。所以羅斯福問蔣介石的第一件事就是：「你要不要中南半島」（Do you want Indo-China?），蔣說：「此對我們沒有幫助，我們不要」（We don't want it），「他們不是中國人，他們不會與中國人同化」。羅遂建議中南半島可置於託管之下

18　楊維真，《從合作到決裂：論龍雲與中央的關係，1927-1949》（台北：國史舘，2000）敘述蔣龍關係的前因後果甚詳，唯作者刻意為蔣以軍事脅迫、綁架手段對付龍雲作合理化，有失客觀。至於說：「龍雲生性剛愎多疑，胸懷不寬，睚眥必報」（頁248），此語謂蔣似更精確。

19　參閱Tuchman, *Stilwell and American Experience in China*, p. 525。

由一個法國人、一個或兩個中南半島人、一個中國人、一個俄國人教導他們自治。美國人在菲律賓已經搞了五十年。此一記者招待會記錄，後來收入羅斯門（Samuel I. Rosenman）所編輯的《羅斯福公文與演說集》（*The Public Papers and Addresses of Franklin D. Roosevelt*），第13冊，1950年在紐約出版。羅斯福的副總統華萊士（Henry A. Wallace）在1944年3月3日的日記中，也提到羅斯福曾專電蔣介石問他要不要中南半島，蔣委員回稱不要。後來在開羅會議上，羅斯福當著邱吉爾之面又問蔣介石要不要中南半島，蔣再度說不要。[20] 早先羅斯福與邱吉爾商量時，丘認為蔣會要中南半島，但結果蔣介石居然不要，必然被丘翁竊笑。他沒有跟任何人商量就一口拒絕，他也從來沒有提過此事，好像從來沒有發生過似的。平心而論，清廷喪失中南半島在甲午戰敗前十年，中國要在開羅會議上收回甲午以前的失地並不容易，蔣介石在會議上不爭取也就罷了，然而不必爭取，羅斯福自己將中南半島送上門來，蔣介石居然一口拒絕，不免令中國人傻眼。蔣說越南人不是中國人，所以他不要，但照羅斯福以及其他的外國人看來，滿洲人、蒙古人、西藏人都不是中國人，他為什麼要滿蒙藏呢？另一個戰勝國俄國為什麼要爭取不是俄國人的蒙古呢？很顯然蔣介石不要中南半島，只知道法國人在那裡一百年，而不知道是從中國搶去的，他如果讀過章太炎的〈中華民國解〉，就會知道這位有學問的革命家，曾對中華民國應有的疆界大有考證，認為朝鮮與越南比西

20　見John M. Blum ed., *The Price of Vision: the Diary of Henry A. Wallace 1942-1946*（Boston: Houghton Mifflin, 1973）, p. 308.

藏與蒙古更加中國:「故以中華民國之經界言之,越南、朝鮮二郡必當恢復者也」。當然章太炎知道,「今者中華民國慮未能復先漢之舊疆」,「越南、朝鮮其恢復則不易」。[21] 不容易的事居然容易得送上門來,而我們的「領袖」居然如此輕易地拒絕,他似乎不明白包括美國在內世界上大多數的國家都是多民族國家。

　　蔣介石心裡到底想些什麼?他的眼光一直是對內而不對外。唯一的解釋是:如果他要了中南半島,就不能集中力量打內戰,更怕在雲南的龍雲近水樓臺先得月,何況龍雲與法國有密切的軍事淵源,或將大大擴張龍雲的地盤與勢力,豈蔣之所願?所以他不要中南半島,也反對羅斯福所提美、蘇、中託管朝鮮的主張,更不願以戰勝國駐兵日本。總之他的精力絕不要「外用」,後來為了打內戰,連日本的賠款也不要了,連魔鬼也可以做朋友了。蔣介石如果能真心團結,不耍陰謀手段推誠相見,組織聯合政府,固然無法大權獨攬,然中國更能一致對外,贏得國家民族的利益,可惜蔣就是沒有遠見與胸懷,不惜以私害公。

　　蔣介石不可能不知道中共已於戰後坐大,不過他認為自己更加坐大。珍珠港事變之後美國大力援蔣,裝備了不少精銳的嫡系師,而美國武器由於蔣之阻擋,未允一槍一炮進入共區。抗戰勝利之後,經陳誠整編,雜牌軍已淘汰殆盡。美國國會又於1946年6月通過《軍事援華法案》,賦予美國政府廣泛權力

21　章太炎,〈中華民國解〉,《章太炎全集:太炎文錄初編》(上海:上海人民出版社,2014),頁257-267。

為蔣編練軍隊以及提供武器和設備。美國於7月16日又贈蔣271艘艦艇，又於8月31日將八億美元「剩餘物資」以二折低價售蔣。蔣於大打內戰之時，其陸海空軍總兵力高達四百三十餘萬人，數量上遠遠超過共軍，裝備之精良更非共軍可望項背。蔣有鑑於此才會在十月間的南京軍事會議上宣布要在五個月內打垮共軍，既然五個月內可以打垮共軍，又何必要和談呢？難怪他在1946年6月17日的紀念周會上公然說：「有人以為中共問題軍事不足以解決，此乃大謬不然，過去軍事不能解決的原因，由於日本掩護中共搗亂，今日人已經投降軍事解決為極容易之事」，[22] 又在7月17日的日記中寫道：「美國始終堅持其不用武力之主張，而置我國存亡於不顧，至可痛惜也」！可見和談拖了那麼久完全是由於杜魯門與馬歇爾的壓力，否則蔣介石早就開打了。

　　蔣打內戰如此有信心，因只見軍事裝備的精銳，未暇細察其軍隊素質的窳敗。國民黨軍隊早在抗戰期間隨著美援的增加，作戰能力不增反降，原因是高級軍官沒有鬥志，甚至沉湎於女色、賭博與走私，而士兵由徵召甚至拉夫而來，訓練時間既短而又馬虎，伙食和醫療條件均極差，往往必須忍受饑寒與疾病，對傷兵的處理更是草率與不人道。[23] 美國記者曾報導說：國民黨軍官把士兵視若動物，任意毆打、處罰、甚至殺

22　見唐縱，《在蔣介石身邊八年》，頁623。

23　參閱易勞逸，《毀滅的種子》，第6章。

害。[24] 美軍顧問團也認為中國士兵的體質與營養都很差，[25] 這種情況至抗戰勝利並未見改善，自不可能有士氣與戰力可言。

國民黨軍官的貪污腐敗在外國記者筆下，幾乎是眾口一詞；他們不僅耳聞，亦常親見，並非虛言。蔣的親信唐縱發現軍統頭子戴笠墜機身亡後，留下驚人的財產，如說「雨農在神仙洞街之房屋壯麗雄偉」，又說「雨農兄在時有黃金千餘條（或兩）、美鈔十餘萬元」。[26] 戴笠是蔣介石最信任當紅的大特務，聚橫財如此，上行下效可見一斑。抗戰勝利後接收成為劫收，五子登科，亦就不足為奇了。更糟糕的是，腐敗的軍隊早已失去民心，而得民心者始能得天下。唐縱又在日記中有一葉知秋式的透露：

> 第九軍自西北開赴貴州增援，步行已二月，人困馬乏，多數士兵患病，足破流血。沿途所見，部隊尚未進城，全城店鋪打烊，戶戶關門。軍中所攜鍋灶有限，茶水粥飯，供應全成問題。黑夜無處容身，每在街頭露宿，至壁山，始發棉上衣。彼等認為士氣低落之原因，由於軍民脫節、軍政脫節、官兵脫節。彼等以河南戰役及此番行軍之經驗，深感老百姓已拒彼等於數千里之外。[27]

24　見 Theodore White and Annalee Jacoby, *Thunder Out of China*（New York: Da Capo Press,1946），p. 140.

25　David D. Barrett, *Dixie Mission: The United States Observer Group in Yenan, 1944*（Berkeley: Center for Chinese Studies,1970），p. 60.

26　見唐縱，《在蔣介石身邊八年》，頁604、608。

27　唐縱，《在蔣介石身邊八年》，頁477。

　　蔣介石罵別人「共匪」，而自己的軍隊被老百姓視若盜匪，未進城已「店鋪打烊」、「戶戶關門」！軍統大將唐縱總不至於造自己人的謠吧！國民黨軍隊素質的腐敗，只不過是整個政治窳敗的一個側面。黨內有心人士早已洞悉國民黨需要徹底的政治改革，但是改革舉步維艱原因是蔣介石個人獨裁難以改變，而其獨裁有四根柱子支撐，一是陳氏兄弟（CC）、二是黃埔、三是孔家、四是宋家。前二的毛病是無能，後二的問題是貪污；一邊是師生關係，另一邊是裙帶關係。如果砍去這四根支柱，等於要摧毀蔣介石的權力基礎。蔣介石不可能動搖四根支柱，否則大廈必傾，他也只能與四根支柱共存亡了。

　　孔宋貪污之惡劣絕非共產黨的宣傳或反蔣分子的惡意中傷，連親蔣的自由派人士傅斯年等也不諱言其事，美國作家西格雷夫的《宋家王朝》，雖多渲染不實的敘述，但也有確證無疑的實事。他得力於美國〈資訊自由法案〉（Free Information Act），取得不少真憑實據，尤其有關孔宋侵吞公款，中飽私囊諸事。美國聯邦調查局（FBI）情報顯示：宋子文挪用〈租借物資法案〉的經費購買60輛坦克車以及其他昂貴的軍事物品，然後以海運途中沉沒為由報銷，事實上這大筆經費都入了宋子文的口袋。[28] 據魯斯克（Dean Rusk）的估計，宋子文擁有15億美元的財產，他的親戚們還有更多的錢。[29] 宋子文雖因1947年2月

28　見Sterling Seagrave, *The Soong Dynasty*（New York: Harper, 1986）, pp. 407-408.

29　見魯斯克致國務卿艾奇遜備忘錄，引自Bruce Cumings, *The Origins of the Korean War*（Princeton: Princeton University Press, 1981）, p. 153, 另參閱 pp. 804-805注100。

在中國大陸發生的黃金拋售與停售風潮遭到彈劾並辭去行政院長，但蔣立即發表宋為廣東省長，真是難以割捨。上樑不正下樑歪，國民黨政府上下貪污成風，乃勢所必然。孔宋兩家的樞紐是宋靄齡，如果宋慶齡是宋家姊妹中最理想主義者，則宋靄齡是最現實主義者、最為好貨，蔣介石與宋美齡的婚姻也是她最賣氣力，是實際上的媒人。至於蔣、宋、孔之間的橋樑就是宋美齡了。

宋美齡看似妻以夫貴，並不儘然。她受過良好的現代教育，有許多地方令蔣介石自感弗如。我們可以從李宗仁的回憶錄中知道，蔣娶了宋女之後，連對張靜江的態度也變了，都不再買張老頭子的賬了。須知蔣介石當年在上海灘混跡的時候，不過是張家門裡門外跑腿的小弟。後來蔣經國在上海打虎抓到孔令侃，也是宋美齡出來干涉而蔣介石愛莫能助，在在可見宋美齡的影響力。宋美齡雖非太后卻有幾分太后的權力，蔣介石亦得看她眼色，裙帶關係也就牢不可破了。

蔣介石的檯面就靠皇親國戚這些人撐著，既無群眾基礎又不顧戰後通貨膨脹、農村經濟破產、工商衰退、失業日益嚴重、民生凋敝、工人罷工、學生紛起遊行示威、鄉村民變時起、人心厭戰、知識分子盼望和平建設，而蔣仍然要發動全面內戰，所依靠的就是數百萬大軍，但他的軍隊金玉其外敗絮其中，並不可靠。如果他有自知之明，正應趁馬歇爾調停之便，適可而止，切實履行政協決議，組織民主開明的聯合政府，則國民黨雖不再能一黨專政，至少可以分享政權，維持中華民國的名號以及蔣介石的領導地位。他計不及此，一心想獨家通吃，蠻幹到底，終致如陳寅恪所說：「樓臺七寶倏成灰」，為

天下笑矣。

蔣介石的軍隊在1946年的年底攻克張家口，不再顧慮共產黨與民主同盟的反對，以及美方的壓力，並斷然拒絕延期召開國民大會，和平完全絕望。翌年初馬歇爾離華並正式宣告調停失敗，中共駐京、滬、渝聯絡工作小組全部撤回延安，於是國共徹底決裂。蔣介石於決裂之初滿懷信心，不惜大肆逮捕異己，凡共產黨或共黨同路人一體剷除之。他相信可以速戰速決，見之於1946年10月18日的軍事會議上。他宣稱五個月之內，就可以擊潰共軍，他的參謀總長陳誠更認為只需三至五個月，五個月還是最長的時限。這種信心與樂觀並非虛言，而是根據錯誤的情報，誤以為中共呼籲和平，不過是暴露在軍事上不堪一擊。攻克張家口之後，更誤判「共黨主力已被擊潰」，特務鄭介民甚至在10月21日的黨政小組會議上宣稱：「共黨戰鬥力甚差，組織力亦不如前，共軍向我投誠者日眾，共黨內部亦常有我人潛伏，如能再將冀魯平原收復，則共黨無可為矣」。[30] 事實上自1946年6月至1947年2月決裂前的談談打打，國民黨從共產黨手中奪回不下百餘城市，似乎證實共軍的確不堪一擊。據此我們明白，為什麼蔣介石不怕決裂，甚至積極求戰！

蔣介石在高度樂觀下增加軍人待遇，很想打幾個大勝仗以鼓舞士氣，遂於1946年12月採取全面進攻戰略，以餓虎撲羊之勢奪取十七餘萬平方公里的土地，占領一百六十餘座城市，但是並沒有捕捉到共軍的主力，好像施出千鈞之力，只撲了一個

30　見唐縱，《在蔣介石身邊八年》，頁652，另參閱頁579、623。

空；占領的土地與城市反而使戰線愈拉愈長，成為防守上的負擔與消耗。蔣更密令於收復據點後，構築防禦工事，務必不再讓共軍攻克或擊毀，[31] 益發加重了國軍的負擔與消耗，而預期要打通自東北、華北到華東的鐵路幹線，雖兵力耗損甚巨也無法完成。到了1947年的3月裡，全面進攻顯然無法持續。蔣介石雖以國府主席自兼行政院長對中共發布討伐令，其實在戰略上已自全面進攻改為重點進攻了。

蔣介石「重點進攻」的重點有二：山東（軍事重點）與陝北（政治重點）。胡宗南在陝北奉命率十四萬人於3月13日分兵兩路進攻延安，不到一周即已攻克。國民黨聲稱擊潰共軍十萬人，但美方情報顯示共軍早已撤離。[32] 蔣馳電胡宗南慶賀，說是：「宗南老弟，將士用命，一舉而攻克延安，功在黨國，雪我十餘年來積憤，殊堪嘉尚，希即傳口諭嘉獎」。[33] 但毛澤東及其中央已遠走陝北山區，胡宗南追擊不到，也捕捉不到僅僅兩萬餘眾的陝北共軍，胡在追擊之中反而不斷自我消耗，因而毛澤東於一年多以後，又收復了延安。所以攻占延安的最大成就僅止於宣傳。蔣親自率領大批中外記者，來到赤都延安，慶祝勝利，報章騰傳，甚至以假冒共軍俘虜與記者談話，以收大內宣之效。自欺欺人的西洋鏡終會拆穿，占敵土地而不能殲敵主力，最後土地還得易手，物歸原主。

蔣介石的另一重點在山東，他派湯恩伯等三個兵團二十五

31　見蔣介石，《剿匪手令本》，1946年12月30日修訂本。

32　Rea & Brewer ed., *The Forgotten Ambassador,* pp. 179-180.

33　電文轉引自，葉永烈，《毛蔣爭霸錄》，頁447。

萬餘人強攻，擬殲敵於沂蒙與膠東地區，未料共軍在粟裕指揮下，竟敢主動出擊全副美械裝備的整編第七十四師，並在5月14日殲之於孟良崮，師長張靈甫陣亡。整編第七十四師為蔣的精銳主力軍，竟毀於一旦。華東野戰軍司令員陳毅欣然賦詩曰：「孟良崮上鬼神號，七十四師無地逃」，[34] 足令蔣介石震驚。震驚之餘得了什麼教訓呢？蔣介石在1947年5月19日對軍官訓練團第二期講〈對於匪軍戰術的研究與軍隊作戰的要領〉，曾談到孟良崮之役。蔣介石說：

> 　　講到這裡，我要提出最近一次的教訓告訴大家，這就是第七十四師在孟良崮戰鬥的經過。七十四師這次在魯中攻擊匪軍根據地坦埠，攻擊了兩天沒有攻下，發現敵人的主力已向他包圍，於是全師撤退到距蒙陰三十里的一個山地——孟良崮。當時全師有六團兵力，如果師、旅、團長平時有高深的戰術修養，能夠選擇適當的地形，配置兵力，構成周密的火網，則不論敵人兵力如何雄厚，絕不能在一天之內解決我們。但當時該師不守山口，只守山頭，而山頭又是石山，又沒有飲水，因此敵人的炮火威力倍增，而我軍的傷亡更大，以致整個失敗。這是我軍剿匪以來，最可痛心、最可惋惜的一件事。此外聽說該師此次失敗，還有一個原因，就是去年七月間，第七十四師在淮陰作戰的時候，曾經收編了三千俘虜。後來該師師長張靈甫來見我時，我曾當面警告他：「匪軍俘虜絕對不能收編，

34　見陳毅，《陳毅詩詞選集》（北京：人民文學出版社，1977），頁128。

一定要送到後方收容」他說：「俘虜中有許多是我軍過去
被俘過去的，而且並不是拿來補充戰鬥兵，只是做雜役
兵，想必沒有關係」。我說：「做雜役兵也不行，一定要
集中送到後方」。我當時以為他照辦了，哪知他並沒有做
到，此次該師和匪軍作戰，一遇到猛烈炮火，陣地就生混
亂，聽說有雜役兵乘機鼓噪，裏脅官長的事情發生。由此
可見，我們高級將領稍有一些疏忽大意，就足以危及全軍
的生命。張師長在平時本是最忠實，而且是智勇兼全的將
領，但因為一時的疏忽，竟遭如此重大的慘敗，這是大家
應該時刻記住，作為殷鑒的。

蔣介石這裡說張靈甫是「一時的疏忽」，被若干俘虜來
的雜役兵搞了鬼以至於慘敗，根本是沒有常識自欺欺人的話。
身與孟良崮之役的陳左弧在給李敖的信中指出，蔣介石這一段
話多與事實不合。第七十四師在淮陰作戰不是七月夏天而是秋
涼季節，陳氏記得「張靈甫帶著幕僚們騎在馬上前線督戰時，
他身上穿著蛋青色的秋大衣」。陳氏也記得七十四師自南京北
上參戰後，一直到全軍覆滅，張靈甫既未離開部隊，蔣亦未來
視察，所謂「當面警告」實係子虛烏有。陳左弧懷疑「蔣先生
說了謊話，以炫示他的高瞻遠矚，察察為明」。關於俘虜，當
時的國民黨並無統一規定，故任由部隊處理。至於蔣聽說孟良
崮戰役中「有雜役兵（意指收用的俘虜）乘機鼓噪、裏脅官長
的事情發生」，但陳在軍中全無所聞，他所見到的俘虜兵都是
照常戰鬥並未發生意外。他懷疑是「湯恩伯等高級指揮官以及
七十四師所屬少數幾個僥倖兔脫，沒有被俘的團長們所捏造出

來的鬼話」，意在推卸自己指揮無方、作戰不力的罪責。[35] 這種捏造除了自欺欺人外，完全汲取不到慘敗的教訓。至於蔣說：「該師不守山口，只守山頭，而山頭又是石山，又沒有飲水，因此敵人的炮火威力倍增，而我軍的傷亡更大，以致整個失敗」，證明這位蔣倚重的名將，不過是馬謖之流，而蔣無諸葛亮之明，連三國演義的歷史教訓都學不到，豈不哀哉！

　　蔣介石在上述演講後十三天，又對軍官訓練團第三期研究班講〈國軍將領的恥辱和自反〉，又談到孟良崮之役：

> 　　至於何以要先召集研究班，而不與第三期同時召訓呢？這是因為我鑒於魯中、豫北各戰場最近的表現，認為我們前方將領，對於剿匪軍事和政治的意義，還沒有徹底認識，不能確立必勝的信念，同時我們多數將領精神疏懈、道德低落，也屬無容諱言。大家都養成自保自足的惡習，只看到自身帶領的一部的利害，對於友軍的危難、整個戰局的成敗，幾乎是漠不相關，以致我們革命軍同生死、共患難的傳統精神，和我們軍人智、信、仁、勇、嚴必備的武德，完全喪失。我們的軍隊紀律如此廢弛、精神如此低落，要與凶頑狡猾的匪軍作戰，絕無倖免於消滅的道理。此次孟良崮第七十四師的失敗，並且犧牲了忠實英勇的張靈甫師長等四五人之多，固然當時七十四師的部署不能說沒有缺點，而友軍不能及時赴援，也是一個最大的原因。

35　詳閱李敖，〈蔣介石與孟良崮之役〉，《蔣介石研究三集》，頁282至286。收入《李敖大全集》（台北：榮泉文化，1995-1997），第9冊，頁199-204。

　　蔣介石這裡說孟良崮之役是「友軍不能及時赴援」才打
了敗仗，又把慘敗的原因過於簡單化了。他不願也不能認識到
這一仗，乃是共軍少壯將領粟裕在毛澤東、陳毅信任之下，揮
灑自如的傑出表現，也是粟裕的成名之仗。他統領九個縱隊以
蚌埠為中心，面對蔣介石手下大將顧祝同的五個整編師和一個
軍的排山倒海之勢，毫不畏懼，斷然迎戰，且以猛虎掏心的招
式直攻最精銳的七十四師，出敵不意贏得奇襲的效果，並誘引
七十四師進入預設的「鐵柵」，然後兩翼向前伸張漸成合圍之
勢。粟裕為了分隔七十四師與友軍的呼應，又用兩個縱隊縱深
猛插，搶占制高點，分別割裂七十四師與二十五師以及八十三
師的結合，展現虎將的勇猛；勇能克險，達到切斷敵軍的精彩
任務。張靈甫警覺有被關入鐵柵的危險時，雖準備收縮南撤，
但粟裕早已在敵人背後的銅口西南地區預置了一個縱隊，於一
日之內先行占領垛莊，堵住敵軍後退之路，七十四師遂被逼上
孟良崮，可謂高手下棋，棋先一著，出敵不意。美械七十四師
既被逼上山，重武器皆棄置山下，頓時又剝奪了火炮上的優
勢。蔣介石說「友軍不能及時赴援」，其實已不可能赴援，因
粟裕只用五個縱隊圍攻，另有四個縱隊阻援，已經使蔣軍不可
能裡應外合，反敗為勝。粟軍的阻援又展現了頑強的毅力，顧
祝同的六十五師、十一軍、第七軍、四十八師也均被有效鉗
住不能赴援。另外國民黨的八十五、二十五兩師雖逼近包圍
圈，孟良崮在望，但已無法越過阻援的堅強防線。完全孤立的
七十四師面對逐漸縮小的包圍圈，突圍無路，最後糧盡彈絕。
粟裕下令總攻，集中炮火猛轟，張靈甫的七十四師官兵於當日
下午全體投降。從5月13日至16日的惡戰，充分證實了粟裕作

風的大膽，勇而有謀，迭著先機。蔣介石目中無粟，竟說是被烏合之眾所敗，[36] 並大肆宣傳張靈甫的自殺殉國、開追悼大會等等，其實張靈甫亦失街亭的馬謖耳！據張師長隨從參謀楊占春被俘後說，張靈甫打電報給蔣說是集體自殺，其實是被擊斃的。[37] 總之，蔣介石在山東的重點進攻，損兵折將，雖於六、七月間再度發動膠東攻勢，仍然毫無進展，沒有警覺到小米加步槍的土八路把美式裝備的精銳師打得大敗虧輸，意味著什麼？蔣反而於6月25日命高等法院下令通緝毛澤東以自壯聲勢，何異於夜行吹口哨也。

　　蔣介石重點進攻失敗後，他的軍隊被壓縮在鐵路據點與大城市之間，而毛澤東則由內線轉入外線，尤其當劉伯承與鄧小平的大軍乘機千里躍進大別山後，態勢驟變。大別山位於河南、安徽、湖北三省之間直接威脅到南京與武漢。時至1947年7、8月間，毛澤東已漸易守為攻，以鄉村包圍城市。蔣介石於同年7月5日發布〈剿共戡亂令〉，更加顯得色厲內荏。事實上，到了1947年的後半年，毛澤東已喊出「打倒蔣介石、解放全中國」的口號，至此不是國民黨「剿共」而是共產黨「剿國」了。蔣介石猶不知在戰略上已犯下根本的錯誤，竟像《水滸傳》裡的洪教頭氣勢洶洶要打林沖，結果被退讓的林沖看出破綻，一腳踢翻。毛澤東於1936年12月寫〈中國革命戰爭的戰略問題〉長文時，就引用了林沖的例子，[38] 而蔣介石卻見不及

36　語見蔣介石，〈為追念張靈甫師長剿匪成仁通告國軍官兵〉，轉引自葉永
　　烈，《毛蔣爭霸錄》，頁451。

37　見辛子陵，《毛澤東全傳》中冊，頁99。

38　見毛澤東，《毛澤東選集》，第1冊，頁187。

此。

　　蔣介石於1948年元月「閱地圖所示共匪擴張之色別，令人驚怖」，[39] 乃退一步改採重點防禦戰略，將戰區分為二十個綏靖區，設司令長官掌握軍政大權，組訓民眾以充實兵源，同時集中兵力於主點、主線之上。如此集中其實對蔣並不有利，因為這些防禦重點勢將被割成片片孤島，等待決戰，非常被動。那就是即將來臨的遼瀋、淮海（徐蚌）、平津三大戰役，結局是蔣軍精銳主力，喪失殆盡，證明蔣以優勢兵力，要因指揮失能，而一敗塗地！[40]

　　蔣介石自稱熟讀德國著名戰略家克勞塞維茨（Carl von Clausewitz）的《戰爭論》（*Vom Kriege*）。[41] 克氏說得很明白：「什麼叫擊敗敵人？必然是消滅其武力，不管用任何方式來殺傷敵軍，使其不能繼續作戰……吾人必須視殲敵之全部或一部為所有作戰的惟一目標」。[42] 然而蔣介石總是不肯放棄土地城池，情願消耗兵力，已犯克氏所謂的兵家大忌。讀孫子兵法的毛澤東為了保存二、三萬兵力，不惜棄守延安轉戰陝北，到擊敗敵軍後再收復延安。文人毛澤東似比武夫蔣介石蔣更懂

39　見蔣介石1948年1月7日日記，參閱古屋奎二，《蔣總統秘錄》，頁3076。

40　有關三大戰役最為詳實之作，見金冲及，《決戰：毛澤東蔣介石是如何應對三大戰役的》（北京：北京大學出版社，2012）。作者指出三大戰役最能檢驗蔣介石的指揮能力，結果是沒有章法，缺乏對戰局的客觀分析與了解，更無明確與堅定的預案，以至於「張皇失措，被動應付，而又主觀武斷」（見頁253）。

41　蔣介石有〈對克勞塞維茨著作的感想〉（李敖藏複印件）一文發表於1956年5月間。

42　見Carl von Clausewitz, *On War*（New York: Viking Penguin,1968），p. 304.

得克氏《戰爭論》的基本原則。

蔣介石失掉東北並不是如蔣所說，因俄國人撕毀中俄條約；史達林如真撕毀，何不把東北交給毛澤東？事實上一百二十萬在華日軍的武器裝備大多移交給國民黨的中央軍。蘇軍在東北原定於1945年11月撤走，因蔣來不及接收要求蘇軍延期，以免中共捷足先登。蘇軍落得稽延，遲遲其行，直到1946年5月於大掠之後才撤離。[43] 蔣介石遣精銳從俄國人手中接收後，反而被土八路打敗，美式裝備的新一軍與新六軍最後都喪師東北。師喪而後東北失，正合克氏所言殲敵為作戰之惟一目標。

蔣既十分重視東北卻不知也不敢打手裡的一張王牌，那就是張學良。少帥不僅是「當地的兒子」（native son）而且是東北的傳奇人物，在民間有一定的影響力，更無論歷史淵源的深厚，收復東北不僅是國家的收復，也是他個人的收復，雪九一八之恥沒有比他更加突出；他一旦榮歸故里，號召力實無與倫比，中共的聲勢必然為其所掩蓋。但蔣氏胸襟狹窄仍以報復私怨為念，哪有「百萬人中取上將首級」的氣魄呢？所以他只能派出熊式輝、陳誠、衛立煌等庸才，既無競爭力更無穩定力，哪會被東北父老瞧在眼裡？最後還得靠軍隊來打通東北，即使靠軍隊他情願靠黃埔畢業生杜聿明，而不情願靠美國第一流軍校畢業生孫立人。孫批評杜「膽小如鼠」後，被調往台灣

43　參閱Fairbank et.al. eds., *The Cambridge History of China*, vol. 13, pt. 2, pp. 727-728.

鳳山訓練新兵去也。[44] 於是硬體精銳、軟體草包的蔣軍分布在東北鐵路沿線的諸要點上,從錦州、瀋陽到長春孤零零渾然不知已被廣大的「面」所包圍。當毛澤東在1948年9月主動向錦州開炮,蔣即使想撤出關外的精銳部隊,亦為時已晚。當錦州被圍時,蔣想派援軍解圍,不知毛早已有「圍點打援」的成竹在胸。10月3日錦州告急,駐在葫蘆島的國民黨東北兵團九個師,既難奉命馳援,更受阻於塔山,雖奮戰不已,仍無進展。到10月15日晚錦州已失,錦州既失,東北的後門就被關上,消息傳到南京,群情緊張。三天之後,鄭洞國又以長春降共,又失一城,瀋陽遽成孤島。蔣介石亟欲反攻錦州,打開後門,以便南撤東北精銳,乃臨時命令黃埔愛將杜聿明出任東北剿總副總司令,輔助衛立煌。杜於10月20日飛抵瀋陽,即命廖耀湘的美械新六軍南攻錦州,命五十二軍奪取營口,以備退路。但廖軍前進受阻,雖激戰數日無法突破,不得已撤軍營口,但通往營口之路已被共軍切斷,只好北歸瀋陽,但北歸之門也被共軍關上,唯有突圍,突圍不成,遂於10月28日被殲於大虎山之東,軍長廖耀湘被俘。約略同時,葫蘆島的國民黨兵團也被困於塔山地區。杜聿明於10月30日自葫蘆島飛返瀋陽,機場已經被占領,無法落地,只好折回葫蘆島。三天之後,共軍占領瀋陽,衛立煌出逃。再一周之後,錦西、葫蘆島俱失,結束遼瀋戰役,整個東北宣告易手。蔣介石的軍隊被殲四十七萬餘人,其中有三十萬是現代化的精銳部隊。此敗除戰略上早失先機成為

44　筆者訪孫將軍於其台中寓所時,親聞之於孫說:「我在東北打得很順手時,突被調走,想讓杜收割戰果」。

困獸之外，蔣在戰術上又犯了兵家大忌，他居然在飛機上或在重慶號座艦上指揮，搞亂了部隊的主動與機動。相比之下，毛澤東只提戰略原則，如何打法全由東北野戰軍的林彪與羅榮桓負責決定，成敗利鈍豈偶然哉？

蔣失東北後，共軍在數量上已超過國軍，又從蔣氏投降之嫡系精銳部隊，取得前所未有的大批美製重武器，國共強弱已經易勢，更何況陳毅、粟裕已組成龐大的華東野戰軍，據有山東；劉伯承、鄧小平以大別山為基地，也組成龐大的中原野戰軍，虎視眈眈。蔣介石若知進退，實應集中兵力於淮河之南與華中白崇禧、西北胡宗南遙相呼應，以確保長江。然而蔣大敗之後極不甘心，仍想聚殲共軍主力以挽頹局。蔣介石為形勢所逼，本來已準備撤徐州之師，尋為毛澤東佯攻豫南所惑，覺得徐州有暇可守，捨不得放棄此一名城，遂命邱清泉、李彌、黃百韜、李延年各兵團向徐州集結，另在徐州之南的宿縣駐有孫元良兵團，在蚌埠駐有劉汝明兵團。此一陣勢顯然要與華東、中原兩野戰軍決戰於徐蚌之間、津浦鐵路兩側。杜聿明又奉蔣命回任徐州副剿總，實際負責此次戰役。

杜剛上任不久，黃百韜兵團已經被圍，蔣遂命杜率邱、李兩兵團解黃兵團之圍，並想乘機殲滅包圍黃兵團之華東野戰軍，想要與共軍一決雌雄。然而共軍像東北戰役的戰法一樣，圍點打援，一旦咬住黃兵團，就頑強阻援，使邱、李援軍遲滯難行，黃兵團近八萬人卒於1948年11月22日被殲，黃百韜兵敗陣亡。蔣介石見黃兵團覆亡，如賭徒輸了大把銀子，急欲贏回，不惜拿出老本一搏，即令杜聿明率師南攻、命令黃維兵團、劉汝明兵團，分途北攻，意圖三路會剿，打通徐蚌間的

鐵路線。未料這三大兵團前進依然困難，有時甚至寸步難行，黃維兵團的機械化重武器在河道眾多地區行軍更為困難，又因蔣介石不諳敵情亂出主意，而敵前將領又猶豫不決缺乏彈性，黃維兵團終於11月24日渡河後進入共軍口袋，轉移無方，遂陷入重圍於南平集和雙堆集一帶。翌日，蔣致電劉峙、杜聿明，以國軍消耗各種炮彈十二萬餘發，而進展每日不及一公里，引為「奇恥大辱」。[45] 蔣至此知道徐蚌之間的鐵路線已無望打通，允許杜棄徐州，退守淮河以南。然杜於11月30日南撤不到幾天，就被困於永城附近，蔣居然還要杜南下救黃維兵團，又犯了「撤即不能打、打即不能撤」的兵家大忌，杜部孫元良兵團突圍未果而被殲。黃維兵團被圍困後，於12月15日也相繼覆滅，唯有劉汝明與李延年兩兵團及時南逃得脫。蔣軍各路皆潰後，杜聿明所領邱、李兩兵團在永城東北已成孤立無援、坐以待斃的局面。

杜聿明希望華中剿總與西北剿總能伸出援手，蔣介石視杜為心腹，所部乃老本中的老本，更希望能有救兵，但是胡宗南的西北兵團遠水救不了近火，白崇禧的華中剿總被指為由於蔣桂之間的芥蒂而見死不救，宋希濂在其自述中更指白阻宋部東援有倒蔣的企圖；不過，宋也提到白崇禧明言：「形勢已無法挽救，去（援）亦無補於大局」。[46] 平心而論，白將軍所言應屬實情，再多送一些部隊去受殲，不如集中兵力於武漢，保障華中和西南。犧牲蔣之老本固於蔣不利，於國軍而言，未嘗

45　蔣介石致劉峙電（1948年11月25日），南京第二歷史檔案館收藏。

46　宋希濂，《鷹犬將軍》（台北：李敖出版社，1995），下冊，頁392。

不可說是棄車保帥。再說蔣別立徐州剿總原具私心，目的在分白崇禧的兵，使白在指揮與調配上難以如臂使指，咎由蔣介石自取。共軍那邊劉伯承曾說：解放軍在華東與西北為啞鈴之兩端，而中原野戰軍為啞鈴之柄，渾成一體，國共交兵的勝敗之機已見之矣。

杜聿明陷入重圍後從12月19日的晚間到12月28日，10天之間風雪大作，無一日放晴，使空投困難。正當大軍缺糧之際，蔣介石忽然派飛機空投烈士紀念冊，意欲杜部盡忠。杜赴前線之前蔣曾召見他，沉痛明告，此乃生死存亡之戰：「你放下槍，我脫軍裝」！師生前途在此一戰！杜聿明臨危受命義無反顧，他到被困之日拒絕招降，也是感於老蔣的秘密叮嚀。蔣介石明明要杜聿明去死，卻又不能不做救援的姿態，表示珍惜部下。他派飛機去接杜聿明脫險，飛機雖派了兩次，但駕駛員並未帶蔣的手令；杜沒見手令就不敢上飛機。[47] 原來他們師徒之間有密碼，密碼不符，形式上的關懷都屬無效，都是演給別人看的，豈能當真！

杜聿明的部隊自1948年12月19日起因戰地雨雪交加，空投補給困難，官兵開始吃草根樹皮和馬肉。杜聿明挨到翌年元月9日再也撐不下去，嘗試突圍，當晚發出最後一封電報給蔣說：「各部隊已混亂，無法維持到明天，只有當晚分頭突圍」，所謂突圍，就是各自逃命。杜總雖改穿士兵服裝混跡其中，仍被識破被俘。徐蚌會戰（或稱淮海戰役）全殲蔣介石的部隊六十萬人，約57個師，元氣為之大傷。這場規模空前的大戰，前後

47　此事李敖得自杜聿明之子。

打了66天，蔣介石賠上老本，自此一蹶不振。杜聿明等將領後來回憶淮海戰役，指出戰役開始時國軍實處優勢，在徐州方面的解放軍少於國軍，裝備也劣於國軍，特別是炮火少，飛機、坦克都沒有。然而何以致敗？只能怪蔣介石的軍事判斷與指揮能力太差，他的手下也多庸才，竟在「守江必守淮」的方針下，冒出奇怪的方案：自徐州到蚌埠之間兩百多公里的鐵路兩側擺了數十萬大軍，既棄徐州的永久工事而不守（以徐州龐大縱深的據點工事而言，只留一、二個軍等於不守），又將各兵團放在鐵路兩側的一條長形地帶，形成鼠頭蛇尾到處挨打的態勢，古今中外的戰史還找不到這種先例。[48]

打仗如競技，技不如人敗下陣來，無話可說，但是蔣介石總以為他的失敗由於部下沒有盡忠、沒有為他死節。杜聿明作為「天子門生」，未能達到天子臨難死節的標準，故不能原諒。蔣不僅對被俘的杜聿明毫無感念，而且惡待其家屬以為懲罰，極不近人情。按照現代的標準，軍人盡責而敗可以投降，被俘的將士回國後依然是英雄。所以如此，就是不做無謂的犧牲，也符合孟子所說「可以死，可以無死；死，傷勇」。換言之，死不死取決於個人的自由意志，而不是由別人或統治者代為強制。蔣介石總是要別人去做文天祥，因而要求其部下臨難死節。他在1933年5月8日講〈統軍作戰制勝之道〉，居然說：「返回之被俘官兵，一律視同敵探立即槍決，如有放縱隱瞞或

48　參閱杜聿明，〈淮海戰役始末〉，收入全國政協文化文史和學習委員會編，《淮海戰役：原國民黨將領的戰場回憶》（北京：中國文史出版社，2019），頁34-41。

收容掩護者同罪」，蔣到1947年4月15日更痛感戰事不利，召集前方高級將領到南京受訓兩周，在開學典禮上說得更加露骨，他要被俘的軍人只有自殺來解決「人生最可恥的事情」。在蔣介石的心裡革命軍人不應被俘，如果被俘唯有自殺才能自贖，除此而外無可原諒。於此可見，蔣的意識形態相當複雜，包含傳統中國上層社會的封建思想、下層的愚民思想、以及一知半解的西方和日本的近代思想，他的大拼盤思想既半生不熟又半新不舊。他只接受臨難死節的一種，卻不知道臨難不死節的有許多時候也可以成立所謂「無求生以害仁」，更何況蔣介石如何能要求別人為他死節？他在兵敗山倒時不能「國君死社稷」，雖強制別人做烈士，但降將仍然不少，[49] 國民黨在1948年7月22日宣布康澤殉難於襄陽之戰，[50] 但香港出版的《新聞天地》約略同時報導說：康澤被俘並沒有殉難。中共的新華社也宣布康被俘了！康澤是蔣介石心中烈士的樣板，認為不會被俘的康澤被俘了，認為應該壯烈成仁的康澤並沒有成仁。[51] 蔣介石於1949年在台灣陽明山莊講〈軍人魂：一名革命軍人成功成仁之要義〉很沉痛說：在「大陸沉陷的大失敗之中」，真正臨難死節的只有兩個人。[52]

49　詳閱李敖，〈蔣介石與自己降將──為活先烈開清單〉，《蔣介石研究五集》，頁257-276。

50　見《大公報》，1948年7月23日。

51　詳閱董益三，〈襄樊戰役與康澤被俘記〉，收入康澤，《康澤自述及其下場》，頁369-388。

52　參閱張其昀主編，《蔣總統集》（台北：國防研究院，1960），頁1672。李敖，〈蔣介石與康澤〉，收入《李敖大全集》，第10冊，頁191-121。

　　當杜聿明的兩個兵團於1948年12月下旬被圍於陳官莊之時，傅作義正坐困北平。傅在華北剿總原有五十餘萬大軍，實力不小，毛澤東洞燭先機，棋快一著，急命林彪在東北新勝之師迅速入關，切斷了傅作義大軍西退或東進之路，而蔣介石顧此失彼，徐蚌戰役已焦頭爛額，無暇正視平津局勢，傅於11月3日親自飛抵南京求見，蔣竟無暇相見，只命國防部長何應欽轉達未必可行的意見，更無積極支援的保證。當共軍於12月14日攻陷天津，北平成為孤城，傅作義乃決定與中共和平談判並達成協議，解放軍遂於12月31日入城。北平的和平解放免除大量人員的傷亡、文化古都也得以保存，傅實有功於中華民族。所以作為降將不但沒有勞改而且當上新中國的水利部長。蔣介石雖視傅為不忠，但蔣從來沒有把傅當自己人看待。到了1949年的年初，蔣介石在兩年多的時間裡損失了百萬以上的軍隊，長江以北除了孤懸西北的胡宗南兵團外，盡是解放軍的天下，南京的蔣政權已搖搖欲墜！

　　撼動蔣政權的，除了戰場失利之外，還有重大的政治誤判，就是蔣介石為想當總統，貿然召開國民大會。國民政府早在抗戰之前的1936年就準備召開國民大會，並於那年的5月5日擬定憲草，賦予總統統轄全國軍隊、宣戰、媾和、締約、大赦、特赦、任免文武官員的權力外，還有發布緊急命令的大權，世稱〈五五憲草〉。然而由於日寇入侵，沒有實施。抗戰勝利之後，不顧內戰將起，仍將召開國民大會排上日程。召開國民大會號稱還政於民，要人民當家做主，但問題是誰是人民？居人口極大多數的農民根本不會也不能當家做主，農民也不可能選出真正代表本身利益的代議士。章太炎在民初就已指

出：在中國現實情況下搞代議選出的必然是有權有勢者，讓土
豪劣紳如虎添翼而已，[53] 這種現實到抗戰勝利並無改變。國民
黨政府如果不改變一黨專政，選出的國民代表也多半是親國民
黨的「土豪劣紳」，選舉既不能公正的選出人，也就無代表性
可言。所以在戰後民主的訴求下、在馬歇爾的調停下、於1946
年1月10日在重慶召開了政治協商會議，決定改組國民黨政府，
另組具有較大基礎的聯合政府，然後再準備行憲。政協經過21
天的努力擬定〈中華民國憲法草案修正案〉，修正了〈五五憲
草〉，稱為〈政協憲草〉，擴大了民主原則。蔣介石最初雖公
開表示接受政協決議，但自始認為此乃共產黨與民盟向國民黨
奪權的陰謀，不認為是國民黨三民主義五權憲法精神的憲草，
因而伺機破壞。蔣介石破壞政協決議的方法是：不待改組政
府，就決定於1946年11月15日召集國民大會。蔣介石在中共強
烈抗議下，只允展期三天，當國民大會如期在南京揭幕時，中
共與民盟均拒絕參加，成為國共和談決裂的主要原因之一。美
國駐華大使司徒雷登致華府國務院電文顯示：蔣於國大召開後
仍表示願與中共和談，顯然是做給美國人看的姿態。蔣想以既
成事實壓迫中共就範，然而中共堅持要取消國大，回到1946年1
月13日以前的情況作為恢復和談的先決條件，蔣不答允，並命
令中共代表離京。[54]

　　中國國民黨與若干小黨在南京召開國民大會，開到1946

53　章太炎，〈代議然否論〉，《章太炎政論選集》，湯志鈞編（北京：中華
　　書局，1977），頁456-470。

54　Rea & Brewer ed., *The Forgotten Ambassador*, pp. 54, 74.

年的12月25日閉幕，制定了《中華民國憲法》並於1947年元旦
由南京國民政府正式公布。蔣介石有鑒於客觀情勢，有意行憲
之後改組政府，將「一黨訓政」轉變為「多黨訓政」，然而既
無中共與民盟參加，則所謂多黨訓政根本有名無實，更何況既
已「還政於民」，又何來訓政？所以實際上仍然是國民黨一黨
專政，無從走上真正的民主憲政之路。不久，用政黨提名方式
於1947年在全國各地進行國民大會代表選舉，部分代表名額可
由國民黨、青年黨、民社黨三黨各自提名與支持當選，而事實
上則是定量分配，不免討價還價而保障當選，甚至有中央競
圈的現象，以至於有許多人未選已經內定。投票日是1947年11
月21日，《大公報》報導首都南京「全市國旗飄揚如逢盛大慶
典」。盛大慶典的背後則是蔣介石嚴令各地縣長和專員支持某
人、或某人必須要當選之類，於是縣政府不得已保留一部分票
以支持某人當選。如湖北省的選舉不過是走過場，因大多數選
票早已暗中填妥，隨便發幾張票給選民做做幌子，一切由保長
控制。[55] 所有的競爭只是國民黨內部的派系爭奪，選舉因而加
劇了黨團之爭，選舉鬧雙包案也不稀奇，如李宗黃是雲南鶴慶
人，由中央提名而逕自當選，但雲南省主席盧漢卻支持李耀庭
當選鶴慶縣國大代表，李耀庭雖當選卻不能出席國大，乃告地
狀，後經陳立夫等人設法解決，結果兩人都領到當選證書，諸
如此類的笑話不勝枚舉。假民主最可見之於偽選舉，選舉之後

55　參閱梁上賢，〈湖北省偽大選一瞥〉，《湖北文史資料》（武昌：中國人
　　民政治協商會議湖北省委員會文史資料研究委員會，1982），第5輯，頁
　　107-113。。

的11月22日國民大會籌備委員會公布組織規程成立籌委會，當時國共內戰已開打而且戰況對國民黨不利，仍要積極籌備選舉正副總統，意在鼓勵士氣且以民主假象贏得美國更大的支持。但大會開幕之前由於選舉糾紛難以擺平，演出絕食、抬棺、霸占會場等鬧劇，最後由便衣員警於午夜後強制驅離，驚心動魄的第一幕幸未鬧得不可收拾。[56]

　　第一屆國民大會第一次會議於1948年3月29日揭幕，開始行憲，會議除選舉正、副總統外，未忘動員全國「戡亂」。蔣介石於開幕典禮致辭說：「我認為今天國家和人民，戡亂與行憲應該同等重視。我們不因戡亂而延緩憲政的實施；反之，我們正因為要保障憲政的成功，不能不悉力戡亂，以剷除這個建國的障礙與民主的敵人」。蔣介石又於4月9日以國府主席身分到會場做施政報告，主題不外經濟與軍事，他對政經都表樂觀。他說法幣的準備金額龐大，經濟問題並不嚴重，更鄭重宣示：「政府對剿匪軍事有絕對把握，深信黃河以南流匪在六個月內可以肅清，保證共匪要控制中國絕不可能」。[57]他忘了兩年前說過三到五個月內消滅共匪的話，現在改口說六個月內肅清黃河以南流匪，又是信口胡言，因此時國民黨在前方敗仗累累，蔣豈能不知敗象已露？仍然不說真話，而代表們於聽完報告後，居然掌聲凡數十次，亦可旁證這些代表所代表的是何種民意。不過來自東北的代表按捺不住，因為國民黨在東北明明

56　參閱周劍心，〈國大瑣憶〉，《中外雜誌》，第19卷第2期。

57　引自司馬既明，《蔣介石國大現形記》，李敖編（台北：桂冠出版社，1995），頁167-168。

慘敗，還要說不負責任的話，他們不敢向蔣介石開炮，把箭頭指向蔣的紅人曾在在東北主持軍政五個月的陳誠參謀總長，要求「請殺陳誠以謝國人以振軍心」。在軍事檢討會上，請求發言者特別踴躍也就不足為奇了。北方代表在宴會上甚至當面敦促蔣介石效諸葛亮揮淚斬馬謖，蔣介石的回答很妙：「我不是諸葛亮，陳誠也不是馬謖，怎麼叫揮淚斬馬謖」？蔣故意不知諸葛亮為何要斬馬謖，馬謖因失街亭當斬，陳誠失東北不當斬嗎？不過話說回來，失街亭是馬謖自作主張的錯誤，而失東北乃陳誠執行蔣介石命令之故，該斬的是蔣介石自己吧。蔣介石聽到請殺陳誠，能不感同身受而怒形於色嗎？

　　國大的重頭戲當然是選舉總統，其實是選舉蔣中正為總統，但是國大一開幕蔣卻戲劇性的要胡適出來選。他並非真的要放棄選總統，而是要胡適勸進，詎料胡不唯不悟，終於答允，但假戲豈能真做，迫使國民黨的中常會不得不表示反對，於4月5日開會一致擁護蔣總裁為總統候選人，並於翌日的臨時中全會擁蔣為第一屆總統候選人，由一百五十餘名國代於4月9日連署，請選蔣主席為總統，後續連署者高達2,487人。蔣於是欣然接受中常會的擁戴，擔任總統候選人了。[58] 他自知必然當選，所以致力於修憲以增加總統的權力，他於4月17日召集全體國民黨代表訓話，要他們「服從領袖、尊重黨紀」，聽訓完畢後，全體起立一致接受，代表們遂於翌日討論憲法修改案，蔣首次以代表資格出席入座第一號代表席，〈動員戡亂時期臨時條款〉於一小時內順利通過並完成三讀程序，主要內容就是

58　載《李敖千秋評論叢書100》，下冊，頁107。

為提高總統的職權。代表們在其他修憲部分爭論激烈，各不相讓，獨對提高總統職權全無異議，可見極大多數的代表乃是蔣介石的人馬，所爭者不過是他們自己人內部的權力爭奪。選舉總統的日子是4月19日，早上8時50分開始簽到，出席的代表、來賓、記者都十分踴躍，座無虛席。中午12時45分宣布開票，蔣中正獲得2,430票當選，陪選的居正僅得269票，全場鼓掌高呼萬歲。

總統選舉是一面倒的情勢，沒有人可以跟蔣介石競選，居正陪選原本多此一舉。然而副總統選舉就大不一樣了，一人之下群雄相爭。有那麼多候選人主要也是由於蔣介石最初鼓勵自由競選。群雄之中蔣最忌憚的是桂系首腦李宗仁，因李不僅是軍人而且兼具實力與戰功，使蔣感到威脅。然而李宗仁甘冒蔣之疑忌，堅持要出面競選，以蔣之褊狹，斷不能相容。蔣果然動了意氣，用盡詭計非要阻止李宗仁不可，結果反而使李得到更多的同情，經過四輪選舉，李宗仁最後當選首屆副總統，令蔣介石氣憤至極。李宗仁也親自感受到蔣之不快，在就職典禮上使李受盡作弄與冷落。[59] 搞民主需要恢弘的氣度，而蔣之氣度與性格與民主全不搭調。他搞假民主是要製造民主假象以博取美國更大的支援，但是事與願違目的並未達到，反而引發不少嚴重的惡果和後遺症。美國駐華大使致電國務院時就指出：蔣委員長於國代選舉之後威信大失。[60] 且不論召開國大花了大筆銀子，增加財政困難，非僅不能獲得政治上的團結，反而激

59　詳閱李宗仁口述，唐德剛撰寫，《李宗仁回憶錄》，第63章。

60　Rea & Brewer ed., *The Forgotten Ambassador*, p. 239.

化國民黨內的鬥爭，暴露黨內的腐化，使這場「政治秀」黯淡無光，蔣李之間的裂縫亦因傷感情的選舉不再能夠縫合。一個總統、一個副總統都不能夠同心協力，國民黨大廈之將傾已可預卜。這次耗資巨大的國民大會豈非使已經惡化的局勢更加惡化嗎？蔣介石想搞假民主以謀取政治利益，結果得不償失，自食惡果。[61]

　　有人或問蔣以美式軍備、外交上的優勢，何以在短短幾年就敗給小米加步槍的解放軍，失去整個中國大陸？再看日本當年以世界一流強國，動員百萬兵力耗時八年打不趴中國，而毛卻能不到三年就一統大陸，其故安在？戰爭的勝敗表面上看來像是決勝沙場，其實關鍵在於民心。日寇入侵欲滅人之國，國人為求生存視若聖戰，無不拼死以赴、有決心堅持到底。國人於八年抗戰萬劫餘生之後，對內戰則極度厭惡，而蔣急欲滅共輕啟內戰，而無論軍、政、經皆舉措失當，使民心盡失。民心之失可見之於軍隊之倒戈、政治人物之內訌、官吏之貪贓枉法、通貨膨脹之一發不可收拾，以及知識分子之離心離德。特別是李公樸與聞一多在昆明被殺害案件震驚中外，雲南省主席盧漢直說：「案情不必調查，已成公開秘密」，當時的公開秘密就是警備總部特務幹的，而「由地方青龍、金馬等組織中挺出一人擔當本案責任」。[62] 沈醉於《軍統內幕》書中也說，特務因知蔣恨同情中共的民主人士入骨，特務為邀寵而出此下

61　參閱汪榮祖、李敖合撰，《蔣介石評傳》，頁699。

62　見唐縱，《在蔣介石身邊八年》，頁635。

策，[63] 未必盡然，因特務乃主子之鷹犬，豈敢自作主張？民間多認為特務奉命暗殺，明目張膽昭然若揭，造成民憤極大，對國民黨的最後潰敗有推波助瀾之效，有謂不亞於幾個師的威力。大廈將傾之際，國民黨的《中央日報》社論呼籲「趕快收拾人心」，豈不晚矣！

李宗仁副總統著軍裝與穿長袍馬褂的蔣總統

---

63 見唐縱，《在蔣介石身邊八年》，頁457-458。

第十五章

蔣李鬥爭兩敗俱傷

　　北伐時期蔣介石與李宗仁同屬國民革命軍，北伐初成蔣即借編遣會議收編友軍而獨自尊大，以至於觸發蔣桂戰爭、中原大戰等慘烈的軍事火拼。蔣介石雖以各種手段擊敗群雄，但並未能完全統一天下，內戰未嘗間斷直至日軍入侵。在強敵進攻下國共尚且要合作，李宗仁以及馮玉祥、閻錫山等也都加入抗戰，共同禦侮。李宗仁於台兒莊一役揚名於世。抗戰勝利後行憲，蔣介石選總統沒有人可以跟他競選，居正陪選而已；副總統則群雄逐鹿，國民黨元老程潛、于右任以及民社黨的徐溥霖和無黨籍的莫德惠均在名單之中，但皆非李宗仁的對手。蔣介石初聞李宗仁有意角逐副總統時不以為意，說黨內同志均可公開競選，對任何人都毫無成見，李也就在北平組織競選辦事處且於3月25日自平抵京，請見蔣介石，得到蔣氏對參選沒有成見的保證。然而當李宗仁的呼聲愈來愈高，蔣介石開始不高興了。據李宗仁本人的分析原因大致是：

　　他就是這樣褊狹的人，斷不能看一位他不喜歡的人擔任副總統。他尤其討厭對黨國立有功勳，或作風開明在全國

負有清望的人。記得以前當台兒莊捷報傳出之時，舉國若
狂，爆竹震天。蔣先生在武昌官邸聽到街上人民歡鬧，便
問何事。左右告訴他說，人民在慶祝台兒莊大捷。蔣先生
聞報，面露不愉之色，說：「有什麼可慶祝的？叫他們走
遠點，不要在這裡胡鬧」。蔣先生並不是不喜歡聽捷報，
他所不喜歡的只是這個勝仗是我打的罷了……所以此次副
總統的選舉，蔣先生在意氣上非把我壓下去不可。[1]

李宗仁堅決要選，且不聽桂系一白二黃的勸阻；李之所以
甘冒蔣之怒，以他知蔣之深當然估計到蔣會反對，但他認為蔣
愈反對他當選的機會愈大。美聯社記者得悉李宗仁決定參選後
大加報導而哄傳海內外，尤其是美國輿論認為李之參選有助於
民主政治在中國的實施。北大校長胡適也馳函鼓勵說：

德鄰先生：前天看報上記載，先生願做副總統候選人的
消息，我很高興。從前我曾做中國公學運動會歌，其第一
章說：「健兒們！大家上前，只一人第一，要個個爭先，
勝固可喜，敗也欣然。健兒們！大家向前」。此中「只一
人第一，要個個爭先」，此意出於《新約・保羅遺箚》，
第一雖只有一個，還得要大家加入賽跑，那個第一才是第
一。我極佩服先生此舉，故寫此短信，表示敬佩，並表示
贊成。匆匆敬祝雙安。胡適敬上，37年1月11日早。

1　李宗仁口述、唐德剛撰寫，《李宗仁回憶錄》，下冊，頁789。

　　李宗仁順著胡適公平競爭的意思，回信也鼓勵胡適競選大總統：

> 　　適之先生：接到來信，承先生對於我參加競選副總統的熱情與鼓勵，非常感謝。我的參加競選，恰如先生所說，「第一雖只有一個，還得要大家加入賽跑，那個第一才是第一」的意義。昨日北平《新生報》登載南京通訊，〈假如蔣主席不參加競選，誰能當選第一任大總統〉一文中，有先生的名字，我以為蔣主席會競選，而且以他的偉大人格與崇高勛望，當選的成分一定很高，但我覺得先生也應本著「大家加入賽跑」的意義，來參加大總統的競選。此次是行憲後第一屆大選，要多些人來參加，才能充分表現民主的精神，參加的候選人除了蔣主席之外，以學問聲望論，先生不但應當仁不讓，而且是義不容辭的。敬祝大安。李宗仁。1月14日。[2]

　　胡、李兩函曾並刊於報端頗令人注目，也頗能為運動員式的民主精神以及李宗仁的競選造勢。也許由於此一背景，有人認為李宗仁出馬有美國人在幕後操縱，甚至說因有美國人撐腰李才敢向蔣挑戰，顯然是沒有根據的想當然耳之見。程思遠在《政壇回憶》中也說李宗仁競選副總統，「完全是出自司徒雷登的策動」，顯然言過其實。現在司徒拍給國務院的電文全已公開，看不到「策動」的痕跡，他反而對李宗仁當選後，能否

2　李宗仁口述、唐德剛撰寫，《李宗仁回憶錄》，下冊，頁785。

起輔佐的作用表示不無懷疑。事後證明不僅不能起輔助作用而且貽害無窮！

　　蔣介石想用黨提名的方式來決定他所喜歡的副總統候選人，派吳稚暉與張群以統一黨的意志為由，要求李宗仁接受，但李有正大的理由拒絕：蔣既然要行憲就應遵循憲法的常規辦理，黨提名的詭計也就不了了之。不過蔣並未因此甘休，黨國大員勸退無效之後，蔣親自出馬單獨召見，要李退選，李既然已經「粉墨登場」，不願意打退堂鼓，而蔣堅持要李自動放棄，各不相讓，幾同口角。[3] 在當時的國民黨裡能夠當面和蔣頂嘴的人，李宗仁可能是絕無僅有，自然是新聞，消息不脛而走，使李反而得到更多的贊佩與同情。據參與機密的「天子門生」劉誠之告訴李宗仁：蔣曾召集機密的心腹股肱會議，出席的全是黃埔系和CC系的重要幹部，在會中蔣指李某競選副總統像一把匕首插在他的心中，要求凡是效忠領袖的人要將領袖心中這把刀子拔去云云。[4] 蔣把原來無足輕重的副總統選舉，居然看得如此嚴重，足見其心胸是何等偏狹，毫無民主意識，鑽牛角尖越鑽越深，獨裁心態牢不可破。

　　蔣介石勸不退李宗仁，決心推出原來無意出馬的孫科來做「黑馬」。孫科雖亦曾反過蔣，有過瓜葛，但畢竟是文人而且又是孫中山的兒子，黨內也有一定的影響力，又是廣東人，可分李的西南選票，蔣認為這樣一來，再加上黃埔與CC的努力，應可擊敗李宗仁。蔣說服孫科參選後，大肆宣傳造勢，並對國

3　見李宗仁口述、唐德剛撰寫，《李宗仁回憶錄》，下冊，頁792。

4　見李宗仁口述、唐德剛撰寫，《李宗仁回憶錄》，下冊，頁793-794。

大代表威迫利誘，同時抹黑李宗仁，[5] 即外國人所謂的「負面競選（negative campaign）。國大於1948年4月20日公告六名副總統候選人後，立刻短兵相接，三天后首次投票選舉副總統，李得票比孫多195張，然因未過半數須再次投票，競爭更趨激烈，孫科的助選人看到《救國日報》刊載不利他們候選人的文字，竟將報館搗毀，暴力行為反使孫科的選情趨於劣勢。翌日複選時李仍領先，比孫多得218票，仍未越半數。蔣介石知道形勢益為緊迫，決定別採非常手段，動員黨政機關、特務員警加強威脅利誘，最使李難堪的是蔣介石派人散發傳單，攻擊李宗仁當選副總統後就要逼宮、逼蔣出國，極盡混淆視聽之能事。李在黃紹竑的指點下採取以退為進的高招，於4月25日以選舉不公、幕後壓力為由聲明退出，作為反擊，果然迫使程潛、孫科相繼放棄競選，造成副總統選舉流產的窘局。召開國大選舉總統與副總統原是蔣介石要唱的戲，現在戲唱不下去了，只好加以收斂與退讓。蔣乃召見白崇禧勸李恢復競選且宣稱「對於造謠生事，尤為震怒；對於代表投票，主席並鄭重聲明絕對自由」，於是第三次選舉在4月28日舉行，李仍領先而未過半數，然程潛因票少而被淘汰，程之選票轉投李，李宗仁終於4月29日的第四次選舉中以1438票當選為首屆副總統。李宗仁從總統府的扈從衛士聽到蔣介石異常的反應，有極為生動的描述：

　　當第四次投票達最高潮時，蔣先生在官邸內屏息靜聽電臺廣播選舉情形，並隨時以電話聽取報告。當廣播員報

5　詳閱司馬既明，《蔣介石國大現形記》，下冊，頁335-341。

告我的票數已超過半數依法當選時，蔣先生盛怒之下，竟一腳把收音機踢翻，氣喘如牛，拿起手杖和披風，立刻命令侍從備車。上車之後，侍從忙問：「委員長，開到哪裡去」？蔣仍一言不發，司機因蔣先生煩悶時總喜歡到陵園去，乃向中山陵園開去。剛剛駛進陵園道上，蔣先生忽高叫：「掉轉頭，掉轉頭」！司機乃開回官邸。蔣先生才下車，立刻又上車，再度吩咐開車出去。隨從侍衛見蔣先生如發瘋一般，恐怕他自殺，乃加派車輛隨行。蔣先生的座車剛進入陵園，他又吩咐掉轉頭。轉回之後，又令司機開向湯山去。真惶惶如喪家之犬，不知何去何從，卻苦了侍從人員。[6]

李宗仁也親自感受到蔣介石的不快。當選後一日，李氏夫婦前往黃埔路官邸拜候時，在客廳裡枯坐了半小時，蔣氏夫婦才姍姍出來，場面已甚尷尬；當總統、副總統於1948年5月20日出席就職典禮時，兩人穿的服裝截然迥異，蔣穿長袍馬褂而李穿的卻是戎裝，出現如此奇特的景象並非事前沒有溝通，事實上李曾一再請示，蔣先說穿西裝大禮服後又手諭著軍常服，但到時候在李全不知情下，蔣突以長袍馬褂亮相，而李則以軍服佇立其後，有如副官。[7] 李就這樣被蔣擺了一道，好不尷尬！但是就職大典的歷史性照片昭昭在目，反而凸顯蔣的氣度之小而

6　李宗仁口述、唐德剛撰寫，《李宗仁回憶錄》，下冊，頁798。李宗仁的回憶錄經史家唐德剛的考證與撰寫，可稱口述歷史的典範，可信度極高。

7　李宗仁口述、唐德剛撰寫，《李宗仁回憶錄》，下冊，頁799-800。

為李感到不值，連美國駐華大使司徒雷登都注意到在就職大典上副總統李宗仁受到冷落，並於1948年5月22日將此事電告美國國務院。[8] 孰料蔣毫無悔意，到晚年仍然自以為是地說：「李宗仁乃是利用戰局之惡化，機巧地操縱了幻想和平的失意分子，爭取選票，僥倖得勝。他在不久之後，便為共產黨所侮弄，趨向所謂謀和的活動，而背叛了中華民國」。[9] 按國大召開期間戰局雖然不佳，但國民黨內尚無多少幻想和平的失意分子，李之得勝也絕非僥倖，而是在蔣大力干擾下獲勝的，至於後來的謀和活動更是徐蚌（淮海）大敗後，蔣下野前要李出面去謀和的，怎麼說因謀和就背叛了中華民國呢？蔣說的話豈可信哉？

　　副總統僅是備位並無實權，而蔣介石居然視為天大的事，不僅露骨的表態而且不惜動用一切手段加以阻攔；阻攔不成，則憤恨不已。古人說：「宰相肚裡能撐船」，而形同天子的蔣介石肚量卻如此奇小，他的肚子裡固然容不了共產黨毛澤東，也容不了國民黨李宗仁，偏狹量小成不了大事，終究無法維持大的局面。蔣李之間的裂縫亦因太傷感情的選舉不再能夠縫合。正副總統不能同心協力，國民黨大廈之將傾已可預卜。李宗仁當上副總統之後，蔣視若仇讎，備受作弄與冷落，日長無事只好遊山玩水。當李宗仁長兄在桂林病歿時，蔣怕李回到廣西老巢，竟然不准請假赴桂弔喪，[10] 但是蔣之好景不長，徐蚌

8　原電見Rea & Brewer ed., *The Forgotten Ambassador*, p. 235. 司徒大使在南京就近也觀察到國大選舉的亂象，見Stuart, *Fifty Years in China*, p. 193. 司徒雷登，《在中國五十年》，下冊，頁36-37。

9　古屋奎二，《蔣總統秘錄》，頁3078。

10　見李宗仁口述、唐德剛撰寫，《李宗仁回憶錄》，下冊，頁801-802。

（淮海）會戰大敗虧輸後，南京政府朝野震動。蔣想把內戰國際化提請美、蘇、英、法四國干預，但四國於十天之後都斷然拒絕。[11] 蔣也曾約美國大使司徒雷登到牯嶺長談，強調組織國際反共聯盟的必要，但反應不佳。蔣又想把國共內戰提到聯合國作為威脅世界和平案，發「控蘇案」的先聲。但遠水救不了近火，此時民間和談之聲大起，蔣介石感到天大的為難，才去找久已冷藏的李宗仁來商談。他自己不好意思吃回頭草，再同中共講和，只有找副總統出來背黑鍋或做替死鬼。蔣有鑒於事態日漸嚴重，乃於1949年1月4日破例登門拜訪李宗仁求救，並表示願意引退請李頂起殘局，李未立即答應，最後蔣介石祭出憲法規定要求李宗仁，並向李保證五年之內不干預政治。蔣果然於1949年1月31日下野，蔣後來居然說李逼宮，完全背離事實，事實是蔣在危急時懇求李宗仁出馬。蔣並親自擬好文稿要李簽字後才散會。此文稿於發表前再由張群交李宗仁過目，全文如下：

　　中正自元旦發表文告宣導和平以來，全國同聲響應，一致擁護。乃時逾兼旬，戰事仍然未止，和平之目的不能達到。人民之塗炭，曷其有極。為冀感格共黨，解救人民倒懸於萬一，爰特依據《中華民國憲法》第四十九條「總統因故不能視事時，由副總統代行其職權」之規定，本月二十一日起，由李副總統代行總統職權。務望全國軍民暨各級政府，共矢精誠，同心一德，翊贊李代總統，一致協

11　見Shaw, *An American Missionary in China*, p. 243.

力，促成永久和平。中正畢生從事國民革命，服膺三民主義，自十五年自廣州北伐，以至完成統一，無時不以保衛民族、實現民主、匡濟民生為職志，同時即認定必須確保和平，爾後一切政治、經濟之改進，始有鞏固之基礎。故先後二十餘年，只有對日之戰堅持到底，此外對內雖有時不得已而用兵，均不惜個人犧牲一切，忍讓為國，往事斑斑，世所共見。假定共黨果能由此覺悟，罷戰言和，拯救人民於水火，保持國家之元氣，使領土主權克臻完整，歷史文化與社會秩序不受摧殘，人民生活與自由權利確有保障，在此原則之下，以致和平之功，此固中正馨香祝禱以求者也。[12]

這篇文告除了不忘標榜自己外，其中最可注意的是他用了「假令共黨果能由此覺悟」的字眼，這是他在21天前元旦文告中所沒有的。蔣介石在元旦文告中只暗示了共產黨沒有「和平的誠意」，但還沒有明指共產黨罪該「覺悟」。這一字眼跟他回白崇禧電文中「假令共黨確能幡然悔禍」如出一轍，由此可見蔣介石的真實心態。所謂「悔禍」是比悔過更嚴重的字眼，悔過不過是表示後悔自己犯了過失，「悔禍」則表示自己造成了禍亂。《左傳》有言：「若寡人得沒於地，天其以禮悔禍于許，無寧茲許公，復奉其社稷」。[13] 柳宗元也有言：「祝融悔

12　見秦孝儀主編，《總統蔣公思想言論總集》，第32卷，頁209-210。
13　見楊伯峻編注，《春秋左傳注》（台北：復文圖書出版社，1991），上冊，頁75。

禍兮，回祿屏氣」。[14] 這些話都顯示了「悔禍」的真義。蔣介石用到這種字眼，顯然自己仍以勝利者自居、仍以優勢者自居、仍以高高在上者自居。因為在常識上只有居於這種地位的人，才會要求別人悔禍，真正需要悔禍的應該是他自己吧！其時共軍已勝卷在握，和談豈非是緩兵之計？而劃江而治之說也甚囂塵上，非共所願，然拒和則有礙觀瞻，故而雖談難和，勢所必然。當年蔣要毛歸順才能和，今則毛要懲治以蔣為首之戰犯才能和，和豈可得哉！短短數年，情勢驟變，興亡之速，嘆為觀止。

　　美國駐華大使司徒雷登在回憶錄第十章「沒有實現的夢」（The Dream That Did Not Come True）裡，曾對蔣介石的心態有旁觀者清的看法，司徒說蔣的引退謀和書，「大體而論是一篇嚴肅而莊重聲明，但也具有致命性的缺點，他漠視政府本身所處的絕望境況，卻以一個權力強大統治者的仁慈立場，來對付興兵作亂的叛徒」。[15] 這種評論真可說一針見血，清醒指出在敵人強大到兵臨城下的時刻，兵敗山倒的統治者居然還能好整以暇悠然以勝利者、優勢者、高高在上者的口吻書告天下。這種奇特的「氣派」，可說古今中外所無！司徒雷登沒有指出的

14　見柳宗元〈逐畢方文〉，載《全唐文》，卷0583。

15　John Leighton Stuart, *Fifty Years in China*, p. xx, 原文是："On the whole, it was a dignified and noble statement. But it had the fatal flaw of assuming the gracious attitude of a powerful ruler in dealing with troublesome rebels and of ignoring the desperate plight of his government." 司徒雷登，《在中國五十年》，下冊，頁50：「這篇文告把以前的文稿全抹去了；但這裏有一個最大的漏洞，就是：他仍然自視為一個有實力的統治者，在應付一些麻煩的跳梁小丑，而忽視自己政府中無可救藥的窮境」，譯文對原文頗有增華。

是蔣擺出這種氣派之後，立即要李宗仁去承擔後果。然而要別
人承擔責任又不肯把總統職位讓給別人，書告中既未提辭職也
不提引退，更不是要副總統繼任總統職位而是「代行職權」。
既是代行即可隨時中止代行為復行視事留下伏筆。所以李宗仁
要求修改為：「由李副總統繼任執行總統職權」，並強調蔣介
石的總統退職文告，如不加以修正不可發表。蔣在電話中滿口
答應修改，但第二天見報時卻仍是未改的舊稿。同時刊出李簽
字而未細讀的代擬文告如下：

> 總統蔣公軫念國家之艱危，顧恤人民之痛苦，促成和
> 平之早日實現，決然引退。宗仁依據《中華民國憲法》第
> 四十九條之規定，代行總統職權，自揣庸愚，膺茲重任，
> 曷勝惶恐。唯是宗仁追隨總統革命二十餘年，深知其處事
> 持躬悉以國家人民為重，而對於個人之進退出處，嚴謹光
> 明，心志既決不可移易。宗仁仰承督責，不容辭謝，唯有
> 勖勉將事，效忠國家，冀使中樞之政務不墜，而總統救國
> 救民之志業有成。所望我全體軍民抒誠合作，文武官吏各
> 安職守，精誠團結，一德同心，本和平建國之方針，為民
> 主自由而努力，國家民族實利賴之。[16]

替人代擬的文告仍不忘一再歌頌自己，煞是有趣，代擬
的目的顯然要藉李宗仁自己的嘴巴說出僅僅是「代行總統職
權」，玩弄李氏於股掌之間。更使李氣憤的是蔣介石給他安排

16　見李宗仁口述、唐德剛撰寫，《李宗仁回憶錄》，下冊，頁828。

的秘書長吳忠信，以總統名義將此二項文告通令全國蓋上總統大印而李事前一無所知，李宗仁把吳忠信找來說：「禮卿兄，這份通令發出去，我為什麼事先毫無所聞」？吳忠信說：「這是蔣先生的意思，要我發出後再通知你」。李總統說：「蔣先生已經下野了，他還要指揮你發通令不讓我知道」？吳忠信說：「你是知道蔣先生的，蔣先生要我這樣辦，我又怎能不辦」？李欲以不就職來抗議，吳竟以「特務橫行」來威脅。在代發文告、代發通令以後，李總統又控制不了行政院，行政院長孫科居然在蔣介石的指揮下把行政院搬了家，從南京搬到廣州去了。結果消息傳出去之後「群情激昂，議論紛紛」，白崇禧甚至借漢高祖的話說：「要做就做真皇帝，切不要做假皇帝」！然而正鬧得不可開交之時，老實忠厚的李宗仁反而泄了氣覺得不應該在危難之際計較什麼代不代，就這樣平息了這場風波，使蔣遂其陰謀。李宗仁於1949年1月24日由居正監誓就任代總統。[17] 蔣介石下臺之後立即回到奉化溪口老家，他在日記裏說經常游山玩水，[18] 他已六十二歲，給人的印象他已離開總統寶座，含飴弄孫，不管政事了。其實不然，他仍然擁有國民黨總裁的名義，憑其政軍實力以及早已安排好的人事，足可遙控一切，令李代總統莫可奈何。代總統連釋放張學良的命令都下不了，一葉可以知秋。

　　蔣介石於下臺之前的重要人事部署包括1949年元旦任命陳誠為台灣省主席，兼台灣警備總司令，同一年的1月18日任命湯

17　參閱李宗仁口述、唐德剛撰寫，《李宗仁回憶錄》，下冊，頁828-830。

18　參閱《蔣介石手寫日記》1949年1月23-27所記。

恩伯為京滬杭警備總司令，隨後又任命朱紹良為福州綏靖公署主任，張群為重慶綏靖公署主任，宋子文為廣東省主席、余漢謀為廣州綏靖公署主任、以及蔣經國為台灣省黨部主任委員。這位行將解職的元首毫不客氣地把剩下的國民黨半壁江山結結實實地置於自己親信的掌握之中。蔣通過人事的布局，雖是在野之身仍然可以控制經濟、調動部隊、影響政治。事實上蔣一回到溪口，溪口就成為國民黨的政治中樞，軍政要員紛至遝來，車如流水馬如龍。蔣在家中設有七部電臺隨時發號施令，遙控一切。李代總統在南京即使不願當傀儡，也只好無可奈何地被架空。我們從《李宗仁回憶錄》中可知，凡江防部署、新內閣的組織、處置要員如扣押浙江省主席陳儀等都是溪口蔣介石的決定，南京的李宗仁完全無法做主。

　　蔣介石下野準備動身離京前，李宗仁還見到這樣一幕：黨國元老于右任忽然老態龍鐘地追上去口裡喊著：「總統！總統」！蔣先生稍停問何事，于右任說：「為和談方便起見，可否請總統在離京之前，下個手令把張學良、楊虎城放出來」？蔣先生只把手向後一撒說：「你找德鄰辦去」！說畢便加快腳步走了。拖著一大把鬍鬚的七十歲于右老在眾人注視之下慢慢地走回，大家這才黯然地離開會場。[19] 蔣介石的心情已經不佳，不知趣的于大鬍子提起不愉快的往事，惱怒之情溢於言表。「找德鄰辦去」是最好的推託，人在他特務手中，德鄰辦得了嗎？可憐的于老碰了一鼻子灰。此事再度顯示：蔣介石下野後，已是退居溪口的一介平民，卻仍可拘押政治犯，拘押之

19　李宗仁口述、唐德剛撰寫，《李宗仁回憶錄》，頁824。

不足，還可謀殺。楊虎城就是在重慶解放前被特務謀殺的，從
本人到次子、從次子到小女兒、到秘書宋綺雲夫婦和他們的小
孩子（兩個小孩子都不到十歲）、到副官閻繼明、到警衛員張
醒民，都被亂刀扎死。特務替主子殺人而李宗仁代總統不知
道，足證特務完全是蔣介石私人的特務。

　　更有關大局的是蔣自稱為了和談而下野，要李宗仁出山主
和，但蔣退居溪口沒有幾天，就從奉化命令黨、政、軍、特首
領「必須作戰到底」，這不是暗中破壞和平嗎？中共當局知道
蔣根本沒有和談的誠意，所以不稍假借，當和談破裂後，蔣命
湯恩伯守上海，破壞李之江防計畫，在李看來蔣之部署等於是
開門揖盜。之後蔣又暗中破壞李宗仁與白崇禧保衛大西南的計
畫，李、白擬「把湯恩伯的主力移至浙贛線和南潯線與華中部
隊約四十萬人成為犄角以固守湘、贛，防止共軍進入西南」。[20]
但蔣早已決定退守台灣，蔣如真為黨國至少不應拆李的台，然
而為了他自己的利益全無助李防衛西南之意願。且不說西南乃
桂系的基地，若一戰而勝更張桂系聲勢以及代總統的威望；若
戰而敗之，勢將影響其台灣的布局。蔣介石為私不為公，於此
可見。李宗仁說：蔣有意整他讓他早日垮臺不無道理，然而蔣
搞垮李，豈能不傷及黨國？豈不是太不識大體。

　　共軍渡江，首都危急，遷都廣州，但是美國大使司徒雷
登，被稱為國民政府的「太上皇」，在親信的建議下，決定不
遷，以靜觀其變，並得到國務院的同意，而感欣慰，美方有意
與中共接觸之意，昭然若揭。不過，中共既不買帳，司徒反遭

20　閱李宗仁口述、唐德剛撰寫，《李宗仁回憶錄》，頁859-860。

羞辱，感到憤怒，提出抗議。[21] 最後華府於1949年8月5日發表
〈白皮書〉，洗手不幹，把失敗的責任推給老蔣，而毛澤東於
同年同月的18日親自為新華社撰寫〈別了！司徒雷登〉，終結
了美國干預的國共內戰。

李宗仁逃離南京不去廣州直奔桂林，至此國民黨政權已到
生死存亡的關頭，蔣仍暗中操縱如故。李在桂林約集李品仙、
甘介侯、程思遠等擬定甲乙兩個方案，甲案要蔣出洋、乙案要
蔣交出權力來。[22] 白崇禧、居正、閻錫山、李文範等人於1949
年5月2日前往桂林請李宗仁回粵主政，當晚李擬就一份談話記
錄，油印本今藏美國紐約哥倫比亞大學珍本和手稿室「張發奎
檔」。全文如下：

一、自宗仁代行總統職權後，鑒於頻年戰禍，民苦已深，
弭戰求和，成為舉國一致之渴望，而以往政府一切軍
事、政治、經濟之失敗，其根因所在，即由於政治之
不修明，貪污腐化，遍於全國，遂造成今日民怨沸
騰，士氣消沉，全盤糜爛之惡果。故自主政之日起，
為順從民意，針對時弊，決以謀取和平與革新政治為
當前兩大急務，以冀有所匡救。詎料時經三月，雖殫
精竭力以赴，而事與願違，終致毫無成效。和談失
敗，固由於中共所提條件過於苛刻，然我方內部意志
之不統一、步驟之不能一致，如政府謀和措施之不能

---

21 參閱《司徒雷登回憶錄》，頁54-55、63。
22 參閱程思遠，《政海秘辛》（香港：南粵出版社，1988）。

執行，未能示人以誠，亦不能不承認為一重大因素。
至於革新政治一端，終以形格勢禁，因之三個月來之
努力，悉以付諸虛牝，此皆由於宗仁德薄能鮮，不克
建樹事功，實應首先引咎自責者。

二、現共軍已渡過長江，首都淪陷，滬杭危急，局勢已臨
萬分嚴重之最後關頭。基於以往三個月來事實證明，
宗仁難繼續膺此艱巨，更自信在此情形之下，絕無轉
危為安之能力。為今之計，與其使宗仁徒擁虛位，無
俾實效，莫若即日起，自請解除代總統職權，仍由總
裁復位，負責處理一切，俾事權統一，命令貫徹。宗
仁身為國民黨員，與總裁久共患難，絕不敢存臨危退
避之心，仍當竭盡協助之能力，並擬以副總統之資
格，出國從事國民外交活動，爭取國際援助。此種辦
法，在國際上固不乏先例，而依據目前之局勢，亦確
乎有此需要，同時宗仁既可獲得為國家效力之機會，
亦可與總裁之工作收分工合作之效。

三、如總裁堅持其引退之初志，必欲宗仁繼續負責，根據
過去三個月來失敗之經驗，為保障今後政府之命令能
徹底貫徹，達到整飭部隊，革新政治之要求，完成吾
人反共救國之使命，則有數事必先獲得總裁之同意並
實行者，茲分列於次：

（一）憲法上規定關於軍政人士及凡屬於總統職權
者，宗仁應有絕對自由調整之權。

（二）所有前移存台灣之國家銀行金銀外匯，請總裁
同意由政府命令運回。

（三）所有移存台灣之美援軍械，請總裁同意由政府命令運回，配撥各部使用。

（四）所有軍隊一律聽從國防部之調遣，違者由政府依法懲處。

（五）為確立憲政精神，避免黨內人事糾紛，應停止訓政時期以黨御政之制度，例如最近成立非常委員會之擬議，應請打消。所有黨內決定，只能作為對政府之建議。

（六）前據居覺生先生由溪口歸來報告，總裁曾表示，為個人打算，以去國愈快、離國愈遠為最好，現時危事急，需要外援迫切，擬請總裁招攜懷遠，俾收內外合作之效。

四、以上六項，必須能確切做到，宗仁始能領導政府，負責盡其最後之努力，否則唯有自請解除代總統職權，以免貽誤黨國。[23]

李宗仁終於痛定思痛向蔣攤牌，以此談話記錄為「哀的美敦書」，促蔣「去國愈快、離國愈遠為最好」。這份最後通牒派專機送呈在上海的蔣介石。[24] 蔣之回答極妙，完全否承認幕後操縱，說得冠冕堂皇，如謂：「總統職務既由李氏行使，則關於軍政、人事，代總統依據憲法有自由調整之權，任何人不能違反」云云，所以前五項要求，他認為當然之事，似乎是

23　李宗仁致張發奎函，藏紐約哥倫比亞大學特藏室。

24　李宗仁致張發奎函，藏紐約哥大特藏室。

說根本多此一問。至於最後一項要他出國，他又耍起賴來，說
是：

> 且在過去，彼等主和，乃指我妨害和平，要求下野。今
> 日和談失敗，又責我以牽制政府之罪，強我出國，並賦我
> 以對外求援之責。如果將來外援不至，中正又將負妨害外
> 交，牽制政府之咎。國內既不許立足，國外亦無法容身。
> 中正為民主國之自由國民，不意國尚未亡，而置身無所，
> 至於此極。[25]

蔣介石堅稱不敢「任何逾越分際、干涉政治之行動」。否
認之餘還要說：「今日國難益急，而德鄰兄對中正隔膜至此，
誠非始料之所及，而過去之協助政府者，已被認為牽制政府，
故中正唯有遁世遠引，對於政治一切不復聞問」。果如是乎？
顯非由衷之言。權力在其手中，話盡可說得漂亮，依然我行我
素。李宗仁仍然有位無權而蔣無位而有權，李要還位於蔣，蔣
也不理，使李騎虎難下，莫可奈何，只好抱病離國赴美就醫去
也。蔣介石打了敗仗要毛澤東「悔禍」於前，要李宗仁「背黑
鍋」於後，其人之用心亦云險矣！

李宗仁遠赴北美，蔣介石退居台灣掌控殘餘軍政勢力，要
求李回台北，李知回台欲求張學良之境遇而不可得，不願意中
計的心跡已明，在其《李宗仁回憶錄》提到蔣介石刻意非法復
職事甚詳。其實李早在國府遷粵時已知「黃埔系將領及蔣先生

25　李宗仁致張發奎函，藏紐約哥大特藏室。

夾袋中的政客，已有請蔣先生復職的企圖」，撤退到重慶後此一企圖更加明朗，CC和政學系控制的報紙公然稱蔣為總統。蔣氏復職最便捷而有面子的方法當然是由李宗仁勸進，但李宗仁豈肯勸進？李氏回憶道：

> 　　我不願勸進的原因，並非對名位有何戀棧。我只是覺得，第一，蔣先生欺人太甚。我原勸他不應灰心引退，我本人尤堅決表示不願出任總統，他迫我為之。在我任內，他卻又處處在幕後操縱，並將國庫金銀擅運台北。先縱敵渡江，後瓦解湘、贛、粵、桂的防禦。如今政府重遷，國亡無日，他居然又企圖復辟，置憲法於不顧，未免欺人太甚。再者，我覺得蔣政權的垮臺，多半是由於蔣先生玩弄國家名器、目無法統、一味獨裁孤行之所致。如今國已將亡，他仍至死不悟。憲法既予我以總統職權，我絕不能助紂為虐，違反憲法與一平民私相授受。我雖知道我反對亦無用，蔣必然要復出無疑，但是我維護國家名器的原則卻不能讓步。[26]

　　李宗仁稱之為「復辟」有其深意，蔣介石在重慶沒有復辟成功，但到台灣之後已是實際上的獨裁者；不過為了面子以及顧忌美國人的態度，一時未敢貿然行事仍希望李宗仁的合作。居正的孫女居蜜提供了幾封李宗仁致居正的未刊函電，可補李宗仁所說之不足。第一封長函全文如下：

26　李宗仁口述、唐德剛撰寫，《李宗仁回憶錄》，下冊，頁908。

　　覺生先生勳右：病中承令愛惠臨，並攜來手教，欣慰無似。自弟出國療治胃病，不意轉瞬間，西南半壁竟遭赤匪席捲，舉世震駭，群情悲憤，今國軍孤懸台、瓊，既無餉械，復乏外援，聞美國政府對我總裁成見極深，曾一再聲明不以軍事援助台灣，近更公開嘲罵。在此情形下，吾黨負責同志應警惕國家之危亡，不再感情用事，權衡利害，改弦更張，以挽回既失之民心，俾友邦對我增加信心，樂於相助，倘仍固步自封，一意孤行，逆料美國民主黨主政期間有效援助，絕無希望，則反攻大陸，掃蕩赤氛，更為空談，即希冀固守台瓊，勢亦難持久，言念及此，不寒而慄，凡有血氣、愛黨憂國之士，諒有同感。日前接監察院哿電，對弟似有誤會，頗為惋惜。察其言外之音，別有作用，醉翁之意，路人可知。本黨二十餘年來政治暗潮中，此種現象屢見不鮮，固不足怪。際茲國脈如縷，民不聊生，且政情複雜，積弊已深，雖思革新，與民更始，無奈障礙橫生，阻力重重，名為元首，實等傀儡，尸位素餐，如坐針氈，有何留戀權位之足云？每感螻蟻無能，難勝重任，早擬引退，以謝國人，無如再四思維，弟若下野，依法由行政院長代行職權，為時僅限三月。今既無法召開國大選舉總統，則代理如逾三月法定期間，即為違憲。或曰可敦請蔣公復職，殊不知弟所代者為總統職權，而非代理蔣公本人，國家名器何能私相授受，譬如宣統遜位後，貿然復辟，國人群起聲討之，專制帝皇尚不能視國家為私產，蔣公首倡制憲，安可自負毀憲之責，弟何忍為個人安逸計，而陷本黨於創法始而毀法終？少數同志倡斯說者，

不僅毫無憲法常識，抑且故意歪曲理論，以亂視聽，實屬
荒謬，貽害至深，國事敗壞至此，誠非偶然也。先生明
達，未卜以為然否？弟創口雖已平復，惟元氣大傷，尚需
休養一個時期，現正與美國朝野接洽反共復國計畫。蓋美
國雖對我政府現狀措施表示不滿，然在其反蘇政策下，並
未放棄中國，事在人為，宜群策群力以圖之，國家前途尚
大有可為也。紙短情長，筆難盡意，敬祈不貽在遠，時賜
教言，以匡不逮，此順叩
勳安

李宗仁 拜啟二月六日

此函僅署2月6日。李宗仁於1949年12月8日自香港飛抵紐
約就醫，此函當寫於1950年的2月6日。函中主旨顯然是針對台
北方面壓迫他讓賢而發，故有「何留戀權位之足云」之語，但
他反對蔣介石復職，譏之謂復辟，他更不能將國家名器私相授
受，堅持護憲的立場。居正當時在台北仍是「監察委員」與李
宗仁熟識，李曾提名居為「行政院長」，因一票之差而未成。
李出國前居亦曾至香港相見。李馳函居也是兼覆「監察院」的
「責難」。總之蔣介石雖據有實權，李宗仁仍擁有名器，堅不
相讓。

　　這封長函當然不僅僅是給居正看的，蔣介石必然知悉此函
的內容。但台北當局仍不死心，發動李宗仁在台舊部白崇禧、
李品仙等人，屢電催促李代總統回台，如李返台必然入蔣彀
中，於是李又於2月21日自紐約發葛電給台北「總統府」邱昌渭
秘書長。電文是：

　　密。邇來健生、鶴齡、煦蒼、旭初、任夫諸兄對仁行
止，屢電申述，仁以病尚未瘥（愈），醫囑不能長途旅
行，個人地位無所留戀，惟必須採取合理合法途徑，方免
違憲之咎。國事至此，安可再生枝節，自暴弱點，以快敵
人？仁已於巧日托孔庸之兄將此意轉達台方，希兄與各方
接洽，從速尋求於憲法上說得過去之方法，仁自可採納，
若圖利用宣傳，肆意攻擊，則仁當依據憲法公告中外，於
國家、於私誼，將兩蒙其害，宗仁哿。[27]（原件）

　　其實，此時李宗仁的病體基本已經復原，未嘗不能長途旅
行，但他深知蔣氏用意，自然不會貿然返台。他也應知白崇禧
等桂系將領在蔣家特務監視之下，言不由衷，僅僅是不願說破
而已。他在《回憶錄》中說得很清楚：

　　在這種局面下，我如貿然回台，則無異自投羅網，任其
擺布，蔣的第一著必然是迫我勸進，等他復正大位之後，
我將來的命運如何，就很難逆料了。以蔣先生過去對我銜
恨之深，我一旦失去自由，恐欲求為張漢卿第二也不可得
了。個人犧牲不足惜。然對國脈民命究有何補？[28]

　　李宗仁既然不肯上當，仍重申不戀棧、不違憲的立場。蔣

27　承居蜜女士將收藏原件影本寄贈。
28　見李宗仁口述、唐德剛撰寫，《李宗仁回憶錄》，下冊，頁917。

介石知李宗仁不可動搖，恨之入骨，[29] 乃不顧一切於1950年3月1日在台北復職，復職之後應該只有「蔣總統」、沒有「李總統」了，但美國總統杜魯門卻仍以總統之禮接待李宗仁。國府駐美大使顧維鈞承蔣意旨，雖建議美方稱呼李是副總統，但為美國務院否決。杜魯門更對記者說：「我以總統身分請他（李），我就應稱呼他為總統」。[30] 這是美國政府故意給蔣介石的難堪，有意替李宗仁出了一口氣。杜魯門總統更於1950年3月2日以午宴款待李宗仁，李自紐約拍電報給台北「總統府」，特別樂道此事：

> 台北總統府昌渭兄轉覺生、右任、百川、敬之、岳軍、理卿、亮疇、辭修、騮先、鐵城、墨三、至柔、永清、蘭友、彥諸兄。密。仁昨到華府，事前顧大使已奉台方令，通知國務院以副總統名義代表蔣先生往聘，但杜總統向記者宣稱仍以代總統地位對仁招待午宴，席間與杜總統及國務卿、國防部長暢談甚歡，舉杯互祝。三人均稱仁為李大總統。餐後杜單獨與仁談話，不令顧參加，內容未便於函電中奉告。特聞。宗仁，江。[31]

電函中一再說美國政府以總統相稱，否定蔣氏復職，當然不僅僅是給那些國民黨大員看的，也是要給蔣介石看的，證明

29　見《蔣介石手寫日記》（1950年2月5日）。

30　見李宗仁口述、唐德剛撰寫，《李宗仁回憶錄》，下冊，頁922-923。

31　居蜜女士收藏原件影本。

蔣介石復職的非法，可說是李對蔣一再作弄的最後反擊，李之臨去秋波也！杜魯門如此做法也可略見美國總統對蔣介石的深惡痛絕。然而美國為了反共與冷戰終亦不得不與狼共舞，朝鮮戰爭爆發後，美援不斷又送到蔣介石的台灣了。

　　蔣介石於四年以後的1954年3月10日，又利用在台灣的國民大會第二次會議第六次大會，討論監察院提出的「彈劾副總統李宗仁違法失職案」，以1486票對83票通過罷免李宗仁，但是有言道：「處處不留爺，爺去投八路」。李宗仁最後用回到大陸的行動答覆了他不屑答覆的一切。其實他早已「副總統」繼承為「總統」了，他又沒有自己退回到「副總統」的職務上來，再罷免他已不存在的副總統又是演一場戲而已。

　　國民黨宣傳機器眾口鑠金說：蔣介石於1949年1月21日下臺後，副總統李宗仁只是代總統不是總統，但在中外有識之士眼中，明明認為李是總統而蔣下臺後已是平民。蔣介石既然已經為國民的一分子，安能不依《中華民國憲法》的規定，說回頭重任總統就重任總統，這樣做完全是站不住腳的。蔣介石下臺明明是根據《中華民國憲法》第四十九條：「總統缺位」的情況。李宗仁在美構成缺位，仍應依法「由行政院長代行其職權」，再依本憲法第三十條之規定需要召集國民大會臨時會，補選總統副總統。憲法既然硬性規定如此，既然當時已「由行政院長代行其職權」（當時的行政院長是閻錫山），則蔣的復職無疑違憲。蔣介石在1950年3月1日的《復行視事文告》中說：「李代總統自去年十一月積勞致疾，出國療養，迄今健康未復，返旆無期，於是全體軍民對國事惶惑不安，而各級民意機關對中正責望尤切。中正許身革命四十餘年，生死榮辱早已

置諸度外，進退出處，一惟國民之公意是從，際此存亡危急之時期，已無推諉責任之可能。爰於三月一日復行視事，繼續行使總統職權」。[32] 李宗仁當時是動手術治療十二指腸發炎，他在1950年1月間健康已大致復原。他能在蔣介石復職第二天就去白宮做客，足以證所謂「健康未復，返旆無期」之說不能成立。薩孟武在《中國憲法新論》一書裡說：「林紀東教授把第四十九條分析為四種場合：一、總統缺位，二、總統及副總統均缺位，三、總統因故不能視事，四、總統及副總統均因故不能視事。缺位指因死亡、辭職、或罷免等情況，無法再於任期內行使職權。所謂因故不能視事是指臥病或出國暫時不能行使職權」。李宗仁當時才真是符合總統「不能視事」條件的人，若按照《中華民國憲法》延續「不能視事」的情況，理應由行政院長「代行其職權」，再由立法院院長於三個月內（第五十一條）召集國民大會臨時會補選總統副總統（第三十條第一項第一款及第二項）以補足原任總統未滿的任期為止，絕無國民一分子的蔣介石驟然復職之理。

　　中外有識之士莫不以總統稱呼李宗仁，李敖藏有1949年12月7日胡適給李宗仁的信，信封上明寫「敬乞代呈李大總統」（H. E. The President of China），信中也明寫：「德公總統賜鑒」。原文是：

　　　德公總統賜鑒：今午因宿約出門，無法趕到機場迎候大駕，十分歉疚。昨曾托郭復初兄（現仍住公所在醫院，

32　秦孝儀主編，《總統蔣公思想言論總集》，第32卷，頁254-255。

一一五四號）轉達歉意，想已達尊覽。項見友人赫德曼夫
人，她說醫院特邀她去照料我公住院初期看護的事，我很
高興托她代帶短信，歡迎我公與夫人同行諸友，並祝我公
早日康復！赫德曼夫人曾看護我七十七日，其人最老成謹
慎，可以完全信任。主持診斷的醫士梅倫尼先生也是我的
老友，最同情於中國，可以完全信任。匆匆敬祝
痊安

胡適　敬上　三十八年十二月七日
　　明午去美京，明晚在彼有演說，兩三日後可回紐約。敝
寓電話是Bu-8-5199　適附上。

李敖還藏有胡適當時給李宗仁的一張名片，原文是：

德公總統賜鑒：
　明天大駕飛到，適因有宿約，不能到機場奉迎，十分抱
歉。敬留字奉候大安。　　　　　　　　　　　胡適　敬上

　　這些文證足證李宗仁在胡適眼中是道地的「總統」、是
「李大總統」，並不是什麼「副總統」或「代總統」。蔣介石
非法復仇職已是無可爭辯的歷史事實。蔣介石總裁國民黨，操
生殺予奪的大權，黨內同志除幾片鳳毛、幾隻麟角之外，莫不
匍匐畏懼，希旨承風。即使鳳毛麟角也要有所憑藉，如胡漢民
與汪精衛靠元老資格，如馮玉祥與李宗仁則靠握有兵柄，爾後
能說聲「不」！能有所抗爭。在這些抗爭中蔣介石與李宗仁之
間最具戲劇性，對國民黨的影響也最大。蔣李誠心合作並不足

以擋住中共的席捲之勢，但蔣李鬥爭無疑為中共席捲大陸再助一臂之力。李宗仁晚年自美國回歸祖國後，從被俘的前國民黨國防部保密局雲南站站長沈醉得知，蔣於下野前夕怕李武裝逼宮，曾命令沈主持暗殺副總統的計畫，曾下命令說：如果李宗仁離開南京無論水、陸、空路均予格殺。[33] 李宗仁聽聞之後才恍然大悟，想到蔣氏夫婦曾熱情地要把「美齡號」座機送給李氏夫婦乘用，原來送飛機是要他老命，幸虧沒有乘坐。[34] 李宗仁也幸虧沒有於蔣下野前離開南京，否則老命也不保了。

　　蔣鬥李充分說明蔣視同志如寇仇，國民黨內的許多同志都被蔣當寇仇非去之而不快，所以他的黨實非國民黨而是蔣黨；不聽命於他者，即非我族類，即使有害黨國也在所不惜。蔣作弄李的種種細節像一面面照妖鏡，看出蔣氣宇狹隘，甚至不惜出之以卑劣手段，實不足以成就大事。李固然被蔣整得很慘，蔣也落難海島，豈不是真正的兩敗俱傷嗎？

　　蔣介石生平一共下野三次，1927、1931、1949，古今中外政治人物下臺，幾無不告別息影，而蔣一連三次，無不去而復來，可見他有備而來，有恃無恐，於在危機時刻不得不下野前，已有運作，即李敖所謂「人下野人，權不下野」也。而這最後一次下野，在空前危機之際，仍然私心自用，不顧大局，處處掣肘。白崇禧曾於1949年2月21日往見司徒雷登，希望能促蔣出國，[35] 就是想要他罷手；然而張治中從溪口回報：「蔣

33　詳閱沈醉，《軍統內幕》（台北：李敖出版社，1989），上冊，頁241-245。

34　見沈醉，《軍統內幕》（1989），上冊，頁245-246。

35　見《司徒雷登日記》，陳禮頌譯、傅涇波校訂（美國華府傅氏印行；香

介石拒絕被迫出洋,很生氣,大罵李宗仁,嘲笑當時之所謂民主,並且說最重要的東西便是設法把持實權」,他怎麼可能放棄實權出洋,不免令這位美國駐華大使十分同情沒有實權的代總統,覺得「李氏受到阻撓,要向共黨及法西斯主義雙面作戰」。[36] 司徒大使明顯視蔣為法西斯主義者,但諷刺的是,美國正在打行將結束的反法西斯主義戰爭,居然對法西斯蔣介石毫無辦法,任其撒野!

唐德剛的口述歷史《李宗仁回憶錄》
書影

　　港:文史出版社代理,1982),頁38。

36　見《司徒雷登日記》,頁44。

第十六章

自由主義的挫折
蔣介石與胡適

　　蔣介石手寫日記的公開使讀者們發現，蔣私下對胡適的觀感與蔣對胡表面上的尊禮，大異其趣，因而成為熱門話題。蔣以及胡適的日記為這層關係提供了很好的素材，經過整理之後，已有好幾本專書出版與不少文章發表，胡蔣關係的來龍去脈已很清楚。[1] 不過，研究胡蔣關係的意義不應止於排比與複述史料，僅作字面上的解說，似更宜從胡蔣兩人的關係中深入分析這兩個人，才能進一步了解這兩位歷史人物及其時代，並認

1　如陳紅民，段智峰，〈蔣介石與胡適關係之再研究〉，載《蔣介石與現代中國再評價國際學術研討會》（台北 2011年6月27-29日），頁535-552；智效民，〈胡適與蔣介石──從胡氏日記看兩人的交往與友誼〉，載《胡適和他的朋友們》（台北：世界知識出版社，2010）；劉健清，劉慶楚，鄧麗蘭，《蔣介石與胡適》（長春：吉林文史出版社，1993）；陳漱渝，宋娜，《胡適與蔣介石》（武漢：湖北人民出版社，2011）；陳漱渝，〈胡適與蔣介石關係的幾個階段〉，載《人民政協報》，2010年2月11日；韓省之，〈蔣介石與胡適〉，《縱衡》，第3期（2004）；陳紅民、段智峰，〈相異何其大──台灣時代蔣介石與胡適對彼此交往的紀錄〉，《近代史研究》，（2011年5月）。

識到以胡適為代表的自由主義在以蔣為代表的威權體制中，如
何受到挫折，或可為自由主義在革命中國的命運提供一個具體
的實例。

　　胡適與蔣介石首次相遇在1927年，地點是北伐軍占領後的
上海，兩人都已名聞全國，胡適早已是新文化運動的健將、名
滿天下的學界領袖，而蔣介石是北伐軍的總司令，旭日東昇的
耀眼強人。胡適出現在蔣介石與宋美齡的盛大婚禮上，當時冠
蓋雲集，胡適僅側身其間，[2] 胡適顯然以名人的身分受邀觀禮，
未必與蔣已經相識；若從這一年算起直到1962年2月胡適逝世，
兩人的關係長達35年之久。那是蔣介石的時代，憑其軍事實力
於1928年建立了以黨國體制為核心的威權政府，而胡適則是主
張自由主義的學界泰斗。自由與威權的矛盾無可避免，但胡適
之於蔣介石既有抗爭卻更多合作，藕斷絲連從未間斷。1949年
以後，蔣介石失去中國大陸退居台灣後，仍然大權獨攬。胡適
避居北美多年，最後仍然回到蔣介石的台灣，出任中央研究院
的院長，死於任上。蔣介石在漫長的歲月裡未能將胡適入其彀
中，不能像陳布雷、王世杰、葉公超等人那樣，為其所用、任
其擺布；胡適也未能改變強人，使蔣變得稍微民主、多給一點
自由。簡言之，無論蔣想拉攏胡或胡想改變蔣，兩無所成。這
多少說明兩人貌和心違的關鍵，隱藏的嚴重矛盾在日記裏浮
現，也就不足為怪了。

2　胡適於1928年5月18日的日記中提到他去年在蔣介石的婚禮上見到吳稚暉，
　　見《胡適日記全集》，曹伯言整理（台北：聯經出版公司，2004），第5
　　冊，頁136。

　　胡適作為學者，他的專業是哲學，但他除了宣揚杜威（John Dewey）的實驗主義（Pragmatism）外，在哲學上並無重大建樹，不能與金岳霖、馮友蘭相提並論。金岳霖說：「西洋哲學與名學又非胡先生所長」，[3] 決非輕率言之；金先生能寫出《論道》與《知識論》兩書，絕對有批評胡先生的底氣。胡適在洋人的質疑下，對傳統中國有沒有哲學，就把他《中國哲學史大綱》一書改名為《中國古代思想史》。金岳霖就大不以為然，認為哲學是言之成理的成見；思想者的成見有他的選擇，而選擇基於性情與情境，即由文化背景決定。先秦諸子雖然缺乏歐陸「邏各斯」與「認識論」的意識，仍然有自己的特色，例如莊周的哲學，出自賞心悅目的寓言、詩意盎然的散文，發揚崇高人生的理想，足與西方哲學相頡頏。所以如果講先秦思想，述而不作，別無成見，則不成為哲學史。金氏又說：胡適之的中國哲學史，固然有他的主張，但他的主張，不自覺而流露美國人的成見。所以胡氏兼論中西學說，不免多牽強附會也。[4] 金治西學能「依自不依他」，而胡「依他不依己」。胡雖然師從哲學大師杜威，但專門研究杜威哲學的吳森，發現「胡適打著杜威的旗號，而葫蘆裡賣的藥是胡適自己監製的，和杜威本來的藥方相差很遠」。[5] 事實上，他雖然介紹杜威思想，但

3　語見馮友蘭，《中國哲學史》（長沙：商務印書館，1940），下冊，附錄：審查報告二，頁7。

4　同上書，頁6-7。另參閱金岳霖，〈馮友蘭中國哲學史審查報告〉，收入《金岳霖學術論文選》（北京：中國社會科學出版社，1990），頁281。另參閱金岳霖，〈中國哲學〉，同書頁351-262。

5　吳森，《杜威思想與中國文化》，汪榮祖編，《五四研究論文集》（台

沒有發表過一篇有關杜威哲學的學術論文。胡適也無心專攻哲學，他對歷史考據與文學似乎更有興趣，因而在學問上博而不精。但是胡適一生的重要性及其名聲並不來自學問，而來自新文化運動、推行白話文以及畢生宣導民主與自由，成為中國自由主義的一個具有代表性的人物。

　　不過，胡適對自由主義的理解有時令人困惑，他對自由主義的發展史與內涵似乎並未深究，他曾寫道：「自由主義裡沒有自由，那就好像『長板坡』裡沒有趙子龍，『空城計』裡沒有諸葛亮，總有點叫不順口」，[6] 怎麼可能呢？他又說：自由主義是人類歷史上各民族的大運動，[7] 又怎麼可能呢？他再把敢於批評者與反抗者，「從墨翟、楊朱到桓譚、王充，從范縝、傅奕、韓愈到李贄、顏元、李塨」，都說成是為「思想自由」而奮鬥的「東方豪傑之士」，[8] 好像中國比西歐更早就有了自由主義，又怎麼可能呢？如果中國早自春秋戰國以來就有那麼多的自由鬥士，何以「東方的自由主義運動」不成氣候呢？胡適的解釋是因為「沒有抓住政治自由的特殊重要性，所以始終沒有走上建設民主政治的路子」。[9] 但是這個「東方自由主義的大運動」進行了幾千年，仍「抓不住政治自由」，又有何說法？胡

　　　　北：聯經出版公司，1979），頁126。

6　胡適，〈自由主義是什麼？〉，初收入《胡適的時論一集》（上海：六藝書局，1948），頁51-54。今見胡適，《胡適選集：雜文》（台北：文星出版社，1966），頁205。

7　胡適，〈自由主義是什麼？〉，頁205。

8　胡適，〈自由主義是什麼？〉，頁206。

9　胡適，〈自由主義是什么？〉，頁206。

適將范仲淹所寫的「寧鳴而死，不默而生」，等同西方的「言論自由」與「不自由，毋寧死」，[10] 同樣模糊了兩者之間的貌同心異。西方的言論自由是要爭取個人私領域的思想，不容外力干涉，不惜以死維護自己的思想，與冒死直諫以報君恩之目的與動機，并不相同；不然，何以解釋自范仲淹以來經過九百年仍未爭取到言論自由？

　　胡適認為「自由主義」乃中國古已有之，更令人困惑，他明白說自由這個名詞並不是外來的、不是洋貨，是中國古代就有的。他引王安石的詩句：「瓦片打破我的頭，我不恨瓦片」，因為「此瓦不自由」，就認為是「古代人對自由的意義」，表達「自己作主的意思」。[11] 王安石的詩句裡固然出現了自由這個詞，但用法與含意與胡適所要提倡的「自由」（freedom, liberty）顯然並不相干。胡適甚至認為孔子、孟子、老子都是自由主義者，特別是孟子的「民為貴，君為輕，在二三千年前，這種思想被提出，實在是一個重要的自由主義的傳統，孟子說富貴不能淫，貧賤不能移，威武不能屈，這是孟子給讀書人一種寶貴的自由主義的精神」，在他看來老子的「無為政治」所代表的思想，也是自由主義。[12] 這些觀點都是對近代自由主義的誤解，令人不解的是，胡適何以也像新儒家一樣，認為中國傳統裡可以開出民主自由之花。其實自由主義

10　參閱胡適，〈寧鳴而死，不默而生——九百年前范仲淹爭自由的名言〉，收入《胡適選集：雜文》（台北：文星出版社，1966），頁219-226。

11　見胡頌平編著，《胡適之先生年譜長編初稿》（台北：聯經出版公司，1984），冊6，頁2079。

12　胡頌平編著，《胡適之先生年譜長編初稿》，冊6，頁2080。

不可能從「一個封閉的思想系統」（a closed system of thought）中開出，自由主義即使在西方，也要到近代才發揚光大、才真正「走上建設民主政治的路子」。

「近代自由主義」（modern liberalism）發生在歐洲有其歷史背景、物質條件與思想淵源。拉斯基（Harold J. Laski）曾指出：西歐脫離中古之後資本主義與中產階級取代「封建」（feudalism）制度、工商階級取代地主、城市取代鄉村、思想從宗教解脫出來、科學取代宗教發展出世俗化、個人主義、個人權利取代社會控制逐漸形成自由主義，始有十七世紀的宗教容忍與憲政、十八世紀的啟蒙運動、然後自由主義到十九世紀進入全盛時期，如拉氏所言：自拿破崙兵敗滑鐵盧到歐戰爆發沒有任何一種學說比自由主義更有權威、更能深入人心，[13] 但這一股自由主義風潮只限於西歐與後起的美國。自由主義是從崇尚自由、平等、民主、法治、人權的社會所產生，不太可能在沒有那種條件的社會裡出現。以胡適的學術與思想背景，他應該知道自由與平等是不可分割的，也就是說，「不允許一個人以特權加諸其餘之人」。[14] 在一個專制體制下「刑不上大夫，禮不下庶人」的中國傳統社會裡，又如何出現自由與平等

13　Harold J. Laski, *The Rise of European Liberalism*,（New York: Unwin Books, 1962），p. 154. 並參閱全書，另可參閱一本自由主義的思想史，見 Pierre Manent, *An Intellectual History of Liberalism*（New Jersey: Princeton University Press, 1994）.

14　語見Guido de Ruggiero, *The History of European Liberalism*, translated by R. G. Collingwood（Boston Beacon Press, 1959），p. 51。原文是 "imply no privileges on the part of one man as against others."

呢？

　　胡適的自由主義思想其實既非來自中國傳統，也不來自西歐，而是從美國帶回來的，主要內容就是美式的自由民主。美國威爾遜（Woodrow Wilson）總統欲以傳教士的精神，輸出美式民主，號稱「傳教士外交」（missionary diplomacy）或「威爾遜式民主」（Wilsonian democracy）。胡適早年仰望威爾遜彌高，曾自拍「威爾遜之笑」照相以留念。威爾遜於1916年競選連任時，胡適仍在美國求學，當他得知威爾遜險勝的消息時，說：「高興極了」，「早餐也覺得有味了，我那樣的緊張，可說是受了美國民主競選空氣的傳染」。[15] 胡適對美國民主的傾倒，主要在於選舉，即由公民自由選出領導人，美國在他心目中無疑是最自由的國家。胡適原來打定主意暫不談政治，專注思想與文藝。如果他切實從思想與文藝入手，逐漸改善社會與政治環境，培養杜威哲學理論的條件，然後以「實踐哲學」指導社會與政治經驗，以求不斷地改善，在實踐上才不失為杜威的信徒。杜威在一篇文章中曾指出，多年來他一直認為所著《民主與教育》（*Democracy and Education*）一書，最能充分表達他的哲學思想，他認為哲學家應該給教育充分的重視。[16] 他在那本書裡強調：教育有深入人心的優勢，可以形塑正在成長

15　胡適，〈美國的民主制度〉，《胡適選集：演說》（台北：文星出版社，1966），頁140。

16　John Dewey, "From Absolutism to Experimentalism," in G. P. Adams & W. P. Montague eds., *Contemporary American Philosophy*（New York: MacMillan, 1930）, vol. 2, p. 23.

過程中的年輕人。[17] 換言之，民主素養需要依靠教育來培植。

　　胡適未嘗不重視教育，然而在無政府主義與馬克思主義的挑戰下，「看不過了，忍不住了」，遂發憤談政治，於是展開了自由主義與馬克思主義的思想論戰。胡適不承認是主義對主義，而是問題對主義，說：「實驗主義只是一個方法，只是一個研究問題的方法」，[18] 未免過度「化約」（reductionism）而失實。杜威的哲學絕不僅是方法而已，而是具有豐富的內容，即就民主而言，其方法不是「研究問題」而是要充分討論與批判議題，而欲達此目的，全體人民必先具備相當的教育程度，最終形成共同的民主生活方式，然後參與互動以求社會與文化的進步。胡適可以批評馬克思主義是十九世紀歐洲工業社會的產物，不適合處理二十世紀的中國社會與政治問題，但產自美國民主社會的「實驗主義」，又何嘗適合當時的中國社會？所以當胡適譏嘲別人被馬克思牽著鼻子走的時候，難免會受到被杜威牽著鼻子走的回敬。高唱馬克思主義是空談，想要在中國實踐杜威的「實驗主義」，又何嘗不是空談？不過，胡適對民主與自由有多深的理解並不重要，重要的是他對民主與自由的信念，至少在口頭上或文字上，可說終身不渝。胡適既以自由主義者自許，在一個沒有民主與自由的社會裡，不能不把民主與自由掛在嘴邊，不能不說不中聽的話，所以他自比烏鴉，至少先要爭取言論自由。

17　參閱John Dewey, *Democracy and Education: An Introduction to the Philosophy of Education*（New York: MacMillan Co., 1916）.

18　胡適，〈我的歧路〉，收入《我們的政治主張》（台北：遠流出版公司，1986），頁67。

　　胡適中年以後，在革命進行中的中國，雖很想追求民主自由，但他沒有選擇在書齋裡建構自由主義，也沒有全力從教育培養民主的下一代，他選擇了與當政者建立關係，因而進入了蔣介石的圈子，其目的無非想從體制內改變威權體制。蔣介石在表面上非常禮遇胡適，想能為其所用，但雙方的期盼均未達成。胡適以「諍友」自居，但直言難以見聽，規勸往往受辱，鬱鬱以終，更沒有想到蔣介石私底下對他恨之入骨。於此亦可略知，威權體制與自由主義在意識形態上的兩不相容，然而胡適一生樂觀，雖鍥而不捨，終歸無效，白白為蔣抬轎大半輩子。

　　胡適於1927年自歐美回到上海之前，北伐軍節節勝利，蔣介石於三月下旬克服京滬後於4月12日發動血腥的清黨。胡適於四月下旬抵達日本時，致電滬上友人探詢局勢，好友高夢旦回覆說：「時局混亂已極，國共與北方鼎足而三，兵禍黨獄，幾成恐怖世界，言論尤不能自由」，勸他暫時不要回國。[19] 但胡適不可能久留日本不歸，終於五月間回到上海，出任中國公學校長。翌年國民政府在南京成立，胡適最初很能夠接受蔣介石主政的新政府，只希望能容忍言論自由，但是覺得訓政的南京政府崇拜孫中山，以三民主義為教條要求思想統一、勵行一黨專政，毫無接受批評的雅量。他身處此思想環境中，感到是五四新文化運動的倒退，因而於1929年忍不住嚴厲批評國民黨。他毅然挑戰孫中山的「知難行易」之說，認為「知難行

19　高夢旦，〈高夢旦致胡適〉（1927年4月26日），收入《胡適來往書信選》，上冊，頁427。

亦不易」，甚至說：「『行易』之說可以作一班不學無術的軍
人政客的護身符」！[20] 又發表〈人權與約法〉一文，[21] 公開譴
責國民黨的「摧殘自由思想、壓迫言論自由、妄想做到思想的
統一」，遂要求「廢止一切鉗制思想言論的命令、制度、機
關」，[22] 又發表〈我們什麼時候才可有憲法〉？質疑孫中山的
《建國大綱》，指出「沒有憲法或約法，則訓政只是專制，絕
不能訓練人民走上民主的路」，所以「中山先生的根本大錯誤
在於誤認憲法不能與訓政同時並列」。[23] 胡適在這一年的年底
又為新月書店將出的《人權論集》一書寫序，更加強烈表達言
論自由的訴求，若謂：「我們所要建立的是批評國民黨的自由
和批評孫中山的自由，上帝我們尚可以批評，何況國民黨與孫
中山」？[24] 胡適的自由言論引發了上海特別市代表陳德征提出
嚴厲處置「反革命分子胡適案」，胡適在信函中質問專門研究
法律的王寵惠：「法院可以不須審問，只憑黨部的一紙證明，
便須定罪處刑」的做法，問王：「不知作何感想」？[25] 1929年
8月13日報載上海國民黨區代表大會通過決議，諮請國民政府

20　胡適，〈知難行亦不易──孫中山先生的「行易知難說」述評〉，《吳淞
　　月刊》第2期（1929），頁1-10。另載《新月》，第2卷。

21　胡適，《人權與約法》，《新月》（1929年4月號）。

22　胡適，〈新文化運動與國民黨〉，《新月》，第2卷，第6、7號合刊，收入
　　胡適等，《人權論集》。

23　胡適，《胡適日記全集》，第5冊，頁715-716。原載《新月》，第2卷，第
　　4號，全文錄於1929年7月20日的日記中。

24　參閱胡適等，《人權論集》（上海：新月書店，1930）。

25　胡適，「胡適與王亮疇函」手跡（1929年3月26日）。參閱《胡適日記全
　　集》，第5冊，頁737。

要求教育部將中國公學校長胡適撤職懲處，國民黨欲以侮辱總理與反動的罪名逮捕胡適。8月29日的《大公報》更以「侮辱總理，背叛政府」，以「胡適擔不起的罪名」為標題加以報導。國府中訓部遂於9月21日飭令教育部，因胡適誤解黨義，要求「全國各大學校長切實督率教職員詳細研究黨義，以免再有與此類似之謬誤見解發生」。[26] 教育部在國民政府的壓力下也於10月4日訓令中國公學懲處胡適。[27] 最高領袖蔣介石亦親自於1929年10月10日辛亥革命十八周念紀念會上，警告「穢言亂政」的後果。上海特別市的國民黨宣傳部更於1930年的年初，奉密令沒收與焚毀刊登胡適與羅隆基批評國民黨文章的《新月》雜誌第六、七兩期。幸賴國內外的聲援，連《紐約時報》（*New York Times*）也譴責國民政府的鉗制言論，並讚賞胡適的直言不諱，才得以免禍。[28]

胡適為了爭取言論自由，成為以蔣介石為首的國民黨政府的「反黨」或「反動」分子。胡適認為蔣介石既好戰又獨裁，在1930年8月23的日記裡針對當時正在進行的中原大戰寫道：「我是不贊成戰事的，也不贊成閻、馮，但我主張此次戰事是蔣介石造成的」。[29] 胡適更不能接受威權政府因言論直接辭退大學教授，他為羅隆基被辭退一案寫信給蔣介石的幕僚陳

26　見胡適，《胡適日記全集》，第5冊，頁836剪報。

27　見教育部1282號訓令（中華民國18年10月4日）。

28　參閱Jerome B. Grieder, *Hu Shi and the Chinese Renaissance: Liberalism in the Chinese Revolution, 1917-1937,*（Cambridge, Mass.: Harvard University Press, 1970），p. 244。沒收與焚毀一事可閱《胡適日記全集》，第6冊，頁107。

29　見胡適，《胡適日記全集》，第6冊，頁134。

布雷。陳回信答應將胡函轉呈蔣介石，但直言已經決定的事「不能變更」，只是轉達希望胡適能來南京面談。雙方既無共識而胡適又痛斥政府濫用威權，胡自然不可能去南京「面承教益」。[30] 胡適還注意到蔣對黨外獨裁之外，連對黨內元老也獨裁，將胡漢民被幽禁在湯山的新聞大量剪貼在日記裡。[31] 胡適身處國民黨高壓環境，決定在1930年的11月裡舉家北遷，重回北大任教。

　　胡適從國民政府的「政敵」成為「諍友」，始自1931年的11月11日，當他接受由宋子文推薦，作為財政委員會裏教育家代表之時。[32] 這應是他一生逐漸進入蔣介石的圈子的重要轉折，從時間上看他的抉擇不外是受到九一八國難的影響，願與政府合作，共赴國難。當胡適進入蔣介石的財政委員會後，兩人見面是遲早的事，即於翌年的11月27日，胡適自北平南下到武漢大學演講，抵達後的第二天，就過江到漢口的蔣介石寓所晚餐。這次初會後，一共餐敘三次，當時的蔣介石大權在握，召見學者聽取意見，作為治國的參考，也未嘗沒有拉攏示好之意。蔣特別要聽胡有關教育制度與學風的問題，但胡急著想要談「一點根本問題」，也就是前幾年他針對國民黨的政治問題。蔣雖在自宅與胡適餐敘，然胡只是眾賓客之一，蔣胡自始至終沒有單獨談話的機會。胡「有點生氣」、抱怨「不知道他為何要我來」，失望之情溢於言表。胡適原以為蔣約見要聽他

的諍言，顯然與預期不盡相符。對當時的蔣而言，胡乃所見眾人之一，所以當胡對教育制度與學風「不客氣的回答」，也就是反對蔣要改革學制整頓學風以統一國家意志的獨斷做法，蔣似乎沒有聽懂，也沒有領會到胡適送他《淮南王書》的用意，蔣居然覺得胡「主張持久，以利不十，不變法之意言之，余甚以為然，其人似易交也」。[33] 胡於日記裡詳記初晤經過，而蔣日記則無記，亦可略見兩人對初晤各自輕重有別。

　　胡蔣初晤之後不久，不少自由派學者如蔣廷黻、錢端升、吳景超、丁文江等人有鑒於九一八國難、國家未能真正統一，都主張獨裁專制以振興國家，欲奉蔣為新獨裁者之意，昭然若揭。惟胡適獨排眾議反對獨裁，但他在維護民主上採取相當錯誤的論斷，認為「民主憲政只是一種幼稚的政治，最適宜於訓練一個缺乏政治經驗的民族」，被丁文江指為「不可通」。[34] 胡所說確與事實不符，事實上唯有先進國家才能實施民主憲政。但當時並非理論問題，而是要否擁護蔣介石當新獨裁者以便統一中國、富國強兵的問題。胡適獨排眾意，堅決反對獨裁，堅持原則可佩，但不符當時的現實，流於空言鳴高而已。蔣介石於1934年11月27日與汪精衛共同通電，認為沒有獨裁的必要與可能，只是不想明目張膽地搞獨裁。蔣暗中卻仿效義大利的「黑衣社」、德意志的「棕衣社」，大搞「藍衣社」等特務機構。胡適認知到「如藍衣社的擁護社長制，則是領袖獨裁

33　見胡適，《胡適日記全集》，第6冊，頁635-636。
34　丁文江，〈民主政治與獨裁政治〉，《大公報》星期論文（1934年12月18日）。

而不廢一黨專政」，[35] 蔣搞領袖獨裁與一黨專政已呼之欲出。胡適明知蔣一直在搞獨裁，不看好蔣之新生活運動，尤其反對尊孔，但他既已進入體制內，遂一本支持現政府的信念，一直站在蔣的一邊，尤其因關切日本侵華，更願為政府效力，甚至引起上海民權保障同盟的誤會，將他開除會籍。[36] 胡適當然不可能盲從蔣介石，而是心心念念想要規勸蔣，希望他「不得越權侵官」，[37] 而不惜犯顏直諫。西安事變爆發後，胡適痛斥張學良「闖禍」，說張「為小人所誤」，更感到「蔣之重要」。[38]

　　盧溝橋事變後，全國一致抗戰，蔣於1937年9月派胡適為特使，飛越太平洋前往歐美遊說。翌年7月20日，胡適在巴黎接到蔣介石的電報，要他出任駐美大使。蔣希望胡適敦促美國羅斯福總統出面調解，[39] 足見蔣未絕求和之心。胡考慮七天后答應出任駐美大使，如他後來所說：「戰時徵調，我不敢辭避」。[40] 胡適雖非外交官出身卻是適時適地的極佳人選，因他受到美國人普遍的歡迎，視為中國自由主義的代表，而他口才又便捷，無論向公眾演講或與政府官員交涉，皆溝通無礙。當時中國受到日本侵侮，容易得到美國人的同情，便於為中國作宣傳與遊

35　胡適，〈再論建國與專制〉，《獨立評論》，第82期（1933年12月18日），轉引自胡頌平編著，《胡適之先生年譜長編初稿》，第4冊，頁1181。

36　見胡適，《胡適日記全集》，第6冊，頁653。

37　見胡適，《胡適日記全集》，第7冊，頁93-94。

38　見胡適，《胡適日記全集》，第7冊，頁358。

39　郭廷以，《郭量宇先生日記殘稿》，頁99、191。另見江勇振，《舍我其誰：胡適（第四部）國師策士1932-1962》，頁225-226。

40　見胡適致王世杰電，收入胡適，《胡適日記全集》，第7冊，頁592；第8冊，頁58。

說。胡適的主要困難不在對外而在對內，蔣介石及其周邊要員
或對胡適期待過高、或信任不夠、或昧於事理與情勢，要胡大
使向美國提出無法接受或兌現的要求，使胡適感到為難、氣
憤，甚至「丟臉」，有時故意遲不執行或據理推諉，令蔣覺得
胡大使不聽話，且有為華府說話之嫌，愈來愈感到不滿意，解
職的風言風語也就不脛而走。珍珠港事變發生後的1941年年
底，重慶任命宋子文為外交部長。當時與胡適同在美國的這個
「老朋友」，遂成為「新上司」；宋雖說自己只是老朋友不是
新上司，但不久宋就以部長的名義命令大使。胡適在1942年5
月19日的日記中寫道：「自從宋子文作了部長以來（去年十二
月以來），他從不曾給我看一個國內來的電報。他曾命令本館
凡館中和外部和政府往來電報每日抄送一份給他，但他從不送
一份電報給我看。有時蔣先生來電給我和他兩人的，他也不送
給我看，就單獨答覆了」。[41] 不論是宋子文不夠朋友，或是蔣
介石有意要架空，胡大使都無法繼續做下去了。胡請辭後，於
1942年的9月18日離開華府雙橡園大使官邸，移居紐約市區。[42]

　　蔣介石想要為胡適另謀官職，無論考試院長、國府委員，
或中央研究院院長，胡適一概婉謝，意甚堅決，因他深知不得
已做了大使之後，立刻從「清客」變成「下屬」，再也不願放
棄獨往獨來的自由，以便毫無拘束地自由說話。[43] 胡適決定不
再進入官場，所以於戰後回國後，只出任北京大學校長。當時

41　見胡適，《胡適日記全集》，第8冊，頁125，另參閱同書，頁108。

42　見胡適，《胡適日記全集》，第8冊，頁127。

43　參閱胡適致王世杰函，見胡適，《胡適日記全集》，第8冊，頁269。

國內的亂局使自由主義派人士大失所望，蔣執意打內戰、殘酷的高壓政策、以及聞一多與李公樸之死疏離了眾多的知識界人士，他們成為反蔣的異議分子；不過，宣導自由主義的胡適繼續支持國民政府，希望蔣介石能扶大廈之將傾。胡適強烈的反共意識使他與蔣氏之間頗為相契，曾以「中共叛亂為史達林的大謀略」為題作文，此文無視中共崛起的國內動力，[44] 充滿冷戰思維。他仍寄望於蔣介石來推行中國的民主立憲政治。

　　當許多其他自由派人士拒絕蔣氏召開的國民大會時，而胡毫無疑慮地參與。國大的重頭戲當然是選舉總統，其實是要選蔣為總統，但是國開幕後，蔣居然戲劇性的說要放棄選總統，而要胡適出來競選大位。蔣介石在國民大會開幕後一日，也就是3月30日，就派王世杰傳話給胡適，蔣將宣布自己不競選總統，而提胡適為總統候選人，他自己願做行政院長。[45] 這突如其來的出擊連聰明的胡適都被迷倒了，在日記中寫道：

　　　　我承認這是一個很聰明、很偉大的見解，可以一新國內外的耳目。我也承認蔣公是很誠懇的。他說：「請適之先生拿出勇氣來」，但我實無此勇氣。[46]

44　見Hu Shih, "China in Stalin's Grand Strategy," *Foreign Affairs*（October, 1950）. 中英文對照單行本見胡適，《史達林策略下的中國》（台北：中央研究院胡適紀念館，1967）。

45　連當時的美國駐華大使司徒雷登也認為蔣出於真意，因中華民國的憲法總統無實權，所以蔣情緣當行政院長云，並說委員長很誠懇請胡出來，不成功，找不到其他人選，只好勉強自己來，見Stuart, *Fifty Years in China*, p. 193。美國大使的觀察力居然如此天真幼稚。

46　胡適，《胡適的日記》手稿本第十六冊。

　　胡適在3月31日那天，真的「嚴重地」考慮起來，上午約周鯁生來談，「請他替我想想」，下午又與王世杰長談三小時。最後當日晚上八點一刻王世杰來討回信時，胡適接受了。不過，胡適的接受仍留有餘地，他要王世杰轉告幾點：

> 第一請他考慮更適當的人選。第二、如有困難、如有阻力，請他立即取消，他對我完全沒有諾言的責任。[47]

　　這種「餘地」很容易被視為客氣，並不影響接受，然而胡適想了一晚之後，於4月1日愚人節晚上，去看王世杰，「最後還是決定不幹」，顯然「難以相信是真的」（too good to be true）！但是蔣介石仍在4月4日召開的國民黨臨時中全會上，宣讀一篇預備好的演說辭，聲明他不候選，提議一個無黨派的人出來候選，並替候選人開了五個條件：一、守法，二、有民主精神，三、對中國文化有了解，四、有民族思想、愛護國家、反對叛亂，五、對世界局勢、國際關係有明白的了解。雖未指名道姓此候選人為誰，但胡適自己說：「在場與不在場的人都猜想是我」！[48] 胡適已經心動了。

　　蔣介石要請胡適競選總統，並由他親自向國民黨中央執行委員會提名，可是會中除吳稚暉與羅家倫兩人贊同蔣的提議外，其餘出席者都堅決主張蔣為候選人，於是蔣交中央常會決定，中常會決定擁蔣，胡適競選總統的插曲就此落幕。蔣在官

47　胡適，《胡適的日記》手稿本第十六冊。
48　胡適，《胡適的日記》手稿本第十六冊。

邸單獨請胡適吃晚餐並致歉意，說是「不幸黨內沒有紀律，他的政策行不通」。胡適的回答是「黨的最高幹部敢反對總裁的主張，這是好現狀不是壞現狀」。[49] 斯乃自我掩飾之詞，以胡之聰敏不可能不知以蔣在黨內的權勢，何來敢於反對總裁主張的「最高幹部」？如果如此沒有「紀律」，還稱得上是強人嗎？胡適所謂的「好現狀」卻不是真實的現狀。這一段歷史正如當年所發生的，真實不誤，到底是怎麼回事呢？蔣胡之間的連絡人是王世杰，王對此事有紀錄，胡本人亦曾記此事，但怎樣來解釋這件事呢？王世杰向胡適說，根據《中華民國憲法》，總統無實權，所以蔣情願屈居胡下，當有實權的行政院長。這種解釋似乎言之成理，然事後證明憲法問題難不倒蔣介石。他當年哪裡會為此小問題而不願做大總統呢？王又代蔣轉告胡，蔣不當總統以便戡亂。這種從現實的考慮當然有可能。如果再略事發揮一下，蔣一心一意要戡亂，極需美國人的大力支持，把胡適牌打出來自可贏得山姆大叔的好感！然而這些解釋繞不過這樣一個問題：蔣介石如果真的堅持不當總統，真的想請胡適競選，而他的中央執行委員會、他的中央常會居然敢否決他的提議，會有這種事嗎？這位強人對他的執會、常會竟如此沒有影響力嗎？凡事不都是他說的算嗎？如果說是虛情假意，那又何必一再派王世杰去勸胡適呢？其目的又何在呢？真相到底如何？其中必有蹊蹺！

　　事隔四十餘年後，當年躬逢其盛的國民大會代表劉心皇無意中揭開面紗，洞見真相。劉氏於1989年11月7日給李敖的私函

49　見胡適，《胡適日記全集》，第8冊，頁354-356。

中，寫下這一段話：

> 關於蔣中正勸胡適競選總統一節，我認為是蔣先生想請
> 胡適代表社會賢達、代表清流，發表聲明，說：「當今之
> 世，總統一職，非蔣中正先生擔任不可」。當時，胡適被
> 勸時，只說自己不能幹，竟然不說擁護蔣先生幹，蔣只有
> 一勸再勸，希望胡領悟，詎料胡不唯不悟，竟終於答允，
> 演成中常會反對，而蔣也終於接受他的中常會之擁戴，擔
> 任總統候選人了。[50]

　　劉心皇的認為，不僅如劉所說另有旁證、別有前科，而且
令人疑竇冰釋，大有原來如此之感。原來蔣當總統始終不做第
二人想的，原來蔣請胡競選是示意要胡擁己，雖一再敦請，胡
仍不識相，胡不但未領悟還認為「蔣公是很誠懇的」，居然假
戲想要真做，但假戲又何能真做呢？原來國民黨的中常會完全
是先意承旨的、蔣完全是胸有成竹的。從政治文化的層次看，
蔣在表演以退為進、口是心非的中國政治傳統，也再一次暴露
蔣介石的內心世界。他是一有自大狂的人，再加上封建迷信自
以為真龍天子，天無二日，哪肯屈居人下？同時他又是一個有
自卑感的人，否則又何必需要清流來擁戴呢？
　　國共內戰爆發後，胡與蔣風雨同舟，當局勢在1948年12
月15日急轉直下，蔣派專機將胡自圍城北平接出，胡到南京往
見美國駐華大使司徒雷登（Leighton Stuart），謂蔣雖有缺點

50　劉心皇信，載《李敖千秋評論叢書100》，下冊，頁107。

仍值得支援，自悔未多幫忙蔣以致於此，眼眶泛淚云云，[51] 甚至認為美國未全力援蔣，是對友情與正義的「出賣」。[52] 胡適於1949年4月6日自上海搭輪船赴美，負有蔣派往美國遊說的任務，從蔣介石於1949年5月28日寫給胡適的密函可知，蔣最關心的不是美國的軍經援助，而是要胡「應特別注意於其不承認中共政權為第一要務」，以及「尤應注重德麟兄〔李宗仁〕決心反共之一點」。[53] 毫不令人意外，對蔣而言，重中之重是維護其政權的存在與合法性。胡到美後「心境很不好」，因感到無能為力，又發現「許多同情於中國的朋友」，也都「覺得一籌莫展」。[54] 然而人算不如天算，冷戰加劇，韓戰爆發，無須遊說，美國的第七艦隊就駛入台灣海峽來了，在台灣的蔣政權才穩定了下來。

自蔣介石於1931年首次接見胡適後，胡始終支持國民政府，在抗日與反共都與蔣合作無間，而未多要求民主改革和言論自由。抗日勝利後的亂局與內戰使許許多多自由派人士對蔣政府極為不滿，在言論上大肆撻伐，如儲安平主編的《觀察》幾乎集合了當時所有的自由派菁英，但胡適不在其中，等到《觀察》因言論賈禍受到鎮壓，也不見胡適為之爭取言論自

---

51 見司徒雷登所記，載美國白皮書，*United States Relations with China, with special reference to the period of 1944-1949*（Washington D.C., Department of State, 1949），pp. 898-899.

52 見胡適為司徒雷登回憶錄所寫之序文，J. Leighton Stuart, *Fifty Years in China*, p. xx.

53 原件藏中央研究院胡適紀念館。

54 見胡適致趙元任夫婦函（1949年5月22日），收入耿雲志、歐陽哲生編，《胡適書信集》，中冊，（北京：北京大學出版社，1996），頁1179。

由。最後這一大批自由主義者寄望於新中國，大都留在大陸。[55]
胡適由於強烈的反共意識，堅持站在蔣的一邊，絕無可能留在
大陸。

胡適抵達美國後在紐約當起寓公，對當時美國失去中國的
辯論，沒有發聲，可見其心情之低落，但他與撤退到台灣的蔣
介石仍然維持密切的關係。胡曾於1952-1953年之間，訪問台灣
兩個月，受到蔣介石高規格的接待，再由於胡適博士的大名經
媒體報導後，轟動異常，尤其是教育文化界有千餘人，於1952
年11月19日擠到松山機場去迎接。當天晚上蔣在官邸以晚宴款
待，第三天蔣親自陪胡到新竹檢閱部隊，儼然如外國元首，無
非要展現裝備以及兵員的健壯。蔣一直希望胡能為他在美國作
宣傳他如何枕戈待旦，展現反攻大陸的決心。蔣與胡雖然同樣
的反共，但反共的方法很不相同，胡適相信民主自由才是反共
的利器，因非僅能贏得美國盟邦的認同，更宜在失去整個大陸
之後在僅剩的島上，建設民主的自由中國，所以與蔣長談時一
再提到。胡適向蔣介石進「逆耳之言」，必定包括言論自由與
改造國民黨為民主政黨之類。胡的印象是蔣「居然容受了」，[56]
其實蔣在日記裡痛斥胡之「民主自由高調」，不同意「我國必
須與民主國家制度一致方能並肩作戰，感情融洽，以國家生命
全在於自由陣線之中」。在蔣聽來，胡又在幫美國人說話，但
他要駁斥的理由是：「彼不想第二次大戰民主陣線勝利，而我

55　關於儲安平與《觀察》，參閱Young-tsu Wong, "The Fate of Liberalism in
　　Revolutionary China: Chu Anping and His Circle, 1945-1950," *Modern China:
　　An Interdisciplinary Journal* vol. 19, No. 4（Oct. 1993），pp. 457-490.

56　見胡適，《胡適日記全集》，冊9，頁3-4。

在民主陣線中犧牲最大，但最後仍要被賣亡國矣」，豈不論中國是否犧牲最大，事實是中國靠民主陣營勝利而勝出，至於被民主陣營出賣而亡國之說，顯然認為失去中國大陸是由於美國的出賣，甚且認為像胡適那樣的「思想言行安得不為共匪所侮辱殘殺」。[57] 所以蔣之反共必須在他領導下統一思想、集中意志才行，當然聽不進胡適的苦口婆心；有趣的是蔣似乎也想開導胡，才會說「與胡適之談話二小時，不知彼果有動於中否」？[58] 於今視之，兩人各說各話，全無交集，蔣固然無法在言詞上感動胡，胡談自由民主既說不動蔣，反而觸蔣之怒。然而蔣在表面上的盛情款待無疑感動了胡，喜歡熱鬧的胡適度過寂寞的紐約寓公生涯之後，見到萬人空巷的場面能不無動於衷？

一年之後中華民國行憲後的第二屆總統選舉即將在台灣舉行，胡適作為國大代表於1954年欣然回台捧場，並力挺蔣氏，說是「除了蔣總統以外沒有人比蔣總統領導政府更為合適」。[59] 蔣之連任勢在必行，胡適順水推舟，並極力排除他要參選的不實傳言。蔣當選連任後，胡又公開說：「今後六年是國家民族最艱難困苦的階段，只有蔣先生才能克服一切困難」。[60] 胡適充分合作，護駕連任，說了蔣許多好話，又代蔣保證會有更多的民主措施。蔣待之以上賓，在短短一個半月內七次聚談，大宴小酌，又是閱兵，賓主皆歡。胡適似乎得到鼓勵，遂鍥而不

---

57 引文見蔣介石日記手稿（1952年12月13日）。

58 見蔣介石日記手稿（1952年12月13日「上星期反省錄」）。

59 語見胡頌平，《胡適之先生年譜長編初稿》，第7冊，頁2363。

60 語見胡頌平，《胡適之先生年譜長編初稿》，第7冊，頁2405。

捨，繼續發表他的自由主義主張，並表達願意回台灣常住的想法。[61] 蔣介石既已連任總統，心情愉快，於1957年的11月裡主動任命胡適為中央研究院的院長。研究院直屬總統府，院長原由總統圈選三位提名人之一，而蔣則直接任命胡，不作第二人想。胡適原以健康理由懇辭，然經不起蔣之電催、院長地位的清高、以及專為他興建的新居，即將落成，考慮一個月後，終於允諾。胡適在1958年1月11日出任中央研究院院長之職，回國之前由李濟暫代。胡適於4月8日離開紐約回到台北，走馬上任。副總統陳誠親自到松山機場迎接，又是人山人海，萬頭鑽動。翌日蔣就在士林官邸接見並以茶點款待胡適。

中央研究院於4月10日在南港舉行盛大的院長就職典禮，蔣親自出席，致辭時因大陸正在清算胡適思想，一時興起讚美胡適的人品與道德。然而對胡適而言，共產黨要清算他的是民主自由思想，「並不是清算他個人的所謂道德」，不能不加以辨正。胡更不能不辨正的是：蔣要求學術界與中研院「挑起反攻復國的任務」，蔣一心一意想要反攻大陸視為當然，然作為新上任的學界祭酒若默認的話，豈非扭曲了學術使命，胡不得不說：「我們所做的工作還是在學術上，我們要提倡學術」。[62] 胡適在答辭中提出兩點不同的意見，雖都很平實，但在蔣介石的威權下，也只有胡適敢這樣直接糾正蔣介石在言詞上的錯誤。這些僅是文字上留下較為謹慎的紀錄，並不是當時實況的「全錄」。據胡適秘書王志維的口頭說法，蔣還提到當年胡適

61　見胡適，《胡適日記全集》，冊9，頁247-248。
62　參閱胡頌平，《胡適之先生年譜長編初稿》，第7冊，頁2662-2668。

提倡打倒孔家店的事，認為現在的胡適應該不會再有這樣的看
法了，哪知胡適聽後立即回答說：他只是介紹「四川隻手打孔
家店的老英雄吳虞（又陵）」，並接著說：「我要打倒的只是
孔家店的權威性與神秘性，世界上任何思想與學說，凡是不允
許人家懷疑與批評的，我都要打倒」。這不僅在糾正錯誤，而
且有點搶白；如蔣多心的話，胡也要打倒他的權威，難怪蔣
「聽到胡適這樣理直氣壯的言論（其實是反駁），就立刻站起
來要離開會場，但陳誠坐在總統旁邊，就硬是拉他坐下來。如
此才化解了此一緊張與不愉快的情況」。[63]「緊張與不愉快」
化解於一時，胡適的膽識與蔣介石的容忍也一時傳為美談。但
若非陳誠及時勸阻，蔣若拂袖而去，不容忍的形象便會暴露無
遺。事實上蔣在私底下非常不能容忍，內心裡十分計較，甚至
嚴重到與「民國十五年至十六年初在武漢受鮑羅廷宴會中之侮
辱」相提並論，指胡適糾正他的錯誤是「狂妄荒謬」，使他
「終日抑鬱」，到第二天仍不能「徹底消除」，須服用安眠藥
才能入睡。[64] 蔣介石日記之可貴要在透露蔣氏性格之偏執，胡
適不同意他的說法就成為「狂人」，甚至說出「恐其心理病態
已深，不久於人世為慮也」。胡適「發瘋」發到使蔣總統擔心
胡將不久於人世，何其嚴重至此？蔣不去反省事情的是非曲

63　據呂實強的回憶，他親聞自王志維秘書，王氏向呂所說可能也不夠完整，
　　另有當時的錄音，據王說年久失效，無法再播。見呂實強遺稿，〈淺論胡
　　適的自由思想〉，《胡適與自由主義：紀念胡適先生120歲誕辰國際學術研
　　討會》，頁6-7。其實在當時的氣氛下，必然不允許流傳，故意損壞錄音，
　　免留痕跡，自在常理之中。

64　參閱蔣介石手寫日記（1958年4月10日、11日）。

直，不問胡適不順耳的答辭是否有其道理，更牽扯到個人的恩怨，以為他待胡適太好才會有「求全之毀」，甚至抱怨當年派專機把胡適從北平圍城中接出來，居然不知報恩。且不論將國家搶救學人之舉視為他私人的恩惠，難道要胡適希旨承風，才算報答「救他脫險」的「恩情」？蔣就是希望胡能領悟他的恩情才足以「為國效忠，合力反共」，胡適忠於自己的國家有問題嗎？反共有問題嗎？都不是問題; 蔣介石一貫的思維就是將他自己等同國家，為國效忠的潛臺詞就是要效忠其個人，而且是不容異議的效忠，胡適以自由主義者自居如何能做得到呢？[65]

　　就是因為蔣把自己等同國家，才會有蔣存國存、蔣亡國亡的偏執想法，國家由他領導才能繼續，所以他做完第二任的六年後，堅持還要繼續做下去。蔣於第一屆總統任上因戰事失利而引退，應由李宗仁繼任，但他卻讓李當代總統，並於1950年在台北復職，胡適並未挑戰蔣復職的合法性，且全力配合與支持蔣連任第二屆，至少於法尚有所據。但是再要連第三任，不僅違法而且違憲，完全不符合民主原則。《中華民國憲法》第四十七條明文規定：「總統副總統之任期為六年，連選得連任一次」，所以胡適希望蔣總統不要違反憲法，明白宣布不選第三任，以便樹立政權和平轉移的風範，認為也是為蔣千秋萬世的名聲著想，千萬不要用勸進的方式陷蔣於不義。他請張群轉達並欲與蔣單獨密談，但遭蔣拒絕，說有任何意見可由張群轉呈。他果真要張轉告蔣：「給國家建立一個合法的、和平的轉移政權的風範」，並直言：「盼望蔣先生能在這一兩個月裡，

65　參閱蔣介石手寫日記（1958年4月12日）。

作一個公開的表示，明白宣示他不要作第三任總統」，如果用
勸進的方式「對蔣先生是一種侮辱、對國民黨是一種侮辱、對
我們老百姓是一種侮辱」。張群答應轉達，但說蔣有使命感；
言下之意蔣不可能入耳，胡適很感無奈，自知只能盡一點公民
的言責而已。[66] 胡適想不到的是：蔣居然為此事在日記裡痛罵
「胡適無恥，要求與我二人密談選舉總統問題，殊為可笑，此
人最不自知，故亦最不自量」，於是要他的秘書長張群轉告：
「余此時的腦筋，唯有如何消滅共匪，收復大陸，以解救同
胞，之外再無其他問題留存於心」。至於違憲的問題，當然不
會放在他的心上，他認為胡適沒有資格反對他連任，更斷言胡
適在配合美國人「反蔣」，指胡「自抬身分，莫名其妙，不知
他人對之如何討厭也，可憐實甚」。胡適是因憲法之故不希望
蔣連任，並不是要國民黨下臺，認為可以由副總統陳誠繼任，
但是蔣卻說胡「非真愛於辭修也」，而一口咬定胡想要操縱政
治「斷送國脈」。[67] 蔣離題如此之遠、想像如此離譜，豈胡適
能始料所及？於此也可見，蔣在日記裏有極端非理性的發泄文
字，不可當真。

　　胡適在不願「公開決裂」的壓力下，不得不默認所有為蔣
連任的解套動作，以修改臨時條款不是修憲為說，強詞奪理。
胡適也不得不到國民大會報到參加了他認為違憲的總統選舉，
選蔣出任第三屆總統。胡適赤手空拳安能與鐵了心的蔣介石對
抗，亦即蔣所說的「不自量力」。然而胡適畢竟盡了言責，如

66　見胡適，《胡適日記全集》，冊9，頁457-458。
67　《蔣介石手寫日記》（1959年11月4日、7日、20日、28日）。

王世杰在1960年元旦那天的日記所寫：「在台灣惟有胡適之曾直率托張岳軍向蔣先生建言，反對蔣先生作第三任總統」。[68] 蔣得逞後還要不著邊際地奚落一下胡適：「此乃其觀望美國政府之態度而轉變者，可恥之至」，[69] 充分顯示自由主義者在威權統治下的無奈與悲哀。

　　蔣介石當上中華民國違憲的第三屆總統後，製造了震驚一時的雷震案，胡適無可回避地被捲入此案，最後也以灰頭土臉告終。話說1948年的年底，當胡適逃出北平抵達南京後，結合一些文教界與國民黨裡的開明分子發起「自由民主中國運動」以抗拒共產主義，由國民黨的監察委員雷震負責運動之推展，並在上海籌組「自由中國社」，擬出報刊由胡適寫定宗旨，最終目標是「要使整個中華民國成為自由的中國」。胡適在美國幫助蔣介石作反共宣傳，雷震隨蔣到台灣後，在台北主辦一本反共刊物《自由中國》半月刊，以胡適為發行人，並得到當時台灣省主席陳誠的支持。既然號稱「自由中國」有別於共產中國，但是在蔣介石統治下的自由中國雖只剩下千分之三的國土，仍然自由不起來。《自由中國》半月刊不可避免要向蔣介石爭取言論自由，該刊於1956年10月乘蔣介石七十壽慶之際出刊了「祝壽專號」，[70] 提出直率而剴切的建言與批評，引人矚目。胡適寫了一篇〈述艾森豪總統的兩故事給蔣總統祝壽〉，內容雖然早已是老生常談，就是希望蔣以總統之尊不要

68　王世杰，《王世杰日記》，下冊，頁928。。

69　閱《蔣介石手寫日記》（1959年12月19日）。

70　專號見《自由中國》半月刊，第15卷，第9期（1956年10月15日）。

管太多事，要他「乘眾勢以為車，御眾智以為馬」，也就是要他不要太獨裁，也就是當初送《淮南王書》給他的用意。在當時台灣的戒嚴時代，言人之不敢言，談何容易？但是「祝壽專號」對蔣個人的逆耳之言不僅沒有爭取到言論自由，反而被扣上損害黨國聲譽、打擊政府威信、破壞團體紀律、離間分化、「共匪」幫兇等等罪名，更印發《向毒素思想總攻擊》小冊子，直把自由主義思想視為毒素思想，時光似乎倒流到1929年國民黨圍剿胡適的場景，但胡適已無當年的銳氣與鬥志。《自由中國》這份想要爭取言論自由的政論半月刊，一共只維持了11年。雷震背後的精神支柱便是胡適，其間不知發生過多少麻煩，如被特務干擾、印刷廠拒印，書刊被查扣諸多情事，雷震亦因而不能應美國國務院1954年之邀出國訪問。[71]

　　公平競爭的政黨政治原為民主政治不可或缺，組織反對黨的想法早在1955年就在醞釀，兩年之後即呼之欲出。當時島內渴望民主政治者希望在海外的胡適與張君勱聯合組織一個有力的反對黨，但胡適不願意自組新黨，出任艱巨，他只想主張國民黨一分為二，互相監督。胡早於1951年就盼蔣介石辭去國民黨的總裁，將黨自由分化，分成幾個獨立的新政黨，互相來競爭。一年後當國民黨召開大會時胡又寫信給蔣重伸舊義，[72] 也就是「傾向於毀黨救國，或毀黨建國」的想法。胡的意思是希望國民黨不必用黨而用國家來號召，[73] 胡適知道反對黨對民主

71　參閱雷震，《雷震全集》（台北：桂冠圖書公司，1989），第11冊。

72　1951年5月31日胡致蔣函，見胡適，《胡適日記全集》，第8冊，頁588-589、799。

73　見胡適致雷震函（1957年8月29），見〈胡適致雷震密件〉，載《孤寒孤寒

政治而言，勢在必行，然由於怯於組黨，僅期盼蔣能開放言論
自由，允許國民黨分化成為若干民主政黨。胡適以為這種做法
比組新黨溫和，無論何黨執政仍是國民黨的天下。胡適原是好
意，但絕不能見容於蔣介石，胡適回台常住後，雖於台美之間
經常飛來飛去，但不能不在台灣暢言他的自由主義理想。蔣介
石在表面上不動聲色，但私底下「聞之不勝駭異」，說是「如
要我毀黨，亦即要我毀我自己祖宗與民族國家無異」，[74] 蔣竟
然認為胡適要刨他的根而恨之入骨，然有鑒於胡適的聲望又不
得不虛與委蛇。

　　胡適想要用「分化」國民黨或「毀黨」的方式，來建立多
黨的民主政治，難免會遇到與虎謀皮的難局。此後島內要求組
黨的呼聲愈來愈高，追求民主自由者自然奉胡適為泰斗，雷震
和夏濤聲曾於1960年之春前往南港面見胡適，談到組黨的事，
胡適仍說他不便做黨魁，要他們自己去組黨，但他會到中國民
主黨成立大會上來演講，並會申請當黨員，還引孟子所說：
「待文王而興者，凡民也；若夫豪傑之士，雖無文王猶興；俟
河之清，人生幾何」？[75] 明白表示不要等他出來組黨，要別人
來及時當豪傑之士，卻有鼓勵之意。於此可見，胡適晚年自由
主義的名聲雖大，愛惜羽毛依舊，行事反而更加謹慎，對於組
黨甚不堅決。當決定組黨宣言準備等胡適從美國回來時宣布，
胡適卻在美國托錢思亮帶信給雷震，堅持不要等他回來宣布，

　　　你》，《李敖千秋評論叢書84》（台北：天元圖書公司，1988），頁260。
74　《蔣介石手寫日記》（1958年6月3日）。
75　見胡虛一，〈讀陳鼓應雷震晚年談話紀錄書後〉，《李敖千秋評論叢書
　　　77：冷水・冷水・澆》（台北：天元圖書公司，1988），頁300-301。

而且說：「你們要組黨」，而不說：「我們要組黨」，還說組
黨「同美國人無干」；當雷出示胡函，使一群要組黨的朋友大失
所望。[76] 胡適雖欲保持距離，但蔣介石仍認為「反對黨之活動
與進行，乃以美國與胡適為其招搖號召之標幟」。[77] 蔣介石既
將胡適與美國牽涉在內，更無視島內人士對民主政治之渴望，
於是再也不能容忍，所謂「雷震叛亂案」隨即爆發。警總派彪
形大漢引雷震出門後，當街逮捕。[78] 接著將《自由中國》半月
刊的發行人雷震、編輯傅政、經理馬之驌、會計劉子英四人經
軍法審判後，均以叛亂罪被判處重刑。入罪的手法是蔣家特務
一貫所用，就是製造一個「匪諜」，以便誣陷雷震、傅正、馬
子驌等人。被指為「匪諜」的人就是劉子英，劉於事後寫信向
雷震妻子宋英懺悔，自認「當年為軍方威勢脅迫，我自私地只
顧了自身之安危，居然愚蠢得捏造謊言誣陷儆公，這是我忘恩
負義失德之行」。[79] 劉子英扮演的就是孫案郭廷亮的角色，都
是被脅迫自認是「匪諜」，而後誣指孫立人、雷震「知匪不
報」而入罪，前後如出一轍。

　　從蔣介石手寫日記可知，所謂「雷震叛亂案」是由蔣一手

76　胡適，〈胡適致雷震函〉（1960年8月4日），見胡虛一，〈胡適致雷震密
　　件〉，《李敖千秋評論叢書87：起點・終點・跑》（台北：天元圖書公
　　司，1989），頁254-255、257。
77　見《蔣介石手寫日記》（1960年9月2日）。
78　捕雷一幕極具劇戲劇性，外面高喊新店失火，雷震往家門外跑，當走出巷
　　口時，在小街上被警總人員圍住，強行逮捕進入一部黑色小轎車，雷震怒
　　罵：「你門這樣在街上捉人，情狀如同土匪一般」，詳見胡虛一，〈讀陳
　　鼓應雷震晚年談話紀錄書後〉，頁292-295。
79　劉子英的信見《台灣時報》（1989年3月8日）。

策劃與主導的。蔣在1960年乘胡適率領學術代表團訪美未歸之際，於9月4日逮捕雷震，在8月31日親自擬定如何應付美國與胡適的沙盤推演：

> 一、雷逆逮捕後，胡適如出面干涉，或其公開反對政府時，應有所準備：甲、置之不理；乙、間接警告其不宜返國；
> 二、對美間接通知其逮雷原因，以免誤會；
> 三、談話公告應先譯英文；
> 四、何時談話為宜，以何種方法亦應考慮：甲、紀念周訓辭方式；乙、對中央社記者談話方式。[80]

　　蔣介石精心設計如臨大敵，因擔心美方的反應，刻意說雷震通匪叛亂。當年冷戰時代民主美國也不容共黨顛覆，所以當時台灣的政治犯幾無不戴上「通匪」的帽子。所以當胡適在美國說雷震是反共人士不可能叛亂，公然揭穿陽謀。蔣深惡痛絕罵胡適「胡說」，且口不擇言：「此人徒有個人而無國家，徒恃外勢而無國法，只有自私而無道義，其人格等於野犬之狂吠」，甚至將他一手製造的政治案件提升到胡適挾外自重，「與匪共挾俄寇以顛覆國家」相提並論，「徒使民族遭受如此空前洗劫與無窮恥辱」。[81] 蔣日記行文時而有不通之處，可罵「其人格等於野犬」，卻不可說其人格等於「狂吠」也。

80　《蔣介石手寫日記》（1960年8月31日）。
81　《蔣介石手寫日記》（1960年9月8日、20日）。

　　蔣在預計的方案中，有「警告其不宜返國」一項，如果蔣果不讓胡回國或胡以不返國相抗，蔣胡勢必決裂，對蔣負面形象衝擊更大，對胡或更增聲譽。蔣胡顯然都無意願決裂，蔣並未真的警告胡不宜返國，胡亦於10月16日自願啟程回台。蔣居然密切關注胡之行蹤，擔心胡會「存心搗亂為難，決心不理會文化買辦的無賴卑鄙之言行」，雖想「以忍耐為重」，「置之一笑」，「無奈我何」，仍感「痛苦不置」。[82] 其心情之矛盾難測，痛恨胡適則一目了然。

　　胡適自美率團回來後，蔣故意冷落拒見，直到11月18日在不談雷案的約定下才見了面。胡乘蔣問起國際形勢時，忍不住說雷案在國外反響很不好，但蔣心理已有準備，所以早已有標準答案，說雷案若非牽涉到「匪諜」案，他不會嚴辦，但事關國家的自由、安全、主權、與反共，不能不照法律辦。蔣在日記裡寫得更是義正詞嚴：「凡破壞反共復國者，無論其人為誰，皆必須依本國法律處理，不能例外，此為國家關係不能受任何內外輿論之影響」。蔣操縱審案硬要定為匪諜案，胡又有何話可說？胡適連盼望將此案由軍法審判移交司法審判，都不能如願。胡適說：「全世界無人肯信軍法審判的結果」，然而在蔣主導下雖司法審判，哪會有不同的結果呢？當蔣當面責備「胡先生好像只相信雷儆寰，不相信我們政府」時，胡適有些激動，因而由攻勢立即退為守勢，很委屈地說：「言重了！」接著急於自明心跡，說是經常勸告雷震，並告訴雷他曾於十一年前對美國記者說過：「我願意用我道義力量來支持蔣介石先

生的政府」，至今不變！胡適對雷案最初甚是「激憤」，甚至
不惜決裂。[83] 但自美國回到台北，被蔣強詞奪理一番，頓然泄
氣，轉採守勢之餘，意猶未盡，還要錦上添花說：他一回到台
北，當反對黨人士來看他，他便勸他們「不可急於要組黨」、
「不可對政府黨取敵對的態度」，「不可使你們的黨變成台灣
人的黨」，「最好是要能夠爭取政府的諒解」，並已將這些話
先轉告給副總統云云。最後胡提起十年前蔣說不反對他組黨的
話，盼望分一點這種雅量給現在要組新黨的人，[84] 此話居然以
第三者自居，豈不讓追隨者泄氣？當水落石出之後，雷案的案
由不是通匪叛亂而是想要建黨。胡適在雷案的壓力下只好要求
跟隨他的人緩建，以及寄望於獨裁者的善意。胡適應記得在
1945年的夏天，他從紐約發了一封電報給毛澤東，要求毛放棄
武力在中國和平地建立第二大黨，中共將大有前途，否則共黨
將毀於內戰。[85] 毛沒有聽胡的話，因毛知道蔣不會允許天有二
日，後來毛以武力取代了蔣政權成為中國的唯一大黨，胡在司
徒雷登回憶錄的序言裡自認「天真」（naïve）。[86] 胡適當年的
天真是對毛，而今的天真豈非對蔣無端的期待？

　　胡適這一天的日記（1960年11月18日）是要留給後人看
的，所以將一個敏感的姓名故意隱去，然而後人看來，不免會
感到胡適充滿無奈與一派天真，在威權者面前不僅未能勸動分
毫，反而委屈求全，極力表明擁蔣的心跡，難怪蔣在日記裡會

83　見王世杰，《王世杰日記》，下冊，頁952-953。
84　詳見胡適，《胡適日記全集》，第9冊，頁665-69。
85　電文載重慶《大公報》（1945年9月2日）。
86　Stuart, *Fifty Years in China*, p. xix.

說：「使之無話可說，即認其為卑劣之政客，何必多予辯論哉」？又說：「胡適投機政客賣空買空與脅迫政策未能達其目的，只可以很失望三字了之」。[87] 這場獨裁與民主的鬥爭，前者大獲全勝，雷震十年刑期一天不少，反對黨固然胎死腹中，《自由中國》半月刊亦壽終正寢。所謂「自由中國」原本有名無實，現在連招牌也撤了。蔣介石得逞之後，又為他筆下的「無恥投機政客」做七十大壽，除親書壽匾送到胡府外，另在官邸設盛宴祝壽。蔣兩面人手法卻又使胡適十分感激「總統的厚意」。[88] 前後不到一星期，胡適在蔣介石的恩威兼施下，如洗三溫暖，冷暖自知。

從此一背景可以略知，何以胡適的鬥志消失殆盡。無人期盼胡適當烈士，但連探雷震之監都舉步維艱，使許多以胡適馬首是瞻的自由主義者，包括殷海光等人在內，感到十分不滿；有人曾以不探雷監相詢，胡適的回答竟然是要「幫忙他在牢裡安靜下來，好好在牢裡平安過日子，不可再增添他在牢裡的麻煩了。我去牢裡看他也只是問候他，祝他平安而已。這些我可以寫信去，而且我去探監只有增添他的麻煩與苦惱，所以我不想去」。[89] 顯然都是托詞，如果探監會增添坐監人的「麻煩與苦惱」，則無人會去探監；事實上，凡是親屬好友無不探監以示關懷，使失去自由的人感到溫暖。胡適更應該為他一起爭自由民主的夥伴，表示強烈的關懷，以胡適的地位與聲望，探監

87　蔣介石手寫日記（1960年11月19日、24日、29日）。

88　參閱胡頌平，《胡適之先生年譜長編初稿》，第9冊，頁3419-3420。

89　轉引自胡虛一，〈讀陳鼓應雷震晚年談話紀錄書後〉，頁284。作者胡虛一親聞自胡適。

更可引起社會注意，表達對冤獄的一點抗議。他不去探監可能
是怕給自己找「麻煩與苦惱」吧？如去探監必有媒體會問他
雷案，他實在沒有勇氣再說了。他要雷震在牢裡安靜平安過日
子，雷震又如何辦得到呢？詩人周棄子因而寫了一首〈憶雷儆
寰〉的七言律詩，就是明憶雷震，暗諷胡適：

> 無憑北海知劉備，不死中書惜褚淵；
> 銅像當時姑漫語，鐵窗今日是雕年；
> 途窮未必官能棄，棋敗何曾卒向前？
> 我論時賢忘美刺，直將本事入詩篇。[90]

　　詩人周棄子詩藝高超，感歎雷震一意崇拜胡適，未必如
北海孔融之知劉備，又將胡適比作美儀貌而穩重的褚淵，《南
史》有言：「可憐石頭城，甯為袁粲死，不作彥回生」，彥回
即褚淵，當時之人頗以名節譏之。胡適於1952年的年底首度自
美返台，在《自由中國》半月刊三周年的慶祝酒會上，當眾宣
稱台灣人民應該為民主自由而奮鬥的雷震立銅像；雷案發生
後，胡適自美返台當晚向記者說：「我曾主張為他造銅像，不
料換來的是十年坐監」。胡適曾於1951年因《自由中國》的一
篇社論犯了忌，遭遇到國民黨政府的干擾與監視，堅決辭去
《自由中國》半月刊的發行人以示抗議；然而雷震冤案發生
了，比干擾與監控更嚴重的軍法審判開審了，十年重刑判決

90　周棄子，《周棄子先生集》（台北：合志文化事業股份有限公司，1988），頁
　　151-152。

了，卻未見胡適以辭去院長一職以示抗議；亦使前次之抗議有
為了避禍而擺脫閑差之嫌（殊不知他的「發行人」閑差，不僅
可以鼓舞提倡言論自由者的士氣，而且多少可以提供一點保護
傘的作用）。能辭閑差而不能辭尊榮的院長高位，周棄子才會
說：「途窮未必官能棄」，出語固然沉重，卻令人感慨萬千。
胡適嘗自況猶如過河卒子，唯有拼命向前；然而他雖鼓勵別人
拼命去組黨，而自己絕不做黨魁，事到臨頭亦未敢拼命向前，
連探監的一步都跨不出去。而雷震在獄中聽到胡適逝世，想到
「和胡先生的關係，連最後一面也不可得，更是淚如雨下」。[91]
詩人博引今典古典評述本事，雖說不做「美刺」，褒貶自在其
中，實是一首令人感歎低回的佳作。

　　會寫舊詩的唐德剛看到「銅像當時姑漫語，鐵窗今日是雕
年」兩句詩，曾對詩人說：「戲語是書生的拿手好戲」，並借李
宗仁的話說，胡適是愛惜羽毛的書生，所以書生連羽毛都愛惜，
何況頭顱乎？[92] 胡適的確是敢說不敢做的，而雷震不僅能拋棄高
官厚祿，而且為了理想不惜拋頭顱灑熱血的，終於招來十年苦
牢。坐穿十年牢底，出獄後仍被特務監視。雷震為了民主的理
想，想要改革國民黨，雖千萬人吾往矣，無疑是有主張、有見
解、有骨頭的好漢。但他不惜犧牲追求的民主，在他身後淪為混
亂的民粹台灣，甚至不承認自己是中國人，當然不可能會如唐德
剛所說遲早出現雷震的銅像了，唐德剛的希望落空了。

91　語見雷震，《雷震家書》（台北：遠流出版公司，2003），頁51。
92　唐德剛，〈銅像遲早會出現的：紀念雷震先生逝世十周年〉，《中國時
　　報・人間副刊》（1989年3月），第23版。

　　然而，胡適畢竟被尊奉為自由主義大師，作為自由民主的帶頭人，與其崇高的聲望實不相匹。胡對蔣之一意孤行在態度上雖然明朗，但在行動上不夠堅定；他在言論上雖高唱民主自由，反對專制獨裁，但不惜與獨裁者合作，退讓多、進取少，始終支持蔣介石的威權政府。這位自由主義大師對自由主義的表述與理解也不夠深入，且有所誤會而不自覺，他在威權陰影下居然要求爭取自由者知道「容忍比自由更重要」。[93] 他認為「我應該用容忍的態度來報答社會對我的容忍」，卻不知當時威權社會對個人之極不容忍；他認為「我們若想別人容忍諒解我們的見解，我們必須先養成能夠容忍諒解別人的見解的度量」，卻不知不是《自由中國》的言論不容忍別人的見解，而是威權政府要干涉，甚至要消滅《自由中國》的言論。他又認為「決不可以吾輩所主張者為絕對之是」。[94] 吾輩固然要容忍別人的主張，但自由主義者若不以民主與自由為「絕對之是」，又何必極力爭取？胡氏在1959年提出容忍比自由更重要的主張，顯示他在威權壓力下覺得需要容忍，即使對自由民主是否是「絕對之是」，也不免感到疑慮了。

　　曾經參與法國大革命的弭拉坡（Comte de Mirabeau, 1749-1791）認為任何足以容忍別人的權勢之存在，就是對思想自由的侵犯，因為那容忍者同時具有不容忍的能力。曾經參與美國革命的潘恩（Thomas Paine, 1737-1809）更進一步說：「容

93　胡適，〈容忍與自由〉，原載《自由中國》，20卷第9期（1959年3月），收入胡適，《容忍與自由：胡適思想精選》，潘光哲主編（台北：南方家園文化事業有限公司，2009），頁186-193。

94　引文見胡適，《容忍與自由》，頁192。

忍」並非「不容忍」的反面，而是「不容忍」的偽裝，兩者皆
屬「專制主義」（despotisms）。其一，自以為有拒絕「良知
自由」（liberty of conscience）的權力；另一則自以為具有賜
給「良知自由」的權力，何莫排除容忍或不容忍的論述，而直
接說充分的「良知自由」。[95] 偉大的自由主義大師彌爾（John
Stuart Mill, 1806-1873）在其著名的《自由論》（*On Liberty*）
一書開卷第一章，就力陳個人不受國家與社會不正當的干預，
每一個人的私領域都不容侵犯；在一個運作良好的自由社會裡
不會施壓干預；否則，人與人之間就會爭鬥不已，容忍就是要
每一個人尊重別人不可侵犯的私權。社會與國家必須容忍每一
個人選擇他所喜歡的奇裝異服、不修邊幅、信仰異教、特殊性
向。自由主義者應該要求社會儘量不以法律或社會制裁來干預
個人，而不能要求個人容忍國家的不正當的干預與制裁。[96] 蔣
介石及其黨、政、軍機器有充分容忍或不容忍別人的權力，而
提倡民主與自由的知識分子根本沒有容忍或不容忍威權體制的
能力。所以問題在蔣介石不能容忍言論與組黨的自由，而不在
容忍蔣的違憲與用軍法來審判政治犯。難怪當胡適因《自由中
國》沒有妥善處理讀者投書的錯誤，向他的自由主義追隨者告
誡容忍比自由更重要時，引起強烈的反彈，殷海光就批評說：
「自古至今，容忍的總是老百姓，被容忍的總是統治者，所
以，我們依據經驗事實，認為適之先生要提倡容忍的話，還得

95　參閱Comte de Mirabeau, *Discours et opinions de Mirabeau*（Paris, 1820），p.
328; Thomas Paine, *Rights of Man*（London, 1791），p. 74。

96　參閱John Stuart Mill, *On Liberty*（Chicago & New York: Belford, Clark & Co.,
1922），pp. 7-28。

多多向這類人士說法」。[97] 胡適認為窮書生寫的白紙黑字也很
有權勢，強調「我們也是有權有勢的人」。[98] 其實窮書生何來
權勢？所優為者無非是爭取一點言論自由，並無強加言論於別
人的自由，若涉及誣謗，為法理所不容，自無不容忍的問題；
若要窮書生容忍，無非是要限制其言論自由，逼其從「良知的
自由」退縮。有權勢者才能製造文字獄、封報館，使人吃官司
的能耐。《自由中國》的結局可以證明窮書生不但毫無權勢，
甚至連人身自由與安全都難以保障。

　　蔣介石在表面上對胡適的禮遇與尊重，過度誇大了胡的影
響力，民眾不免對胡有過度的期盼。其實，胡在蔣面前並無招
架之功，因蔣自以為有恩於胡而胡亦不能自外於蔣，雖欲置身
於體制之外，然大使、院長皆為蔣所授之官，實已參與了蔣政
府，更何況暗中接受蔣私下金錢的饋贈。1944年3月王世杰受
蔣之囑，以「旅費補助」為名，「墊送六千元」給在紐約的胡
適。[99] 又自1951至1955年間，胡一共收了蔣九筆錢，總金額四
萬五千美元。[100] 這些美元在當年都不是小錢，難怪蔣私底下如

97　殷海光，〈胡適論《容忍與自由》書後〉，載林正弘主編，《殷海光全
　　集》（台北：桂冠圖書出版公司，1990），卷12，頁788。

98　楊欣泉記，〈容忍與自由──《自由中國》十周年紀念會上講詞〉，載
　　《自由中國》，卷21，第11期（1959年12月），頁7。

99　見王世杰，《王世杰日記》，上冊，頁586。

100　見蔣介石囑俞國華電文，由台北國史館所藏。近有作者將這些電文排列成
　　文，證明蔣與胡之私誼或情誼，見陳紅民、段智峰，〈蔣介石與胡適關係
　　之再研究〉，頁543-545。蔣親筆批示發胡適之等各美金五千元的原跡複
　　印見黃克武，〈胡適蔣介石與1950年代反共抗俄論的形成〉，黃自進、潘
　　光哲主編，《蔣介石與現代中國的型塑》（台北：中央研究院近代史研究
　　所，2014），頁653。試問胡適做了蔣介石的官，拿了蔣的錢，有了這些

此瞧不起胡，甚至罵胡是「無恥政客」，情誼蕩然無存。在這種蔣胡關係的框架裡，胡適所領導的自由民主，只能成為專權者的點綴，而其本人在獨裁者的眼裡又是何等的卑下與屈辱。

胡適死前半個多月，蔣介石與宋美齡在士林官邸又宴請胡適，一起過舊曆年，還送了年貨。[101] 胡適於1962年2月24日在中研院開會時忽然跌倒辭世，身後哀榮備至，包括盛大的葬禮，以總統的命令發布褒揚令。蔣介石還親自寫了挽聯：「新文化中舊道德的楷模；舊倫理中新思想的師表」。這副打油體的白話聯語送給提倡白話文的胡適，似乎很得體，無奈內容有點不倫不類。新文化應有新道德，在新文化看來道德不再是天不變道亦不變之道，所以新文化應有新的道德楷模；如果要說胡適是新文化的健將，則應說胡適為新文化建立了新的道德楷模；提倡新文化最後成為舊道德的楷模，又是怎麼回事呢？新文化中又有誰會以舊道德為楷模呢？舊倫理中又何來新思想？硬要將胡適的新思想框在舊倫理之中，又如何能成為新思想的師表？蔣在散步時，「途中得挽適之聯語，自認公平無私」，又說：「對胡氏並未過獎，更無深貶之意也」。[102] 不直說胡適是新文化的楷模，新思想的師表就很不公平；蔣介石在這副挽聯裡的褒與貶實在莫測高深，但在他的日記裡，對胡幾乎盡是貶詞，貶胡「太偏狹自私，且崇拜西風，而自卑其固有文化，故仍不脫出中國書生與政客之舊習也」，這又如何擔得起舊道德

「情誼」，關鍵時刻又如何硬得起來？

101 胡頌平，《胡適之先生晚年談話錄》（台北：聯經出版公司，1984），頁297。

102 見《蔣介石手寫日記》（1962年2月25日）。

的楷模？蔣欲襃胡者，僅僅是生活無缺點，「有時亦有正義感與愛國心」而已，完全看不到民主與自由的影子。[103]

按「自由」一詞，雖偶見於吾華古籍，但並不具備西方概念的內涵與意義。自由主義思想在西歐發生有其歷史背景，思想淵源以及物質條件，至近代始大顯於世，盛行於十九世紀的西方並不偶然。當自由主義思潮初入中國時，清末帝制與儒家社會對於自由主義極為陌生，所以嚴復譯彌爾《自由論》，初用「由」之古字「繇」，以資區別，然仍不足以顯其含意，故又譯作「群己權界」，庶幾近之，至少表達了所謂「自由」有其界線，並非毫無拘束，尤須法治作為制約。辛亥革命後，共和肇建，局勢動盪，革命持續，威權未消，都不是有利於自由思想與民主政治的環境。借用殷海光的一句話說，在這種「氣氛之中談自由主義，有點像秋天談扇子」，[104] 毫無用處。自由主義雖不逢時，然由於其思想上的吸引力，尤其在知識界仍然有不少在「秋天」談扇子的人。胡適就是其中之一，他並不是專門研究自由主義的學者，對自由主義在歐美發展史亦未深究，只是照搬美式民主。不過，他對言論自由的追求與民主政治的嚮往，終生不移，前後相當一致。

總而言之，胡適作為自由主義者，較為特殊的是與蔣介石有三十五年密切的關係，甚至出任蔣的駐美大使與中央研究院的院長。胡適憑其名望與聲譽，能夠不完全臣服於威權為蔣

103　見《蔣介石手寫日記》（1962年3月2日）。

104　語見殷海光，〈自由的倫理基礎〉，殷海光等著，《海耶克和他的思想》，《文星叢刊》180（台北：文星書店，1967），頁1。

所用，時而能發諍言，提倡言論自由與民主政治，對蔣也有所
期待，望其能從善如流。蔣在表面上尊重胡適，極為禮遇，願
胡為其所用，但絕無從自由與民主之善的意思。大致而言，從
1931年胡蔣初識到1949年神州易手，由於日寇入侵，國難當
頭，繼之以國共內戰，胡與蔣始終合作無間。胡適強烈的反共
意識能與蔣介石同舟共濟，成為蔣政權的有力支持者，而與戰
後左傾的自由派人士分道揚鑣。等到蔣介石撤退到台灣後，局
面僅限於台澎金馬，胡適及其追隨者亟欲建設自由中國，以對
抗中國大陸，而蔣則認為反共大業唯有在其領導之下統一意
志，方克有成，自此自由主義與威權心態之間的摩擦和衝撞，
終不可免。胡適極力反對蔣第三次連任總統，乃有鑒於違法違
憲卻因而觸蔣之怒。政黨政治乃民主政治所必備，然而追隨胡
適的雷震籌組反對黨，即遭軍法審判而入獄。胡適抗爭無效，
一方面獨裁當道，秀才遇到兵，莫可奈何，另一方面秀才不免
軟弱，名位難棄，雷監難探，未必能以「不自由無寧死」自
勉。胡適並無烈士性格，亦無人以烈士相期許，其溫文儒雅的
個性不可能與蔣決裂，以至於充滿無奈。蔣雖恨胡入骨形諸日
記，但為顧大局有礙觀瞻也不願決裂，更何況胡適及時退讓，
見好就收，蔣何莫更待之以禮，掩蓋了幕後的驚濤駭浪。胡蔣
兩人周旋數十年，在在顯示威權者之頑強與自由主義者之挫
折。胡適所代表的自由主義不僅未能「軟化」蔣之威權體制，
且更招惹蔣介石的惡毒罵名。自由主義者不可能謀獨裁老虎的
皮，豈不然歟？

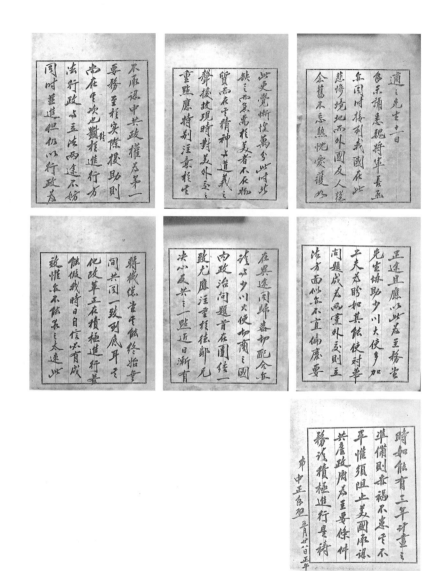

蔣介石1950年致胡適長函，重點是希望華府不要承認中華人民共和國。

第十七章

現代岳案
蔣介石與孫立人

　　孫立人是國民黨軍隊中最傑出的將領，如李敖所說，孫的學歷之高無人可及，練兵之精無人可及，戰功之多無人可及，身上傷痕之多也無人可及，更不必說國際聲譽之隆了。他小時候就感受到外侮立志要報國，他以優異成績入學清華，赴美留學獲得普度大學工程學位之後，投筆從戎，進入著名的維吉尼亞軍校。孫立人軍校畢業，學成歸國後，南征北討屢建奇功，遂脫穎而出，淞滬一戰率部力抗強敵，受到重傷。筆者曾執教於維吉尼亞州立大學，曾就近屢訪該軍校，得知孫將軍在校表現優異，在校史館中與馬歇爾（George Marshall）將軍同在傑出校友之列。

　　筆者因先師蕭公權先生與孫將軍清華同學之誼，得以在台中孫寓會見，聽到他提及當年新一軍在東北乘勝追擊時，忽被蔣調往台灣去訓練新兵，以便讓黃埔將領收其未竟之功，結果功虧一簣，讓解放軍解放了全東北。他也提到，蔣介石從大陸倉皇敗退時，先飛到澎湖不敢入台，孫將軍親往迎接，蔣問台

灣是否安全，孫答我們自己的地方，怎麼會不安全，遂陪同前
往台北。[1] 然而當蔣在台灣站穩腳跟，得到美國的保護，即欲除
去不能信任的孫將軍，以免兒子接班有障礙，遂有刻意製造出
來的孫案，軟禁孫立人終生，可說是「功高不賞」的現代版。

　　若能洞悉蔣介石的性格，就知孫案伏機甚早，早到孫立
人的出身。孫既非黃埔出身而又比黃埔傑出，就註定有原罪。
孫雖文武兼資是極為難得的軍事人才，但頻受制於蔣介石的嫡
系，受到黃埔派的排擠與妒忌。黃埔對蔣唯命是從，討蔣喜
歡，而孫則不無諍言，例如出於軍人的尊嚴，不滿政工制度，
出於日軍侵華的餘恨，不滿侵華餘孽來台當教官，均因公而非
私，但蔣視為忤逆，為蔣所不喜，而黃埔又從旁讒言，污衊孫
的人格與思想，而蔣寧信奴才，不能用人才。待時機成熟，必
然去之而後快。[2] 更使得蔣介石難堪與不安的是：孫將軍得到美
國名將如馬歇爾、史迪威（Joseph Stilwell）、艾森豪（Dwight
Eisenhower）、巴頓（Geoge Patton）、麥克阿瑟（Douglas
MacArthur）等人的敬重與禮遇，難不被蔣因猜忌而難容！

　　孫立人文武兼資，軍事素養深厚，戰術又高人一籌，抗日
戰爭期間在印緬作戰，打過硬仗，曾出奇兵制勝，於反攻緬北
時，獲「東方隆美爾」的美譽，得到英國皇家獎狀，成為世界

1　我曾於1990年代得訪孫將軍於台中孫將軍日式平房。當我把他在維吉尼亞
　　軍校求學時的檔案複印本給他時，他黯然說：「那是好早好早的事了」！
　　該軍校曾乘校慶之便，曾邀孫將軍來訪，蔣豈能放行？
2　當韓戰爆發，孫將軍請纓率軍三萬赴朝，蔣在日記裏露出其忌孫心思：
　　「立人自告奮勇，躍躍欲試，惜其精神、品格與思想，皆令人憂慮耳」
　　（1950年6月29日）。出兵事因華府反對而未果。

級的名將。戰後應歐洲盟軍統帥艾森豪之邀，巡視歐洲戰場。孫行前曾請示蔣是否應邀，蔣要孫自己決定，其意要孫自己決定不去，結果缺乏政治敏感度的孫將軍去了，當然會觸動蔣介石不悅的神經。孫立人在國共內戰時，蔣因私心把孫從東北調到台灣練兵。當蔣在大陸兵敗如山倒時，孫在台灣內有新兵，外有美國支持，麥克阿瑟元帥坐鎮日本，曾派專機接孫訪問東京，說是「要槍給槍，要錢給錢」。孫將軍此時「戴震主之威望，挾不賞之功」，而仍然效忠蔣氏，拒絕麥帥的好意，並將經過經陳誠上報，但老蔣並未釋疑，反增猜忌。孫將軍的命運宜如韓信，韓信恥與樊噲等為伍，孫立人恥與黃埔為伍；韓躊躇不決的下場是身死鐘室，家夷三族，而孫絕無反意，仍遭遇莫須有的罪名，幸拜蔣顧忌國際影響之賜，得以保住性命，無限期幽禁於台中日式宅院之中，孫夫人在院裡種花貼補家用，人稱將軍花。孫夫人說將軍初被軟禁時，午夜夢回，捶胸悲鳴，感到冤屈難伸。[3]

　　冤案發生的時機非常關鍵，國軍撤退到台灣時風雨飄緲，杜魯門發表白皮書，棄蔣之意明顯。未料1950年6月朝鮮戰爭爆發，美國介入，第七艦隊進入台海，蔣政府轉危為安。等到1954年台美簽訂防禦條約，蔣介石更覺得大勢既定，整肅異己，此其時矣。孫立人成為蔣之「異己」，除了不喜其人之外，有兩大主因，一因他受美國人敬重，二因他有礙蔣經國接班，而後者更重於前者。孫雖忠於老蔣，但瞧不起小蔣，尤不喜小蔣在軍中搞政工。當孫仍在鳳山任陸軍總司令時，小蔣來

3　筆者訪問孫立人將軍時，聽孫夫人所說。

訪，於席間對黃氏姐妹出語不遜，孫將軍當場變臉；小蔣裝醉辭出，回台北後即以匪諜罪名羅織黃氏姐妹入獄，[4] 又將被俘歸來的孫立人舊部李鴻將軍入獄，然後於1955年7月所謂「兵變」事件，將當時已調任總統府參軍長，有職無權的孫立人，悍然羅織入罪，陷害忠良。

　　蔣家要製造政治冤獄最便捷的手段，就是扣匪諜的紅帽子。孫案也不例外，遂指孫屬下軍官郭廷亮是匪諜，而孫將軍有「知匪不報」之罪。再製造子虛烏有的兵變，逼孫引咎辭職。明眼人一看便知：昔日孫有兵權可以倒蔣而不為，而今孫已無能力倒蔣，反以倒蔣之名入罪，明擺著藉故除孫，誠如韓信所說「時至不行，反受其殃」。

　　孫案的關鍵人物就是郭廷亮，無論匪諜案或兵諫案都與他有關。但我們從解嚴後郭的陳情書得知，蔣家特務頭子毛人鳳以威迫與利誘，更以保全孫將軍與顧及黨國利益的騙局，迫使老實的郭廷亮配合演出。郭在陳清書中明言：「後來所有的自首書和口供筆錄，都是以當時案情發展的需要，由毛主任等所杜撰編造」。[5] 由於郭的配合，孫將軍百口莫辯，只能簽呈自請查處而遭免職。郭能發表陳情書，是在解嚴之後，居然還有人認為毛人鳳已死，陳情書缺乏佐證，陳情書所寫字字血淚，不能佐證，毛人鳳不死，就可佐證？蔣家特務以匪諜罪名入人以萬劫不復之地，豈此一樁？更何況孫將軍稍獲自由，可以公開發言時，親自口述一篇〈誰來還我清白，又有誰來還我公道〉

4　參閱黃美之，《傷痕》（台北：躍昇文化，1994）。

5　郭廷亮陳情書摘要見《自立早報》，1988年3月23日。

的聲明，力言：「還我榮譽與公道」、「郭廷亮不是匪諜」。[6]
郭不是「匪諜」，孫案就是冤案！然而還是有人搞不清楚真
相，要求公開調查報告，其實在蔣氏父子刻意要整孫的氛圍
下，調查報告不會有多少真相，之所以遲遲不公布調查報告，
害怕揭露羅織罪名的醜惡，遠多於害怕揭露真相。冤案的主因
不是孫將軍的「耿直性格」、「批評長官」、「反對政工」，
這些都是枝節，「主幹」是為小蔣接班，排除可能的障礙。當
美蔣關係因協防條約而穩定，勢必要清除被視為親美的孫立人
與吳國楨。蔣經國接班一路順風，豈非無故？明此因果，孫案
之冤，不言可喻。

　　孫案是冤案既然已有定論，孰料1994年忽有獨家揭秘，
「孫立人案的大發現」之報導。[7]什麼大發現呢？說是美國中
情局最新解密檔案，透露孫立人在美政客與將領鼓吹下，答應
發動兵變云云。其實此非最新揭秘的檔案，而是從美國學者康
明思（Bruce Cummings）的《韓戰的起源》一書下卷有關孫立
人部分抄錄而來。[8]康氏引用的揭秘檔案僅顯示美國單方面的意
願，魯斯克（David Dean Rusk）於1950年任美國國務院遠東助
理國務卿時，曾有意驅逐蔣以後，將台灣由麥帥管理，[9]同年6
月19日的國務院檔又明載：「美國應該經過最可信賴的私人密

6　聲明見於1988年4月1日的《民眾日報》與《台灣時報》。

7　文載《新新聞週刊》，361-362合刊（1994年2月）。

8　Bruce Cummings, *The Origins of the Korean War*（New Jersey: Princeton University Press,1990）.

9　事見Michael Schaller, *Douglas MacArthur: the Far Eastern General*（New York: Oxford University Press, 1989）, p. 179.

使，告訴孫立人如果願意搞政變，置台島於軍事控制之下，美國政府準備為他提供必需的軍事援助與意見」。[10] 不久朝鮮半島於6月25日爆發大規模的戰爭，華府轉而支持蔣介石。然而美方在戰爭前夕的6月1日仍以假設語氣示意，但並無孫的回音，可謂落花有意流水無情。康明思認為孫之所以被華府看上，由於孫畢業於維吉尼亞軍校，能說一口流利的英語。[11] 康氏又從當年美國駐台北代辦斯特朗（Robert Strong）得知，前駐台領事克倫茨（Kenneth Krentz）於1949年曾與孫接觸，告訴孫如同意控制國民政府，美方將全力支持，但「遭孫斷然拒絕」（Sun flatly refused to do so）。[12] 其他的檔案資料無非是「據報」、「傳聞」、或一些假設性的方案，全無孫將軍回應的證據。比較令人注目的是後來出任甘乃迪總統國務卿魯斯克的回憶，魯說他在1950年6月收到一封來自台灣衛戍司令孫立人用便條寫的密函，說孫有驚人的建議，他將要領導兵變逐蔣，此一兵變的含義不明但孫要求美國的支持至少默認。假如孫取得權力將中止政府中的貪腐，也會比蔣介石對付共產黨更具彈性。此事需要總統來決定，魯斯克毀了孫的便箋以防止可能的洩密，因蔣如發現孫會被處死云。然後魯去見艾奇遜，艾答應與杜魯門商談此事，然而當總統作出決定之前，北朝鮮進攻南韓，此一變局很可能挽救了蔣政權，因為此後蔣介石獲得美國進一步的支

10　Cummings, *The Origins of the Korean War*, vol, 2, p. 508.

11　Cummings, *The Origins of the Korean War*, vol, 2, p. 534.

12　Cummings, *The Origins of the Korean War*, vol, 2, p. 534. 另參閱p. 872 note 85。

持。[13]

　　魯斯克的這一大段話破綻百出，且不論孫立人既有第七艦隊柯克上將傳話，竟然會寫一便條留下把柄，如此輕率已不可思議。魯既然說此事要由總統決定，竟然不讓總統杜魯門與國務卿艾奇遜過目，就將便條銷毀，更不可思議。再說魯斯克於6月初得到密件，何以國務院檔顯示遲至6月19日尚在試探孫立人是否願意配合美方倒蔣的計畫，正可破魯斯克之謬言。美方看中孫立人及其示意既可確定，而魯斯克反說孫有求於美方，何其荒謬？美方倒蔣之意圖甚明，又一再向孫示意，即使由孫說出，也不至於使魯斯克「吃驚」（startling），豈非馬腳全露。康明思作為嚴肅的學者到底有見識，不得不懷疑「魯斯克有嫁禍於孫之意圖」（Rusk may wish to place the onus for the coup on Sun）。[14] 對魯斯克而言，事既不成何莫卸責。足見回憶錄之不可靠，而不可靠事出有因，然而仍有人不辨是非，不加審視，鸚鵡學舌，冒然斷定：孫立人已著手兵變，蔣介石調劉安琪自海南會師制止。當蔣責問孫，孫謂乃中共挑撥，蔣接受而後孫才放棄其計畫云，[15] 說得荒腔走板，何異齊東野語？孫若於1950年真要兵變，豈有不成之理？而蔣居然能接受兵變之事實，繼續讓孫掌兵權，豈非異想天開，太不可思議了。美國人亂掰，台灣的《新新聞》以為獨得之密，不願意就此放過，遂肯定確有密件並擅改魯斯克收到密件的時間為6月下旬，還要

13　見Thomas J. Schoenbaum, *Waging Peace and War*（New York: Simon and Schuster, 1988）, p. 209.

14　Cummings, *The Origins of the Korean War,* p. 537.

15　McGlothlen, *Controlling the Wanes*, p. 537.

下結論說：「以本刊抽絲剝繭，爬梳核實，終於發掘到歷史真相，撥開長達四十年的政治迷霧」。[16] 如此不負責任的報導，媒體之恥，孫將軍何辜？

回顧歷史，蔣介石尚未撤退到台灣時，美國已想放棄蔣，認為給蔣再多美援也無濟於事，所以一再要蔣讓賢，或完全授權給有能力的人。蔣必然知道美國人的打算，並非秘密。蔣介石第三次下野固然由於徐蚌（淮海）戰役失利，也受到美國的壓力。美國人欣賞孫立人也非秘密，事實上以孫之聲望與實力，可稱美國人的理想人選。歷史的真相是孫立人固然有牢騷，瞧不起黃埔，又不把蔣經國放在眼裡，但他毫無疑問效忠蔣介石，所以拒絕美國的試探。孫立人於1949-1950年間掌保衛台灣的權責，如有異心，有足夠的時間與條件聯美倒蔣，更何況李代總統也想除蔣。蔣雖能幕後操縱，但畢竟在野之身，若孫乘蔣亡命之際，裡應外合，倒蔣何難？所以孫將軍有條件倒蔣而不倒，即可證明沒有倒蔣之事。吊詭的是當孫沒有條件倒蔣時，卻說他要兵變，而且所謂於1955年6月6日乘蔣在屏東機場校閱時密謀兵變，根本子虛烏有之事。那一天根本沒有校閱，何來兵變？[17] 兵變不過是以莫須有的罪名製造冤案，以達到罷黜孫立人之目的，而真正製造冤案的不是別人，就是蔣氏父子。孫案頗似岳飛案，岳案已是歷史成跡，而孫案是活生生的現代版。兩個冤案的罪魁禍首都是最高當局。李敖曾公開

16　《新新聞週刊》，361-362合刊，頁18，另參閱頁29-30。

17　閣曾心儀，〈那天根本沒有校閱〉，載《李敖千秋評論叢書78》（台北：天元圖書有限公司，1988），頁233-238。

說：蔣氏父子的心術超過宋高宗父子多多，因宋高宗讓位給兒子後，孝宗即平反岳案，然而孫案一冤到底，甚至蔣氏父子死後，仍不肯認真平反孫案。

　　孫將軍遭遇長期幽禁，念及僚屬重則入獄、刑求、處死，輕則調職、失業，凡與孫將軍稍有關聯者，莫不遭殃，完完全全的「交往有罪」（guilt by association）！不知孫將軍是否有韓信之悔？蔣逼退孫後，要孫多讀線裝書，顯然認為孫太洋化；其實，孫雖讀清華又留洋，仍是深受傳統影響的儒將。儒家教人忠君愛國，往往不免愚忠，以至於有韓信、岳飛、孫立人的悲劇。反觀西方，自羅馬帝國以來，兵變推翻暴君層出不窮。設若孫將軍不是儒將打出民主自由的旗號，及時兵變，及早結束威權統治，防止白色恐怖於未發，豈非好事一樁？惟一念之差，時機稍縱即逝，反為威權所噬。總之，蔣以狠者勝，孫以善者冤也；是亦命也歟？

孫立人戎裝照

孫寓客廳所掛條幅與陳列的獎牌

作者與孫立人將軍夫婦合照

作者與孫立人將軍合照

作者與孫將軍舊部合影與台中孫寓

第十八章

伴君如伴虎
蔣介石與葉公超

　　葉公超於1981年11月逝世後，台北的報章雜誌發表了不少紀念文字，除了恭維這位學人外交家的風度與才華外，還透露了他晚年約二十年的「落寞」。但透露儘管透露，大都吞吞吐吐遮遮掩掩，使不明內情的人仍然是丈二和尚摸不著頭腦，只知道他突然被解了大使之職，但不知到底為了什麼？只知道他打落冷宮，但不清楚到底為了什麼？他到底如何度過晚年？直至兩蔣過世後的1990年代，才有較為詳盡的葉公超傳問世，對葉晚年的落寞也有所揭露。[1] 然而仍有不少可以補充之處。

　　葉公超原是學者出身曾任清華外文教授，也是著名的自由派《新月》期刊的主編之一。他的英國文學造詣頗深，更不必說英語十分道地，他的小學、中學、大學都在英國或美國念過書。他上美國愛默思大學求學時，還是著名詩人佛洛

1　符兆祥，《葉公超傳：葉公超的一生》（台北：七懋實業股份有限公司，1993），頁172-182。　這本傳記讀如新聞報導，包括大量回憶與追悼文，提供不少有關葉公超的訊息。

斯特（Robert Frost）的學生，他在英國跟大詩人艾略特（T. S. Eliot）也很熟，是介紹這位詩人給中國讀者的第一人。[2] 他學問不錯，但教學並不認真。他曾在西南聯大教英文，楊振寧是他班上的學生，楊回憶說：葉師的課糟透了，因他對學生全不感興趣，我不記得我從他那裏學到什麼！[3] 他既無心教學，自然於抗戰國難期間，隨許多學人如王世杰、浦薛鳳、蔣廷黻、胡適之等人學而優入仕。入仕之後，他醉心的詩學，也就荒廢了，沒能成為中國的艾略特。當然也有不少學者堅持不從政、不入黨，如蕭公權教授婉謝張群邀請從政於前、又放棄陳布雷要介紹入黨於後，情願以教育與言論報國，所謂「是亦為政」，[4] 而在學術界大有斬獲。

　　葉公超於1939年從政後，在外交界顯露頭角，到1949年已經真除外交部長，但此時國民政府風雨飄緲，從南京、廣州、重慶、最後遷到台北。中華民國失去大陸後，作為外長已無揮灑空間，尷尬的是不斷要他宣布與承認中華人民共和國的國家斷交，更麻煩的還要維持聯合國的席次，不被新中國取代。葉公超當了九年的部長，外交難辦可想而知。他雖擅長英美辭令，受到彼邦人士的敬重，但「弱國無外交」，難免不得不委屈求全，而承擔委屈之辱，更何況碰到不講理的主子，只有無

2　參閱葉氏自述，見葉公超，《葉公超散文集》（台北：洪範書店，1979），頁219-221。

3　語見Xu Yuanchong, *Vanished Springs*（北京：外語教學研究出版社，1997），楊序。

4　蕭公權，《問學諫往錄》（台北：傳記文學社，1972），頁173-174、187-198。

語問蒼天了。例如戰後在三藩市召開的對日和約會議，當時代表中國的國府不被邀請，只爭取到與日單獨簽訂和約，戰勝國居然處處要遷就戰敗國，情何以堪！結果當然會受到批評。更麻煩的是如何維持海島的安全，由於朝鮮戰爭與美蘇冷戰，美國改變對華政策，與蔣介石政府於1954年簽訂了〈共同防禦條約〉，不過美國人只想保住台澎，並不希望與新中國發生戰爭，所以要求蔣從離島撤退。艾森豪政府的國務卿杜勒斯雖是反共健將、冷戰大師，但在金門炮戰發生時期，仍然很不客氣要求蔣介石放棄金馬，並在防禦條約中要像狗一樣「拴住蔣」（leash on Chiang），深怕蔣拖美下水，捲入中國的內戰。[5] 美國人明擺著要製造「一中一台」，蔣介石不同意，並非出自民族大義，主要因為如果放棄中華民國的一中法統地位，則其統治台灣的合法性就會動搖。葉公超扮演了與華府交涉的重要角色，但他又如何能改變美國的策略呢？蔣介石不敢嗆老美，不免把氣出在葉公超的身上，幸虧金門炮戰及時緩和而後終結，也就不必撤軍了。

　　1958年的八月裡，葉公超由外交部長改任為駐美大使，遇到了更大的麻煩，那就是外蒙古入會案。外蒙原是中國的領土，但戰後蔣介石為了要蘇聯不支持中共，與史達林簽訂了〈中蘇友好條約〉，允許外蒙獨立，等於背書了雅爾達出賣中國利益的密約。然而當蔣失去中國大陸，怪罪蘇聯背信棄義，在聯合國發動控蘇案，否定〈中蘇友好條約〉，也就不再承認

5　參閱John F. R. Dulles, *American Policy toward Communist China*（New York, Crowell, 1972）, pp. 157-158, 160.

外蒙獨立。蘇聯為使外蒙獨立永久合法化，於1955年在聯合國
安理會提案外蒙入會，但被代表中國的蔣廷黻在安理會否決。
美國甘乃迪（John Kennedy）總統於1961年執政後，想要日本
以及非洲法語系多國入會，蘇聯即以外蒙入會作為交易。事情
已很清楚：蘇聯既以否決親美諸國入會，作為要脅，美國為了
其子國入會，遂不再容許蔣否決外蒙入會。當時蔣政府仰賴美
國的支持，才能維持聯合國的席次，又如何能違背美國的意志
呢？更何況美國毫不客氣向蔣施壓，全不給情面，聲稱如再否
決外蒙入會，將不再支持中華民國在聯合國的代表權。話說得
如此之絕，實已必須面對玉碎或瓦全的地步。玉碎未嘗不利，
至少外蒙不能入會，使其國不國，表明中國嚴正不移的立場，
但玉碎之餘，連自己的席位都不保，顯然得不償失。葉公超參
與其事，兩害取其輕，必然建議瓦全，當時駐聯合國常任代表
蔣廷黻也是同樣的意見。但是蔣介石很不甘心，想不計後果否
決到底，遂於1961年9月派外交部長沈昌煥前往紐約傳達「聖
旨」。葉不經意向沈說了對蔣「不敬之語」，所謂不敬之語，
無非是老頭子冥頑不化之類，但沈部長為之震驚，發電向蔣打
了小報告，蔣豈能無恨？另有一說：駐美使館的文化參事曹文
彥欲發表宣傳文字，葉大使覺得英文不佳而阻止發表，於是曹
試圖借總統之名壓大使，而大使不予理會，言辭之間不免對蔣
有不敬之語，曹遂挾怨報復，打了小報告。曹毀葉密報存於
「大溪檔案」之中，且已有人引用。[6] 然此說未必可排除沈昌煥
的火上添油。小報告很可能絡繹不絕，所以蔣在1961年9月最後

6　見王丰，〈葉公超被蔣介石罷黜內幕〉，《亞洲週刊》，23卷2期（2009）。

一周的「反省錄」中，已對葉公超恨之入骨：

> 　　除外有魯醜之壓迫以外，曾（另）有內奸葉公超，借外
> 力以自重。其對內欺詐恫嚇之外，且以其溝通白宮，自誇
> 以壓迫政府依照其主張外蒙入會問題，而對政府之政策置
> 之不理，更不敢對美提起政府之嚴正抗議。認為美國所不
> 願者，提出無益，徒增美國之怒。且對政府不斷侮辱，此
> 其賣國漢奸之真相畢露。余認為秦檜、張邦昌不是過也。[7]

　　「魯醜」者，罵美國國務卿魯斯克（Dean Rusk, 1909-
1994）也。美國政府的確為外蒙入會一事施加壓力，勢在必
行。台灣靠美國保護，安能抗拒？葉公超作為駐美大使有其職
責回報實情，但蔣竟將華府之「恫嚇」，視為葉在「恫嚇」。
葉大使身在華府深知外蒙入聯勢不可擋，抗議無益也是實情，
卻成為罪狀。所謂「對政府不斷侮辱」，指的是對蔣的「大不
敬」；蔣素以「政府」自居，即法皇路易十四所說的「朕即國
家」（L'État, c'est moi）。在蔣看來侮辱他就是「賣國漢奸」！
　　蔣既視葉如此罪大惡極，遂招葉立即返國述職。葉於1961
年10月13日返抵台北、14、15日兩度見蔣後，即於18日遭免
職。蔣餘怒未消，將葉長期滯留在台，連回美收拾行李，也不
允許，形同軟禁。蔣也自知外蒙入聯勢不可擋，而且認識到否
決外蒙只是面子問題，保住聯合國的席次才是裡子，捨面子而
保裡子乃必然之理，更不可能為外蒙而與美國攤牌。蔣也自知

7　見《蔣介石手寫日記》1961年9月最後一周「上星期反省錄之一」。

其所代表的中國只剩下台灣小島，難以保障不被中華人民共和國所取代，遂想以外蒙案交換美國保證否決中華人民共和國入聯。葉公超熟悉外交事務，知道行使否決權屬於主權國家之事，安能向外國保證不使用其主權？所以葉認為要華府保證乃不可能之事，未料蔣由兒子經國與美國中央情報局CIA特務頭子克萊恩來往，得到甘乃迪總統的秘密保證：若中華人民共和國入會時將使用否決權。蔣得意之餘，更不免奚落葉公超之無能：「公超尚誇稱其與白宮能如何接近與交涉之有力，安知甘已完全依我要求直接解決，此即公超認為徒增反感絕難提出之要求也」。[8] 蔣覺得有此秘密保證，遂電令蔣廷黻投下棄權票，讓外蒙入聯。然而秘密保證真管用嗎？美方的解密檔是這樣寫的：

> 10月11日彭岱發電給克萊恩表明，美國願意以秘密方式對蔣介石保證，美國在有必要及有效的情況下行使否決權，以阻止北京入會。但是此項目保證是秘密不能外泄；如果洩密，美國將予以否認。[9]

這明明是一張見不得天日的空頭支票，而且加上許多條件的情況下，才行使否決權，美國可履行也可不履行，不履行時要求履行便不能保密，一旦曝光根本不予承認，保障在哪裡

8　見《蔣介石手寫日記》1961年10月「本月大事記乙」。另參閱10月1日與2日日記。

9　解密檔案見張嘉琪，《崢嶸歲月》（Rockland, MA：長青文化公司，2005）。

呢？甘乃迪總統願意秘密保證，因按當時的政治氛圍，要處理
與北京關係是「燙手山芋」，甘為了連任，不可能在第一個任
期來處理，但他沒做完第一任，就被刺殞命，他的繼任者詹森
（L. B. Johnson）陷於越戰困局，無暇處理，直到1968年尼克
森（Richard Nixon）上臺，為了聯華制蘇，北京遂於1971年順
利入聯取代了中華民國的席次。蔣介石生見此辱，無可奈何，
不知如何「傷心痛憤」。美國信守秘密保證十年有餘，非真信
守，而是客觀環境使然，事實上根本也無否決的機會。甘乃迪
在冷戰高漲之世，給反共的小夥伴一點秘密的安全感，又何樂
不為，若蔣以為美國真會不顧其國家利益而信守承諾，何其天
真？所幸蔣未生見華盛頓與北京於1979年正式建立外交關係，
承認中華人民共和國為中國唯一的合法政府，在台灣的中華民
國政府成為棄子。

　　葉公超既無罪，實亦無過。蔣介石認為葉既有罪又有過，
根本昧於國際情勢，無理發洩情緒，而集矢於葉公超，令葉有
秀才遇到兵的痛苦。葉大使看得很清楚，如繼續否決外蒙入聯
自己的席次有立即危險，即使讓外蒙入聯，以一島代表全國
總非長久之計，拖到何時完全取決於美國支持的力度。葉公
超在華府周旋必知彼方對蔣之不滿，所以才勸蔣不要「徒增
其怒」，葉是善意反觸蔣之怒。所謂「忤旨」、「大不敬」、
「失格」等等，都是何患無辭的欲加之罪。蔣在日記裡痛罵自
己的大使，甚至誣葉為「漢奸」，根本是無理取鬧，不值一
顧，卻有人勤於引錄。即使雨過未見天青，因蔣恨葉難以釋
懷，所以刻意要葉繼續受到嚴懲，而葉所遭之殃的離奇必然出
乎所有理性思考之外，也凸顯了蔣喜歡整人的性格。葉公超回

到台灣被免職後就不准出境，連回美國整理自己的檔案、衣服和書籍都不准，就要葉光棍子回來進入冷宮等死罷了。軟禁也罷，卻「連上個廁所也有人隨同保護」，[10] 竟將有為的卸任大使，當政治犯看待！蔣雖給葉「政務委員」的頭銜，但葉公超對蔡孟堅坦言：「我是有『務』而無『政』的虛官」，意思是：「身邊有特務而政事不准問」，[11] 成何體統？台灣大學外文系請葉公超講學，當時筆者是在校學生，親見空前盛況，但不久即為當局所禁，不但要禁其身，還要禁其聲。至於蔣曾責備葉「和魯斯克一鼻孔出氣」，問葉「是做美國人的大使，還是做中華民國的大使」？[12] 指責葉跟美國人一起要脅蔣承認外蒙，語帶諷刺而蠻橫無理。葉公超當中國的大使，把美國國務卿魯斯克的態度向政府正確報告正表示他忠於職守，也是一個外交官應該做的事。美國政府的立場如此堅決，葉大使縱忘了自己是中國的大使，也無必要幫美國人再錦上添花。蔣自封五星上將，卻像是不講理的大兵，葉秀才書生從政遇到蔣大兵，只有自認黴氣。

得罪蔣介石而被軟禁看管的政府要員，如張學良、白崇禧、孫立人等都難有脫身的機會，葉公超豈能例外？葉也有自知之明，但當他的新加坡好友、影業鉅子陸運濤要請他去當高等顧問，並擔保蔣介石與宋美齡會給他面子，答應此事，葉公超也樂觀其成，以為尚有出頭之日。不料陸運濤一行於1964年

10　引葉氏牢騷語，見符兆祥，《葉公超傳》，頁185。

11　語見符兆祥，《葉公超傳》，頁185。

12　見葉於1968年親自告記者趙世洵語，轉引自符兆祥，《葉公超傳》，頁178。

6月20日下午五時搭民航B908班機從台中到台北，起飛後五分鐘就在空中爆炸，墜毀於神崗，機上57人全數罹難，成為當時轟動一時的大新聞。看來是一件飛機失事的意外事件，葉公超唯有悽然認命。[13] 但失事原因至今不明：因當天天氣晴朗不可能是氣候因素；若是劫機，則動機與目的何在？要劫往何處？似不可能在起飛後五分鐘就引爆炸彈；若是謀殺，因陸運濤立場反共，疑是親共或共諜所為；若然則官方有些許證據，正可大作反共宣傳，卻捨此不為。官方僅草率歸咎於機件與人為疏失，刻意不去深入調查事件的真相，豈不啟人疑竇？且謠傳有軍官將裝有炸彈的花或蛋糕送上飛機，更不免引起別有其故的可能性。如果說陸雲濤之死使葉公超失去脫身的機會，陸死是否與葉不得脫身有關？令人迷茫；如果蔣果如陸所說，難以拒絕邀葉赴新之請，則出此釜底抽薪之下策，似乎不無可能。特務作為鷹犬既可監視也可殺人，前例不少，更何況葉有投奔大陸的謠傳，蔣豈能不知？對他而言欲避免謠傳成真，下策還可能是上策。但是飛機失事真相至今不明，謎底已難有水落石出之日。

　　葉公超在紀念蔣夢麟的一篇文章中曾說：「我常把人類分做笑的、愁的和怒的三種典型，夢麟先生是屬於第一型的人」。[14] 葉公超前半生得意杏壇，他的專業是英國文學，尤愛好英詩；從政後憑其熟練的外語，辯才無礙，意氣風發，雖然局面愈來愈小，對蔣家黨國的外交只能治標而無從治本，例如

13　參閱符兆祥，《葉公超傳》，頁186。

14　葉公超：〈孟鄰先生的性格〉，收入葉公超，《葉公超散文集》，頁178。

好不容易搞成功的〈中日和約〉以及與美國締定〈共同防禦條約〉，最後不得不廢止。雖讓外蒙入會，聯合國的席次最終仍然不保。但葉無論如何對蔣家的黨國不無汗馬功勞，他也自以為得到蔣之信任。據傳美國總統艾森豪曾問葉公超：「貴國總統果真像貴國報章所說的那麼偉大嗎」？美國總統顯然不知當時台灣的報章是嚴格控制的，葉公超當然報以聰敏的外交辭令：「如果我國的總統不夠偉大，如葉某這樣狂狷的人能被重用嗎？同樣的，如果我國的總統不是一位偉大的領袖，我葉公超能侍候他嗎」？[15] 總統與大使都被抬高了，葉春風得意時說得太好了，無疑是笑型之人。但吊詭的是：葉公超沒料到他的狂狷是不容於「偉大領袖的」，他的後半生證明「偉大領袖」是他侍候不起的。那漫長的二十年歲月，葉公超有苦難言，只能說是愁與怒了，也許怒更多於愁罷！

15　艾森豪與葉公超的對話，引自符兆祥，《葉公超傳》，頁163。

結　論
歷史天平上的蔣介石

　　蔣介石一生最大的心願就是想要消滅中國共產黨，為達此目的可以不擇手段，甚至犧牲國家安定、民族利益，都在所不惜。結果滅共不成，反而被共所滅，倉皇逃亡到海島台灣，雖仍然想要「反攻復國」，但自知是做春夢而已。當蔣介石於1975年在島上魂歸離恨天之後，中國大陸在簡短報導中，視他為「人民公敵」，其中有一句醒目的話：他是「兩手沾滿人民鮮血」的「頭號戰犯」。這句話是有史實根據的，蔣介石追隨孫中山聯俄容共，俄國人稱他為「紅色將軍」（the Red General），但北伐到上海後，突然清黨大事屠殺，共黨精英猝不及防，慘遭毒手者甚眾；之後，繼續趕盡殺絕、五次圍剿、追殺於長征途中；即使於抗戰期間，國共同抗外侮，亦有新四軍慘案。蔣於戰後又阻擾各黨派組聯合政府，不顧國人厭戰，埋怨美國調停，悍然發動內戰，又是無數人頭落地。

　　蔣介石仇共如此，似是意識形態上的不共戴天；其實不然，因蔣並無固定的政治信仰，唯有權力是尚，視共黨為其心腹之患，權力的挑戰，有礙其專政，故必欲剿滅而後快。蔣於1928年在南京建立政權，號稱全國統一；其實，他真能掌控的

不過五省，地方上一直有挑戰他的聲浪。等到敗退台灣，局面甚小，而他的權力至大，無人敢攖其鋒，在希旨承風之下，大事歌頌其豐功偉績，不惜塗脂抹粉，戮力抬高其形象，連蔣本人亦不自覺向大陸同胞喊話時，自稱是「民族救星」，更有人加以其神化，逕謂：「蔣總統是神」！

　　時間很弔詭，時過境遷不僅可以改變人身的體貌，而且也能改變不同世代人的記憶。蔣介石逝世四十餘年後，在台灣原來被捧為「救星」者，已被許多人視為「元兇」。偏激者衝入慈湖兩蔣陵寢，潑漆毀損，而守護者居然怯於阻攔。蔣對大部分的台灣人而言，已是過時的獨裁者，不必深論。美國人早就鄙視蔣，論定為既獨裁又無能的政治人物、失去中國大陸的常敗將軍。然而近年由於西方右派勢力復蘇，厭惡中國大陸的崛起，不惜貶毛捧蔣，美國傳記作者如陶涵者，即欲推翻舊說，把蔣美化為民主與現代化的先驅，雖極盡離譜之能事，但在中國大陸也有人唱和，居然懷念起被趕出大陸的傢伙來，奉化故居墓園修繕一新，更有不少大陸學者覺得應該為蔣翻案，當日記在美國史丹佛大學胡佛圖書館供世人閱讀時，引起研究者極大的興趣，以為發現了金礦，熱衷者絡繹於途、趨之若鶩，視若珍寶，辛勤抄錄，幾欲據之而為蔣翻案的依據，亦有人因翻案而成名，以為重現了歷史真相，甚者更想用蔣氏日記改寫中國現代史，未免期盼太高，過於樂觀。幸而也有人遍覽日記之後，發現「蔣先生每每在關鍵處或予省略或用詞含混。因此讀此日記，我們應當注意到蔣先生省略掉或沒有明白寫出來的事

項，不能只以日記中的記載為標準」。[1] 說得更清楚一點：日記有寫日記人的扭曲，所以閱讀者必須參照其他相關資料，觀察、分析之後，再作判斷，避免被日記內容引導的危險。但是蔣介石畢竟是檯面上的政治人物，動見觀瞻，其言行政策載諸史冊歷歷在目，那能輕易翻得了案，更不容青史顛倒。我寫此書從多方面評說其人其事，據事實說話，理不稍假借。蔣介石的手寫日記最大用處，就是從中認識到其人的真性情、真面目。評說蔣介石之餘，可綜論數端如下：

　　蔣介石是革命家嗎？他當然自稱是革命家，且以承繼孫中山的革命法統自居，視政敵為反動或反革命。但是革命兩字自有其客觀的含義，最簡單的說法就是要有推翻舊社會、建立新政教秩序的理念與實踐。當年國民革命軍北伐，要推翻的是代表舊社會的軍閥與地主勢力，以及代表外國利益的帝國主義勢力，要建立的則是三民主義的新中國。然而蔣介石於北伐後期已經與軍閥、地主、帝國主義勢力妥協。他的南京政府無非是掛三民主義的「羊頭」，賣一黨專政的「狗肉」。有學問的革命家章太炎便譏嘲蔣介石執行的三民主義是：「聯外主義、黨治主義與民不聊生主義」，[2] 雖極盡挖苦之能事卻有其真實性，故能引起共鳴，亦足以說明蔣介石的「革命」連虛有其表都沒有。然則蔣介石在短短幾年內從「紅色將軍」到「白色恐怖」也就不足為奇，更不必徒勞說明他從極左到極右的思想轉

1　語見阮大仁，〈由蔣中正日記去看葉公超大使去職之經緯〉，《傳記文學》，578期（2010年7月），頁77。

2　章氏於1928年11月21日在招待新聞界席次上發言的金句，見湯志鈞編，《章太炎年譜長編》（北京：中華書局，1979），下冊，頁897。

變，因為他的「革命思想」本無真實的內容，原是一種作為政治訴求或贏得政治利益的口號。真正的革命思想必須要能突破舊思想的「情結」（emotional evolvement），蔣介石完全沒有列寧、托洛斯基、甘地等革命家的氣質。[3] 所以蔣雖然革命不離口、雖然標榜革命，實際行動根本是反革命的，事實上，民國十六年（1927）以後的蔣介石，清黨反共、鎮壓群眾運動、殺害異議知識分子，早已不革命了，早已是反動派了。美國學者易勞逸研究中國現代史，他稱蔣政府是「一個流產的革命」，並謂蔣已把國民革命轉化為軍事集權，把國民黨變成一個法西斯政黨。[4] 所以蔣介石無非想利用孫中山的革命法統，以便鞏固他個人的權力。最後他的政權被革命洪流衝垮，而退居海島，自稱已經亡國。蔣自稱革命，結果被人革了命，應該愧對革命先行者孫中山吧！

　　蔣介石是愛國的民族主義者嗎？他與他的國民黨員在國際上被稱為「民族主義者」（Nationalists）。蔣生長的時代正值中國近代民族主義勃興之時，在空前激烈的內憂外患震盪下，仁人志士的救亡意識特別強烈，乃勢所必然。蔣介石生在那個時代，具有民族主義與愛國情操，原是順理成章之事；然而，細察其一生言行，其愛國情操頗多可商，視其為「深具民族主義」之人，似是而實非。周恩來於1959年曾說：「民族立場很

3　　參閱 E. Victor Wolfenstein, *The Revolutionary Personality: Lenin, Trotsky, Gandhi*（Princeton: Princeton University Press, 1967）。

4　　L. Eastman, *The Abortive Revolution: China Under Nationalist Rule, 1927-1937*（Cambridge, Mass.: Council of Asian Studies, Harvard Univaersity, 1990 ），pp. 39-55.

重要，我們對蔣介石還留有餘地，就因為他在民族問題上對美帝國主義還鬧彆扭，他也反對託管、反對搞兩個中國」。[5] 蔣的反帝民族情緒其實很不一致，例如他對英帝表現出深惡痛絕，而對美帝卻委曲求全；更值得注意的是，在他心目中，其個人的利益等同國家民族的利益，有意或無意將國與家混為一談：他的危機就是黨國的危機，他的挫敗就是黨國的挫敗，背叛他就是背叛黨國。他的私利與國家利益固然也有吻合的時候，例如他反對台灣獨立、美國託管，既符合中華民族的根本利益，也符合他本身的根本利益，因為無論「台獨」或「託管」，都將動搖他的權力基礎，在台灣的蔣政權便會失去存在的合法性，應該說他非有所不為，而他不能為也。蔣介石個人利益與黨國利益衝突的時候，未嘗沒有；若有，孰輕孰重便見分曉。他在抗戰之前，為了清除異己，以穩固一己的權位，一再容忍日帝的蠶食鯨吞；他在抗戰期間，若非日本軍閥過於狂妄，願意撤軍，他已準備承認滿洲國，接受長城以南的國土了；他在抗戰勝利後，為了拆中共的後臺，不惜與蘇俄簽訂友好同盟條約，出賣外蒙，犧牲東北權益。他與史迪威鬧翻，似是不願把軍隊指揮權交給外國人，為了尊嚴，實際上卻是怕他的權力基礎被掏空，所以當他內戰失利，行將失去一切時，便不顧尊嚴主動要求美國全權主持軍事以救其危亡，唯遭杜魯門拒絕耳！他始終把自己的重要性置於黨國之上，他是「皮」，黨國是「毛」，皮之不存，毛將焉附？最可表達他的心跡。他愛己勝

5　見中共中央統一戰線工作部，《周恩來統一戰線文獻》（北京：人民出版社，1984），頁397。

於愛國，還能被稱為民族主義者嗎？

　　蔣介石是如何取得最高權力的呢？他取得最高權位絕非無所作為而得，而是經過各種手段刻意經營而獲得。已故台北的「野史館館長」劉紹唐曾透露一則大內秘聞，說是大陸上大鬧「文化革命」之時，國民黨內策士議論紛紜，而蔣總裁一言敲定：「權力鬥爭是真，其餘都是假的！」，且不論此語是否正確或過於簡單，至少透露出此語者的心術，並可從他1936年3月26日的日記裡得到印證：「政治生活全係權謀，至於道義則不可復問矣」！蔣介石在發跡之前於1921年歲暮自滬赴港海行途中，也曾向他新婚愛妻陳潔如道出，「我很有野心」的心聲。[6]所謂「野心」的具體內容，乃是不為他人作嫁衣裳，而由自己來開創基業，所優為者仍然是欲達目的不擇手段的舊時代政治文化。他年輕時親手槍殺陶成章為晉身之階，孫中山死後他雖非繼承者，但乘廖仲愷遇刺、胡漢民遭逐，先尊汪精衛而後利用中山艦事件倒汪，再製造寧漢分裂、血腥清黨清除異己。北伐初成，即騙離陳潔如追求宋美齡，成為孫中山的姻親，以增其政治本錢。北伐既成，想要排斥友軍，導致慘烈的中原大戰，重創國力。蔣介石於1928年在南京成立國民政府，成為開國之君，大權獨攬，他的頭銜無論是「總司令」、「委員長」、「主席」、「總裁」、「總統」，實質上無異操生殺大權的皇帝，而他手批槍斃比皇帝批殺頭更無拘束、更可不按程序。即使敗退到台灣，仍然是蔣家朝廷，借民主之名，行戒嚴之實，最後父死子繼，俗稱「蔣家兩代王朝」，並非虛言。他

6　見《陳潔如回憶錄》，上冊，頁129。

實質上承繼了中國的帝王傳統，卻沒有傳統開國帝王的氣象，豈能長久？

蔣之行為自與其個性有關，他於困難時為了解決問題，尚可與能者共患難，但絕不可能共安樂，因其個人才智有限，下意識的自卑感必然對能者起疑懼，非除之不能安心。他在眾目睽睽之下，會暴露難以掩飾的霸道，邵元冲在日記中就留下一則見證。九一八事變後的1931年9月22日，國民黨在群情激憤下聚會，蔣介石前往演說，聽眾有人稍施譏彈，戴季陶叱令縛跪，蔣亦頓足怒罵，邵見之認為不妥。[7]「稍施譏彈」就被綁起下跪、被「頓足怒罵」，其蠻橫粗暴表露無遺，全不顧人之尊嚴，毫無容人的雅量，蔣介石和戴季陶的作風何異粗暴的軍閥？更不能與舊時代肚裡能撐船的宰相比擬，安能成就大事？

蔣介石失德如此，又有何能力運用最高權力呢？現代國家領導人基本的現代知識必不可少，而蔣在這方面非常欠缺。經濟學家馬寅初曾戲稱蔣光頭的腦袋猶如電燈泡，裡面真空而外面進不去。開羅會議蔣介石在國際場合不知季風何物，也就不足為奇了。不過話說回來，領導人本身雖然知識短缺，若能起用人才以眾智為己智，未嘗不可截長補短，胡適以「乘勢以為本，御眾智以為馬」祝蔣總統七十壽，[8]就是這個意思。胡適的獻言固然來得太遲，而年屆古稀的蔣介石不僅不予見聽，反被激怒，仍然不改將人才當奴才用、將奴才當人才用的作風。

有些外國學者旁觀者清，較易看出蔣介石在知識上的短

7　邵元冲，《邵元冲日記》，頁776。

8　文見《自由中國》，第15卷，第9期。

缺、理論上的淺薄，對國際事務所知有限，只是一個十足的軍
人。[9]其實連軍人也不很「十足」。說他是合格的軍人，因誤認
為他出身日本士官學校，日本士官培養出不少傑出軍官，至少
有相當的軍事知識與才能，但事實上蔣介石只是在相當於高中
程度的振武學校學習，並無緣進士官學校。他在戰場上的表現
始終拙劣，北伐前期靠會打仗的李宗仁、白崇禧，北伐後期靠
馮玉祥、閻錫山。他又先後依靠俄國軍事顧問、德國軍事顧問
以及美國軍事顧問，但這些洋顧問或能助其一臂之力，但又非
他真能信賴，故效果有限。雖由俄國顧問鮑羅廷協助建立較為
嚴密的組織與紀律，以及比較廣泛的群眾基礎，但是蔣介石一
清黨，把紀律與群眾一起掃地出門，而同時加入軍閥、地主、
流氓、與舊官僚，其結果使國民黨組織鬆懈、紀律廢弛、精神
衰頹、基礎空虛。蔣於是像古時候無能的帝王，唯有與皇親國
戚和太監們患難安樂與共。

　　蔣介石的皇親國戚孔宋兩家族靠甩不開的內親關係，姻
親之血更濃於水，緊要關頭可以相互扶持取暖，但外戚仍不能
完全以蔣之意志為意志。宋子文哈佛大學商學院畢業，有足夠
的理財知識和本領，但宋在蔣政府屢居要津，卻又無多用武之
地，主要他太洋化，批公文都要用英文，對中國問題又不甚理
解，以至於他的西方知識無從對症下藥，最多能治標而不能治
本，不懂財政的蔣介石又時時掣肘，把國家財政視為個人的軍

9　閱James C. Thomson Jr., *While China Faced West: American Reformers in Nationalist China, 1928-1937*（Cambridge, Mass.: Harvard University East Asian Series, 1969）, p. 12.

需，令宋子文也大有秀才遇到兵的尷尬，以及無可奈何的氣
憤。宋之洋派又難與保守頑固的妹夫相處，時有爭吵、齟齬不
斷，最後大廈將傾之際，分道揚鑣，宋赴美不歸，客死異鄉。
孔祥熙才學固遠遜於宋，貪婪更甚，雖然很能配合蔣之獨斷獨
行，但以皇親國戚主持財政，在法制不健全的情況下，監守自
盜，孔猶勝於宋，孔宋成為富可敵國的家族！勢所必然。傅斯
年曾公開糾舉孔宋貪污腐化，孔宋更被杜魯門痛罵說：「他們
都是賊」！最後蔣經國在上海打老虎涉及孔令侃，因宋美齡悍
然干預而失敗，蔣家王朝終於土崩瓦解，豈非成也孔宋，敗也
孔宋乎？

　　蔣介石最靠得住的還是特務，特務的忠誠可比擬舊皇朝的
太監，能夠隨心使喚。他毫不掩飾要求特務們統一意志以他的
意志為意志，能全心服從他的主張才算報國。[10] 在法西斯高漲
的1930年代，陳果夫、立夫兄弟的CC派、以黃埔學生為核心的
復興社，都成為領袖的耳目、一人之鷹犬。蔣自抗戰以來，更
在一個主義、一個黨、一個領袖的口號下，愈來愈趨向獨裁。
國民黨臨時代表大會於1938年3月選蔣介石為黨總裁，解散黨內
一切小組織，於7月9日在武昌正式成立以蔣為團長的「三民主
義青年團」。[11] 蔣極重視三青團，不惜親自督促，最後由蔣經國
奪取領導地位，但三青團未能如他希望成為唯一的特務組織，
復興社（「挑選一批優秀黨員組織藍衣社，一律著藍色制服，

10　語見唐縱1928年6月16日記蔣在紀念周的訓話，載唐縱，《在蔣介石身邊八
　　年》，頁9。

11　見陳布雷，《陳布雷回憶錄》，頁81。

以區別於普通黨員」）[12]、青白社（CC系）等組織依然活躍，
三青團實際上成為另一個從事秘密特務活動的組織，包括打小
報告、檢舉左派等小動作，甚至潛入共黨根據地，進行宣傳、
破壞、搗亂、暗殺等工作。三青團團員人數持續增長，從1938
年下半年的千餘人增加到1945年的百萬人，儼然已成為黨內之
黨，使國民黨內的派系鬥爭反而更趨激烈，造成更為複雜的國
民黨的內部糾紛，難怪三青團於抗戰勝利之後鬧著要與國民黨
分家。結果在蔣的訓斥之下，雖然黨團合併，但內部派系紛爭
不懈，經常自亂陣腳。

　　三青團成立不久之後的1938年8月，又在國民黨中央黨部設
立「中央調查統計局」，簡稱中統，將特務組織半公開化，由
秘書長朱家驊出任局長，實際任務則由副局長徐恩曾負責。主
要是對付共產黨、監察國民黨黨員，以及執行其他特工任務。
自1939年元月以後中日戰爭膠著，中統更注重查防共產黨以及
其他政治異己分子，從周邊監視到內部滲透，特務細胞擴展到
學校、工廠和其他社會團體，除特殊人物外無論個人或團體一
經發覺有異，立刻逮捕或破壞。中統的特務還要打進延安，吸
收共產黨叛徒，混進校園組織特務學生，如沙坪壩中央大學的
生路社、民鋒社、自強社，出版刊物宣傳，並做監視與製作黑
名單的工作。中統再根據黑名單用種種方式打擊不聽話的學
生。根據1942年11月中統局在國民黨五屆十中全會中，提出對
共黨方略的報告，自1940年至1942年抗戰期間有8,194名共產黨
被捕、11,379名共產黨自首。再看中統徐恩曾所擬、陳布雷修

12　語見康澤，《康澤自述及其下場》，頁270。

訂、蔣介石核定的〈防制異黨活動辦法〉的秘密檔，更可見中統的主力幾乎全用在反共、防共，而非抗日。甚至與日本人合作的漢奸合作，以打擊敵後的共產黨活動。

　　中統之外還有軍統，即國民政府軍事委員會調查統計局，是在1938年3月於武昌珞珈山舉行的國民黨全國臨時大會上決定設立的。蔣介石把中統交給徐恩曾、把軍統交給戴笠。戴雖然是副局長，但操有實權，軍統的前身是復興社的特務處，特務處的前身則是軍事委員的密查組，原由戴笠等十人組建。復興社組成後蔣介石兼任社長，特務處長即由戴笠擔任。蔣又派戴笠兼任陳立夫主持的軍委會調查統計局第二處處長，以便公開搞特務。戴笠的軍統在蔣之授意下，一手包辦工作、人事、經費等等，直接對蔣負責。軍統從武漢撤退到重慶後編制愈來愈大，蔣介石既然靠特務鞏固權勢，特務組織自然愈大愈好。據曾任軍統總務處處長的沈醉估計，在抗戰期間，「各種名稱的特務訓練班有四十多個」，又說：

　　　內勤工作的特務有一千四百多人，都集中在重慶羅家灣軍統局局本部和磁器口鄉下辦事處。內勤和外勤最多時近五萬名，除在國內設區、站、組和爆破、破壞、行動等總隊、大隊等外，在國外許多地方都設立了站和組及通訊員。當時每一個外勤特務都有幾個到幾十個運用人員。全部算起來為數就太多了。[13]

13　沈醉，《軍統內幕》，上冊，頁5。

　　軍統還與美國海軍情報署合作組成「中美合作所」（Sino-American Cooperation Office）。美方的目的是要刺探日軍在華、在太平洋以及在東南亞的情報，但據沈醉所知，美國人也想要刺探中國的情報，中方雖刺探不到美國的情報，但獲得大量的器材，包括整人與逼供的器材，以及無數的槍械彈藥。這些器材與彈藥不用之日本侵略者，而用之於包括中共在內的政治異己，美國人也只好眼開眼閉或視若無睹。抗戰勝利後，中美合作所成為政治犯的集中營，於大陸易手前全被槍決。美國人應有「雖不殺伯仁，伯仁因我而死」的遺憾。凡重視人權與民主的人都會譴責中美特務合作的暴行。沒有料到的是自家人唐縱對戴笠大搞中美合作，居然也有微詞。戴笠於1944年12月25日耶誕節宴請中美合作所全體美國人，唐氏留下記錄說：「他（戴笠）約有十幾位女人，陪伴美國軍官士兵，有的女人被糟蹋了！開一次宴會百餘萬元，場面可為大矣」！[14] 然而此一勞民傷財、侮辱婦女，對付自己同胞的中美合作所，頗得蔣介石的嘉許，尤其欣賞所內美國的刑具。軍統處長沈醉回憶1945年秋天，蔣到中美所檢閱培訓學生的情況：

　　　　學生們剛開始進行一些分列式表演和美國的操法時，蔣的興趣還不是很大。等到進行刑警課目表演時，蔣介石看到美國教官指揮這些特務學生如何去追捕人犯、騎警握著美國橡皮棍如何沖入人群毆打群眾，以及警犬搜查等表演時，直樂得手舞足蹈，連聲叫好起來。戴笠和貝樂利看到

14　唐縱，《在蔣介石身邊八年》，頁480。

這種情況，便交頭接耳，後悔沒有多安排點這類使蔣最感興趣精彩節目。[15]

特務組織在蔣介石的嘉許下可謂一枝獨秀，戴笠的權勢更不可一世，在沈醉的筆下，戴雖常常怒罵責打甚至隨興槍斃人，但在蔣介石面前仍然是領袖的忠犬。唐縱還透露戴笠如何因偶失蔣之信心而感到苦悶，以及在被蔣叱責後如何奉命唯謹。最戲劇化的見之於1938年7月16日所記：

> 為了張超的事，雨農（戴笠）跪在委員長面前懇求懲辦葉成，委員長責備他不要人格、要脅領袖，因此雨農寫這樣一個長的報告來請求辭職。跪懇的事，誰能做到？非有人所不能的精神，誰肯如此做？我想委員長不會讓他辭。[16]

張超是戴笠派在福建的軍統站長，葉成是黃埔三期生曾任蔣之侍從副官，時為福建保安處長判處張超死刑，戴咽不下這口氣，不惜向蔣介石跪懇哭訴，但仍然扳不倒蔣之副官。唐縱還透露戴笠為胡宗南培養葉霞翟，以便掌握胡之一生。他又在「香港預購了個有名容太太的女兒，才剛十六歲獻給宋（子文）」，以迷魂的女人來對付國舅。[17] 類此可以略見戴笠以及特務們搞的是什麼勾當，他不僅僅是要對付敵人與異己，而且

15　沈醉，《軍統內幕》，頁371。

16　唐縱，《在蔣介石身邊八年》，頁75。

17　唐縱，《在蔣介石身邊八年》，頁453。

還要在自家人身上下功夫。據估計至抗戰結束時，蔣介石的軍統人馬已有十萬之眾，高居當時全世界特務與秘密員警組織之首。[18] 特務勢力在宣傳、分化、威逼、利誘、破壞上固然有其作用、有立竿見影之效，蔣介石亦視為其權力基礎最穩固的奠基石。但是代價亦很大，特務的橫行霸道、無法無天，諸如強行撤遷民房，姦淫婦女、濫捕知識分子，造成難以化解的民怨與民憤。一般老百姓在特務的淫威下，敢怒而不敢言，然而防民之口甚於防川，一旦決堤莫之能禦。蔣介石靠特務起家，但特務也為他散布了毀滅的種子。蔣介石以為靠軍、警、特就可以維持威權體制，可以不把廣大人心放在眼裡。他的特務公然當街槍殺李公樸、聞一多，使中外群情譁然，人心盡失，識者認為李、聞兩人之死，動搖了蔣政權的根本。抗戰勝利後，戴笠機毀人亡，蔣痛失股肱亦可略知蔣依賴特務之深，及退居海島，積習未改，由兒子蔣經國掌控特務製造白色恐怖，或有助於穩定局面於一時，但特務派人遠赴美國槍殺作家江南，結果東窗事發，成為壓垮蔣家王朝的最後一根稻草，豈不是成亦特務，敗亦特務？

　　蔣介石從1928到1948年主政的中國，內戰不已，外患日甚，日寇入侵八年，造成難以估計的生命與財產的損失，軍民初死於戰火之外，河南一省在抗戰期間有三百萬人餓死。[19] 戰

18　參閱Frederic Wakeman, "Models of Historical Change: the Chinese State and Society, 1839-1989," in Kenneth Lieberthal, Joyce Kallgren, Roderick MacFarquhar, and Frederic Wakeman, Jr.（eds.）, *Perspectives on Modern China: Four Anniversaries*（London: Routledge,1992）, pp. 68-102.

19　見楊逸舟，《蔣介石評傳》，下卷，頁104。

後倉夷未復，又啟國共內戰，使國家淪落到一窮二白的境地，回顧蔣介石時代，值得我們懷念嗎？不知何人最先將1928至1937年蔣介石的南京政府稱之為「黃金十年」，也許從國民黨的眼光看，那是難得的10年，但是即使如此，實在也「黃金」不起來。我們可以看到在宋子文主持下的經濟建設，有初步的成效，如於1935年發行法幣，使幣制統一了，鐵路與公路增加了，航空與郵政增加了。南京政府從1931年到1936年間一共請了26位國聯經濟專家提供農業、公路、水利等方面的意見。但是根據經濟學者鮑伍（Douglas Paauw）的研究，整個南京時代的經濟是遲滯的，[20] 主要原因除了國家預算入不敷出，歲收只能支付八成開銷之外，就是軍費浩大占了預算40%以上。這又與蔣介石有關，他美其名曰國防建設，實際上大力擴充其嫡系軍隊的裝備，從事不斷的內戰。南京政府在這種情況下，如何能好好發展經濟呢？

　　所謂黃金十年的實業建設約有6%的成長率，似頗可觀，但大都集中在沿海地區，尤其是通商口岸，而由外國資本控制生產，且以消費及服務為主，工廠規模亦小，全部員工只占非農業勞力的4%，對整體經濟影響輕微。[21] 不僅此也，蔣介石個人的軍事考慮又重於一切，就1933年而言，南京政府發行的債券，用於軍費占86%，金融占9%，災害救濟占4%，建設事業僅

20　Douglas Paauw, "The Kuomintang and Economic Stagnation, 1928-1937," *Journal of Asian Studies*（Feb. 1950），pp. 213-220。

21　參閱John K. Chang ed., *Industrial Development in Pre-Communist China, 1912-1949*（New York: Routledge, 1969）.

占1%。[22] 至於1936年完成的粵漢鐵路，根本是為了便於解決西南軍事的需要，軍事掛帥的實業建設也多少促成蔣介石與德國之間的密切關係。蔣於北伐途中就已反共排俄，俄國顧問相繼撤離而由德國顧問進來填補空缺。德國軍官包爾（Max Bauer）於1927年到中國，以軍事與工業合一之論，贏得蔣介石的寵信，遂於1928年被派往德國購買大量軍火，於1929年蔣桂戰爭時在戰場上死於天花，然已為蔣提供了以軍事為導向的經濟概念。接替包爾的是魏曹將軍（General Georg Wetzell），魏於中原大戰時就住在蔣介石的私人火車內，為戰役做了重要的策劃，[23] 可以說是蔣介石的秘密武器。中德關係於1933年以後有新的發展，中國成為德國軍火的主要買主，同時德國於歐戰敗後大力振興，尤其希特勒在1933年取得政權後，更大力擴充軍備，極需向中國以軍火交換戰略原料，諸如鎢、鉬、釩、鎳、鉻，幾乎完全取之於中國。德國早於1929年即由中國獲得其所需88%的銻以及53%的鎢。鎢為耐高熱的金屬，在歐戰時即被視為極重要的戰略物資，而鎢與銻都盛產於湖南，難怪1929年3月4日當蔣介石聽到武漢政治分會調動軍隊驅逐湖南省主席魯滌平時，「怒形於色」，[24] 而後引發蔣桂大戰，李宗仁不明其故，還以為是他的兩個軍長得罪了蔣介石之故。

　　蔣德間軍事夥伴關係如此依存，關係日趨密切，大批德國軍事顧問團派遣來華，據估計德國顧問在華工作人員有153

22　見楊逸舟，《蔣介石評傳》，上卷，頁466。

23　見William C. Kirby, *Germany and Republican China*（Stanford: Stanford University Press, 1984），p. 110。

24　見唐縱，《在蔣介石身邊八年》，頁13。

名，其中教授博士15人、將領8人、校官24人、高級工程師及技師40人，此外還有非軍人身分的顧問。[25] 蔣介石第二次下野復出之後，魏曹將軍介紹施克（Hans von Seeckt）將軍接替。施克於1933年5月28日至31日在盧山與蔣深談，由留德的朱家驊當譯員，得到蔣的信任，施克被聘為高級顧問參與軍事、政治、經濟事務。普魯士家族出身的施克將軍認為軍隊乃國家的象徵，為政治的工具，也是統治權力的基礎，尤與蔣委員長相契。蔣積極希望德國顧問協助增強其軍隊的素質，培訓優秀軍官以及建立在蔣統一指揮下的國軍。當施克將軍於1934年4月在牯嶺重晤蔣時，蔣盛情款待並給予每月2,000美元的高薪，成為國民政府的總顧問。蔣之嫡系部隊以及軍工業就在施克顧問的設計下進行改造，同時組成以法肯豪森將軍（General von Falkenhausen）為團長的61人德國軍事顧問團，為蔣訓練新兵。蔣介石邀請德國顧問來華相助的動機顯然是仰慕德國的軍事體制及其法西斯主義，希望引入以壯大自己的武力。在此一背景下蔣於1934年8月23日在牯嶺與德方訂立以中國原料與農業產品交換德國軍工業產品的密約，以增進兩國關係。德方與廣東陳濟棠的交易犯了蔣之大忌，蔣向柏林抗議，結果德國外交部既反對以物易物，把軍火給兩廣以免觸怒南京，也反對把軍火輸送給南京以免觸怒日本。蔣為了自然資源積極圖謀西南，收買陳濟棠的飛機起義，絕對是值得的。地質專家翁文灝於此時受到蔣之重用，也非偶然的了。蔣介石平定西南後與德國

25　參閱辛達謨，〈德國軍事顧問在華工作的探討〉，《蔣中正先生與現代中國學術討論集》，第4冊，頁93-109。

的交易，又暢通起來。希特勒的國防部長賴清惱（General von Reichenau）於1936年7月訪華，授蔣寶劍以示敬禮，並答應軍援，甚至在政治上合作，建議中德共同發表反共宣言，可見德國軍方的興趣甚濃，但在日本的壓力下德國外交部持審慎態度。[26] 希特勒決定與日本共同反蘇，並與滿洲國往來，皆有損中國的利權，然孔祥熙於1937年馳函希特勒仍盛讚德國元首為「我們大家的模範」，說希特勒是為國家自由、榮譽與正義而努力的偉大鬥士，並代表蔣介石致意，但希特勒連信都不回。[27]

　　相比之下，那「黃金十年」的美蔣關係要平淡得多，美國於歐戰之後已洞悉日本的崛起，故有1920年華盛頓會議之召開，意欲加以羈縻，強調門戶開放政策，以及維持中國領土的完整，利益均沾等原則，然而由於當時美國國內孤立主義的高漲，在國際舞臺上礙手礙腳，難有作為，更不願逆日帝之鱗，故日本製造九一八事變，悍然違反1929年不用武力解決爭端之公約，美國僅以溫和的不予承認作為回應，到1937年盧溝橋事變後，日軍大舉侵略中國，雖公然違背美國門戶開放政策，華盛頓仍不願經濟制裁日本，完全無助於中美間的官方關係。宋氏兄妹能夠幫助蔣介石了解美國，亦能為蔣遊說美國，蔣宋於1927年聯姻以及1931年蔣介石受洗皈依基督，增加南京政府元首在美國的形象。然而這種良好關係僅限於非官方的民間關係，尤其是基督教會導致大批傳教士來華，其中不少主要人物經由宋美齡的仲介登堂入室，成為蔣介石的座上賓。傳教

26　參閱Kirby, *Germany and Republican China*, ch. v..

27　見Kirby, *Germany and Republican China*, p. 238.

士的影響當然不僅限於宗教，他們也希望能改造中國，使中國
基督化、美國化，故積極參與中國鄉村重建，辦學校、設醫院
等等，晏陽初搞的定縣實驗區尤稱樣板，可說是中國近代化的
一項建設，然而杯水車薪，並無助於廣大農村貧困問題的解
決。要解決問題，除了需要技術革新外，首須扶助貧農、約束
地主，但南京政府對農民的貸款僅占5%，其餘仍從高利貸、
當鋪、地主而來。蔣介石又一直認為農村的安定靠地主，故實
際上是不惜代價扶助地主恢復其威權，視地方鄉紳為反共的支
柱。蔣介石擁抱耶穌基督也有其政治目的，除了增飾在西方的
形象外，未嘗不想借助教義來增強反共的功效，但是由於蔣
介石連溫和的土地改革都反對，傳教士的努力亦只能事倍功
半，甚至無濟於事。蔣雖擁有中央，有志統一，但一直很「地
方」，只不過是他割據的地方較大，資源較多而已。他在1929
年元旦向軍校學生訓話，說是「三年前立一個志要統一中國，
現在做到了」，[28] 但不久就發生了中原大戰。中原大戰後以為
統一了，其實西南仍然形同獨立，中共蘇區猶在。美國公使在
1933年的年中報告裡，仍謂國民政府不成其為中央政府，中國
仍然是分裂狀態。[29] 一直到抗戰爆發同禦外侮，才勉強可說是
統一，已經是黃金十年的盡頭了，接著日本侵華連有限的成績
也付諸東流了。

　　這些在財政、交通、工業與教育上的建設，仍然無法掩蓋
那十年之中幾乎是連年戰亂、強敵壓境的實情。國家命運的嚴

28　唐縱，《在蔣介石身邊八年》，頁11。
29　"Nelson Johnson to S. K. Hornbeck," June 1, 1933.

峻比北洋時代猶有過之，而民生之凋敝尤甚，導致哀鴻遍野。
學術與言論自由也遭壓制，更無論基於憲政的民主以及人民應
有的政治權利，公正的司法以及社會與經濟的改良。[30] 所以有
許多中外民國史學者把南京政府的十年，稱之為一黨專政的訓
政時期。這是胡漢民的理想，但胡遭蔣囚禁與放逐之後，並未
能實施，其結果如胡氏所說，成為個人集權的軍事獨裁，更確
切說是基於特務組織的軍事獨裁，連國民黨都被「閹割」了，
還是稱之為蔣政權最為適當。

　　南京政府的成敗取決於蔣政權，不成功的蔣政權不可能有
成功的南京政府。蔣介石對於廢除不平等條約與收回利權，均
乏善可陳，除了1933年獲得關稅自主外，其他如治外法權、租
界、經濟權益的回收都不能完成，而同時日本不僅加緊侵奪利
權，更進而侵占領土，使回收利權運動顯得毫無意義。

　　蔣介石於1934年的2月裡，親自在南昌發動聞名一時的
「新生活運動」。在南昌發動並非偶然，顯然要把它當作為精
神剿共，以配合軍事剿共。表面上要喚起民眾改變人民的精神
面貌，借此提倡紀律、品德、秩序、整潔等等，實際上蔣介石
想借此統一全國意志服從他的領導，以完成「消滅共匪」的使
命。關於此一運動的思想淵源，言人人殊，已故美國漢學家賴
特女士（Mary Wright）因蔣介石欣賞曾國藩、胡林翼，便與同
治中興相比擬，[31] 不免偏頗。其實蔣之思想絕無曾胡的深度，

30　參閱His-sheng Chi, *Nationalist China at War*（Ann Arbor: University of
　　Michigan Press, 1982），p. 29。

31　參閱Mary Wright, *The Last Stand of Chinese Conservatism: The Tung-chi
　　Restoration, 1862-1874*（Stanford: Stanford University Press, 1957）.

而蔣確是新生活運動的始作俑者，他的思想淵源是大雜燴，其中包括他在日本留學時所感受到的一點武士道意識，在戴季陶、陳立夫灌輸下的一點儒家權威主義，在德國顧問影響下的一點普魯士軍國思想與法西斯主義，以及在妻子宋美齡叮嚀下的一點基督教倫理。此一大雜燴思想淵源是浮淺的，絕無可能成為任何思想體系，也難以補救三民主義之不足。然而蔣介石以元首之尊，登高一呼於上，藍衣社等法西斯文化組織推波助瀾於下，要求萬眾響應。搞得最熱鬧的在1934那年，到第二年就有點洩氣，到第三年連蔣本人都感到失望，正合《左傳》所謂：「一股作氣、再而衰，三而竭」，結果是一敗塗地。除了思想上的薄弱之外，領導大搞新生活運動的蔣介石、宋美齡夫婦，根本把問題看走了眼，無視乞丐、盜匪、貪污、腐化等經濟成因，以為完全可以倫理道德來解決社會問題，因而一再教導人們禮義廉恥、不要隨地吐痰、隨地亂丟垃圾、養成整潔的習慣等等，但是誠如一位美國學者所說：「全民復興運動不可能建築於牙刷、老鼠夾、蒼蠅拍之上」。[32] 宋美齡說法也很妙，她說中國有的是大米，有人挨餓因不知勞動神聖，[33] 真可說是不知民間疾苦矣，與晉惠帝所謂何不食肉糜，卻有異曲同工之妙。正由於不切實際、流於浮淺，必然難有實效；然因蔣氏夫婦親自領導，政府不能不大力推行，乃強挾整個社會以行，缺乏民眾的自發性，推廣的範圍固然有限，持久力更成問

32　見Thomson, *While China Faced West*, p.158。

33　參閱Kathleen L. Lodwick, "Missionary Recorder," in *The Chinese Recorder*（Shanghai, 1868）, vol. 20, pp. 61-62, 66.

題。蔣介石於1936那年失望之餘，失去了興趣，把新生活運動交給宋美齡來負責，宋美齡雖請美國傳教士幫忙注入新生命，仍然無濟於事，終於無疾而終。

另有論蔣者，提出新見，似乎言之成理，其實不然。當過蔣介石軍官的歷史學者黃仁宇提倡「大歷史」，呼籲從大處與宏觀來看待史事與人物。按治史者原當如此，不過他從「大歷史」來看蔣介石，有意無意之間以歷史之「大」，掩遮了個人之「小」，以「非人身因素」（impersonal factors）來稀釋個人因素，個人的歷史責任就可推給不可抗拒的歷史趨勢，於是蔣介石的「有所作為」或「無所作為」，都成了歷史之必然，皆無可厚非；若加以譴責便犯了「道德裁判」的謬誤！然而黃仁宇既認定蔣介石個人在「大歷史」中身不由己而無可奈何，卻又說蔣氏有能力建成「高層建築」，主持「人類歷史罕見」的「群眾運動」，以及在「統一的軍令之下」動員三五百萬兵力抗戰，為「洪荒以來所未有」，為中國現代化鋪了路。[34] 這些論斷且不說在思維上的誇張，與史實也多不合。說到群眾運動始於1924年國民黨改組，請共產國際的鮑羅廷當軍師，組織並發動了群眾運動，但是自從蔣介石清黨之後，已與群眾運動「劃清界線」，視群眾運動為暴動，採取敵對的態度與鎮壓的政策。工會、農會一體解散；工運、農運頭目迭遭殺害。被清除的共產黨倒是在朱毛的領導下大搞工運、農運、學運，與蔣抗衡，足見蔣自執掌大權之後，始終站在群眾運動的對立面。至於黃仁宇說抗戰時期「統一的軍令」，只是蔣介石的夢想而

34　參閱黃仁宇，《從大歷史的角度讀蔣介石日記》。

非實際，那「洪荒以來所未有」的動員，悲壯有之，淒慘更有之，幾乎毀掉了整個國家，於中國現代化絕對有害，遑言鋪路？蔣介石建築的「高層機構」無非是南京中央政府，但此一機構並不比北洋政府更高層，而同樣缺乏中下層的基礎，何足深論？

黃仁宇從「大歷史」的角度，最後做這樣的結語：「蔣介石不是大獨裁者，他缺乏做獨裁者的工具。他也不可能成為一個民主鬥士。縱使他有此宏願，他也無此機會」。[35] 事實上，蔣介石並不缺乏獨裁的工具，除了直接控制軍隊外，還有中統、軍統等特務機關。所謂「藍衣社」原是效法墨索里尼的「黑衣社」（the black shirts）與希特勒的「棕衣社」（the brown shirts），雖不能與意大利和德國相提並論，但同屬法西斯組織則一。蔣且派遣大批軍官前往德、意接受訓練，回國後成為法西斯主義的信仰者，符合1930年代的時代需要。[36] 只是蔣介石比不過希特勒的集權，又因中國幅員遼闊，權力尚不能涵蓋全域。正由於他的獨裁心態，絕無可能有做「民主鬥士的宏願」；若有此宏願，則絕對有足夠的機會。且不論抗戰勝利後，他在自由民主的潮流下仍堅持一黨專政、反對聯合政府，即使在美國的壓力下，完成政協決議而又故意破壞之。至少撤退到台灣後的四分之一世紀裡，有足夠的時間與環境，逐步推

---

35 見黃仁宇，《從大歷史的角度讀蔣介石日記》，頁427。

36 參閱Frederic Wakeman, Jr. "A Revisionist View of the Nanjing Decade: Confucian Fascism,"in Frederic Wakeman and Richard Louis Edmonds, eds., *Reappraising Republican China*（New York: Oxford University Press, 2005）, p. 176.

行民主，然而他卻以一再違憲連任、嚴禁言論自由、使反對黨胎死腹中終其生，戒嚴至死不解。「無此機會」云云，完全不符合事實，大歷史的角度竟把歷史銅鏡看成哈哈鏡了。

古人云：「宰相肚裡能撐船」，然蔣介石氣度不大、肚量甚小。蔣介石早年對付汪精衛、胡漢民；中年處置張學良、楊虎城；晚年整掉吳國楨、孫立人，以及軍法審判雷震，囚禁十年；惡整葉公超，將之打入冷宮，終生不得翻身，在在顯示他一貫的、異曲同工的心胸狹窄，不僅假公濟私，而且以私害公。不僅如此，他還要刻意掩飾過去不光彩的歷史，甚至為了掩飾對明媒正娶的陳潔如極盡始亂終棄之能事，還要在官方文書以及中小學的課本中謊稱日本士官學校畢業，並將之填入身分證學歷欄之中。浙儒馬一浮面見蔣後說：蔣氏「氣宇偏狹，乏博大氣象；舉止莊重，雜有矯揉」，[37] 影響其治國非同小可。由於他操生殺大權、掌黨國命運，其影響所及，固不僅止於一群人、一個黨，勢必波及全國全民。他一個人的決策可以影響到億萬人的身家性命、國家前途、民族根本利益。其失策或失敗必然導致全國、全民要付出巨大而慘痛的代價。

蔣介石在馬上得天下，槍桿子出了政權，抗戰幸而勝利，聲望與實力均達於巔峰，卻剛愎自用，刻意引爆內戰，以優勢兵力不到五年便失去大陸的江山。其興亡之遽，按照詩人史家陳寅恪的說法，古來沒有幾回；而其亡也，使公（蔣介

37　任繼愈，〈馬一浮論蔣介石〉，《馬一浮全集》，第6冊（上）（杭州：浙江古籍出版社，2012），頁362。

石）「自我失之」！[38]「自我失之」的原因很多，自與其性格有關。蔣介石少年頑劣，在鄉里間有「瑞元無賴」之稱，成年混跡幫會、拜老頭子、炒股票，以及在十裡洋場的荒唐放縱行徑，顯然具有流氓性格。掌權之後，亦不乏用耍懶、惡整，以及黑社會手段對付政敵或忤逆之人，死於其特務鷹犬之手者，不乏其人；遭其監視形同軟禁者，更屈指難數。看在儒者熊十力眼裡，憤然直言：「此人心術不正，是個流氓」。[39] 不過在綿長的國史中，具有流氓性格者，未必不能成為成功的開國之君，如開創兩漢四百年江山的漢高祖，如開創大明三百年基業的明太祖，都出身寒微與流氓少異，但英雄不怕出身低，盜亦有道；若盜無道，則殆矣！吾師蕭公權先生曾謂我曰：假如蔣介石有流氓頭子杜月笙說話算話的氣魄，或不至於如此一敗塗地。其由極盛而衰敗之速也，令人有南明歷史重演之感：「俺曾見金陵玉殿鶯啼曉，秦淮水榭花開早。誰知道容易冰消。眼看他起朱樓，眼看他宴賓客，眼看他樓塌了」。[40] 豈不就是又一場金陵春夢？

美國學者易勞逸（Lloyd E. Eastman）於1984年出版《毀滅的種子：戰爭與革命中的國民黨中國》（*The Seeds of Destruction: Nationalist China in War and Revolution, 1937-1949*），中譯本改稱《蔣介石與蔣經國：毀滅的種子》。該書探討國民黨在中國大陸失敗的原因，發現毀滅的種子早在抗戰

38　見前引陳寅恪己丑夏日詩。

39　馬引熊所言見任繼愈，〈馬一浮論蔣介石〉，頁362。

40　孔尚任，《桃花扇》，清康熙刊本影印（上海：上海古籍出版社，無日期），冊4，頁132a。

期間就已播下，諸如中央與地方矛盾的加劇、自由派知識分子
的離心、農村貧富差距的擴大、政府對農民的橫徵暴斂、苛捐
雜稅不一而足、貪污腐化與投機倒把極為普遍，農民貧困饑
餓，怨憤到造反的地步，以及國民黨軍隊戰力的日趨衰弱，以
至流於消極和腐敗。因此易氏認為：蔣介石失敗的真正原因，
不是因為缺少美援，而是因為蔣政權的嚴重弊病與缺失。易勞
逸雖於知人論事上陷於均衡不夠、比例不對、角度不足之弊，
然而畢竟花了工夫檢閱不少國民黨的文獻，撿到有價值的史
證。他只是沒有看到侍從室組長唐縱的日記，否則他的論斷可
以得到更具權威性的印證。唐縱透露抗戰期間政府內部的腐
敗、地方與中央的對立、國共之間的摩擦、物價高漲，引起搶
米風潮，川中軍人政客相互勾結，重慶囤積居奇風氣之盛，知
識分子的沒落與苦悶，以及民間之極端困苦，如1943年的浙江
「民眾食糠粃、樹皮；廣東有的人在食人肉」。[41] 毀滅的種子
絕非虛言而有實據。然而種子有其根源；欲追根究源，根源在
蔣介石。他是當時中國的最高領導人，由他發號施令，操生殺
大權，上下莫敢違抗。然則國民黨的失敗無異就是蔣氏領導之
失敗。抗戰初起之時，舉國同仇敵愾，蔣氏聲望達到巔峰，原
可團結全民有所作為，奈眼光短淺，氣度更不恢宏。史家陳寅
恪於抗戰後期初見蔣介石，即有「看花愁近最高樓」之歎，認
為其人不足有為。陳寅恪僅憑史家銳識，而陳布雷更洞見「委
座處理政治如同處理家事，事事要親自處理，個人辛苦固不

41　唐縱，《在蔣介石身邊八年》，頁365。

辭，但國家大政不與各主管商定，恐將脫節」。[42] 陳布雷經常
接近蔣故相知甚深，是具有權威性的觀察。處理國事如家事，
正見器宇之小。蔣的小家子氣，使他難以成為全國全民的領
袖。故於戰後既然、容不下自由人士，更容不下共黨，發動內
戰，又濫發金元券，騙取老百姓的黃金，導致空前的通貨膨
脹。然而蔣介石丟掉大陸江山，毫無自省能力，責怪蘇俄幫中
共的忙、責怪美國為德不卒、責怪毛澤東談談打打？其實這些
都是遁詞，他在抗戰後期就想以軍事解決共產黨，抗戰勝利後
在中外壓力下，不得不擺出談和的姿態，但他的「和」無異要
人「降」，根本是逼中共應戰。他原以為可以一舉消滅中共，
哪知反被中共趕出大陸。他承受和談破裂之果，由於他先種下
了和談破裂之因。他自我失之，怨不得任何人。

　　淮海戰役失利後，蔣介石被迫下臺，但人下臺權不放手，
以在野之身先將國庫黃金、故宮珍寶搬運台灣，然後於重慶潰
敗後，於急迫中淒然飛離。驚魂之鳥在澎湖降落，防衛台灣的
孫立人將軍親自登機保證安全，才敢進入台北。[43] 落難到海島
的蔣介石，自認已經亡國，美國棄如敝履，難以自保；孰料韓
戰突發、冷戰加劇，杜魯門驟然變計，派第七艦隊進入台海，
又於1954年獲得美方防禦之承諾，遂得苟延殘喘。他在國際冷
戰的格局以及島內戒嚴體制之下，偏安長達四分之一世紀而後
離世。他在台島時間雖長，但已非中國的領袖，不過是一省之
長，重要性不出島內，何足深論？何況在此期間雖被美國「拴

42　見唐縱，《在蔣介石身邊八年》，頁451。
43　此筆者於訪問孫將軍時，親耳聞之。

住」，受盡閒氣，仍高喊反攻大陸收復故土，自欺欺人而已。他的事業在大陸，大陸既失自稱亡國已無作為，幸拜冷戰之賜，穩定島上政經，得以苟延殘喘，在美國大力支持下，居然以一島代表中國長達二十年之久，實虛有其表；所能優為者，主要培養兒子蔣經國接班，不惜清除接班可能的障礙。蔣經國果然順利接班，且被視為理所當然。小蔣較老蔣開明，知大陸已不可及，積極推動本土化。然不廢威權統治，且以特務頭子自居，至垂老之年，疾病纏身，在內外壓力之下，始解除戒嚴、開放黨禁，允許老兵返鄉探親，更不得不宣稱蔣家人不再繼統。至小蔣於1988年病逝，蔣家王朝落得二世而亡的結局。兩蔣的靈柩暫厝於慈湖，按照遺言：「待來日光復大陸，再奉安于南京紫金山」。[44] 但慈湖靈堂不時遭到不速之客的騷擾，甚至在暫厝的靈柩上潑漆，搞破壞以洩憤。猶如帝王陵寢的中正紀念堂，亦屢遭抨擊，甚至有摧毀之虞，斯皆獨裁者過於囂張的後遺症也。

　　「光復大陸」於蔣介石生前早成虛願，有人譏為神話。歸葬紫金山的遺志，恐難實現；然魂歸故里奉化，於兩岸和解與統一後，或可得酬。兩蔣蓋棺入土，尚未塵埃落定，但一生作為已有定論。蔣經國無知人之明，讓李登輝接班。李貌似恭順，實包藏禍心，終於成為台獨教父，甚且不諱言是日本人，導致兩岸對峙難解之局面，遺患無窮以迄於今。兩蔣時代已經遠去，不值得懷念，卻值得慶幸已被掃進歷史。

44　見蔣經國，《守父靈一月記》（台北：三民書局，1976），頁2。

後記

　　孫中山、袁世凱、蔣介石與毛澤東，無疑是民國史上的四大元首級政治人物。國民黨奉孫為國父，共產黨尊孫為革命先行者，連民進黨公職人員也不得不在孫遺像前宣誓，可稱是全面正面評價之人。袁雖是中華民國首任大總統，但國共兩黨都視為軍閥民賊，可稱是全面負面評價之人。國民黨推重蔣為民族救星，共產黨視為人民公敵；老蔣在台灣生前如神，死後被斥為元兇，陵寢不得安寧，可稱毀譽參半。毛澤東是共產黨眼裡的紅太陽，而在國民黨眼裡則是萬惡的匪酋，也可稱毀譽參半。類此都是充滿政治意識的主觀評價，為政治服務而已，何足道也？

　　然而認真治史者，自宜不受政治氣候影響，雖不容易，仍應以秉筆直書為職責。李敖身前受到蔣氏白色恐怖之害，但直言：「雖然在情緒上，我對蔣介石深惡痛絕，我是伍子胥；但在文字上，我卻有歷史家的嚴謹，全憑證據來誅奸諛於既死，發潛德之幽光。我是沙爾非米尼（Gaetano Salvermini），沙爾非米尼是意大利歷史家，也因為反大獨裁者墨索里尼（Benito Mussolini）法西斯政權入獄，但他日後下筆寫墨索里尼，卻憑

證據來說話，故人心服口服」。善哉斯言！

　　治史者的憑藉主要是史料，史料雖可提供事實，但事實不能等同證據，在英文的概念裡，「事實」（fact）與「證據」（evidence）之間，分得非常清楚。事實需經過驗證確認後，才能成為證據，絕非拿來就是證據，是以事證之外，尚須理證。蔣之一生動見觀瞻，言行難以掩飾，他以繼志孫中山自許，不論虛情或假意，終未能完成孫所期盼之大業，甚且失掉國民黨的江山，使中華民國名存實亡，其為乏善可陳的失敗者，已是難以辯駁的定論。然自蔣介石較為完整的日記公諸於世之後，不少學者視為可為蔣氏翻案的證據。復述日記為之代言者有之，曲為之說者亦有之。然而於諸多重大史事，如中山艦事件、西安事變、北伐抗戰、國共內戰等等，畢竟都無法靠日記作為翻案的證據。

　　蔣介石辭世已近半個世紀，其人已隨風而逝，筆者原無意再喋喋不休，惟眾聲喧嘩，尤其若干大陸學者，視蔣日記如寶藏，興奮不已，以為可以一新蔣之面目，藉以成名，使我大有孟夫子不得已之感。遂據事評之，據理說之，知我罪我，非所計也。

　　竊以為論蔣，宜從要害處入手。獨裁者的性格至關重要，尤其蔣以黨國自居，他的成敗就是黨國的成敗。胡適之雖好意屢以淮南王書相贈，希望他御眾智為智，但他不予理會。老胡希望他學美國的艾森豪總統，少管些事，但被視為惡意，最後蔣查封了《自由中國》半月刊，終不免犯了獨裁者獨斷獨行的大忌。學界大佬如陳寅恪、如馬一浮等人，於面見蔣後，都感失望，覺得非有為之君。新儒家巨子熊十力更直言此人心術不

正，是個流氓。按熊非胡言亂語，少年蔣介石在奉化鄉里，就有「瑞元無賴」的綽號，無賴就是流氓的特質。惟具有流氓特質者，未必不能開創大業，如漢高帝、如明太祖。故吾師蕭公權先生曾說：蔣先生若有杜月笙「閒話一句」（滬語）的氣度，說話算數，講究一個誠字，不至於如此失敗！馬浮就曾以「唯誠可以感人」，作為贈言，無奈蔣不下拜昌言耳。

蔣之一生屢遭「凶險」，多因其性格所致，惟每能逢凶化吉，斯乃其命好，每有「貴人」相助也。他以中山艦事件作為奪權之豪賭，竟因斯大林容忍「紅色將軍」而得逞。他於北伐後欲釋馮、閻、李之兵權，引發慘烈的中原大戰，死傷枕籍，相持不下，竟因張學良揮師入關而得勝。蔣於日寇侵凌之時，不顧抗日的民意沸騰，仍堅持安內而不攘外，卒遇兵諫被囚，竟因少帥擁蔣抗日而安返南京，反而聲望大漲。蔣領導艱苦抗戰，傷亡數千萬，盡失東南半壁江山，竟因日寇偷襲珍珠港，引美國參戰，得以與美聯盟，終獲最後之勝利。蔣於戰後不顧民不聊生，滿目瘡痍，堅持要一舉消滅政敵，引發國共內戰，結果兵敗如山倒，竟有孫立人在台訓練新兵而穩住退路，順利撤退到台灣。美國發表白皮書，欲棄蔣不顧，竟因金日成入侵南韓，華府轉而挺蔣，第七艦隊駛入台海，轉危為安。蔣以亡國之君，未如徽欽兩帝，被俘為奴，也未如崇禎皇帝，身死於煤山，竟能在台當上終身總統，大權獨攬，安享晚年，二十有五年，豈非命好？

蔣介石在台灣拜冷戰之賜，以一島維持中國法統，聯合國五常席次，垂二十年之久，非命好而何？蔣雖不幸親見法統被北京取代，但幸而未生見華府承認北京為中國唯一合法之政

府。蔣氏父子始終未因法統喪失而棄中國，毛澤東因而認為蔣
猶堅持民族立場，值得尊敬，以為尚有一笑泯恩仇之一日。毛
氏擅寫詩詞，曾填《臨江仙 寄友》一詞：「柳綠花紅鶯燕舞，
京都料峭風微，菊香書屋奏琴徽，依然明月在，何日彩雲歸？
地覆天翻君亦老，東征北伐聲威。草山薄霧拂單衣。我今尋老
友，攜手話心扉」。此詞大約填於一九六五年，由香港的曹聚
仁轉給蔣介石，前段毛敘他在北京的心情，菊香書屋就是毛在
中南海的書房。後段敘蔣在台北的心情，不忘蔣之「東征北伐
聲威」，視蔣為「老友」，願意「攜手話心扉」，情見乎辭！
蔣若能延年，是否會「彩雲歸」？以蔣之不服輸的褊狹性格，
似無可能。蓋一笑泯恩仇者，需有胸襟，毛有之而蔣無也。

2023年3月16日於林口大未來居

附錄一

讀蔣日記者，能不慎乎？[*]

　　國人有書寫日記的習慣，其來甚久，近年大量日記的問世，毫不意外。傳世的日記多是名人之作，名人之作未必有意傳世，所寫較無顧忌；有意傳世者，必有顧忌。早年成名的胡適，生前已將日記當作品發表，內容平淡無奇，甚至隱去姓名，與身後問世的吳宓日記（雖然曾經後人刪減）相比，顯然有隱晦與直白之別。蔣介石發跡既早，又曾是國家的領導人，關係到二十世紀的許多重大史事，所以當蔣介石手寫日記由其家屬寄存美國史丹佛大學胡佛圖書館，於2004年可供公眾閱讀後，引起中外學者的濃厚興趣，絡繹於途，欲一探「寶藏」，完全可以理解。

　　蔣介石日理萬機之餘勤寫日記，在政治人物中雖屬罕見，但絕非偶然。蔣自早年起，他的行事與資料就由毛思誠、陳布雷、以及所謂奉化三先生王于高、孫詒、袁惠常等親信控管。早已問世的有毛思誠的《民國十五年以前的蔣介石先生》、陳布雷的《蔣介石先生年表》，以及《事略稿本》等等，一直撤

* 　原載中國歷史研究院，《歷史評論》，總第5期（2021年1月），頁61-67。

退到台灣後的蔣氏「大溪檔案」，可見他的生平資料早已體制化，較完整的手寫日記，可以說是他生平資料體制化的完成。蔣介石的日記生前已有專人摘抄，死後由家屬公諸於世，都是蔣家一家之言，若有人說：蔣氏日記是僅供他自己參考的私密空間、無意傳世，過於昧於實情。

更值得注意的是，蔣介石作為當年國府之主，像舊時代的皇帝一樣，勤於記錄自己的言行。黃倩茹女士敏銳指出：古之帝王有「起居注」，由史官記載，而蔣親自寫「起居注」，供日後「正史」之需。古之實錄未必盡實，尚有「天子不觀史」的傳統，而「蔣天子」以自己的日記為實錄，能夠不檢驗其真實性嗎？黃女士說：要分辨「真實的蔣」（person）與蔣「要我們知道的蔣」（persona）。[1] 蔣日記顯然是蔣「要我們知道的蔣」，我們如何從日記中讀出「真實的蔣」，才是學問。

蔣介石占據政治舞臺的中心，長達半個世紀，記錄每日所見、所聞、所思、所行，當然有參考的價值。然而日記須及時記日事，但即使再有恒心的作者，不可能一天不漏；後來補記或改寫，更有損日記的真實，因敏感議題而塗改，則更屬等而下之！蔣氏日記有無此等問題呢？已有人通覽蔣介石手寫日記之後，發現「蔣先生每每在關鍵處或予省略或用詞含混。因此讀此日記，我們應當注意到蔣先生省略掉或沒有明白寫出來的事項，不能只以日記中的記載為標準」。[2] 蔣氏日記在公開之前，無疑曾經家人的編輯與刪節，也有黑墨塗抹之處。當蔣氏

1　Huang, "The Person and the Persona in the Diaries of Chiang Kai-shek," p. 7。
2　語見阮大仁，〈由蔣中正日記去看葉公超大使去職之經緯〉，頁77。

大溪檔案移交給國史館時，筆者親聞之於國史館負責人：其中缺件甚多，因檔案經過秦孝儀的過濾，國史館皆登錄有據，以免負缺件之責。於此可見，蔣氏欽定的資料，包括日記在內，既不完整，也不很真實。

我們可舉幾件重大的歷史事件，來看蔣介石的日記。其一、號稱歷史之謎的1926年中山艦事件，根本是蔣在故弄玄虛。他於事件後不久，在孫中山紀念周會上說：「若要三月二十日這事情完全明白的時候，要等到我死了，拿我的日記和給各位同志答覆質問的信，才可以公開出來。那時一切公案，自然可以大白於天下了」（這句話已證明他的日記是要留給後人看的）。他說這話，認為事件的秘密藏在他的日記裡，當時不能說，因沒有人會相信；等他死後，時過境遷，死無對證，他的日記所說就成為定案。其實他的心理狀態已經浮現在1927年3月10日的日記裡：受委屈、受侮辱、被迫害、被遣送，所謂「疑我、謗我、嫉我、誣我、排我、害我」等等，無非要暗示汪精衛與俄國顧問想要害他，但提不出任何事證，顯然是由於焦慮為發難找藉口。事實很清楚，事件之前，蔣介石是在汪精衛的手下，但事件後，蔣即取汪而代之，無疑是一場「政變」（Coup d'état）。[3] 蔣能得逞，要因蘇聯顧問受史達林之命，支持這位紅色將軍，亦因而使汪憤而離粵赴法。結論是蔣冒以下犯上的風險，精心策劃這場大戲，幸而得其所願，成為事件最大的贏家，可稱他的一場政治豪賭。若將此事件說成「右派乘

3　見Wilbur and How, *Missionaries of Revolution, Soviet and Advisers and Nationalist China*, p. 252.

虛而入，利用蔣介石多疑的心裡，製造謠言與事端，以進一步挑起蔣介石與汪精衛，季山嘉以及共產黨人之間的矛盾」，[4]未免將配角當了主角，將主角當配角了。蔣日記明明無端指控共黨挑撥：「十九日上午往晤汪兆銘，回寓宴客，痛恨共產黨挑撥離間與其買空賣空之卑劣行動，其欲陷害本黨，篡奪革命之心，早已路人皆知。若不於此當機立斷，何以救黨？何以自救？乃決心犧牲個人，不顧一切，誓報黨國，竟夕與各幹部密議，至四時，詣經理處，下定變各令」。[5]蔣於事發之當晚，還去汪府探視，留下一段日記：「傍晚，訪汪病，見其怒氣猶未息也」。這一段還是經過修飾的，南京二檔所藏未刪原文則是：「見其怒氣衝天，感情衝動，不可一世。因歎曰，政治勢力惡劣，至於此極，尚何信義之可言乎」。[6]試想一個陰謀害人之人，被害人來見，即使不窘態百出，那可能「怒氣衝天」、「不可一世」？接下去一句，更可玩味，無異蔣氏自承，為了「政治勢力之惡劣」，可以不講道義。汪之所以「怒氣衝天，感情衝動」，豈不即因蔣之不講道義乎？蔣在日記裡居然如此顛倒，將自己是加害人，變成被害人。他日記裡所記載的中山艦事件是真相嗎？完全不是！其中頗多他自以為是，或故意扭曲的真相，目的在誤導世人。

其二、西安事變的真相也不在蔣的日記裡。《西安半月記》根本是事後出自陳布雷的手筆，陳已在自述裏證實。蔣也

4　楊天石，〈中山艦事件之謎〉，頁436。
5　引自中國第二歷史檔案館編，《蔣介石年譜初稿》，頁547。
6　中國第二歷史檔案館編，《蔣介石年譜初稿》，頁548。

在日記透露他在陳布雷撰寫的《西安半月記》上不斷修改。
他在1937年2月12日記說：「晚修訂西安半月記」；翌日又
有記曰：「上午修正半月記完」。其實尚未完，隔了兩天又
說：「改正半月記甚費力也…夜以修正半月記未妥，幾不成寐
也」，足見他用心良苦在事後建構他的西安事變；他刻意修
飾，必然會扭曲事實，甚至面目全非，無非為了顏面掩蓋真
相。但真相掩蓋不了，早在傅斯年當年的密函中，基本呈現：
包括蔣確曾與周恩來在西安見面，並答應不再剿共，中共方面
也因抗日而讓紅軍由中央指揮。蔣也保證紅軍可與其他部隊一
視同仁，於此確證蔣被釋放確有承諾。然而在後出的《蘇俄
在中國》一書中，蔣仍要謊稱：「我們終於無條件的脫險回
京」。[7] 蔣之釋放，確實共黨主持之；傅氏特加括弧注明：此
事亦已證實，並且說：「共黨之主張放蔣，堅謂不贊成張之扣
蔣是事實（此事弟早料到）」。傅此說並不精確，共黨雖主張
解釋蔣，但全由張學良主持。蔣雖沒簽字，但確有口頭承諾。
傅氏據西安友人謂：「西安遍傳蔣云終身不內戰」。蔣回南京
後，不僅未如約撤兵，反而增兵。傅氏寫道：「又有確切消
息，除原有軍隊未撤外，又運去六師連夜前往，我聽這消息大
為興奮」，不知傅興奮何在？希望繼續打內戰乎？傅氏說張學
良在受審時，確有強烈表現：「張作一個政治演說，大罵南京
政府及蔣先生左右，自何（應欽）至政學系，銀行家等等，謂
蔣好而南京太壞，彼如在一日，必擁護蔣，亦必打倒南京政府
云云，此演說把審判長greatly impressed〔大大地感動了〕。事

7　劉曉藝，〈「西安事變」與「丟失大陸」：失敗者怎樣書寫歷史〉，頁5。

為Generalissimo〔委員長〕所聞，甚氣，謂不放這小子回去！所謂管束有三端，即居處、見客、通信皆不得自由也」。[8] 總之，張楊發動西安事變的動機，純為逼蔣抗日以救國，毫無私心，已無可疑，但事變二十年後，蔣介石在《蘇俄在中國》書中，雖已無張學良因看到蔣日記後悔悟的神話，但仍不承認曾答應條件，說張學良是在其八項主張被拒，南京下令討伐之後，才決定釋蔣的不實說法，甚至藉宋美齡之口，將他在西安的遭遇與孫中山的廣州蒙難相比美。於此可見，蔣為自己塗脂抹粉一至於此。

其三、張學良發動西安事變，逼蔣抗日；蔣領導抗戰，勝利後蔣成為英雄，汪精衛成為漢奸。孰知戰後日方公布或洩漏出來的資料，證明蔣日之間也有不少的秘密接觸，但蔣一直宣傳自己抗日到底，在日記裡還說日本向他求和，而他嚴詞拒絕云云，無非想要掩藏通敵的暗盤。讀史者若以日記為據，證明蔣阻止或拒絕和談，即被蔣所騙。蔣難道會在日記裡忠實留下為後世罵名的痕跡？他的日記故作義正之嚴詞，留將後人而已。他在1940年9月15日的日記說：「汪奸派張治平偽造我中央函件與偽狀以欺敵人，敵人信之」，但香港大學教授張治平明明是代表蔣方之人，卻公然嫁禍於「汪奸」，顯然又是欺蒙世人的謊言。蔣在日記裡說：日本向他求和八個月沒有效果，他沒有授權任何人和談，委任狀是由別人偽造。讀蔣日記者，若輕易信之，無異盲從。結論是汪明通日本，蔣則暗通日本。

8　汪子颺，〈傅斯年密函裡的西安事變〉，頁149-154；另參閱馬王，〈西安事變逸話〉，《香港時報》，1951年9月5日。

　　其四、有關戰後蔣毛重慶會談。蔣在美蘇的支持下，邀請毛澤東自延安來重慶，名為共商大計，實要逼毛就範，以統一政令與軍令為名，要求中共交出政權與軍權。他以為有美、蘇兩大強權相挺，憑其政治優勢與軍事實力，再以「寬大待遇」，就可搞定中共。當毛接受邀請，蔣以為得計，深為得意，於1945年8月31日記寫下：「毛澤東果應召來渝，此毛應邀前來，雖為德威所致，而實上帝所賜也」。但是毛並不肯就範，兩人會談得並不順利，蔣欲「招撫」不成，事與願違，情緒益發激動，在日記裡發洩，出語不遜，想要「扣留」、「審治」毛澤東。如果把日記裡的這些氣話當真，以為「毛澤東在重慶，如魚遊釜內，有點懸了」，[9] 就是不幸被日記牽著鼻子走的例子。因為在美、蘇的保證與國際的眾目睽睽下，蔣若「扣留」、「審治」毛，必會動搖他的合法地位，所以不能、也不敢像扣留和審治張學良那樣做，事實也證明如此。所以讀蔣介石日記，不能隨其起舞，卻應洞見其複雜的心思。蔣招撫不成，而恨共入骨，認為「滔天罪惡」卻不敢孟浪行事，實因風險太大，代價難以承擔，當然不可能複製扣留和審治張學良的舊戲碼。

　　蔣氏日記對上述四大關鍵史事的認知，毫無助益，不見其真，反見其偽。我們不禁要問，大量的蔣氏日記，材料豐富，牽涉甚廣，其中到底有何精彩的發現，可發百年之覆的呢？似乎沒有。不過，十年前台北的《傳記文學》刊登了〈抗戰期間中德關係的驚天秘密——蔣介石策動德國軍隊推翻希

9　楊天石，〈如何對待毛澤東〉，頁253-267。

特勒〉一文，[10] 並在該期封面上大肆宣傳發現的驚人歷史大秘密。按德軍於二戰末期知大勢已去，欲與盟軍議和，而希特勒不肯罷手，因而有德軍將領出於救國家於滅亡的愛國動機，鋌而走險，絕非由任何外國所策動。戰後西方論述此事之作甚多，沒有任何蔣介石參與的影子。〈驚天秘密〉一文的作者義正詞嚴的說：「蔣介石日記明明寫著：對德運動倒戈工作之進行、派齊焌赴瑞士、運動德國軍隊倒戈計畫，應告知羅斯福總統」。蔣的認知根本錯誤，德軍出自愛國心，認為希特勒會搞垮德國，所以德軍是要「叛」希特勒，絕不是要「叛」自己的祖國。既非倒戈，即非由外國策動，蔣介石想要策動德軍「倒戈」，豈非妄想？此事憑常識可斷，何須考證？[11] 揭開此一「驚人秘密」，已十年於茲，對此議題有興趣的諸多中外史家，視若無睹、不予理睬，何也？蓋雞毛不能當令箭也。

　　吾人須知，日記不是沒有顏色的史料，其中有情緒、主觀、偏見、謊言，更有不切實際的異想。誰也不能保證日記裡沒有「騙人」的話，沒有自戀的話，沒有不正確的話。更沒有人能保證日記裡所說的、所以為然的、所判斷的都是正確的，所想要做的事都能落實。日記是可貴的史料，但畢竟是個人的經驗與主觀感受，引用者必須要能研判、分析與論斷，同時檢視日記作者同時代人的看法，尤其是跟他接近的人，並參考那時代的政治、社會與思想氛圍，而不能自甘淪落成為日記的代言人。我們引用蔣之日記，如果不假思索，忠實抄錄、編排、

10　楊天石文，見《傳記文學》，總574期（2010年3月），頁4-16。
11　詳閱汪榮祖，《閱讀的迴響》，頁133-160。

複述、被他所說左右、隨其情緒起伏，則要史家何用？其實，引用任何日記都必須注意其中有「鬼」，既有「不立文字」以自諱其跡，也有「專立文字」以自我掩飾。所謂「專立文字」，就是在白紙寫下黑字，卻是不能兌現或故意留給後人看的材料，例如蔣介石批准釋放軍事家蔣百里，事實上仍舊關著；又如蔣介石罵史迪威的批示，史迪威看不到而是留給歷史家看的。所謂「不立文字」，就是口頭答應，拒絕立下字據，如「何梅協定」、如「西安事變」，都是口頭答應，皆不立文字，故而不留痕跡。所以「檔案」中的文字，有的並不就是歷史事實，「只是專門用來騙人的，尤其用來騙後來之人和歷史家」。[12] 美國女歷史學家戴維絲有名著《檔案中的虛構》一書，指出十六世紀法國司法部的贖罪檔案所載故事純屬虛構，史家不可據以重建歷史。讀者如果被材料牽著鼻子走，有如跳進如來佛的掌心而不得翻身。例如蔣在日記裡談宋明理學，以修身養心自我勉勵，就相信他是「一個新儒家青年」，遂下結論說：儒學對青年蔣介石最大的影響是「自律」與「品格的培養」，更由此認為蔣是一負責任、很勇敢、講榮譽、非常積極之人，[13] 就是隨蔣起舞的莽漢。我們引用包括日記在內的任何史料，若不細察其中的狡猾處，則所得之所謂真相，鏡花水月而已。

蔣介石日記不同於一般人的日記，不僅僅是個人在一日

---

12 李敖，〈蔣介石的真面目蔣介石與專立文字〉，《李敖大全集》第25冊，頁53，另參閱頁53-59。

13 Taylor, *The Generalissimo*, p. 14.

空間裡的「自說自話」，更不是他個人的私密空間。他也反省自己，經常提醒自己「知恥」，成為常態，反而令人覺得是無感的俗套。他寫日記作為反省與勵志，顯然效果不彰，他「知恥」了嗎？好像沒有，不然何以一敗塗地？在美國人眼裡是那「失去中國的傢伙」。他檢討自己，語焉不詳，但罵別人十分具體而惡毒，甚至離譜。他說膽大包天的張學良「怕死膽小，狡猾糊塗」！他罵學者胡適是「政客」！他指陸軍總司令孫立人是「匪諜」，他痛斥駐美大使葉公超是「漢奸」，都是口不擇言，虛妄不實的話。

　　蔣日記最大的用處是從他的每日所記之中，細察他有意或無意透露出來的內心世界，以便深入分析他的性格，更加了解這個人。他從小在鄉里就有「瑞元無賴」的綽號，論者多不以為意，認為是年少輕狂，但他的無賴性格後來在諸多行事上，時而浮現。無賴或流氓若有氣度，未嘗不能成為有為之主，如劉邦、如朱元璋。無奈蔣介石的無賴，心胸狹窄兼而有之。例不細舉，如他在身分證上謊報「日本士官學校畢業」，顯示他在心理上缺少安全感；又如他為了與宋美齡結婚，騙妻子陳潔如出國五年，隨即悍然否認與陳有婚約，顯示他毫無信義；再如關張學良，終其生不肯釋張，顯示背信，毫無氣度；以及作弄李宗仁，甚至在就職典禮上，就服裝上占盡李的小便宜、將外蒙入會案的失敗，甩鍋給葉公超，騙他回台北，軟禁終生。做這些事的蔣介石，豈不很無賴嗎？讀蔣日記者，能不慎乎？

附錄二

為評陶涵蔣傳回應楊兄天石[*]

　　拙作〈海外中國史研究值得警惕的六大問題〉發表於《國際漢學》，[1] 其中的「六大問題」之一，評論陶涵所寫蔣介石傳。[2] 我指出該書許多謬論，未及指出的是許許多多基本史實之誤，然我已在長篇書評中詳列不誤。[3] 楊天石看到我評陶涵涉及到他，感到不滿，在「私家歷史」上發表回應义章，抓住我以「大言不慚」責備老友一語，以模糊焦點，楊兄覺得「嚴厲」，就朋友情感而言，應該尊重他的感受，然而我絕非輕易說之。楊兄利用蔣介石日記為蔣翻案因而成名，眾所皆知。亡友朱維錚教授是楊兄的同鄉、同學，也是好友，對於楊兄為蔣介石翻案一事，出言之嚴厲勝我十倍。楊兄雖覺不快，能夠見諒直言，不傷友情，誠屬難能可貴。

---

* 　原載中國歷史研究院，《歷史評論》（2020年第3 期），頁107-112。

1 　全文見《國際漢學》，總第23 期（2020 年第2 期），頁5-20。

2 　Taylor, *The Generalissimo*, xiii, index, pp. 722，中譯本：陶涵，《蔣介石與現代中國的奮鬥》

3 　參閱台北《傳記文學》96卷1期（總572）（2010年1月），頁110-125；《上海書評》轉載，2010年2月21日、28日，3月7日、14日、21日）

　　讓我回到重點：楊兄仍認為陶涵蔣傳廣泛受到好評，而說我的書評是在「罵」陶！史景遷曾任美國歷史學會會長，他讀中國的文言有問題，但他的英文絕佳，他的書評就說：陶涵蔣傳是一本為蔣介石「說項之作」，說陶使蔣的法西斯傾向、遏制言論自由、縱容特務暴行、暗殺政治犯與人權主張者、以及領袖崇拜等等，都好像是可以接受的舉措。史氏更不能接受陶涵所說（也是蔣的說法），中共的勝利由於美國的誤判與干預，淡化了蔣在政治上的錯誤與軍事上的無能。史景遷更明說：陶涵「企圖將蔣說成是一個主要的政治家是很有瑕疵的」（The attempt to portray Chiang as a major statesman seems to me flawed）。因為「蔣作為國家領導人確有嚴重的缺點：他想要組成良好政府的眼光非常有限。他明顯沒有能力處理中國那樣規模的經濟，他不清楚如何監督美援，經常被密友、親戚、或侍從們濫用。他從不熱心授權，堅持依賴小圈子的親信。他裝模作樣說話，缺少一般的魅力；他經常是個頑固而不通融之人，又不吝惜兵士們的生命，以及容忍對中國鄉村地帶極其嚇人的苛待」。[4] 史景遷批評陶書，有過之而無不及，也算是「罵」嗎？從史景遷的書評可見此書非如楊兄所說「獲得廣泛好評」。按美國曾大力扶助蔣政權，結果華盛頓所期盼的統一、民主、親美的中國成為泡影，最後失掉整個大陸，美國人對蔣之失望與輕蔑可想而知，故有美國傳記作者以「失去中國的傢伙」（*The Man Who Lost China*）為書名譏嘲蔣介石。然而近年中國崛起，美國亟欲遏制中國，極右勢力大起，始有美國作家

4　見前引Spence, "The Enigma of Chiang Kai-shek."

陶涵大捧蔣氏父子，對蔣介石之揄揚有甚於蔣之御用學者，如稱讚蔣是貨真價值的儒者，相信蔣乃中國民主之先驅，甚至大言不慚說：今日中國大陸經濟之成就乃蔣氏父子之方案。這些話不是在顛倒黑白嗎？安能以囈語作為金科？凡能讀陶涵英文原書者，當能警覺到其書意在褒蔣貶毛，以反共進而反華。我評陶涵書是根據英文原著，知道作者用心之深；當時我未讀中譯本，近日偶爾發現，書中諸多涉及貶毛與反共文字之處，在譯本中幾盡刪除殆盡，楊兄必定未讀原書，故而被譯本所誤，為之作佳序，陶涵有中國研究蔣介石「權威學者」的背書，壯其話語權，豈不得意？簡言之，陶書反映的是美國極右派反共勢力重起的大氣候，於是有人又將反共的蔣介石拿出來「消費」。再說，陶涵曾任職於美國政府機構，原非學界之人，受到學界大佬如史景遷之嚴厲批評，不足為異，而楊兄卻願為他抬轎。

　　楊兄樂為陶涵作序，不僅譽之為「頗具功力的蔣介石傳記」，而且責備我寫書評「大罵」陶著之不是。[5] 罵是情緒之發洩！何況「大罵」？楊兄以罵來否定我認真寫的書評，情何以堪！楊兄指我罵人，至少要先指出我所舉出陶的謬論不謬，史實的錯誤不錯吧！既不指出陶涵不尊重歷史事實，還要說陶涵「謹嚴遵守學術規範」！如今楊兄為了減低他對陶涵蔣傳的肯定，說他僅僅肯定一些特定史料，說我「斷章取義」。不妨看他的整個句子：「陶涵先生的書，以蔣介石為線索，揭示了那一時期中美，包括台美之間的複雜關係，就這一方面史料，

5　見楊天石，〈陶著蔣介石與現代中國序〉，頁294-297.

事實的開拓，挖掘來說，其深入程度，大大超過了前此的任何一本同類著作。我以為這是陶涵先生此書的最大成就，也是其貢獻所在」。楊兄現在要把大大超過，限縮在史料，就史料而言就已大大超過，那整本書呢？並無下文，難保讀者不會有史料已大大超過，全書也大大超過或更加超過的誤會與聯想，何不如我所說，唯一可取是這些史料，不就明白無誤了嗎？但恐怕不是楊兄的初衷。記得早年讀研究所時，老師就曾告誡：說別人斷章取義，先看看自己是否寫得清楚。再說這些史料並非陶涵「開拓，挖掘（出來）的」，更談不上「深入」，他只是引用而已。楊兄說，陶涵用了這些史料就「大大超過了前此的任何一本同類著作」。不知楊兄心目中的「任何一本同類著作」，是否也包括境外與外國的著作？如果不是，是否犯了「大言」的毛病呢？

　　陶涵蔣傳是翻案之作，楊天石也熱衷為蔣氏翻案，為陶作序，理所當然。但翻案需要兩個基本條件：一要有新的學術理論，楊兄並無；二要有新的材料或證據，楊兄有的主要就是蔣介石日記，他一再訪問美國史丹福大學胡佛圖書館，抄遍蔣介石手寫日記，根據蔣氏日記寫了不下百萬字以上的書與文章。可惜的是，楊兄將蔣氏日記視如金礦，挖出來的都認為是黃金，不知檔案裡也有虛構，何況主觀書寫的日記？。記得多年前瘋傳希特勒日記出土，英國著名史家崔佛瑞博（Hugh Trevor-Roper）認證為真，最後確定假造，崔氏顏面盡失；如果希魔日記為真，難道也可藉此日記為希魔翻案？納粹覆滅後，希特勒成為千古罪人，固然有「勝利者的正義」在，但斯人使得全歐生靈塗炭，德國亡國，誰能「憎而應知其善」？英國史家泰勒

（A. J. P. Taylor）可稱唯一想為希特勒說句公道話的現代史名家，亦只能說希特勒與其他國家政治領袖皆一丘之貉，仍不能道其善也。

　　我批評老友被蔣介石日記牽著鼻子走，絕非隨便說說，且舉一個具體的例子，證明吾言之不虛。楊兄僅據蔣氏日記，不作深思與驗證就斷然說：蔣介石三次反對美國對大陸使用原子彈。其實，美國以原子彈威脅中國何止三次？無論杜魯門或艾森豪都是訛詐而已，但中國不能掉以輕心，所以陳毅外長才會說不穿褲子也要原子。毛澤東說原子彈是紙老虎也沒有錯，因使用原子彈何等大事，絕不敢輕易使用，自廣島、長崎之後至今還不曾再度使用。楊兄的意思難道是美國沒有對中國使用原子彈，是因為蔣介石反對之故？否則何以要表揚蔣反對使用之功？是否使用原子彈乃美國總統的重大決定，豈會由外國人的贊成或反對來決定？如認為蔣介石可以影響美國的重大決策，未免太看重蔣了、太不了解美國了。朝鮮戰爭於1950年6月爆發，10月中國人民志願軍入朝，美軍敗退回到38度線。美國大出意料之外，當記者問到善後，杜魯門說不排除用任何武器，乃標準答案。若稍知這段歷史，便知杜魯門因深怕戰爭擴大，所以毅然將主張轟炸中國東北的麥克阿瑟，解除其統帥之職。蔣介石在1950年12月1日在日記上寫道：「杜魯門與美國朝野主張對中共使用原子彈，應設法打破之」，蔣所謂是朝野的主張，顯然言過其實，所謂「設法打破之」，根本無中生有，不知他有何法可設？更不可思議的是，楊兄引蔣1954年10月26日日記，信以為真：「召見（台灣空軍總司令王）叔明，詳詢其美空軍部計畫處長提議，可向美國借給原子武器之申請事，此

或為其空軍部之授意，而其政府尚無此意乎？對反攻在國內戰場，如非萬不得已，亦不能使用此物。對於民心將有不利之影響，應特別注意研究」。且不說蔣語帶保留，難道萬不得已時仍可使用？何止對民心不利，更不利於自己同胞生命財產的慘重損失，還需要研究是否需要使用嗎？若稍有「歷史語境」（historical context）在胸，便知1954年台美正積極在訂立防禦條約，這個條約固然是要保護台灣，但也同時限制台灣攻打大陸，亦即是美國人白紙黑字所寫，要像狗一樣的「拴住蔣」（leash on Chiang），蔣在美國人眼裡如狗，絕非楊兄所能想像。美國刻意有此限制，還會要蔣介石申請原子武器，豈非異想天開？楊兄卻信以為真，還要說「蔣介石終其一生，沒有向美方提出有關申請」，當然沒有！原子武器如果可以向別國申請，真是天大的笑話。至於楊兄根據蔣氏日記說：美國派將軍到台灣徵詢蔣介石是否在越南與中國大陸使用氫彈、原子彈，更是匪夷所思！更重要的是，蔣介石果然如楊兄所說一直反對使用原子彈對付中國大陸嗎？楊兄既為陶涵蔣傳中文版作序，難道沒有看到陶書寫到：1958年金門炮戰時期有些美國官員揚言要使用原子彈。蔣介石居然允許將八英時能發射原子武器的大炮運往金門。同一年五月宋美齡訪美，在電視媒體上居然公開說：大陸同胞期待台灣用原子彈來對付中共政權！陶涵還提到一則美國情報說，蔣有意於1958年9月將美國捲入與中共打原子戰。陶涵也提到：艾森豪政府的鷹派國務卿杜勒斯曾出其不意問蔣：是否要美國使用原子武器來對付中共，蔣說可用技術性原子武器。杜勒斯說，即使像投在日本的原子彈，雖能摧毀共軍所有的大炮，但也可殺傷包括金門人在內的二千萬中國

人，台灣也可能被原子彈炸光光。蔣遂顧左右而言他。這些楊
兄也認為是了不起的材料，何以視若無睹呢？事實真相夠清楚
了吧！鐵案如此，豈能隨心翻案呢？

　　楊天石熱心想要為蔣介石翻案，覺得蔣介石了不起，勸
我要「憎而應知其善」；我雖在蔣介石統治的中國台灣成長，
但大學畢業後就出國留學，旅外四十年，照李敖的說法，我們
這些人都是台灣白色恐怖時代的「逃兵」，就個人而言，並無
「憎」的原因。但作為讀史者而言，看到蔣介石主政中國的數
十年，專制獨裁、勇於內鬥、怯於禦外、戰亂不已、民不聊
生、依賴外力，難以自立，退居海島受制於美國，甚至刻意將
大位傳子，不免封建王朝之譏，不知應如何知其善？楊兄所指
最具體之善，應是蔣介石策動德軍推翻希特勒的壯舉，他在台
灣的《傳記文學》上發表大作，編者在封面上大標題醒示：楊
天石發現了「驚天秘密」，我曾為文駁之。[6] 楊兄堅持己說，自
是他的擇「善」固執。但德軍於二戰末期，曾試圖推翻希特勒
一事，有關文獻幾乎盡出，歐美史家著述已豐，至今毫無蔣介
石參與的影子，而楊兄要我們承認蔣介石日記裡的「史實」。
其實，楊兄已將「參與」修正為「企圖」；然則，企圖沒有落
實何來史實？二戰打敗法西斯後，蔣介石也未提及參與推翻希
特勒的「偉業」，楊兄舉出蔣不提一些小事，就證明蔣不提此
一大事，不足為異，為蔣代言居然一至於此！這件大事如此有
利於蔣，有利於國，居然不為，原因無他，子虛烏有也。

6　見汪榮祖，〈蔣介石策動德軍推翻希特勒質疑〉，《傳記文學》，96卷，
　　第4期，總575期（2010年4月），頁128-135。

　　楊兄以為真相在日記裡、在檔案裡，所以他據之一一還原蔣介石的真相，所以他的大著都是以真相為題，諸如《找尋真實的蔣介石──還原13個歷史真相》、《蔣氏秘檔與蔣介石真相》、《蔣介石真相之一》、《蔣介石真相之二》、《蔣介石真相之三》，對於真相信心十足，極其樂觀，當然不覺得是「大言」，何「慚」之有？然而歷史真相非不可求，但絕對難求，西方學者早有「歷史是異域」，[7] 以為往事經史家之筆已非原貌，猶如舊屋之換新，再經過「後現代主義」（postmodernism）風潮的衝擊，史學家雖多不取所謂「後現代真相」之虛無，然已不如上世紀「實證派」（the Positivists）史家之樂觀，可以像蘭克（Leopold von Ranke）的名言所說：「史如其實」（*wie es eigentlich gewesen*），因異代有隔，史料不全，欲盡得真相，乃「高貴之夢想」，[8] 而夢想並非現實。故當今有識之士，深知還原真相何其難也，殊不敢奢言已得真相，惟求直而不盡而已，庶免「大言不慚」之譏也。

7　見David Lowenthal, *The Past is a Foreign Country*（Cambridge: Cambridge University Press, 1985, 1999）.

8　見Peter Novick, *That Noble Dream: The 'Objectivity Question' and the American Historical Profession*（Cambridge: Cambridge University Press, 1988）.

評說蔣介石

2023年6月初版　　　　　　　　　　　　　　　　定價：新臺幣650元
2023年11月初版第二刷
有著作權‧翻印必究
Printed in Taiwan.

著　　　者	汪　榮　祖
叢書主編	沙　淑　芬
校　　　對	李　國　維
內文排版	菩　薩　蠻
封面設計	蔡　婕　岑

出　版　者	聯經出版事業股份有限公司	副總編輯	陳　逸　華
地　　　址	新北市汐止區大同路一段369號1樓	總編輯	涂　豐　恩
叢書主編電話	（02）86925588轉5310	總經理	陳　芝　宇
台北聯經書房	台北市新生南路三段94號	社　　　長	羅　國　俊
電　　　話	（02）23620308	發行人	林　載　爵
郵政劃撥帳戶	第0100559-3號		
郵撥電話	（02）23620308		
印　刷　者	世和印製企業有限公司		
總　經　銷	聯合發行股份有限公司		
發　行　所	新北市新店區寶橋路235巷6弄6號2樓		
電　　　話	（02）29178022		

行政院新聞局出版事業登記證局版臺業字第0130號

本書如有缺頁，破損，倒裝請寄回台北聯經書房更換。　　ISBN　978-957-08-6960-6 (平裝)
聯經網址：www.linkingbooks.com.tw
電子信箱：linking@udngroup.com

國家圖書館出版品預行編目資料

評說蔣介石/汪榮祖著 . 初版 . 新北市 . 聯經 . 2023年6月 .
560面 . 14.8×21公分
ISBN　978-957-08-6960-6（平裝）
［2023年11月初版第二刷］

1.CST：蔣中正　2.CST：傳記

005.32　　　　　　　　　　　　　　　112008477